西方经济学

主　编　林云华　刘珊孜
副主编　兰　婷　陈玉娇
参　编　郑剑辉　安明明　章　雷

北京邮电大学出版社
www.buptpress.com

内容简介

本书面向经济管理类专业,全面吸收借鉴国际上经济学主流教材的分析框架和分析方法,同时注意结合中国经济的具体情况。与国内同类教材相比,本教材将在以下几方面有较大突破:(1)全面引入案例分析方法,直面现实,学以致用。本教材将充分发掘和利用中国经济中的丰富素材,进行深入浅出的分析和梳理,启发学生、引导学生将理论应用于现实,提高分析问题、思考问题的能力。(2)考虑到我国经济管理类专业本科学生的整体接受能力和现实学习的条件,我们采用生动活泼的语言进行讲解,希望学生能够借此培养对经济学的兴趣与直觉,同时实践部门的工作者则能够通过阅读该书提高处理各种现实问题的能力与效率。

图书在版编目(CIP)数据

西方经济学 / 林云华,刘珊孜主编. -- 北京:北京邮电大学出版社,2017.1
ISBN 978-7-5635-4841-5

Ⅰ. ①西… Ⅱ. ①林… ②刘… Ⅲ. ①西方经济学 Ⅳ. ①F091.3

中国版本图书馆 CIP 数据核字(2016)第 171141 号

书　　　　名:	西方经济学
著作责任者:	林云华　刘珊孜　主编
责 任 编 辑:	满志文　李　静
出 版 发 行:	北京邮电大学出版社
社　　　　址:	北京市海淀区西土城路 10 号(邮编:100876)
发　行　部:	电话:010-62282185　传真:010-62283578
E-mail:	publish@bupt.edu.cn
经　　　　销:	各地新华书店
印　　　　刷:	北京通州皇家印刷厂
开　　　　本:	787 mm×1 092 mm　1/16
印　　　　张:	17.5
字　　　　数:	433 千字
版　　　　次:	2017 年 1 月第 1 版　2017 年 1 月第 1 次印刷

ISBN 978-7-5635-4841-5　　　　　　　　　　　　　　　　　　　　　定　价:37.80 元

· 如有印装质量问题,请与北京邮电大学出版社发行部联系 ·

前　言

在编写这本《西方经济学》之初，我们就确定目标是不仅让读者学到经济学专业知识，更能够培养读者的经济学思想，让读者们能像经济学家一样思考。本着这个想法，我们在对照国内外宏微观经济学教科书的近况及编写经验的基础上，同时结合自身多年的教学经验和学生学习的实际情况，认真用心编写了这本教材，我们精心设计结构、合理把握难度，以期这本教材能帮助读者们较为全面的了解西方经济学的专业知识，并可以用经济思维分析社会生活中发生的现象。

西方经济学是一门重要的学科基础课程，并为财经类各专业课程的学习做知识铺垫，但是很多人认为经济学由于充斥着大量的统计数据和专业术语，所以有些枯燥乏味。因而，在编写中，为了增强趣味性，同时更好的帮助读者理解看似枯燥无味的知识点，我们大量引进案例和趣味链接，并结合课后案例分析，以期让读者能充分理解和掌握章节所讲授的知识，并能够举一反三，灵活运用于生活实践中。本教材可使用于国际贸易、金融学、工商管理、市场营销、财务会计、电子商务、物流管理等财经类专业，即可以作为普通高等院校经济管理类专业的基础课程教科书，也可供非相关专业作为选修学习之用，亦可帮助经济学的爱好者来学习经济学知识。

本教材由微观经济学和宏观经济学两部分组成，一共十四章节，第一章至第八章为微观经济学部分，从第九章至第十四章为宏观经济学部分。本教材由酝酿到成稿，历时良久，是一个团队智慧和汗水的结晶。为了这本教材的出版，整个团队做了大量的准备工作，在多次讨论后形成了统一的编写思想和编写风格，是编写组成员在多年教学工作与教学实践中汗水和经验的结晶。本教材由武汉工程大学林云华教授担任第一主编，广州大学松田学院刘珊孜担任第二主编，广州大学松田学院兰婷、陈玉娇担任副主编，广州大学松田学院郑剑辉、广东工业大学华立学院安明明、章雷参与编写。同时，林云华教授和王辛枫教授对编写工作进行了全程指导，并审阅了全部的书稿，对进一步完善编写内容提出了宝贵意见，刘珊孜负责统稿、定稿，整个编写组成员在编写出版过程中付出了大量辛勤的劳动，在此感谢大家的辛勤付出！同时，特别感谢谈萧教授在前期资料准备过程中给予的帮助及齐天骄先生对教材的排版！本教材还借鉴了国内外很多学者相关教材或者专著，在此也向作者表示诚挚的谢意！

由于编写人员知识有限，教材中难免存在不足和疏漏之处，恳请广大读者批评指正。

编　者

目　录

第一章　引文：经济学的产生与发展 …………………………………………… 1
　第一节　经济学的含义与由来 …………………………………………… 2
　第二节　经济学研究的核心问题 ………………………………………… 3
　第三节　经济学的发展历程 ……………………………………………… 6
　第四节　经济学的研究方法 ……………………………………………… 9
　第五节　微观经济学和宏观经济学 ……………………………………… 16
　第六节　为什么要学习经济学 …………………………………………… 17

第二章　市场经济：交易、需求与供给 ………………………………………… 22
　第一节　商品的需求和供给 ……………………………………………… 23
　第二节　价格波动与市场均衡 …………………………………………… 28
　第三节　弹性理论及其应用 ……………………………………………… 34

第三章　消费者的行为选择 ……………………………………………………… 50
　第一节　效用理论 ………………………………………………………… 50
　第二节　消费者偏好和无差异曲线 ……………………………………… 56
　第三节　消费者均衡 ……………………………………………………… 60
　第四节　需求曲线的推导 ………………………………………………… 64
　第五节　价格的变化、收入效应和替代效应 …………………………… 66
　第六节　消费者剩余 ……………………………………………………… 72

第四章　生产理论 ………………………………………………………………… 80
　第一节　生产函数概述 …………………………………………………… 81
　第二节　短期生产函数 …………………………………………………… 83
　第三节　长期生产函数 …………………………………………………… 86
　第四节　规模报酬 ………………………………………………………… 92

第五章　成本理论 ………………………………………………………………… 97
　第一节　成本的含义 ……………………………………………………… 98

第二节 短期成本和短期成本曲线ㆍㆍㆍ 100
第三节 长期成本和长期成本曲线ㆍㆍㆍ 106

第六章 产品市场理论ㆍㆍ 114

第一节 市场的定义与类型ㆍㆍㆍ 115
第二节 完全竞争市场ㆍㆍㆍ 116
第三节 垄断市场ㆍㆍ 127
第四节 垄断竞争市场ㆍㆍㆍ 132
第五节 寡头市场ㆍㆍ 136
第六节 博弈论ㆍㆍㆍ 138

第七章 生产要素市场理论ㆍㆍㆍ 146

第一节 劳动需求曲线ㆍㆍㆍ 148
第二节 劳动供给曲线ㆍㆍㆍ 149
第三节 劳动的供给与工资率的决定ㆍㆍㆍ 150
第四节 土地的供给与地租率的决定ㆍㆍㆍ 151
第五节 资本的供给与利息的决定ㆍㆍㆍ 155
第六节 洛伦兹曲线和基尼系数ㆍㆍ 157

第八章 市场失灵和微观经济政策ㆍㆍㆍ 162

第一节 市场失灵ㆍㆍ 162
第二节 外部性ㆍㆍㆍ 163
第三节 公共物品ㆍㆍ 166
第四节 垄断与信息不对称ㆍㆍㆍ 167

第九章 国民收入核算理论与方法ㆍㆍㆍ 175

第一节 宏观经济学的引入ㆍㆍㆍ 175
第二节 国内生产总值ㆍㆍㆍ 177
第三节 国民收入核算的方法ㆍㆍㆍ 179
第四节 国民收入核算的其他指标ㆍㆍㆍ 183
第五节 国民收入核算的恒等关系ㆍㆍㆍ 185

第十章 国民收入决定理论ㆍㆍㆍ 191

第一节 均衡产出ㆍㆍ 191
第二节 凯恩斯的消费理论ㆍㆍㆍ 193
第三节 两部门经济中国民收入的决定ㆍㆍㆍ 198
第四节 乘数理论ㆍㆍ 201
第五节 三部门经济中均衡国民收入的决定及乘数ㆍㆍㆍㆍㆍㆍㆍㆍㆍㆍㆍㆍㆍㆍㆍㆍㆍㆍㆍㆍㆍㆍㆍㆍㆍㆍㆍㆍㆍㆍㆍㆍㆍㆍㆍ 203
第六节 四部门经济中均衡国民收入的决定及乘数ㆍㆍㆍㆍㆍㆍㆍㆍㆍㆍㆍㆍㆍㆍㆍㆍㆍㆍㆍㆍㆍㆍㆍㆍㆍㆍㆍㆍㆍㆍㆍㆍㆍㆍㆍ 206

第十一章　产品市场和货币市场的一般均衡 ········ 210

第一节　投资的定义及决定 ········ 210
第二节　产品市场的均衡：IS 曲线 ········ 212
第三节　利率的决定 ········ 214
第四节　货币市场的均衡：LM 曲线 ········ 219
第五节　产品市场和货币市场的同时均衡：IS-LM 模型 ········ 221

第十二章　宏观经济政策实践 ········ 227

第一节　经济政策的目标 ········ 228
第二节　财政政策 ········ 229
第三节　货币政策 ········ 233

第十三章　失业与通货膨胀 ········ 242

第一节　失业理论 ········ 243
第二节　通货膨胀理论 ········ 248
第三节　失业与通货膨胀的关系——菲利普斯曲线 ········ 255

第十四章　经济增长和经济周期理论 ········ 261

第一节　经济增长理论 ········ 262
第二节　经济周期理论 ········ 267

第一章
引文：经济学的产生与发展

 学习目标

- 掌握西方经济学的含义。
- 了解西方经济学的由来和演变。
- 理解西方经济学的核心问题。
- 掌握西方经济学的研究方法。

 重点、难点

重点：经济学的定义、经济学研究的核心问题、微观经济学与宏观经济学的联系与区别。
难点：经济学的演变、经济学的研究方法。

 引例

理性成就快乐——像经济学家那样思考
——经济学家和数学家的故事

　　三个经济学家和三个数学家一起乘火车去旅行。数学家讥笑经济学家没有真才实学，弄出的学问还摆了一堆诸如"人都是理性的"之类的假设条件；而经济学家则笑话数学家们过于迂腐，脑子不会拐弯，缺乏理性选择。最后经济学家和数学家打赌看谁完成旅行花的钱最少。于是三个数学家每个人买了一张票上车，而三个经济学家却只买了一张火车票。列车员来查票时，三个经济学家就躲到了厕所里，列车员敲厕所门查票时，经济学家们从门缝里递出一张票说，买了票了，就这样蒙混过关了。三个数学家一看经济学们这样就省了两张票钱，很不服气，于是在回程时也如法炮制，只买了一张票，可三个经济学家一张票也没有买就跟着上了车。数学家们心想，一张票也没买，看你们怎么混过去。等到列车员开始查票的时候，三个数学家也像经济学家们上次一样，躲到厕所里去了，而经济学家们却坐在座位上没动。过了一会儿，厕所门外响起了敲门声，并传来了查票的声音。数学家们乖乖地递出车票，却不见查票员把票递回来。原来是经济学家们冒充查票员，把数学家们的票骗走，躲到另外一个厕所去了。数学家们最后还是被列车员查到了，乖乖地补了三张票，而经济学家们却只掏了一张票的钱，就完成了这次往返旅行。

这个故事非常形象地揭示出了经济学科学与其他科学的差异!理性、假设条件、选择……将会贯穿于整个经济学的学习中,到底什么是经济学,我们学习经济学最终的目的又是什么呢?

第一节 经济学的含义与由来

引例

校园小事中折射出的经济学原理——占座现象

"占座"这一现象在生活中时有发生,在大学校园里更是司空见惯。无论是三九严冬,还是烈日酷暑,总有一帮"占座族"手持书本忠诚地守候在教学楼前,大门一开,争先恐后地奔入教室,瞅准座位,忙不迭地将书本等物置于桌上,方才松了一口气,不无得意地守护着自己的"殖民地"。后来之人,只能望座兴叹,屈居后排。上课的视听效果大打折扣,因而不免牢骚四起,大呼"占座无理"。为什么会出现占座现象?原因很简单,教学楼或图书馆中可以用于自习的座位数量有限,而勤奋好学的学生数量众多,直接导致座位成为一种稀缺的资源,稀缺的东西,总是那么炙手可热。在现实世界中,我们可以发现任何一种资源都是数量有限的。

一、经济学的含义

经济学是西方经济学的简称,它是研究人们在稀缺条件下,如何出于成本收益考虑做出理性选择和资源配置的学科。经济学的逻辑是:由于稀缺,人们必须选择;选择就要有标准,经济学的标准是根据理性选择确定的一系列条件。经济学分为微观经济学和宏观经济学两个部分。

二、经济学的由来

为什么会产生经济学呢?西方经济学家普遍认为,是由于客观存在的稀缺性。所谓稀缺性,是指人的欲望总是超过能用于满足自身欲望的资源。这里的欲望是指人由于生理的、心理的缺乏而产生的愿望或需要。比如,人由于饥饿产生食欲,由于天气寒冷而需要穿更多保暖的衣物。而资源是指满足人类需要的手段或条件。从个人的角度看,资源包括时间、收入或物质财富、能力等。从社会角度看,资源可分为三类:人力资源、自然资源、资本资源。人力资源是指愿意并且能够参与经济活动的人。自然资源是指处于自然状态的生产性资源,如土地、矿藏、森林、河流、湖泊、海洋等。资本资源又称资本或资本品,是指在长期内能够投入生产过程用于生产物品和劳务的经济活动生产出的物品。

在现实生活中,人的欲望具有无限扩展的可能性,表现为人对那些能够带来满足感的东西具有无止境的欲望。按照美国学者亚伯拉罕·马斯洛关于欲望层次的解释,人的欲望可以分为以下五个层次:第一,基本的生理需要,即吃、穿、住等生存的需要,这是最底层的需要;第二,安全的需要,即希望未来生活有保障,如免于伤害,免于受剥夺,免于失业等;第三,社会的需要,即感情的需要,爱的需要,归属感的需要;第四,地位的需要,即需要有名誉、威望和地位;第五,自我实现的需要,即出于对人生的看法,需要实现自己的理想。马斯洛认为这些欲望一个接一个地产生,当前一种欲望得到满足或部分满足以后,又会产生后一种欲望,所以欲望是无穷无尽的。

相对于人的无尽欲望,用于满足我们欲望的资源却是有限的。这是由人类生存的物质条件和环境决定的。这就是经济学中所称的稀缺性。需要注意的是,这里所说的稀缺性,不是指物品或资源绝对数量的多少,而是相对于人类欲望的无限性来说,再多的物品和资源也是不足的。

资源稀缺性是人类面临的永恒问题。追求欲望的满足是人类经济行为的基本目标和动力,资源的稀缺性则构成这种目标和动力的最终约束。因此,人类社会始终都面临着一个基本矛盾:欲望的无限性和资源的有限性之间的矛盾,这个矛盾是一切经济问题产生的根源。而经济学就是一门研究如何利用有限的资源来满足人类无限欲望的社会科学。

知识链接

经济一词的来历

"经济"一词最初在《周易》一书中出现。"经"解释为"径",即指阡陌(纵横的田地)。"济"字从水旁,解释为"渡",即指渡水。"经济"二字的连用,最早见于隋代王通的《中说》(又名《文中子》)"礼乐"篇里的"经济之道",原意是指经邦济世或经国济民,即治理国家的意思。古时有副对联:"文章西汉双司马,经济南阳一卧龙"。是夸奖司马迁的文章写得好,赞赏诸葛亮具有治理天下的卓越才能。以此可见古人所讲的"经济"一词,意在治国平天下。这与我们现在所理解的财政经济完全是两回事。那么,古时人们对衣食住行、国家财政等方面的内容,是用什么词来表达呢?最初是用"食货"来表示。《汉书·食货志》对食货作了解释:"食"是指农业生产;"货"是指农家副业布帛的生产以及货币。此外,还出现了理财、富民、货殖等词。

19世纪下半叶开始,一些日本学者在译英语 Economy 时,借用了古汉语"经济"一词,从而使它的含义发生根本变化,变成了专指社会物质生产活动的用词。

辛亥革命后,在孙中山先生的建议下,逐渐统一沿用日本学者的译法,从而使"经济"一词以新词的面貌在中国流传至今。

第二节 经济学研究的核心问题

当需要无限、多样,同时资源有限,且有多种可能用途时,把稀缺资源用于某种特定用途,就意味着必须放弃其他的可能用途,这就是选择行为。经济主体的选择,就是在资源的各种可能用途中,确定一项最重要的用途。这也称为决策。我们喜欢的东西很多,但是不能全部得到,这个时候就要求我们必须做出决策,在喜爱的不同东西之间进行取舍,选择一种最喜欢的,而不得不放弃另一种我们也喜爱的东西。在我们的生活中,无时无刻不存在着选择和决策。

个人和家庭需要选择多少时间用于工作,多少时间用于休闲娱乐?收入该如何分配?多余的收入是存在银行成为储蓄,还是购买国债或股票等。企业则需要根据市场情况和自身战略,做出大量的经营选择:使用劳动密集型还是资本密集型的技术,维持原有的生产还是扩大生产规模,单产品经营还是多种经营,通过内部融资还是股市融资等。而对于一个社会而言,我们需选择多少资源用于生产大米等民用物品,多少资源用于生产武器等国防物品,武器生产多了,大米就生产少了,这就是我们所说的"大炮和黄油"之间的交替。

知识链接

大炮和黄油

经济学家们经常爱讨论"大炮和黄油"问题。"大炮"代表军用品,是保卫一个国家的国防所必不可少的;"黄油"代表民用品,是提高一国国民生活水平所必需的。"大炮和黄油"的问题也就是一个社会如何配置自己的稀缺资源的问题。一个社会可用于生产的资源有限,假设只生产大炮和黄油两种商品,那么为了国防需要而生产的大炮多了,那么为了本国民生而生产的黄油就少了。同理,黄油生产多了,大炮就生产少了,这种黄油和大炮不可兼得的情况就是"大炮和黄油的矛盾"。各个社会都要解决"大炮和黄油"的问题。20世纪上半期,德国实行国民经济军事化,要"大炮"不要"黄油";第二次世界大战后的苏联和美国为了军备竞赛,把有限的资源用于"大炮","黄油"减少,人民生活水平下降;"文化大革命"后,邓小平提出和平与发展主题,注重给人民带来实惠,把更多的资源用于生产"黄油"。

概括起来,经济主体的选择大致可以包括四个方面:第一,如何利用现有的经济资源;第二,如何利用有限的时间;第三,如何选择满足欲望的方式;第四,在必要时如何牺牲某种欲望来满足另外一些欲望。经济主体的选择要能解决以下四个经济学研究的核心问题:

一、如何有效配置资源

经济主体的选择,不仅影响自己,还会影响到其他人,正是因为社会里人与人之间存在的相互联系和相互影响,人们可以通过交换,选择自己最擅长的业务,从而达到最有效的利用稀缺资源的目的。比如,甲、乙两人原来各自生产两种产品——面包和衬衫,但因为交换和分工的存在,两人可以转变为各自只生产一种自己最擅长的产品,这就意味着资源的重新分配,也就是说,甲可以把原来生产面包的资源用在生产衬衫上,而乙把原来用在生产衬衫上的资源用在生产面包上。把资源在不同产品生产上进行分配或重新分配,就是资源配置。

资源配置主要涉及三个方面的问题,一是研究生产什么,生产多少。消费者如何选择需要的商品和劳务,厂商如何决定该生产什么商品,生产多少。政府怎样正确发挥自己的作用,它们之间存在什么关系,都是需要详细分析的。二是研究如何生产,即生产方式的问题。在这个方面,技术是个重要条件。产品的生产方式很多,可以手工制作,也可以用机器生产,两者的效率是很不同的,而机器也有先进和陈旧的区别。厂商如果多用机器,少用人工,可以提高生产效率,节约成本,但是却会造成大量工人的失业,形成社会问题。三是为谁生产。谁来消费生产出的产品？这是通过分配取得的收入来决定的,收入低的人,只能消费较少的产品和劳务,收入高的人可以消费更多的商品和劳务,还可以有储蓄和投资。那么,谁来决定人们的收入高低呢？从根本上来说,取决于投入生产时人们拥有资源的多寡和好坏,即资源的所有关系。拥有的资源多、质量好,取得的报酬也多,反之则少。在收入分配过程中,政府的税收和转移支付行为,也会发挥不小的作用。

二、如何充分利用资源总量

如何充分利用资源总量的问题包括一国资源总量是充分利用了,还是有一些闲置,从而造成了浪费;货币和储蓄的购买力是不变呢,还是由于通货膨胀而下降了,或是因为通货紧缩而提高了;一个社会生产物品的能力是一直在增长呢,还是没有什么变化。或者是不是为了追求经济的增长破坏了环境或资源的再生能力,以经济的一时增长换来了生产能力的长期衰退,以至于不可持续发展等问题。

资源配置问题是研究人们如何进行选择,把可以有其他用途的稀缺资源使用于生产各种物品上,并把生产的物品分配给社会各成员;其主要目的是使资源达到合理有效的利用,属于微观经济学需要研究的问题。资源总量的充分利用问题是研究整个国民经济活动,使资源总量既不闲置,又不使用过度和滥用;主要目的是寻找用什么手段来改善一国资源总量的利用状况,实现潜在的国民收入和经济的稳定增长。并从长远考虑使经济可持续发展,这些则属于宏观经济学需要研究的问题。

三、资源配置和利用的社会形式

由谁来做出资源配置和利用决策,以何种机构、方式做出决策并贯彻实行？这是经济运行的体制和机制问题,即资源配置和利用的社会形式问题。决策体制和机制基本有两类:一类由政府计划决策,即计划配置,另一类由市场自我调节来决策,即市场配置。计划配置是指资源的配置依靠上级直接命令进行的,包括指定生产哪些产品和服务,用什么方式生产,生产出来的商品分配给谁等。这种配置方式的决策权高度集中在政府,政府依靠强制力、所有权、掌握的信息以及自身的偏好进行决策,而企业和家庭则依据政府的决策进行生产、就业和消费。商品的价格也完全由计划来确定,不再受市场供求关系的影响。前苏联、东欧国家,以及 20 世纪 70 年代末以前的中国,都曾实行过这种计划资源配置方式。这种资源配置方式缺乏激励和约束机制,容易造成"大锅饭"、"铁饭碗"的局面。同时,由于信息的收集和传递缺乏公开性、透明性和效率,导致了根据这些信息制订的计划远远滞后于瞬息万变的实际需要,最终导致资源配置不当。20 世纪 80 年代之后,上述国家均先后改革或放弃了指令性计划。

市场配置则是指资源的配置由市场来进行,参与经济活动的每个经济主体独立做出决策,决定社会生产什么、如何生产、为谁生产,通过经济主体自主选择的交换来实现资源的有效配置。这里的市场是指商品买卖双方相互作用并得以决定其交易价格和交易数量的一种组织形式或制度安排。许多企业和家庭在产品和要素市场上相互交换,通过它们的分散决策实现社会资源的配置,这就称为市场经济。在市场经济中,企业决定雇佣谁和生产什么商品,家庭决定购买哪家企业生产的商品和为哪家企业工作,这些企业和家庭在市场上相互交换,个人利益和市场价格引导它们的选择,令人惊奇的是,成千上万的企业、家庭,在没有任何统一指令的条件下,分散做出的决策,不仅没有引起混乱,反而形成井井有条的社会分工和交换。并且,历史经验也显示,市场经济在资源配置方面非常成功,表现为单个主体的资源配置决策,既实现了自己利益的最大化,也同时实现了社会利益的最大化。而实现这一切的主要原因在于市场中存在一只"看不见的手"——价格。在市场经济中,商品的价格是由市场的供求关系共同来决定的,家庭和企业在决定购买和出售时,都会根据自己行动的社会收益和成本来关注价格。在价格这只无形的手的指引下,在大多数情况下,大家在实现个人利益的同时,也实现了整个社会福利的最大化。

西方经济学家认为,多数国家既有个人和市场决策,也有政府的公共决策,形成一种计划与市场混合的体制和机制。我们需要研究这两种决策是怎样实现的,比较各自的适用范围和优劣,分析哪些领域或多大程度适宜个人决策,哪些领域或多大程度由政府决策更为恰当,以使社会的经济效益更高。

四、资源的所有关系

一国资源的总量、结构和性质,决定一国现实的生产力。投入生产的资源构成生产要素。资源或要素的稀缺性决定人们对其排他性占有,形成一定的所有制关系,即人们之间的经济利益关系。所有制关系的基础是资源或生产要素归谁所有。从历史和现实状况考察,它可以属个人所有、集体所有、社会或国家所有,还可以是混合所有。由于一国资源和生产力状况的多样性,由它决定的所有制结构也不是单一的,而是多种所有制并存的,但其中必有一种是主要的。一定的所有制结构形成该社会的基本经济基础。所有制的实现要通过生产、交换、分配和消费等经济运行过程。所有制形式本身也会随着资源和生产方式的改变而发展。

第三节 经济学的发展历程

自古以来,世界各国都产生过与当时社会制度相适应的经济思想。人们一般认为,经济学作为一个独立的学科是从古典学派开始的。

一、古典学派

古典学派是17世纪中期到19世纪30年代以亚当·斯密为代表的论证自由竞争市场机制合理性的经济学流派。古典学派诞生于资本主义自由竞争时期,它的突出贡献是:(1)它将经济学研究领域从流通转向生产,将国民财富增长的原因归纳为劳动分工和资本积累;提高了资产阶级在社会经济中的地位;(2)它把以财产私有、契约自由、自我负责为核心的市场机制看成一只看不见的手,认为市场能够有效地进行资源配置;(3)它主张自由贸易政策,反对贸易保护主义;(4)它坚持劳动价值论,并揭示出工资、利润和地租的对立关系。

古典学派为资本主义制度在英国的建立和生产力的大发展提供了强大的思想武器。但是,它一直未能解释资本主义制度下等量资本要求获得等量利润的原则与劳动价值论的矛盾。

二、新古典学派

新古典学派是古典经济学之后以马歇尔等人为代表的使用边际分析和均衡分析等数量分析方法坚持经济自由主义的学派。新古典学派诞生于资本主义垄断时期,它的突出特点是:(1)用边际效用价值论取代劳动价值论,又给边际效用找到需求价格这种外在货币表现形式。(2)把价格看成效用与生产费用的关系,使资本主义制度下的供求关系决定价格的理论能够接受实践的检验。(3)它把边际分析、均衡分析、弹性分析等方法引入经济学,奠定了微观经济学的数理基础。(4)它用福利经济学和一般均衡分析论证了完全竞争市场是一个理想的世界。

新古典学派使经济学的模型分析找到更完美的外在表现形式,使理论更能接受现实的检验。但是,它认为市场的资源配置和收入分配功能是合理的,这种美化在20世纪30年代大危机面前完全缺乏说服力。

三、凯恩斯主义经济学

凯恩斯主义经济学是凯恩斯在20世纪30年代大危机背景下用总量分析论证资本主义市场经济必然存在失业,以及主张政府通过刺激总需求实现充分就业的经济学说。凯恩斯主义经济学的四大标志是:(1)以总量分析取代微观经济学的个量分析,创立了宏观经济学。(2)它证明了由于总需求不足,资本主义市场经济必然存在失业,颠覆了新古典经济学的思维方式。(3)主张以累进所得税和转移支付改变收入分配,解决市场失灵的主要表现。(4)主张政府在萧条时期用降低利率的货币政策刺激投资,用扩大政府支出的赤字财政政策刺激总需求。

凯恩斯主义经济学对各国产生广泛影响,刺激了"二战"后二十世纪五六十年代的经济繁荣,促成了混合经济体制这种重大的制度变革。但是,70年代资本主义国家普遍出现的"滞胀"(经济停滞与通货膨胀并存)证明赤字财政政策不是灵丹妙药,使它遭遇其他学派的严厉挑战。此外,国有企业和高福利制度导致的低效率也引起人们的反思。

四、新古典综合派

新古典综合派是以萨缪尔森等人为代表的把凯恩斯的宏观经济学和新古典学派的微观经济学结合起来的经济理论。其突出贡献是:(1)提出IS-LM模型;用新古典的均衡分析重新阐述凯恩斯主义的收入决定理论,并把分析由商品市场扩大到货币市场。(2)它把分析扩大到劳动市场,建立了总供求模型,对通货膨胀提供了理论解释。(3)用乘数-加速数模型对经济周期提供了新的理论解释。(4)把国际收支纳入宏观经济分析,建立了开放条件下的宏观经济学。目前大多数经济学教科书仍然基本采用新古典综合派理论体系。

新古典综合派存在内部矛盾:凯恩斯主义经济学强调市场失灵和新古典学派强调市场有效之间具有对立性,这就使得把二者混合在一起的新古典综合派不断受到来自左右两方面的批判。

五、新剑桥学派

新剑桥学派又称凯恩斯左派,它是以罗宾逊等人为代表的反对新古典经济学、主张以收入分配理论为核心发展凯恩斯主义的经济理论体系。其典型贡献是:(1)它提出各种经济增长模型,以长期动态分析弥补了凯恩斯主义短期分析的缺陷。(2)它认为凯恩斯主义应当以收入分配理论为核心,提出新剑桥增长模型,强调工资与利润的比例决定经济增长并强调均衡增长在市场调节下难以实现。(3)它在政策主张上强调政府干预再分配来保证均衡增长得以实现。(4)它对垄断市场的资源配置功能进行了批判。

新剑桥学派具有比较浓厚的社会主义色彩,这使它在西方国家不可能处于主流地位。

六、货币主义

货币主义是在20世纪70年代以来以费里德曼等人为代表的以现代货币数量论为基础的强调货币政策和浮动汇率制重要性的经济学流派。货币主义有四个核心观点:(1)它以现代货币数量论为理论基础,强调货币需求取决于收入、利率、财产、股票收益、物价预期等一系列因素,货币需求是一个稳定函数,货币供给变化从而对短期的收入和长期的物价能产生显著影响。(2)主张单一货币规则,即在任何形势下都实行货币供给按固定比率增加的政策,它可消除货币数量变化造成的不稳定因素,特别是可以解决通货膨胀问题。(3)它认为资本主义市场经济本身是稳定的,在政府经济职能空前强大的时代重新强调市场的资源配置功能,反对凯恩斯主义以增加政府支出为主要手段的财政政策和以利率为主要手段的货币政策。(4)强调浮动汇率制,反对固定汇率制。

货币主义的局限性在于它过于强调货币因素一个方面,对复杂的现实经济采取过于简化的模型分析。它对政府经济职能的否定态度使它对现实的解释力减弱。即使在采用货币主义的英美两国,政府虽然在削减社会福利支出和非国有化方面符合货币主义,但是在政府支出和国民经济军事化方面却与其背道而驰。

七、理性预期学派

理性预期学派又称新古典宏观经济学,它是以卢卡斯等人为代表的以理性预期等概念重新阐述市场能实现充分就业的经济学说。其基本内容是:(1)提出市场出清假说,即工资和价格具有完全的可变性,它们的变化可保证劳动和商品市场迅速实现供求相等的均衡状态。(2)理性预期假说,即人们可以获得有关信息对未来做出符合理性的预测而不会犯系统性错误。(3)根据上述两个假说,它证明宏观经济政策无效而市场机制能有效调节经济运行。(4)它提出效率工资理论。效率工资是指企业为提高生产率而规定的高于市场出清水平的工资。它为非自愿失业提出新的解释。

理性预期学派的两个假说是否成立,目前存在激烈争论。它与货币主义一样,对政府经济职能持原则上的否定态度。

八、供给经济学

供给经济学是以拉弗等人为代表的强调供给在经济中的重要性的经济学派。它的主要观点是:(1)社会经济面临的主要问题不是总需求不足,而是总供给不足。(2)信奉萨伊定律,即供给会创造对它自身的需求。(3)把减税作为政府政策的核心环节。(4)强调保证自由竞争才能实现经济发展。

该理论强调降低税率能够刺激投资从而带来更多税收的观点不能得到实践证明,采用供给经济学的美国里根政府的财政赤字超过以往美国历届政府财政赤字总和。

九、新凯恩斯主义经济学

新凯恩斯主义经济学是以斯蒂格利茨等人为代表的反对市场自动出清假说,主张坚持政府干预的经济学流派。它的主要贡献是:(1)用个量分析重新证明凯恩斯主义经济学关于市场机制不能实现充分就业的结论,它用典型消费者和典型企业代表全体消费者与全体企业,使宏观分析建立在微观分析的基础之上。(2)用工资和价格黏性说明市场不能迅速出清;工资和价格黏性是指工资和价格的调整慢于总需求的变动。(3)用不完全信息经济分析说明理性预期假说不能成立。(4)政策主张上强调政府干预经济运行的必要性。

经济学是处于不断发展变化中的学科。它的不断变化说明它具有随着环境变化而进行自我修正的生命力。它把检验结果作为判断理论是否正确的标准,具有一定程度的科学性。但是,它的结论不是真理,这是每一个学生在学习经济学时必须注意的问题。

第四节 经济学的研究方法

引例

孔子学琴

《史记·孔子世家》中记载了一则孔子学琴的故事。他曾经向当时著名的一位名叫师襄子的琴师学习弹琴的技艺。师襄子教给他一个曲调进行练习,孔子记住曲谱后一连反复弹奏练习了十天,当师襄子要为他添加新的曲子时,孔子说自己还要继续练习。从熟悉乐曲的全部技法,到领会乐曲中所表达的情感和意蕴,一直到感悟出乐曲的作者是周文王,孔子都是通过一支曲子的反复练习,不断地深入领会。最后师襄子很惊讶,听了孔子说出作曲者的形象后,赶紧恭敬地给孔子施礼,并告诉他这首曲子的名字正叫《文王操》。

"孔子学琴的故事,其实已经给我们建立了一个十分明晰的学习方法的流程图,那就是:迅速掌握→反复练习→提升技法→领会意蕴→感悟作者,实现心心相印,感而遂通,达到与古人居的境界。这,就是中华民族传统学习方法中最为完整的方法之一;这,就是孔圣人所传授的宝贵治学精神,也是中华民族传统文化中教与学的方法论,也是经典诵读的方法论。"

何谓方法论?方法论,就是人们认识世界、改造世界的一般方法,是人们用什么样的方式、方法来观察事物和处理问题。如果说世界观主要解决世界"是什么"的问题,那么方法论主要解决"怎么办"的问题。方法论普遍适用于各门具体社会科学,并起到指导它们的作用,这当然也包括经济学。具体来说,经济学该采用什么方法来研究呢?

一、实证分析和规范分析

1. 实证分析

实证分析是指以客观事实为依据，对现象本身或研究对象的内在规律进行描述、解释和预测。实证分析法超脱研究者的主观价值判断，只研究经济活动中各种经济现象之间的相互联系，分析和预测人们经济行为的后果。实证方法研究和回答的经济问题是：(1)经济现象是什么？经济事物的现状如何？(2)有几种可供选择的决策和方法？(3)如果选择了某种方案，将会带来什么后果？如以经济增长问题为例，按实证分析法，就是首先搜集一些历史统计资料，然后用相关分析、回归分析等统计分析方法，探讨经济增长是怎样实现的？哪些因素促进了经济增长？等等，至于这种经济增长是好还是坏，则置之不理。

2. 规范分析

规范分析是以一定的价值判断和伦理标准为出发点，制定出行为标准，考察经济运行的后果，然后对一个经济体系的运行进行好坏优劣的评价，并进一步说明一个经济体系应当怎样运行才能符合这些标准，以及为此提出相应的经济政策。简而言之，规范分析是研究经济活动的价值判断标准的科学。规范方法研究和回答的经济问题是：(1)经济活动"应该是什么"或社会面临的经济问题应该怎么解决。(2)什么方案是好的，什么方案是不好的。(3)采用某种方案是否应该，是否合理，为什么要做出这样的选择。如仍以经济增长问题为例，若用规范分析法，就是：首先确立一些理想的经济增长标准，如经济增长应该"稳定"、"可持续"、"促进充分就业"、"保持物价稳定"、"提高居民生活水平"等，然后再看现实经济增长是不是符合这些标准，如果不符合，再考虑应该怎样进行调整，等等。

3. 实证分析和规范分析的联系与区别

(1) 实证分析和规范分析的联系

规范方法要以实证方法为基础，而实证方法也离不开规范方法的指导。一方面，规范分析不能独立于实证分析，规范分析往往以实证分析得到的结论为前提。当经济学家倡导、赞同或者反对某项社会政策时，其论据往往来自于对该政策的相关影响因素及其相互关系的实证分析。另一方面，实证分析离不开规范分析的指导。事实上，实证分析和规范分析从未划分过清楚的界限，也许只是强调不一样或方法不一样。

(2) 实证分析和规范分析的区别

第一，对价值判断的态度不同。实证方法为了使经济学具有客观科学性，就要避开价值判断问题；而规范方法要判断某一具体经济事物的好坏，则要从一定的价值判断出发来研究问题。是否以一定的价值判断为依据，是实证分析与规范分析的重要区别之一。

第二，要解决的问题不同。实证分析要解决"是什么"的问题，即确认事实本身，研究经济现象的客观规律和内在逻辑，分析变量之间的关系，并用于进行分析和预测。规范分析要解决"应该是什么"的问题，即要说明事物本身是好还是坏，是否符合某种价值判断，或者对经济现象的社会意义。

第三，实证分析得出的结论是客观的，可以用事实进行检验；规范分析得出的结论是主观的,无法进行检验。规范方法研究经济问题所得出的结论要受到不同价值观的影响,没有客观性。处于不同阶级地位,具有不同价值判断标准的人,对同一事物的好坏会做出截然相反的评价,谁是谁非没有绝对的标准,从而也就无法检验。

二、实证分析:理论形成过程

尽管经济学应该既是实证经济学,也是规范经济学,但在当代经济学中,实证经济学是主流,实证方法是经济分析中最基本的方法。实证分析是一种根据事实加以验证的陈述,而这种实证性的陈述则可以简化为某种能根据经验数据加以证明的形式。在运用实证分析法研究经济问题时,就是要提出用于解释事实(即经济现象)的理论,并以此为根据做出预测。这也就是形成经济理论的过程。

1. 理论的组成

一个完整的理论由定义、假设、假说和预测四个部分组成。

(1) 定义。定义是对经济学所研究的各种变量所规定的明确的含义。变量是一些可以取不同数值的量。在经济分析中常用的变量有内生变量、外生变量、参数、存量与流量。内生变量是指一个经济模型中要加以说明的变量;外生变量是指那些可以影响内生变量,但是它们本身是由经济模型以外的因素决定的变量。存量是指在一定时点上存在的变量的数值;流量是指在一定时期内发生的变量数值。内生变量和外生变量、存量和流量相互交叉。存量和流量都可以是内生变量。

(2) 假设。假设是某一理论所适用的条件。因为任何理论都是有条件的、相对的,所以在理论的形成中假设非常重要,离开了一定的假设条件,分析与结论就是毫无意义的。例如需求定理是在假设消费者的收入、嗜好、人口量、社会风尚等前提下来分析需求量与价格之间的关系。消费者收入、嗜好、人口量、社会风尚等不变就是需求定理的假设。离开这些假设,需求定理所说明的需求量与价格反方向变动的真理就没有意义。在形成理论时,所假设的某些条件往往不现实,但没有这些假设就很难得出正确的结论。

(3) 假说。假说是两个或更多的经济变量之间关系的阐述,也就是未经证明的理论。在理论形成中提出假说是非常重要的,这种假说往往是对某些现象的经验性概括或总结。但要经过验证才能说明它是否能成为具有普遍意义的理论。因此,假说并不是凭空产生的,它仍然来源于实际。

(4) 预测。预测是根据假说对未来进行预期。科学的预测是一种有条件性的说明,其形式一般是"如果……就会……"。预测是否正确,是对假说的验证。正确的假说的作用就在于它能正确地预测未来。

2. 理论的形成过程

首先,要对所研究的经济变量确定定义,并提出一些假设条件。其次,根据这些定义与假设提出一种假说。根据这种假说可以提出对未来的预测。最后,用事实来验证这种预测是否正确。如果预测是正确的,这一假说就是正确的理论,如果预测是不正确的,这一假说就是错误的,要被放弃,或进行修改。

3. 理论的表述方式

运用实证分析得出的各种理论可以用不同的方法进行表述,也就是说,同样的理论内容可以用不同的方法表述。一般来说,经济理论有四种表述方法:第一,口述法,或称叙述法。用文字来表述经济理论。第二,算术表示法,或称列表法。用表格来表述经济理论。第三,几何等价法,或称图形法。用几何图形来表述经济理论。第四,代数表达法,或称模型法。用函数关系来表述经济理论。这四种方法各有其特点,在分析经济问题时得到了广泛的运用。

三、实证的分析工具

实证分析要运用一系列的分析工具,诸如均衡分析与非均衡分析、静态分析与动态分析、定性与定量分析、个量分析与总量分析、长期分析与短期分析、经济模型、边际分析法等。

1. 均衡分析

(1) 均衡分析的定义

均衡是从物理学中引进的概念。在物理学中,均衡表示同一物体同时受到几个方向不同的外力作用而合力为零时,该物体所处的静止或匀速运动的状态。英国经济学家马歇尔把这一概念引入经济学中,主要是指经济中各种对立的、变动着的力量处于一种力量相当、相对静止、不再变动的境界。

经济学的均衡是指经济决策者(消费者个人、厂商)在权衡决策其使用资源的方式或方法时,认为重新调整其配置资源的方式已不可能获得更多的好处,每个人都不会愿意再调整自己的决策,从而不再改变其经济行为;或者相互抗衡的力量势均力敌,所考察的事物不再发生变化。如在目前的价格下,买方和卖方的决策正好相容,即买方愿买的数量恰好等于卖方愿卖的数量,若任何一方改变改变数量不会给自己带来更大的好处,则价格和数量便静止下来,达到均衡。

(2) 均衡分析的分类

均衡又分为局部均衡与一般均衡。

局部均衡分析是将经济事件分为若干部分,将某些部分存而不论,而集中考察其中的某一部分。局部均衡是在假定某些因素不变的前提下,单个市场均衡的建立与变动,分析各种变量对单个市场的影响,即仅研究单个市场的均衡(单独分析产品市场,假设其他条件不变)。

一般均衡分析在分析决定某种商品的价格时,则在各种商品和生产要素的供给、需求、价格相互影响的条件下来分析所有商品和生产要素的供给与需求同时达到均衡时所有商品的价格如何被决定。一般均衡分析是关于整个经济体系的价格和产量结构的一种研究方法,是一种比较周到和全面的分析方法,但由于一般均衡分析涉及市场或经济活动的方方面面,而这些又是错综复杂和瞬息万变的,实际上使得这种分析非常复杂和耗费时间。所以在西方经济学中,大多采用局部均衡分析。

2. 静态分析、比较静态分析和动态分析

(1) 静态分析

静态分析即在既定的条件下考察某一经济事物在经济变量相互作用下所实现的均衡状

态的特征,是根据既定的外生变量来求得内生变量值的分析方法。分析经济现象的均衡状态以及有关的经济变量达到均衡状态所需要具备的条件,它完全抽掉了时间因素和具体变动的过程,是一种静止地、孤立地考察某些经济现象的方法。静态分析是与均衡分析密切联系的一种分析方法,运用此方法分析经济规律时,是假定这些规律是在一个资本、人口、生产技术、生产组织和需求状况等因素不变这样设想的静态社会里起作用。比如,在消费者行为理论中,我们分别考察了价格、收入变动对消费者均衡的影响(供求均衡、消费者均衡);在市场结构理论中,我们分析了厂商和行业在不同需求水平下均衡产量的决定(生产者均衡);在要素定理中,我们也比较了在不同市场结构下厂商对均衡要素使用量的选择。

(2) 比较静态分析

比较静态分析就是分析已知条件变化后经济现象均衡状态的相应变化,以及有关经济变量达到新的均衡状态时的相应变化。显然,比较静态分析只是对个别经济现象一次变动的前后以及两个或两个以上的均衡位置进行比较分析,而舍弃掉对变动过程本身的分析。在一个用解析法来描述的经济模型中,当外生变量发生变化时,内生变量也同样会发生变化。这种研究外生变量变化对内生变量的影响方式,以及分析比较不同数值的外生变量下的内生变量的不同数值的方法就是比较静态分析方法。

比较静态分析是将一种给定条件下的静态与新的条件下产生的静态进行比较。因为,如果原有的已知条件发生了变化,则导致有关的变量相应发生一系列变化,从而打破原有的均衡,达到新的均衡,比较静态分析就是对新、旧两种均衡状态进行对比分析。这种分析只是对既成状态加以比较,但并不涉及条件变化的调整过程或路径,不研究如何由原来的均衡过渡到新的均衡的实际过程。西方经济学中的对价格—消费曲线、扩展线等的分析就是运用的比较静态分析方法。

(3) 动态分析

动态分析是指考虑时间因素对所有均衡状态向新的均衡状态变动过程的分析。动态分析又被称为过程分析,其中包括分析有关经济变量在一定时间内的变化、经济变量在变动过程中的相互关系和相互制约的关系以及它们在每一时点上变动的速率等。按照英国经济学家希克斯的观点,动态分析方法又可以分为稳态分析和非稳态分析两种。稳态分析承认经济变量随着时间的推移而变化,但同时假设变动的比率或幅度为不随时间的推移而变动的常数。稳态分析与静态分析之间只存在量的差异。非稳态分析则强调动态分析与静态分析之间的质差异,这种分析方法认为,由于时间的不可逆性,过去和未来是不相同的。过去的事情是确定的,而未来则具有不确定性。过去做的事情现在无法更改,要改也只能通过今后的步骤加以改变;而现在做的事情,对将来的影响无法确知。依靠过去的经验推断未来,结果常常是靠不住的。所以,为了对不确定的未来进行研究,就需要在动态分析中采用一批专门用来分析不确定性的概念。例如,企业之所以保持一定数量的存货,就是为了预防市场上可能出现的无法预料的变化对企业造成不利的影响。

3. 定性分析和定量分析

(1) 定性分析

定性分析就是分析研究经济现象内在的性质与规律性。具体地说,是运用归纳、综合以及抽象与概括等方法,对获得的各种材料进行思维加工,从而能够去粗取精、去伪存真、由此及彼、由表及里,达到认识事物本质、揭示其内在的规律性。定性分析常被用于对事物相互作用的研究中。它主要是分析和解决研究对象"有没有"或者"是不"的问题。

(2) 定量分析

定量分析是将所研究的经济现象的有关特征及其变化程度实行量化,然后对取得的数据进行统计学处理,从对事物量变过程的分析中得出结论。从根本上说,定量分析渗透着这样一个观念:世界上一切事物不依赖人的主观意志而存在,是可以被认识的;它们的各种特征都表现为一定的量的存在或以不同的量的变化表现其变化的过程。定量分析是要说明事物或现象是"如何变化的"或"变化过程与结果怎样"的问题。定性分析与定量分析相互补充,相得益彰,具有不可分离的关系,处在统一的连续体之中。在实际经济问题分析过程中,定性分析为定量分析提供基础,定量分析的结果要通过定性分析来解释和理解。

4. 个量分析和总量分析

(1) 个量分析

个量分析是指以单个经济主题(单个消费者、单个生产者、单个市场)的经济行为作为考察对象的经济分析方法。个量研究主要以单个经济主体的活动为研究对象,在假定其他条件不变的前提下研究个体的经济行为和经济活动,其特点是把一些复杂的外在因素排除,突出个体经济主体的现状和特征。这种研究方法在实践中主要分析单个企业中要素的投入量、产出量、成本和利润的决定及单个企业有限资源的配置、单个居民户的收入合理使用,以及由此引起的单个市场中商品供求的决定、个别市场的均衡等问题。

(2) 总量分析

总量分析就是指对宏观经济运行总量指标的影响因素及其变动规律进行分析。总量分析主要是一种动态分析,因为它主要研究总量指标的变动规律。同时,也包括静态分析,因为总量分析包括考察同一时期内各总量指标的相互关系,如投资额、消费额和国民生产总值的关系等。总量分析方法把制度因素及其变动的原因及后果和个量都看成是不变或已知的前提下,以经济发展的总体或总量为研究主体,研究宏观经济总量及其相互关系。例如,在研究消费时,只着眼于社会总消费与总收入、总投资、总储蓄的相互关系,对个体的消费行为及其变动则不予关注。这种研究方法由于抓住经济运动的总体状况及总体结构,因而其研究结果对把握国民经济全局具有重要作用。但这种研究方法也有局限性:主要是往往忽视个量对总量的影响。

作为实证的分析方法,不论是总量研究方法,还是个量研究方法都具有重要的科学价值。由于个量与总量的关系不是简单的加和关系,有些经济现象从总体和个体不同的视角来研究,其结果会有所不同。

5. 长期分析和短期分析

经济现象在不同的时间尺度上具有不同的表现属性。短期分析和长期分析是经济学关于供给面的分析,以生产要素能否全部调整来判断。

"短期"定义:假设有一个生产要素是固定不变的,即不能加以调整,通常资本在短期内是不能变动的,即在不同部门间不能自由流动。而另一个生产要素(劳动)则可自由变动。短期内只能调整原材料及工人的数量,而不能调整固定设备和管理人员的数量。

"长期"定义:厂商可以根据它所要达到的产量来调整其全部生产要素。长期条件下生产要素在不同部门间可以完全自由流动。微观经济学中的长短期与要素调整相联系,宏观经济学的长短期与价格灵活性所要求的时间相联系。区分长期与短期是经济学分析的重要背景之一,也是经济学争议的原因之一。

6. 经济模型

经济模型是指用来描述所研究的经济现象与有关的经济变量之间的依存关系的理论结构。简单地说,把经济理论用变量的函数关系来表示就称为经济模型。一个经济模型是指论述某一经济问题的一个理论,如前文已指出,它可用文字说明(叙述法),也可用数学方程式表达(代数法),还可用几何图形式表达(几何法、画图法)。

由于任何经济现象不仅错综复杂,而且变化多端,如果在研究中把所有的变量都考虑进去,就会使得实际研究成为主要的可能。所以任何理论结构或模型,必须运用科学的抽象法,舍弃一些影响较小的因素或变量,把可以计量的复杂现象简化和抽象为为数不多的主要变量,然后按照一定函数关系把这些变量编成单一方程或联立方程组,构成模型。

由于在建立的模型中,选取变量的不同,及其对变量的特点假定不同,因此,即使对于同一个问题也会建立起多个不同的模型。经济数学模型一般是用一组变量所构成的方程式或方程组来表示的,变量是经济模型的基本要素。变量可被区分为内生变量、外生变量和参数。例如,一种商品的市场价格的决定问题。一般来说,决定一种商品的市场价格是极其复杂的,经济学家在研究这一问题时,在众多的因素中精简得只剩下商品的需求、供给和价格三个基本因素。在此基础上,建立起商品的均衡价格是由商品的市场需求量和市场供给量相等时的价格水平所决定的这样一个经济模型。该模型可以被表示为三个联立的方程组:

$$\begin{cases} Q_d = \alpha - \beta \cdot P & (1.1) \\ Q_s = -\delta + \gamma \cdot P & (1.2) \\ Q_d = Q_s & (1.3) \end{cases}$$

其中,α、β、δ、γ 为参数(常数)。式(1.1)称为需求曲线方程,式(1.2)称为供给曲线方程,式(1.3)称为均衡方程式。将式(1.1)和式(1.2)代入式(1.3)就可以求得价格和数量的均衡解。

在由式(1.1)、式(1.2)、式(1.3)构成的均衡价格假定模型中,Q 和 P 是模型所要决定其数值的变量,称为内生变量。α、β、δ、γ 的数值是由模型以外的外部条件所决定的,称为外生变量,也被称为参数。外生变量 α、β、δ、γ 的值,将决定内生变量 Q 和 P 的值。

7. 边际分析法

边际即"额外"、"追加"的意思,属于导数和微分的概念。边际分析就是运用微分方法研究经济运行中的增量变化,用 $\dfrac{因变量的化量}{自变量的化量}$ 以分析各经济变量之间的相互关系及变化过程,其结果可以用来考查,也可以说边际分析是指当自变量发生小量变动时,因变量相应的变动率。

边际分析法广泛运用于各经济行为和经济变量的分析过程,如对效用、成本、产量、收益、利润、消费、储蓄、投资、要素和效率等的分析中都有边际概念。本课程涉及的边际变量有:边际效用、边际收益、边际成本、边际产品、边际生产力等。

例如,企业在一定产量水平时,每增加一个单位的产品对总利润产生的影响,可以用以下的公式来说明:

$$边际值 = \frac{\Delta f(x)}{\Delta x} \qquad (1.4)$$

其中,x 代表产量,$f(x)$ 代表收益,表现为 x 的函数。式(1.4)中的边际值就表示每增加一单位产品生产使总收益增加的数量。

假设基数 x 处在变化中,那么,每增加一个单位的投入,这个单位所引起的产出的增量是变化的。若边际值为正,意味着因变量随自变量的增加而增加;若边际值为负,意味着因变量随自变量的增加而减少;若边际值为零,意味着因变量或为极大,或为极小。

第五节 微观经济学和宏观经济学

一、微观经济学

现代的西方经济学根据考察领域和角度的不同,分为微观经济学和宏观经济学。微观经济学研究个体单位的选择或决策行为,这些个体单位包括消费者、员工、投资者、企业等任何参与经济运行的个人或实体,也包括这些个体进行经济活动的场所——单个产业或单个市场。微观经济学主要阐述和解释这些单个经济单位是如何做出各类选择和决策的。例如,消费者该选择购买什么商品,购买多少件?厂商该雇佣多少员工,购买多少生产资料,生产和销售多少数量的商品?单个市场是如何决定某种商品的价格和数量等。

二、宏观经济学

宏观经济学则是以整个国民经济活动作为研究对象,研究社会经济活动的总体表现,分析并理解经济总量水平及其变动的决定因素,这些经济总量涉及总产量、总就业、物价水平、国际收支等。宏观经济学主要分析总体行为背后隐藏的规律。国民收入的决定、长期增长、短期波动及其相关变量的运行是阐述宏观经济学原理的一条逻辑线索。

三、微观经济学与宏观经济学的区别和联系

微观经济学和宏观经济学在形式上有所区别,但彼此之间也存在着联系。首先,宏观经济学分析的是总体行为的结果,而总体行为是以个体行为为基础的。因此,可以说,微观经济学是宏观经济学的基础,而宏观经济学的许多内容其实也是微观经济分析的延伸。其次,宏观经济学同样涉及市场的供求分析,不过,是总供求而不是单个市场的供求,要理解总体市场如何运转,必须要先了解消费者、企业等的行为。最后,微观经济学

和宏观经济学的分析均是围绕资源的使用展开的,只是互相把对方所分析的内容作为自己的分析前提。

第六节 为什么要学习经济学

经济学是一门指导人们经济行为的科学,它研究人类一般经济生活事务,其原理可以运用到生活的许多方面。

一、有助于人们更好地理解周围的世界

在日常生活中,人们经常会遇到和经济有关的问题。比如,我们到一家大型百货公司买东西,会看到各种商品琳琅满目,每种商品的价格都不相同,为什么价格会不同呢?生产同种类型的商品,为什么有的企业出现供不应求的状况,而有的企业却出现滞销呢?2008年美国次贷危机引发了全球经济危机,那为什么会产生这些危机,对我国经济带来了怎样的影响?诸如此类问题,恰恰是经济学这门课程可以帮助我们回答的。

二、有助于人们在生活中和工作中更好地决策

当我们还是个学生时,也会面临选择,比如大学本科毕业时,是选择继续深造读研呢,还是步入社会参加工作,要做出选择,我们必须要计算读研的成本是多少,收益是多少,而研究生毕业后收入能达到多少,同时还要计算本科毕业后收入多少,5~6年之后收入又能达到多少,然后将两者进行比较。当我们参加工作时,我们要选择合适的部门和单位,同时还要选择是牺牲休息多加班以换取更多收入,还是宁可选择减少收入来充分享受生活呢?当我们取得工资收入后,是多储蓄、多消费还是多投资呢?如果要投资,那是购买股票,购买基金,还是买房投资呢?如果要买房,那什么时候购买最划算呢?要做这些决策,都需要有经济学知识,才能做出正确决策,达到效用最大化。如果我们有机会管理一家企业,那么更加需要经济学知识。因为我们要决定和企业经营有关的一切决策,比如生产多少产量,如何定价,如何控制成本,怎样能保证投入最少,产出最大,从而收益和利润最高。学习经济学虽然不会说一定会使我们成功,但可以开启我们成功必需的智慧,经济学本身不会使我们富有,但会有助于我们掌握成功的钥匙!

三、有助于人们更好地理解社会经济的发展变化,正确评定政府的经济决策

我们国家每年的GDP是多少,增长速度是多少,每年基本建设的投资是多少等,国家每年都会发布国家统计数据来记录这些数字,学习了经济学后,我们就能理解这些数字背后隐藏的含义,还可以对下一季、下一年的经济发展态势做个大致的预测,而对于国家出台的各项重大政策,我们还会有一个自己的判断标准,并且不一定会与官方、媒体或者专家的意见一致!例如,要不要开征房产税,房产税的开征会有效遏制房价的狂热上涨吗?对老百姓而

言,是利多还是弊多？我们现在的宏观政策是稳健的,还是从宽从紧的？为什么要实施稳健的宏观政策？我国的改革开放发展到现在,该如何进一步深化和推进呢？

经济学原理可以解释上述三个方面的许多问题,所以,它是一门能够学以致用的学科。无论是经济管理学科的同学、其他人文科学的同学,还是理科同学、国家机关里的公务员,或是企事业单位里的行政管理人员、技术人员、经济工作人员都需要学习它,它会指导我们以后的一切经济活动！

本章小结

一、主要结论

（1）经济学就是一门研究如何利用有限的资源来满足人类无限欲望的社会科学。所谓稀缺性,是指人的欲望总是超过能用于满足自身欲望的资源。

（2）资源配置要解决三个基本问题：第一,生产什么,生产多少；第二,如何生产,即生产方式的问题；第三,为谁生产。

（3）资源配置问题是研究人们如何进行选择,把可以有其他用途的稀缺资源使用于生产各种物品上,并把生产的物品分配给社会各成员；主要目的是使资源达到合理有效地利用,属于微观经济学范围需要研究的问题。资源总量的充分利用问题是研究整个国民经济活动,使资源总量既不闲置,又不使用过度和滥用；主要目的是寻找用什么手段来改善一国资源总量的利用状况,实现潜在的国民收入和经济的稳定增长,并从长远考虑使经济可持续发展,这些则属于宏观经济学需要研究的问题。

（4）实证分析是指以客观事实为依据,对现象本身或研究对象的内在规律进行描述、解释和预测。实证分析法超脱研究者的主观价值判断,只研究经济活动中各种经济现象之间的相互联系,分析和预测人们经济行为的后果。

（5）规范分析是以一定的价值判断和伦理标准为出发点,制定出行为标准,考察经济运行的后果,然后对一个经济体系的运行进行好坏优劣的评价,并进一步说明一个经济体系应当怎样运行才能符合这些标准,以及为此提出相应的经济政策。简而言之,规范分析是研究经济活动的价值判断标准的科学。

（6）微观经济学研究个体单位的选择或决策行为,这些个体单位包括消费者、员工、投资者、企业等任何参与经济运行的个人或实体,也包括这些个体进行经济活动的场所——单个产业或单个市场。

（7）宏观经济学则是以整个国民经济活动作为研究对象,研究社会经济活动的总体表现,分析并理解经济总量水平及其变动的决定因素,这些经济总量涉及总产量、总就业、物价水平、国际收支等。

二、基本概念

经济学　资源　稀缺性　资源配置　实证分析　规范分析　均衡分析　静态分析　比较静态分析　动态分析　微观经济学　宏观经济学

本章练习

一、讨论题

1. 在日常生活中,每个人其实都在自觉不自觉地运用着经济学知识。比如在自由市场里买东西,我们喜欢与小商小贩讨价还价;到银行存钱,我们要想好是存定期还是活期。尽管我们在日常生活中时常有意无意地运用了一些经济学知识,但如果对经济学知识缺乏基本的了解,就容易在处理日常事务时理性不足,给自己的生活平添许多不必要的烦恼。比如,刚刚买回车子,没过两天,这款车子却降价了,大部分人遇到这种情况的时候都垂头丧气,心里郁闷得很;倘若前不久刚刚买了房子,该小区的房价最近却上涨了,兴高采烈是一般购房者的正常反应。这些反应虽然符合人之常情,但跌价带来的郁闷感觉却是错误的。经济学认为,正确的反应应该是:无论是跌价,还是涨价,都应该感觉更好。经济学认为,对消费者而言,最重要的是自己消费的是什么,而不是房价、车价是多少以及其他商品的价格是多少。在价格变动以前,我们所选择的商品组合(房子、车子加上用收入余款购买的其他商品)就是对自己来说最好的东西。如果价格没有改变,我们会继续这样的消费组合。在价格变化以后,我们仍然可以选择消费同样的商品,因为房子、车子已经属于我们了,所以,我们不可能因为价格变化而感觉更糟糕。但是,由于房子、车子与其他商品的最佳组合取决于房价、车价,所以,过去的商品组合仍然为最佳是不可能的。这就意味着现在还有一些更加吸引人的选择,因此,我们的感觉应该更好。新的选择虽然存在,但我们却更钟情于原来的最佳选择(原来的商品组合)。请讨论一下,我们学习经济学的意义及目的是什么?我们今后打算如何来学习经济学?

2. 从国家发改委获悉,2007年9月份全国煤炭产量继续增长,煤炭市场交易活跃,交易价格走高,海上煤炭运价上升。重点集散地区煤炭交易价格创历史新高。进入9月份以后,秦皇岛、天津等沿海煤炭集散地区市场动力煤的交易继续活跃,交易价格也继续保持着自5月下旬以来的上扬状态。9月末,秦皇岛港发热量5 500大卡/千克和5 000大卡/千克动力煤的成交价格分别是478~483元/吨和435~440元/吨,各煤炭品种的交易价格平均比8月末上涨了10~15元/吨,比5月中旬低潮时上涨了30~40元/吨。9月份,受生产和集散地区煤炭交易价格及海上运价上扬的影响,沿海地区消费市场的煤炭价格有较大幅度上涨。请讨论一下,煤炭价格的上升对煤炭企业产生什么影响?该分析属于实证分析还是规范分析?

二、判断题

1. 只有在社会主义国家才存在稀缺问题。(   )
2. 稀缺问题之所以产生,是因为人们想要的多于我们所拥有的。(   )
3. 经济理论揭示了经济现象之间的因果关联。(   )
4. "物价高一些好还是低一些好"的命题属于实证经济学问题。(   )
5. 实证经济学给出的结果是能够验证的。(   )

6. 实证经济学主要强调"应该怎么样"。（　　）
7. 比较静态分析是从时间序列角度对经济现象的分析。（　　）
8. 均衡状态就是静止不变的状态。（　　）
9. 微观经济学研究的对象不包括总需求和总供给。（　　）
10. 微观经济学要解决的问题是资源利用，宏观经济学要解决的问题是资源配置。（　　）

三、单选题

1. 下列哪一种资源是相对最不具有稀缺性的？（　　）。
   A. 医生　　　　　B. 苹果　　　　　C. 铁矿石　　　　　D. 空气
2. 下列中的哪一个属于经济学研究的问题？（　　）。
   A. 自己如何赚钱的问题　　　　　B. 如何实现稀缺资源的有效配置问题
   C. 用数学方法建立理论模型　　　D. 政府如何提高国民素质的问题
3. 由市场配置资源意味着（　　）。
   A. 社会的每个成员都能得到他想要的任何东西
   B. 稀缺的物品售卖给那些出价最高的人
   C. 政府必须决定每个人应得到多少物品
   D. 要得到急需的物品必须排队
4. 实证经济学与规范经济学的根本区别是（　　）。
   A. 是否包括价值判断　　　　　B. 研究对象不同
   C. 研究范围不同　　　　　　　D. 是否运用了归纳法
5. 经济学研究方法中的规范分析（　　）。
   A. 描述经济如何运行　　　　　B. 研究"是什么"的问题
   C. 研究"应该是什么"的问题　　D. 预测行动的过程
6. 下列说法中属于实证表述的是（　　）。
   A. 男女应该同工同酬　　　　　B. 一个社会应该保持较小的收入差距
   C. 降低失业比抑制通货膨胀更重要　D. 公务员的收入比工人高
7. 下列属于规范分析表述的是（　　）。
   A. 由于收入水平低，大部分中国人还买不起小轿车
   B. 随着收入水平的提高，拥有小轿车的人越来越多
   C. 鼓励私人购买小轿车有利于促进我国汽车工业的发展
   D. 提倡轿车文明是盲目学习西方国家，不适合我国国情
8. 如果所有经济学家一致赞成某种理论，该理论一定是（　　）。
   A. 实证的　　　　　　　　　　B. 规范的
   C. 既不是 A，也不是 B　　　　D. 既是 A，也是 B
9. 经济均衡是指（　　）。
   A. 在其他条件不变时，经济行为或经济状态不再改变
   B. 无论发生什么情况，这种状态都将处于稳定状况
   C. 一种理想状况，在现实中并不会发生
   D. 规范分析中才使用的范畴

10. 下列中的哪一个问题是最有可能被微观经济学家所研究的？（   ）

A. 一般物价的膨胀

B. 整个经济中的失业

C. 政府支出的总水平对经济的影响

D. 一家汽车企业雇佣的员工总人数

四、简答题

1. 请简要回答什么是实证分析，什么是规范分析，并据此分析下列观点分别属于什么分析方法：

(1) 2008年11月，央行在大幅度下调金融机构存贷款基准利率的同时，央行再贷款、再贴现等利率同步下降。且央行还宣布，从2008年12月5日起，下调工商银行、农业银行、中国银行、建设银行、交通银行、邮政储蓄银行等大型存款类金融机构人民币存款准备金率1个百分点，下调中小型存款类金融机构人民币存款准备金率2个百分点。

(2) 毫无疑问，降息帮助企业减轻了运营成本，会起到扩大生产的效果，但最终对刺激经济的力度有多大，关键还取决于银行资金流入实体经济的力度。"降息并不会使银行放贷加大，相反，现在恶劣的经济形势下，银行惜贷的倾向难以一下子扭转过来。"社科院金融所金融市场研究室主任曹红辉认为。

第二章
市场经济：交易、需求与供给

 学习目标

- 了解并掌握需求曲线。
- 了解并掌握供给曲线。
- 了解均衡价格的含义、决定以及移动等相关内容，掌握供求定理的内涵。
- 了解并掌握需求弹性和供给弹性的相关概念和含义。

 重点、难点

重点：需求曲线、供给曲线、均衡价格、需求与供给弹性。
难点：均衡价格的决定与移动、收入弹性、交叉价格弹性。

 引例

如何看待国际油价的暴涨暴跌

石油被称为国民经济的"血液"，是重要的战略资源，也是过去50年来影响世界政治风云和经济发展的重要因素之一。回顾近十几年来国际油价的走势可以看出，从中长期来看，油价是世界经济的风向标。据有关专家的研究，在世界经济增长期，石油需求增长较快，价格上涨；在经济衰退期，石油需求下降较快，价格下降。

2003—2007年，全球经济年均增长4.6%，从需求量来看，石油市场需求比较旺盛；从供给角度来看，老油田产量萎缩、产油国局势动荡等都影响了石油投资及炼油能力的提高。而这段时间，国际油价也一直在高位运行。而自2007年8月份次贷危机爆发以来，全球经济开始出现调整的迹象，特别是2008年9月以来，美国金融危机不仅逐渐向全球扩散，而且不断冲击实体经济，全球经济增长前景严重低迷，石油需求增长显著放缓，国际油价总体上呈现出暴涨暴跌、急剧波动的走势。

2008年年初以来，国际油价出现急剧暴涨，至2008年7月11日纽约市西得克萨斯原油期货价格盘中飙升至每桶147.27美元的历史最高价位；然而自此以后国际油价彻底改变了单边暴涨格局，至2008年12月底跌至每桶40美元平台运行，跌幅超过了75%。

对于国际油价暴涨暴跌的成因，各方争论异常激烈。一般而言，决定油价上涨或下跌的根本原因是供求关系。由于原油是不可再生性资源，所以在没有新的大型油田被发现，或有重大技术创新出现时，影响原油价格的最主要因素是决定原油需求的世界经济发展状况。那么，供求关系是如何影响原油价格的呢？要回答这个问题，我们首先要知道什么是需求？什么是供给？影响需求与供给的因素是什么？石油的均衡价格是如何形成的？

第一节 商品的需求和供给

价格理论是微观经济学的核心和理论分析的起点,而需求和供给又是决定价格的两种基本力量。因此,我们将首先介绍需求和供给的相关知识。

一、需求理论

1. 需求函数

一种商品的需求是指消费者在一定时期内在各种可能的价格水平下愿意而且能够购买的该商品的数量。在理解需求这个概念时应该注意的是,需求是购买欲望和支付能力的统一,缺少任何一个条件都不能称为需求。因此,需求必须具备两个条件:一是消费者愿意购买;二是消费者有支付能力。例如,某消费者很想购买一台电脑,但他的收入较低,除了日常支出之外,他所有的储蓄无法达到电脑的价格水平。在不存在借贷的条件下,不能形成对电脑的需求。

影响需求的因素很多,既有经济因素,也有非经济因素,概括起来主要有以下五种:

① 商品的自身价格。假定其他条件不变,一种商品的价格越高,该商品的需求量就会越小。相反,价格越低,需求量就会越大。

② 相关商品的价格。各种商品之间存在着不同的关系,因此,其他商品价格的变动也会影响某种商品的需求。商品之间的关系有两种,一种是互补关系,另一种是替代关系。

如果两种商品必须同时使用才能满足消费者的某一种欲望,则称这两种商品之间存在着互补关系,这两种商品互为互补品。例如电脑硬件与操作系统软件。电脑硬件和操作系统软件总是搭在一起出售。当一种商品(例如电脑硬件)的价格上升时,对另一种具有互补关系的商品(例如操作系统软件)的需求数量就会减少。反之,当一种商品的价格下降时,对另一种具有互补关系的商品的需求数量就会增加。互补商品价格变化引起该商品需求数量反方向变动。

如果两种商品之间可以相互代替以满足消费者的某一种欲望,则称这两种商品之间存在着替代关系,这两种商品互为替代品。例如,羊肉和牛肉就是这种替代关系。当一种商品(例如羊肉)价格上升时,对另一种商品(例如牛肉)的需求数量就会增加。反之,当一种商品价格下降时,对另一种商品的需求数量就会减少。替代商品价格变化引起该商品需求数量同方向变动。

③ 消费者的收入水平。对于大多数商品来说,当消费者的收入水平提高时,就会增加对商品的需求量。相反,当消费者的收入水平下降时,就会减少对商品的需求量。

④ 消费者的偏好。当消费者对某种商品的偏好程度增强时,该商品的需求量就会增加。相反,偏好程度减弱,需求量就会减少。消费者的偏好是心理因素,但更多地受人们生活与其中的社会环境、特别是当时当地的社会风俗习惯影响。比如现在的人们越来越讲究养生保健,曾经有个养生保健专家提倡绿豆能治百病,结果导致社会上出现了抢购绿豆的风潮,这就是一个消费者偏好改变带来需求改变的典型例子。

⑤ 消费者对商品的价格预期。当消费者预期某种商品的价格在未来下一期会上升时,就会增加对该商品的现期需求量;当消费者预期某商品的价格在将来下一期会下降时,就会减少对该商品的现期需求量。

总之,影响需求的因素是多种多样的,有些主要影响需求欲望(如消费者偏好和消费者对未来的预期),有些主要影响需求能力(如消费者收入水平)。这些因素共同作用决定了需求。

如果将影响需求的各种因素作为自变量,把需求作为因变量,则可以用函数关系表示影响需求的因素与需求之间的关系,这种函数关系称为需求函数。以 Q_d 代表需求,函数表达式为

$$Q_d = f(P, W, E, R, \cdots)$$

其中 P 代表商品自身价格,W 代表消费者的收入,E 代表消费者的偏好,等等。研究多元函数比较复杂,而且对于探讨局部均衡价格的决定来说,没有必要讨论复杂的多元函数,因此,我们只研究比较简单的一元函数。因此,需求函数可以表达为:

$$Q_d = f(P) \tag{2.1}$$

这一公式表示一种商品的需求量与价格之间存在着一一对应的关系。式中,P 为商品的价格;Q_d 为商品的需求数量。

2. 需求曲线

消费者对一定量商品所愿意支付的价格称为需求价格。每个消费者在不同的价格水平条件下,对商品的需求量会有所不同,我们可以把商品价格和需求量的关系通过例子列成需求表来说明需求问题。表 2-1 是一张某商品的需求。

表 2-1 某商品的需求

价格—数量组合	A	B	C	D	E	F	G
价格(元)	1	2	3	4	5	6	7
需求量(单位数)	700	600	500	400	300	200	100

从表 2-1 可以清楚地看到商品价格与需求量之间的关系。譬如,当商品价格为 1 元时,商品的需求量为 700 单位;当价格上升为 2 元时,需求量下降为 600 单位;当价格进一步上升为 3 元时,需求量下降为更少的 500 单位;如此等等。

我们还可以用图示法把商品价格与需求量之间的关系表现出来,得出一条表示商品价格与需求量关系的曲线,即需求曲线。图 2-1 是根据表 2-1 绘制的一条需求曲线。在图 2-1 中,横轴 OQ 表示商品的数量,纵轴 OP 表示商品的价格。

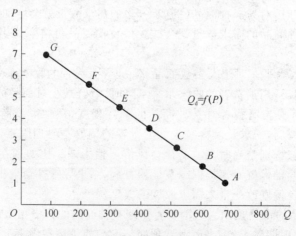

图 2-1 某商品的需求曲线

需求曲线是一条直线,实际上,需求曲线可以是直线形的,也可以是曲线形的。当需求函数为线性函数时,相应的需求曲线是一条直线,直线上各点的斜率是相等的。当需求函数为非线性函数时,相应的需求曲线是一条曲线,曲线上各点的斜率是不相等的。在微观经济分析中,为了简化分析过程,在不影响结论的前提下,大多使用线性需求函数。其表达形式为:

$$Q_d = \alpha - \beta \cdot P \tag{2.2}$$

其中 α、β 为常数,且 $\alpha>0, \beta>0$。该函数所对应的需求曲线为一条直线。

建立在需求函数基础上的需求表和需求曲线都反映了商品的价格变动与需求量变动二者之间的关系。从表2-1中可见,商品的需求量随着商品价格的上升而减少。相应地,在图2-1中的需求曲线具有一个明显的特征,它是向右下方倾斜的,即它的斜率为负值。它们都表示商品的价格和需求量之间呈反方向变动的关系。

3. 需求量的移动与需求的移动

在分析需求变动时,要区分商品本身价格变动引起的需求量的变动和有其他因素引起的需求的变动。

所谓需求量的变动是指在其他条件不变时,由某商品的价格变动所引起的该商品的需求数量的变动。例如,在图2-1中,当商品的价格发生变化由2元逐步上升为5元,它所引起的商品需求数量由600单位逐步地减少为300单位时,商品的价格—需求数量组合由B点沿着既定的需求曲线 $Q_d = f(P)$,经过C、D点,运动到E点。需要指出的是,这种变动虽然表示需求数量的变化,但是并不表示整个需求状态的变化。因为,这些变动的点都在同一条需求曲线上。

所谓需求的变动是指在某商品价格不变的条件下,由于其他因素的变动所引起的该商品的需求数量的变动。这里的其他因素变动是指消费者的收入水平变动、相关商品的价格变动、消费者偏好的变化和消费者对商品的价格预期的变动等。需求的变动表现为需求曲线的位置发生移动。以图2-2加以说明,在商品价格不变的前提下,如果其他因素的变化使得需求增加,则需求曲线向右平移,如由图中的 D_1 曲线向右平移到 D_2 曲线的位置。如果其他因素的变化使得需求减少,则需求曲线向左平移。由需求变动所引起的这种需求曲线位置的平行移动,表示在每一个既定不变的价格水平下,需求数量都增加或减少了。

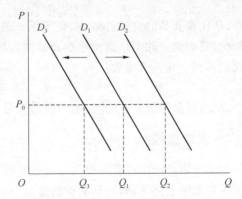

图2-2 需求的变动和需求曲线的移动

二、供给理论

1. 供给函数

供给也是市场供求中的一方和决定价格的关键因素之一。供给与需求是相对应的概念,需求的实现与满足来源于供给。一种商品的供给是指生产者在一定时期内在各种可能的价格下愿意而且能够提供出售的该种商品的数量。供给具有两个条件:一是生产者愿意供给;二是有供给能力。仅具备供给愿望而不具备供给能力,不能形成真正的供给;同样,只具备供给能力而无供给愿望,也无法形成供给。

影响供给的因素很多,既有经济因素,也有非经济因素,概括起来主要有以下五种:

① 关于商品的自身价格。一般来说,一种商品的价格越高,生产者提供的产量就越大。相反,商品的价格越低,生产者提供的产量就越小。

② 相关商品的价格。相关商品在这里是指那些作为投入从而能够影响企业生产成本的商品。一种商品往往需要多种投入品投入,这些投入品的价格变动都会影响该商品的成本,从而影响供给。例如,石油涨价,用石油作为投入的电厂的生产成本上升,电力供给就会减少。

③ 生产的成本。在商品自身价格不变的条件下,生产成本上升会减少利润,从而使得商品的供给量减少。相反,生产成本下降会增加利润,从而使得商品的供给量增加。

④ 生产的技术水平。在一般情况下,生产技术水平的提高可以提高劳动生产率,降低生产成本,增加生产者的利润,生产者会提供更多的产品数量,因此供给数量就会增加;反之,生产技术水平下降,生产成本上升,生产者提供的产品数量就会减少,供给数量就会减少。

⑤ 生产者对未来的预期。如果生产者对未来的预期看好,如预期商品的价格会上涨,生产者往往会扩大生产,增加产量供给。如果生产者对未来的预期是悲观的,如预期商品的价格会下降,生产者往往会缩减生产,减少产量供给。

如果把影响供给的因素作为自变量,把供给作为因变量,则可以用函数来表示一种商品的供给数量和影响该供给数量的各种因素之间的相互关系,即供给函数。以 Q_s 代表供给,函数表达式为

$$Q_s = f(P, W, E, R, \cdots)$$

其中,P 代表商品的自身价格,W 代表生产成本,E 代表生产者对未来的预期等。为了使问题简化,我们假定除了厂商所生产商品的自身价格以外,影响厂商供给的其他因素不变,于是我们得到一元供给函数:

$$Q_s = f(P) \tag{2.3}$$

式中,P 为商品的价格;Q_s 为商品的供给数量。

2. 供给曲线

供给价格是指生产者为提供一定数量的商品所愿意接受的最低价格。每个生产者在不同的价格水平条件下,对商品的供给量也会不同。我们同样可以把商品价格和供给量的关系通过例子说明。表 2-2 是一张某商品的供给表。

表 2-2 某商品的供给表

价格-数量组合	A	B	C	D	E
价格/元	2	3	4	5	6
供给量(单位数)	0	200	400	600	800

表 2-2 清楚地表示了商品的价格和供给量之间的关系。例如,当价格为 6 元时,商品的供给量为 800 单位;当价格下降为 4 元时,商品的供给量减少为 400 单位;当价格进一步下降为 2 元时,商品的供给量减少为零。

我们还可以用图示法把商品价格与供给量之间的关系表现出来,得出一条表示商品价格与供给量关系的曲线,即供给曲线。图 2-3 便是根据表 2-2 所绘制的一条供给曲线。图中的横轴 OQ 表示商品数量,纵轴 OP 表示商品价格。在平面坐标图上,把根据供给表中商品的价格—供给量组合所得到的相应的坐标点 $A、B、C、D、E$ 连接起来的线,就是该商品的供给曲线。它表示在不同的价格水平下生产者愿意而且能够提供出售的商品数量。

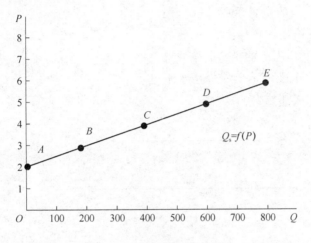

图 2-3　某商品的供给曲线

如同需求曲线一样,供给曲线可以是直线形,也可以是曲线形。如果供给函数是一元一次的线性函数,则相应的供给曲线为直线形,如图 2-3 中的供给曲线。如果供给函数是非线性函数,则相应的供给曲线就是曲线形的。同样地,为了更进一步简化分析,在不影响结论的前提下,大多使用线性供给函数,其表达形式为:

$$Q_s = -\delta + \gamma \cdot P \tag{2.4}$$

式中,δ、γ 为常数,且 $\delta > 0$、$\gamma > 0$。与该函数相对应的供给曲线为一条向右上倾斜的直线。

以供给函数为基础的供给表和供给曲线都反映了商品的价格变动与供给量变动二者之间的规律。在图 2-3 中的供给曲线表现出向右上方倾斜的特征,即供给曲线的斜率为正值。它们都表示商品的价格和供给量呈同方向变动的关系,供给量随着商品价格的上升而增加,随着商品价格的下降而减少。

3. 供给量的移动与供给的移动

为了区分商品本身价格和其他因素对商品供给的影响,要区分供给量变动和供给变动这两个不同的概念。

供给量的变动是指在其他条件不变时,由某商品的价格变动所引起的该商品供给数量的变动。在几何图形中,这种变动表现为商品的价格—供给数量组合点沿着同一条既定的供给曲线的运动。前面的图 2-3 表示的是供给量的变动:随着价格上升所引起的供给数量的逐步增加,A 点沿着同一条供给曲线逐步运动到 E 点。

供给的变动是指在商品价格不变的条件下,由于其他因素变动所引起的该商品供给数量的变动。这里的其他因素变动可以指生产成本的变动、生产技术水平的变动、相关商品价格的变动和生产者对未来的预期的变化等。在几何图形中,供给的变动表现为供给曲线的位置发生移动。图2-4表示的是供给的变动。在除商品价格以外的其他因素变动的影响下,供给增加,则使供给曲线由 S_1 曲线向右平移到 S_2 曲线的位置;供给减少,则使供给曲线由 S_1 曲线向左平移到 S_3 曲线的位置。由供给的变化所引起的供给曲线位置的移动,表示在每一个既定不变的价格水平下,供给数量都增加或都减少了。

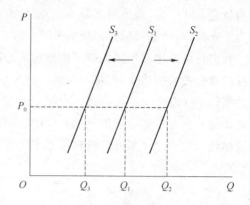

图 2-4 供给的变动和供给曲线的移动

第二节 价格波动与市场均衡

引例

电脑与大学教育的价格

20世纪90年代的时候,电脑还是一种奢侈品,价格动辄上万元,普通家庭一般都消费不起,但是现如今,电脑已经成为千家万户必备的电子产品,原因很简单,电脑的价格变得便宜了,甚至两三千元就可以搞定一台家庭电脑。而与此同时,大学教育的费用却节节高升,在90年代以前,我国的大学教育甚至还是免费的。自从大学教育开始收费以来,大学的学费一直都在稳步上升。为什么电脑的价格在不断地下降,而大学教育的价格却在不断地上升呢?

在市场上,消费者受收入水平等诸多因素的影响,在消费一种商品的时候,必然有一个愿意接受的最高价格,超过这一价格,就会减少对这种商品的消费量,这一价格就是需求价格。同样地,生产商受生产成本等诸多因素的影响,在供给一种商品的时候,也有一个愿意接受的最低价格,低于这一价格,生产商就会减少对这种商品的供给量,这一价格就是供给价格。一种商品的市场价格并不由消费者或生产商单方向决定,而是由需求和供给这两种力量互相影响、互相冲击而形成的。

一、均衡价格的形成

一种商品的均衡价格是指该种商品的市场需求量与市场供给量相等时的价格。在均衡价格水平下的相等的供求数量被称为均衡数量。从几何意义上说,一种商品市场的均衡出现在该商品的市场需求曲线和市场供给曲线相交的交点上,该交点被称为均衡点。均衡点上的价格和相等的供求量分别被称为均衡价格和均衡数量。

现在把图 2-1 中的需求曲线和图 2-3 中的供给曲线结合在一起,用图 2-5 说明一种商品的均衡价格的决定。

在图 2-5 中,假定 D 曲线为市场的需求曲线,S 曲线为市场的供给曲线。需求曲线 D 和供给曲线 S 相交于 E 点,E 点为均衡点。在均衡点 E,均衡价格为 4,均衡数量为 400。显然,在均衡价格为 4 元的水平,消费者的购买数量和生产者的供给数量是相等的,都为 400 个单位。也可以反过来说,在均衡数量 400 的水平,消费者愿意支付的价格和生产者愿意接受的价格是相等的,都是 4 元。因此,这样一种状态便是一种使买卖双方都感到满意,并愿意持续下去的均衡状态。

均衡价格的决定也可以用与图 2-5 相对应的表 2-3 来说明。由表 2-3 清楚可见,商品的均衡价格为 4 元,商品的均衡数量为 400 单位。

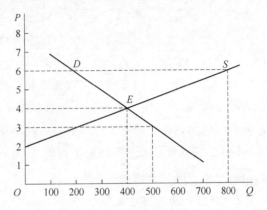

图 2-5 均衡价格的决定

商品的均衡价格是如何形成的呢?商品的均衡价格表现为商品市场上需求和供给这两种相反的力量共同作用的结果,它是在市场的供求力量的自发调节下形成的。

表 2-3 某商品需求供给

价格	需求量	供给量	需求供给比较	状态	价格变动趋势
6	200	800	−600	供过于求	价格下降
5	300	600	−300	供过于求	价格下降
4	400	400	0	供求相等	均衡
3	500	200	+300	供不应求	价格上升
2	600	0	+600	供不应求	价格上升

仍用图 2-5 或相应的表 2-3 来说明均衡价格的形成。当市场的实际价格高于均衡价格为 6 元时,商品的需求量为 200 单位,供给量为 800 单位。这种供给量大于需求量的市场状况,一方面会使需求者压低价格来购买商品,另一方面又会使供给者减少商品的供给量。这样,该商品的价格必然下降,一直下降到均衡价格 4 元的水平。与此同时,随着价格由 6 元下降为 4 元,商品的需求量逐步地由 200 单位增加为 400 单位,商品的供给量逐步地由 800 单位减少为 400 单位,从而实现供求相等的均衡数量 400 单位。相反地,当市场的实际价格低于均衡价格为 3 元时,商品的需求量为 500 单位,供给量为 200 单位。面对这种需求量大于供给量的市场状况,一方面,迫使需求者提高价格来得到他所要购买的商品量;另一方面,又使供给者增加商品的供给量。这样,该商品的价格必然上升,一直上升到均衡价格 4

元的水平。在价格由3元上升为4元的过程中,商品的需求量逐步地由500单位减少为400单位,商品的供给量逐步地由200单位增加为400单位,最后达到供求量相等的均衡数量400单位。由此可见,当市场上的实际价格偏离均衡价格时,市场上总存在着变化的力量,最终达到市场的均衡或市场出清。

图2-5是以数学的几何图形来表示的均衡价格决定模型。除了几何模型以外,在数学方面,还可以用方程式来表示均衡价格决定模型。该模型可以表示为一个方程组:

$$\begin{cases} Q_d = \alpha - \beta \cdot P & (2.5) \\ Q_s = -\delta + \gamma \cdot P & (2.6) \\ Q_d = Q_s & (2.7) \end{cases}$$

式中,α、β、δ、γ为常数,且均大于零。

式(2.5)和式(2.6)分别为需求曲线和供给曲线的方程,由于它们都表示参与者的经济行为所导致的后果,所以也被称为行为方程式。将需求方程(2.5)和供给方程(2.6)代入均衡方程(2.7),就可以求得价格和数量的均衡解。

【例2-1】 假定某产品的需求曲线为 $Q_d = 800 - 100P$,供给曲线为 $Q_s = -400 + 200P$,求均衡价格 $\overline{P}$ 和均衡数量 $\overline{Q}$。

解:根据均衡价格决定模型,可得:

$$\begin{cases} Q_d = 800 - 100P \\ Q_s = -400 + 200P \\ Q_d = Q_s \end{cases}$$

得:均衡价格 $\overline{P} = 4$,均衡数量 $\overline{Q} = 400$。

思考

自然资源的价格

20世纪70年代初期是一个公众非常关心地球自然资源的时期,曾有组织预言,我们的能源和矿物资源将很快耗尽,所以这些产品的价格会飞涨,并使经济停止增长。这种担忧似乎是合理的。然而研究结果却出乎人们的意料,从1880年到1985年期间,尽管铁的消费量增长了20倍,但扣除了通货膨胀因素之后,铁的价格却没有出现显著上涨,其他大多数矿物资源如铜、石油和煤也出现了类似的格局。这些矿物以及其他绝大多数矿物资源的价格相对于总体价格而言下降了或基本保持不变。请运用供求理论分析为什么会出现这样的情况?

二、需求与供给变动对均衡价格的影响

一种商品的均衡价格是由供求双方共同决定的。所以,需求与供给任何一方出现新的变动,都会打破原有的均衡,而出现新的均衡状态。

1. 需求的变动对均衡的影响

在供给不变的情况下,需求增加会使需求曲线向右平移,从而使得均衡价格和均衡数量都增加;需求减少会使需求曲线向左平移,从而使得均衡价格和均衡数量都减少。如图 2-6 所示。既定的供给曲线 S 和最初的需求曲线 D_1 相交于 E_1 点。在均衡点 E_1,均衡价格为 P_1,均衡数量为 Q_1。需求增加使需求曲线向右平移至 D_2 曲线的位置,D_2 曲线与 S 曲线相交于 E_2 点。在均衡点 E_2,均衡价格上升为 P_2,均衡数量增加为 Q_2。相反,需求减少使需求曲线向左平移至 D_3 曲线的位置,D_3 曲线与 S 曲线相交于 E_3 点。在均衡点 E_3,均衡价格下降为 P_3,均衡数量减少为 Q_3。

2. 供给的变动对均衡的影响

在需求不变的情况下,供给增加会使供给曲线向右平移,从而使得均衡价格下降,均衡数量增加;供给减少会使供给曲线向左平移,从而使得均衡价格上升,均衡数量减少。如图 2-7 所示。既定的需求曲线 D 和最初的供给曲线 S_1 相交于 E_1 点。在均衡点 E_1 的均衡价格和均衡数量分别为 P_1 和 Q_1。供给增加使供给曲线向右平移至 S_2 曲线的位置,并与 D 曲线相交于 E_2 点。在均衡点 E_2,均衡价格下降为 P_2,均衡数量增加为 Q_2。相反,供给减少使供给曲线向左平移至 S_3 曲线的位置,且与 D 曲线相交于 E_3 点。在均衡点 E_3,均衡价格上升为 P_3,均衡数量减少为 Q_3。

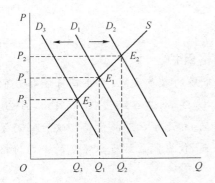

图 2-6 需求的变动对均衡的影响

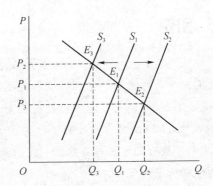

图 2-7 供给的变动对均衡的影响

综上所述,可得到供求定理:在其他条件不变的情况下,需求变动分别引起均衡价格和均衡数量的同方向的变动;供给变动分别引起均衡价格的反方向的变动,引起均衡数量的同方向的变动。

3. 需求和供给同时发生变动对均衡的影响

当需求和供给同时发生变动时,商品的均衡价格和均衡数量的变化是难以得到确定的结论。这要结合需求和供给变化的具体情况来决定。

假定需求和供给同方向变动,则以图 2-8 为例进行分析。假定消费者收入水平上升引起的需求增加,使得需求曲线 D_1 向右平移到 D_2;同时,厂商的技术进步引起供给增加,使得供给曲线 S_1 向右平移 S_2。比较 S_1 曲线分别与 D_1 曲线和 D_2 曲线的交点 E_1 和 E_2 可见,收入水平上升引起的需求增加,使得均衡价格上升,均衡数量增加。再比较 D_1 曲线分别与 S_1 曲线和 S_2 曲线的交点 E_1 及 E_3 可见,技术进步引起的供给增加,又使得均衡价格下降,均衡数量增加。最后,我们可以肯定的是,均衡数量会增加,但是,这两种因素同时作用下的均衡价格将如何变化,将取决于需求和供给各自增长的幅度。由 D_2 曲线和 S_2 曲线的交点 E_4 可得:由于需求增长的幅度大于供给增加的幅度,所以,最终的均衡价格是上升了。反过来,如果需求增长的幅度小于供给增加的幅度,那么,最终的均衡价格将会下降。如果两者增长的幅度相等,则均衡价格将会保持不变。因此,当需求和供给同时增加时,均衡数量一定会增加,但是均衡价格有可能增加,有可能减少,也有可能保持不变;反过来,当需求和供给同时减少时,均衡数量一定会减少,但是均衡价格有可能增加,有可能减少,也有可能保持不变。

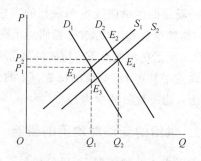

图 2-8　需求和供给同时变时对均衡的影响

三、支持价格与限制价格

引例

农产品的价格保护

农民需要面对来自于自然环境和完全竞争市场的双重风险,灾年有可能导致他们减产;即使是丰年,他们也可能不会获得更好的收入,俗话说"谷贱伤农"。因此,自20世纪30年代以来,美国政府一直致力于稳定谷物、棉花、大麦等农产品价格。政府制定了农场法案,其中包括为上述农产品建立一定的价格下限,使农民最后可以享受的平均价格实际上稍高于市场平均价格。

根据价格理论,市场价格应该是供求平衡时的均衡价格,它是完全由市场上的供求关系来自发地调节的。这种市场状态的优点可以使供求平衡,市场稳定,同时使资源得到最佳配置。但价格调节是在市场上自发进行的,有其局限性,主要表现为市场调节的滞后性和盲目性,所以在现实中,有时由供求关系决定的价格对经济并不一定是最有利的。

一种情况是,从短期来看,这种供求决定的均衡价格也许是合适的,但从长期看,对生产有不利影响。例如,当农产品过剩时,农产品的价格会大幅度下降,这种下降会抑制农业生产。从短期看,这种抑制作用有利于供求平衡。但农业生产周期较长,农产品的低价格对农业产生抑制作用后,将将对农业生产的产期发展产生不利影响,当农产品的需求增加后,农产品并不能随之迅速增加,这样就会影响经济的稳定。因此,农业的发展需要一种稳定的价格。

另一种情况是,由供给与需求所决定的价格会产生不利的社会影响。例如,某些生活必需品严重短缺时,价格会很高。在这种价格之下,收入水平低的人无法维持最低水平的生活,必然会产生社会动乱。因此,市场均衡价格不一定符合整个社会的利益。

基于上述认识,国家就有必要制定一些价格政策来适当地控制市场价格,价格政策的形式很多,这里主要介绍两种:支持价格与限制价格。

1. 支持限价

支持价格又称最低限价,是指政府为了扶持某一行业的生产,对该行业产品规定的高于市场均衡价格的最低价格。如政府为了扶持农业,常常实行农产品最低限价。最低限价政策所产生的后果可以用图 2-9 来表示。

从图 2-9 可以看出,该商品市场的均衡价格为 P_e,均衡产量为 Q_e,实行最低限价 P_0,市场价格上升,此时,这一价格相对应的需求量为 Q_1,供给量为 Q_2。由于供给量大于需求量,该商品市场将出现过剩,过剩量为 Q_1Q_2。为了维持最低限价,这些过剩商品不能在市场上卖掉,也不能由厂商来承担。此时政府可采取的措施有:

一是政府收购过剩商品,或用于储备,或用于出口。但在出口受阻的情况下,收购过剩商品必然会增加政府财政开支。

二是政府对该商品的生产实行产量限制,规定将生产的数量控制在 OQ_1,使供求平衡。但在实施时需要较强的指令性且会付出一定的代价。

2. 限制价格

限制价格也称最高限价,是指政府为了限制某些物品的价格而对它们规定低于市场均衡价格的最高价格,其目的是为了稳定经济生活。例如稳定生活必需品的价格,保护消费者的利益,有利于安定民心。

从图 2-10 可以看到,该商品市场的均衡价格为 P_e,均衡产量为 Q_e,实行最高限价 P_0 后,市场价格下跌,此时,与这一价格相对应的需求量为 Q_2,供给量为 Q_1。由于需求量大于供给量,该商品市场上将出现短缺,短缺量为 Q_1Q_2。这样,市场就可能出现抢购现象或黑市交易。为了解决商品短缺,政府可以采取的措施是控制需求量,一般采取配给制,比如发放购物券,计划经济下发放粮票、布票。但配给制只能适应于短时期内的特殊情况,否则,一方面可能使购物券货币化,还会出现黑市交易,另一方面会挫伤厂商的生产积极性,使短缺变得更加严重。一旦放弃价格控制,价格上涨会变得更加厉害。

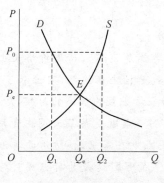

图 2-9 最低限价

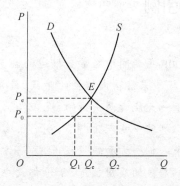

图 2-10 最高限价

第三节 弹性理论及其应用

引例

生活处处见弹性

在经济生活中,我们常见到下面一些现象:某些商品以"跳楼价"出售却无人问津,而有些商品号称"从不打折"以相对高价挂牌销售则顾客盈门。前者称为"跳楼失效",后者称为"高价促销"。一些高档小区的农副市场上早市和上市较高价位的"鲜—精—洁"产品和附近超市的高价有机农产品非常畅销,而晚市农产品销售相对价格便宜。以大商场为依托的中、高档产品销售走势看好。周末一些高档商场经常人流旺盛。另外,重视整治内外环境(包括工作人员素质)、重信誉的商场生意兴隆。在大城市的下班时间和节假日经常有商家搞降价促销活动;而广大农村、城市的学校集中分布区、"打工仔"集中居住区等地便宜的小商品非常畅销,而且降价促销非常有效。

需求理论和供求理论告诉我们,需求量和供给量都随着商品自身价格的变动而变动,但没有告诉我们需求量和供给量的变动对商品自身价格变动的反应程度。弹性理论正是从量的角度对这方面的问题进行分析的理论,即说明价格变动与需求量或供给量变动之间的量的关系。其中应用最广泛的是需求弹性和供给弹性分析。

一、需求弹性

1. 需求的价格弹性

引例

猪肉与食用油

在2009年新闻中经常会报道的两类新闻。一类就是某某天猪肉价格又上涨了。记者在菜市场中采访猪肉档主的时候,最常见的现象就是档主在抱怨,肉价涨了,买肉的人少了,以往一天能卖两头猪的,现在只能卖一头。而采访买菜的居民的时候,居民们都说,猪肉涨了,那就少吃点猪肉了,多吃点鸡蛋什么的。另一类就是某某天国内食用油集体调价了,结果人们一方面怨声载道,另一方面又赶快买点屯在家里,预防后面再涨。记者采访的时候,居民的反应就是,涨价都没办法了,也要买的了。这是为什么呢?为什么猪肉价格涨了,人们就买的少了,但是食用油价格涨了,人们却没有减少购买呢?

(1) 需求的价格弹性的含义

只要两个变量之间存在着函数关系,我们就可以用弹性(Elasticity)来表示作为因变量的变量的相对变动对于作为自变量的变量的相对变动的反应程度。或者说,弹性是因变量变动的百分比和自变量变动的百分比之比。

需求的价格弹性表示一种商品的需求的变动对于该商品的价格变动的反应程度。表示当以一种商品的价格变动百分之一时所引起的该商品的需求量变动的百分比。其表达式为:

$$需求的价格弹性系数 = -\frac{需求量变动率}{价格变动率}$$

(2) 需求的价格弧弹性

① 需求的价格弧弹性的计算

需求的价格弧弹性是指某商品需求曲线上两点之间的需求量相对变动对价格相对变动的反应程度。简单地说,它表示需求曲线上两点之间的弧弹性。假定需求函数为 $Q_d = f(P)$,以 e_d 表示需求的价格弹性系数,则需求价格弧弹性的公式为:

$$e_d = -\frac{\frac{\Delta Q}{Q}}{\frac{\Delta P}{P}} = -\frac{\Delta Q}{\Delta P} \times \frac{P}{Q} \tag{2.8}$$

式中,ΔQ 和 ΔP 分别表示需求量和价格的变动量,P 和 Q 分别表示价格和需求量的基量。

在此,用图 2-11 以线性需求函数为例加以说明需求的价格弧弹性的计算。图 2-11 是需求函数 $Q_d = 2\,400 - 400P$ 的几何图形。

图 2-11 中需求曲线上 a、b 两点的价格分别为 5 和 4,相应的需求量分别为 400 和 800。当商品的价格由 5 下降为 4 时,或者当商品的价格由 4 上升为 5 时,应该如何计算相应的弧弹性值呢?根据公式(2.8),相应的弧弹性分别计算如下。

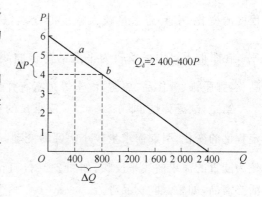

图 2-11 需求的价格弧弹性

由 a 点到 b 点(即降价时):

$$e_d = -\frac{\Delta Q}{\Delta P} \times \frac{P}{Q} = -\frac{Q_b - Q_a}{P_b - P_a} \times \frac{P_a}{Q_a} = -\frac{800 - 400}{4 - 5} \times \frac{5}{400} = 5$$

由 b 点到 a 点(即涨价时):

$$e_d = -\frac{\Delta Q}{\Delta P} \times \frac{P}{Q} = -\frac{Q_a - Q_b}{P_a - P_b} \times \frac{P_b}{Q_b} = -\frac{400 - 800}{5 - 4} \times \frac{4}{800} = 2$$

根据上面的例子可以看出,尽管价格及需求量的变动量相同,但涨价与降价不同的价格变动方向得出不同的需求价格弹性系数,原因在于 P 和 Q 所取的基数值不相同,所以,两种计算结果便不相同。这样一来,在需求曲线的同一条弧上,涨价和降价产生的需求的价格弹性系数便不相等。如果仅仅是一般地计算需求曲线上某一段的需求的价格弧弹性,而不是具体地强调这种需求的价格弧弹性是作为涨价还是降价的结果,则为了避免不同的计算结果,一般通常取两点价格的平均值 $\dfrac{P_1+P_2}{2}$ 和两点需求量的平均值 $\dfrac{Q_1+Q_2}{2}$ 来分别代替式(2.8)中的 P 值和 Q 值,因此,需求的价格弧弹性计算公式(2.9)又可以写为:

$$e_d = -\dfrac{\Delta Q}{\Delta P} \times \dfrac{\dfrac{P_1+P_2}{2}}{\dfrac{Q_1+Q_2}{2}} = -\dfrac{\Delta Q}{\Delta P} \times \dfrac{P_1+P_2}{Q_1+Q_2} \tag{2.9}$$

该公式也被称为需求的价格弧弹性的中点公式。

根据该中点公式,上例题中 a、b 两点间的需求的价格弧弹性为:

$$e_d = \dfrac{400}{1} \times \dfrac{\dfrac{5+4}{2}}{\dfrac{400+800}{2}} = 3$$

② 需求价格弧弹性的五种类型

第一,富有弹性,即 $e_d>1$。需求量的变化率大于价格的变化率,或者说,价格发生一定程度的变化,引起需求量较大幅度的变动,称为富有弹性,或充足弹性。从公式看,$\dfrac{\Delta Q}{Q} > \dfrac{\Delta P}{P}$,在图形上可用一条较为平缓的需求曲线来反映,如图 2-12(a)所示。在现实中,化妆品、名牌服饰、奢侈品、旅游、汽车等是富有弹性的商品。

第二,缺乏弹性,即 $0<e_d<1$。需求量的变化率小于价格的变化率,或者说,价格发生一定程度的变化,引起需求量较小幅度的变动,称为缺乏弹性。$\dfrac{\Delta Q}{Q} < \dfrac{\Delta P}{P}$,在图形上可用一条较为陡直的需求曲线来反映,如图 2-12(b)所示。在现实生活中,缺乏弹性的商品主要是生活必需品,如粮、油、食品等。

第三,单位弹性,即 $e_d=1$,需求量的变化率=价格的变化率,或者说,价格变动后引起需求量相同幅度变动。$\dfrac{\Delta Q}{Q} = \dfrac{\Delta P}{P}$,称为单位弹性或恒常弹性。在图形上,反映为正双曲线,如图 2-12(c)所示。单位弹性的商品在现实生活中也很少见。

第四,完全弹性,即 $e_d=\infty$。表明相对于无穷小的价格变化率,需求量的变化率是无穷大的,即价格趋近于 0 的上升,就会使无穷大的需求量一下子减少为零,价格趋近于 0 的下降,需求量从 0 增至无穷大,称为完全弹性。在图形上为一条平行于横轴的直线,如图 2-12(d)所示。

第五,完全无弹性,即 $e_d=0$。表明需求量对价格的任何变动都无反应,或者说,无论价格怎样变动(比率如何),需求量均不发生变化,称为全无弹性。在图形上,需求曲线表现为垂直于横轴的一条直线,如图 2-12(e)所示。在现实中,一般说不存在这类典型的情况,但一些这样的生存必需品,消费量达到一定量后,接近这种特性。另外还有一些特效药品和丧葬用品较为接近。

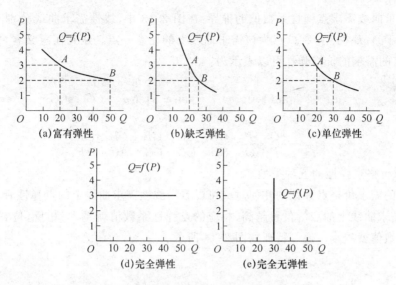

图 2-12 需求的价格弧弹性的五种类型

(3) 需求的价格点弹性

① 需求的价格点弹性的计算

需求的价格点弹性表示需求曲线上某一点上的需求量无穷小的变动率对于价格无穷小的变动率的反应程度。点弹性所要计算的是令 ΔP 趋近于 0 的微量变化时,曲线上一点及邻近范围的弹性。由于用弧弹性计算,若弧线越长,两点距离越远,则计算值的精确性越差,而在同一条需求曲线上,各个点的弹性值通常是不同的。需求的价格点弹性的公式为:

$$e_d = \lim_{\Delta P \to 0} -\frac{\frac{\Delta Q}{Q}}{\frac{\Delta P}{P}} = -\frac{dQ}{dP} \times \frac{P}{Q} \tag{2.10}$$

这里 $\dfrac{dQ}{dP}$ 就是需求曲线上任一点切线斜率的倒数。

下面仍用需求函数 $Q_d = 2\,400 - 400P$ 来说明这一计算方法。根据式(2.10),可得:

$$e_d = -\frac{dQ}{dP} \times \frac{P}{Q} = -(-400) \times \frac{P}{Q} = 400 \times \frac{P}{Q}$$

在 a 点,当 $P=5$ 时,$Q=400$。将其代入上式,便可得:

$$e_d = 400 \times \frac{P}{Q} = 400 \times \frac{5}{400} = 5$$

即图 2-11 需求曲线上 a 点的需求的价格弹性值为 5。

同样地,在 b 点,当 $P=4$ 时,$Q=800$,得出:

$$e_d = 400 \times \frac{P}{Q} = 400 \times \frac{4}{800} = 2$$

即图 2-11 需求曲线上 b 点的需求的价格弹性值为 2。

② 需求的价格点弹性的几何意义

需求点弹性系数值也可以通过在需求曲线的任意点上向数量轴或价格轴作垂线的几何方法求得。

线性需求曲线需求点弹性系数值的推导:在图 2-13 中,线性需求曲线分别与纵坐标和横坐标相交于 A、B 两点,令 C 点为该需求曲线上的任意一点。从几何意义看,根据点弹性的定义,C 点的需求的价格弹性可以表示为:

$$-\frac{dQ}{dP} = -\frac{1}{\tan(180-\alpha)} = \frac{1}{-\tan\alpha} = \frac{1}{\tan\alpha} = \frac{1}{\frac{CG}{GB}} = \frac{GB}{CG}$$

$$e_d = -\frac{dQ}{dP} \times \frac{P}{Q} = \frac{GB}{CG} \times \frac{CG}{OG} = \frac{GB}{OG} = \frac{CB}{AC} = \frac{OF}{AF}$$

③ 需求价格点弹性的五种类型

由上面的需求价格点弹性的几何意义可以看出线性需求曲线上的点弹性有一个明显特征:在线性需求曲线上的点的位置越高,相应的点弹性系数值就越大;相反,位置越低,相应的点弹性系数值就越小。这一特征如图 2-14 所示。

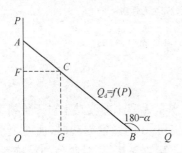
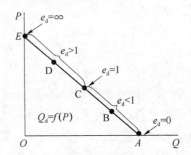

图 2-13 线性需求曲线的点弹性　　图 2-14 线性需求曲线点弹性的五种类型

在图 2-14 中,随着需求曲线上点的位置从 A 到 E 点,弹性从 0 逐步增加到 ∞。因此点弹性也有五种类型。在线性需求曲线的中点 C,有 $e_d=1$,中点以下部分 $0<e_d<1$,中点以上部分 $e_d>1$,在 A 点 $e_d=0$,在 E 点 $e_d=\infty$。

(4) 影响需求的价格弹性的因素

影响需求的价格弹性的因素有很多,其中主要有以下几个。

第一,商品的可替代性。一般来说,一种商品的可替代品越多,相近程度越高,则该商品的需求的价格弹性往往就越大;相反,该商品的需求的价格弹性往往就越小。例如,在水果市场,相近的替代品较多,这样,某水果的需求弹性就比较大。又如,对于食盐来说,没有很好的替代品,所以,食盐价格的变化所引起的需求量的变化几乎为零,它的需求的价格弹性是极其小的。对一种商品所下的定义越明确、越狭窄,这种商品的相近的替代品往往就越多,需求的价格弹性也就越大。

第二,商品用途的广泛性。一般来说,一种商品的用途越广泛,它的需求的价格弹性就可能越大;相反,用途越狭窄,它的需求的价格弹性就可能越小。这是因为,如果一种商品具有多种用途,当它的价格较高时,消费者只购买较少的数量用于最重要的用途上。当它的价格逐步下降时,消费者的购买量就会逐渐增加,将商品越来越多地用于其他的各种用途上。

第三,商品对消费者生活的重要程度。一般来说,生活必需品的需求的价格弹性较小,非必需品的需求的价格弹性较大。例如,馒头的需求的价格弹性是较小的,电影票的需求的价格弹性是较大的。

第四,商品的消费支出在消费者预算总支出中所占的比重。消费者在某种商品上的消费支出在预算总支出中所占的比重越大,该商品的需求的价格弹性可能越大,因为一项商品占消费者总支出预算的比例越高,该商品对消费者就越重要,所以当该商品的价格上升时,消费者也就越有动力去寻找替代品,价格弹性就越大,比如,住房、汽车、教育支出等。反之,则越小。例如,盐、铅笔、肥皂、洗衣粉等商品的需求的价格弹性就是比较小的。因为,消费者每月在这些商品上的支出是很小的,消费者往往不太在意这类商品价格的变化,也不太愿意花费时间去寻找其他替代品。

第五,所考察的消费者调节需求量的时间。一般来说,所考察的调节时间越长,则需求的价格弹性就可能越大。因为,当消费者决定减少或停止对价格上升的某种商品的购买之前,他一般需要花费时间去寻找和了解该商品的可替代品。例如,当石油价格上升时,消费者在短期内不会较大幅度地减少需求量。但设想在长期内,消费者可能找到替代品,于是,石油价格上升会导致石油的需求量较大幅度地下降。

总而言之,一种商品的需求价格弹性的大小要受到上述各种因素的综合影响。所以在分析一种商品的需求价格弹性时,要根据具体情况进行全面的综合分析。

(5) 需求的价格弹性的运用:需求的价格弹性和销售收入

在现实中,弹性对厂商的决策非常重要。比如,我们发现有的商品经常会有打折促销活动,比如护肤品、洗发水、沐浴乳等日化产品以及商场不同品牌的衣服等。而有的商品却很少听说有打折优惠活动,比如水、电等。为什么不同的产品厂商的经营策略会不一样呢?原因是不同商品的需求价格弹性不同,当厂商变动商品价格时,厂商的销售收入会不同。下面介绍需求的价格弹性在实际经济生活中的运用。

由于对于厂商而言,厂商的销售收入为 $P×Q$,当价格下降时,需求量会上升,价格上升时,需求量会下降,那么最终销售收入到底是上升还是下降呢?这就取决于商品的需求价格弹性。

第一,$e_d>1$ 的商品,降价会增加厂商的销售收入,提价会减少厂商的销售收入。如图 2-15(a)所示,因为降价造成的销售收入 $P×Q$ 值的减少量(P_1P_2BA)小于需求量增加带来的销售收入 $P×Q$ 值的增加量(Q_1Q_2BA)。

第二,$e_d<1$ 的商品,降价会使厂商的销售收入减少,提价会使厂商的销售收入增加。如图 2-15(b)所示,因为降价导致的需求量增加带来的销售收入 $P×Q$ 值的增加量(Q_1Q_2BA)小于降价造成的销售收入 $P×Q$ 值的减少量(P_1P_2BA)。

第三,$e_d=1$ 的商品,降价或提价对厂商的销售收入都没有影响。如图 2-15(c)所示,因为价格变动造成的销售收入 $P×Q$ 值的增加量或减少量(Q_1Q_2BA)等于需求量变动带来的销售收入 $P×Q$ 值的减少量或增加量(P_1P_2BA)。

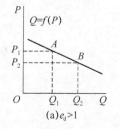 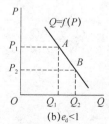 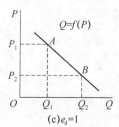

(a) $e_d>1$ (b) $e_d<1$ (c) $e_d=1$

图 2-15 需求弹性与销售收入

为便于比较,我们把价格变化、弹性大小与销售收入变化的关系归纳一下,如表 2-4 所示。

表 2-4　价格变化、弹性大小与销售收入变化的关系

需求弹性的值	种类	对销售收入的影响
$e_d > 1$	富有弹性	价格上升,销售收入减少 价格下降,销售收入增加
$e_d < 1$	缺乏弹性	价格上升,销售收入增加 价格下降,销售收入减少
$e_d = 1$	单一弹性	价格上升,销售收入不变 价格下降,销售收入不变

由上述分析可知,在需求弹性大时,厂商宜采用薄利多销的方式来增加销售收入;当需求弹性小时,则可考虑以提高价格的方式来达到增加销售收入的目的。

2. 需求的收入弹性

引例

汉堡降价

在今天,麦当劳在中国的快餐业中已经占据了很重要的地位,其食品尤其为儿童和情侣所热衷。但与中国食品的价格相比,其价格是相对昂贵的。经过市场调查,麦当劳决定首先降低汉堡的价格,原来每个汉堡卖 10 元,现在,决定将汉堡的单价降为 6 元,这只是作为一个降价的试验,而其他食品价格暂时保持不变。在汉堡降价以后,其销售量果然大增,使公司的销售额上升了。

(1) 需求的收入弹性的含义

某商品的需求的收入弹性表示在一定时期内消费者对某种商品的需求量的相对变动对于消费者收入量相对变动的反应程度。它是商品的需求量的变动率和消费者的收入量的变动率的比值。假定某商品的需求量 Q 是消费者收入水平 M 的函数,即 $Q = f(M)$,则该商品的需求的收入弹性公式为:

$$e_M = \frac{\frac{\Delta Q}{Q}}{\frac{\Delta M}{M}} = \frac{\Delta Q}{\Delta M} \times \frac{M}{Q} \tag{2.11}$$

或

$$e_M = \lim_{\Delta M \to 0} \frac{\frac{\Delta Q}{Q}}{\frac{\Delta M}{M}} = \frac{dQ}{dM} \times \frac{M}{Q} \tag{2.12}$$

以上式(2.11)和式(2.12)分别为需求的收入弧弹性和点弹性公式。

说明:对于某种商品而言,收入的增加可能引起其需求量的增加;对于另一种商品而言,收入的增加可能引起其需求量减少。因此,需求的收入弹性可能是正值,也可能是负值。

(2) 需求的收入弹性系数的符号与不同商品的关系

根据商品的需求的收入弹性系数值,可以给商品分类。首先,商品可以分为两类,分别是正常品和劣等品。其中,正常品是指需求量与收入成同方向变化的商品;劣等品是指需求量与收入成反方向变化的商品。然后,还可以将正常品再进一步区分为必需品和奢侈品两类。以上的这种商品分类方法,可以用需求的收入弹性来表示。具体地说,$e_M > 0$ 的商品为正常品,因为,$e_M > 0$ 意味着该商品的需求量与收入水平成同方向变化。$e_M < 0$ 的商品为劣等品,因为,$e_M < 0$ 意味着该商品需求量与收入水平成反方向变化。在正常品中,$e_M < 1$ 的商品为必需品,$e_M > 1$ 的商品为奢侈品。当消费者的收入水平上升时,尽管消费者对必需品和奢侈品的需求量都会有所增加,但对必需品的需求量的增加是有限的,或者说,是缺乏弹性的;而对奢侈品的需求量的增加是较多的,或者说,是富有弹性的。

(3) 需求的收入弹性的应用:恩格尔定律

在需求的收入弹性的基础上,如果具体地研究消费者用于购买食物的支出量对于消费者收入量变动的反应程度,就可以得到食物支出的收入弹性。西方经济学中的恩格尔定律指出:在一个家庭或在一个国家中,食物支出在收入中所占的比例随着收入的增加而减少。用弹性概念来表述恩格尔定律可以是:对于一个家庭或一个国家来说,富裕程度越高,则食物支出的收入弹性就越小;反之,则越大。许多国家经济发展过程的资料表明,恩格尔定律是成立的。

国际上也常常用恩格尔系数来衡量一个国家或地区人民生活水平的状况。根据联合国粮食组织提出的标准,国家贫富的划分是:恩格尔系数 59% 以上,绝对贫困;恩格尔系数 50%～59%,勉强度日;恩格尔系数 40%～50%,小康水平;恩格尔系数 30%～40%,富裕;恩格尔系数 30% 以下,最富裕。

知识链接

我国居民的恩格尔系数变化

自改革开放以来,我国居民的食物消费发生了巨大的变化。不管是我国的农村居民还是城镇居民的恩格尔系数一直都处于下降的趋势。我国的农村居民的恩格尔系数一直大于城镇居民的恩格尔系数,城镇居民的恩格尔系数的下降速度比农村居民更快一些。从1990—1999年我国农村居民的恩格尔系数在 50%～59% 之间,表明农村居民的生活在这十年一直处于温饱水平。2000年以来我国农村居民的恩格尔系数下降到了 50% 以下,表明我国农村居民达到了小康生活。2000年以后我国城镇居民的恩格尔系数在 37% 左右浮动,表明我国城镇居民达到了富裕水平,这也反映了我国农村居民的生活水平低于城镇居民的现实。

3. 需求的交叉价格弹性

引例

> **TCL 王牌彩电**
> 在20世纪90年代 TCL 王牌彩电推出市场时,我国彩电市场的消费需求正处在从小屏幕向大屏幕转变时期,无论是已经有彩电的家庭还是准备新添置彩电的家庭,都希望拥有一台25英寸以上的大屏幕彩电。当时市场上占主导地位的大屏幕彩电都是进口产品,这些牌子的彩电质量与性能都较好,但价格也相当高,令许多家庭、尤其是工薪阶层和刚富裕起来的农民还难以接受。但是,随着 TCL 王牌彩电的推出,其市场价格仅相当于同类型进口彩电的一半,质量和性能则非常接近,消费者的选择目光纷纷投向物美价廉的 TCL 王牌彩电,很快使其能在国内家电市场上走俏起来。

（1）需求的交叉价格弹性的含义

需求的交叉价格弹性也简称需求的交叉弹性。它表示在一定时期内一种商品的需求量的相对变动对于它的相关商品价格的相对变动的反应程度。它是该商品的需求量的变动率和它的相关商品价格的变动率的比值。假定商品 X 的需求量 Q_X 是它的相关商品 Y 的价格 P_Y 的函数,即 $Q_X = f(P_Y)$,则商品 X 的需求的交叉价格弧弹性公式为:

$$e_{XY} = \frac{\frac{\Delta Q_X}{Q_X}}{\frac{\Delta P_Y}{P_Y}} = \frac{\Delta Q_X}{\Delta P_Y} \times \frac{P_Y}{Q_X} \tag{2.13}$$

或

$$e_{XY} = \lim_{\Delta P_Y \to 0} \frac{\frac{\Delta Q_X}{Q_X}}{\frac{\Delta P_Y}{P_Y}} = \frac{dQ_X}{dP_Y} \times \frac{P_Y}{Q_X} \tag{2.14}$$

（2）需求的交叉价格弹性系数的符号与不同商品的关系

若两种商品之间存在着替代关系,则一种商品的价格与它的替代品的需求量之间成同方向的变动,相应的需求的交叉价格弹性系数为正值。这是因为,例如,当苹果的价格上升时,人们自然会在减少苹果的购买量的同时,增加对苹果的替代品如梨的购买量。若两种商品之间存在着互补关系,则一种商品的价格与它的互补品的需求量之间成反方向的变动,相应的需求的交叉价格弹性系数为负值。这是因为,例如,当录音机的价格上升时,人们会减少对录音机的需求量,这样,作为录音机的互补品的磁带的需求量也会因此而下降。若两种商品之间不存在相关关系,则意味着其中任何一种商品的需求量都不会对另一种商品的价格变动做出反应,相应的需求的交叉价格弹性系数为零。

同样的道理,反过来,可以根据两种商品之间的需求的交叉价格弹性系数的符号,来判断两种商品之间的相关关系。若两种商品的需求的交叉价格弹性系数为正值,则这两种商品之间为替代关系。若为负值,则这两种商品之间为互补关系。若为零,则这两种商品之间无相关关系。

二、供给弹性

引例

家电的供应

在 20 世纪 80 年代,人们开始对家用电器的需求不断增加,此时家电价格很高,生产厂家利润丰厚,但家电厂受生产规模的限制,难以很快增加。正因为如此,很多企业纷纷生产家电。所以出现了 90 年代后家电市场的供大于求的局面,家电的价格涨幅不高,生产厂的利润并不多,同时已形成一定规模的家电生产也难以大幅度地减少。所以导致规模小的家电厂会失去赚钱的机会,而规模大的家电厂又会形成过剩的生产能力。那么,为什么会出现此现象呢?

1. 供给价格弹性的含义

供给的价格弹性表示在一定时期内一种商品的供给量的变动对于该商品的价格的变动的反应程度。或者说,表示在一定时期内当一种商品的价格变化百分之一时所引起的该商品的供给量变化的百分比。它是商品的供给量变动率与价格变动率之比。

2. 供给的价格弧弹性

与需求的价格弹性一样,供给的价格弹性也分为弧弹性和点弹性。供给的价格弧弹性表示某商品供给曲线上两点之间的弹性。供给价格弧弹性计算公式:假定供给函数为 $Q_s = f(P)$,以 e_s 表示供给的价格弹性系数,则供给的价格弧弹性的公式为:

$$e_s = \frac{\frac{\Delta Q}{Q}}{\frac{\Delta P}{P}} = \frac{dQ}{dP} \times \frac{P}{Q} \qquad (2.15)$$

在通常情况下,商品的供给量和商品的价格是呈同方向变动的,供给的变动量和价格的变动量的符号是相同的。弧弹性通常是在函数不连续、不可求导的条件下才利用的。供给价格弧弹性的中点公式为:

$$e_s = \frac{\Delta Q}{\Delta P} \times \frac{\frac{P_1+P_2}{2}}{\frac{Q_1+Q_2}{2}} = \frac{\Delta Q}{\Delta P} \times \frac{P_1+P_2}{Q_1+Q_2} \qquad (2.16)$$

在此,用图 2-16 以线性供给函数为例加以说明供给的价格弧弹性的计算。图 2-16 是供给函数 $Q_s = -2\,000 + 1\,000P$ 的几何图形。

图 2-16 中供给曲线上 A、F 两点的价格分别是 5 和 6,相应的供给量分别为 3 000 和 4 000。当价格由 6 降到 5 时的供给价格弹性是多少?价格由 5 上升到 6 时的供给价格弹

性是多少？价格在 5 和 6 之间的中点弹性？

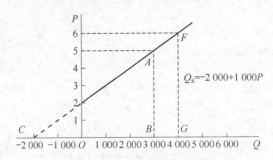

图 2-16 供给的价格弧弹性

由 F 点到 A 点（即降价时），供给价格弹性为：

$$e_s = \frac{\Delta Q}{\Delta P} \times \frac{P}{Q} = \frac{Q_2 - Q_1}{P_2 - P_1} \times \frac{P_1}{Q_1} = \frac{3\,000 - 4\,000}{-1} \times \frac{6}{4\,000} = 1.5$$

由 A 点到 F 点（即涨价时），供给价格弹性为：

$$e_s = \frac{\Delta Q}{\Delta P} \times \frac{P}{Q} = \frac{Q_1 - Q_2}{P_1 - P_2} \times \frac{P_2}{Q_2} = \frac{4\,000 - 3\,000}{1} \times \frac{5}{3\,000} = \frac{5}{3}$$

A 点和 F 点之间的中点弹性为：

$$e_s = \frac{\Delta Q}{\Delta P} \times \frac{\frac{P_1 + P_2}{2}}{\frac{Q_1 + Q_2}{2}} = \frac{\Delta Q}{\Delta P} \times \frac{P_1 + P_2}{Q_1 + Q_2} = \frac{1\,000}{1} \times \frac{6 + 5}{4\,000 + 3\,000} = \frac{11}{7}$$

3. 供给的价格点弹性

① 供给的价格点弹性的计算

供给的价格点弹性表示供给曲线上某一点上的供给量无穷小的变动率对于价格无穷小的变动率的反应程度。供给的价格点弹性公式为：

$$e_s = \lim_{\Delta P \to 0} \frac{\frac{\Delta Q}{Q}}{\frac{\Delta P}{P}} = \frac{\mathrm{d}Q}{\mathrm{d}P} \times \frac{P}{Q} \tag{2.17}$$

这里 $\dfrac{\mathrm{d}Q}{\mathrm{d}P}$ 就是供给曲线上任一点切线斜率的倒数。

根据式(2.17)，在图 2-16 供给曲线上 A 点的供给的价格点弹性为：

$$e_s = \frac{\mathrm{d}Q}{\mathrm{d}P} \times \frac{P}{Q} = 1\,000 \times \frac{5}{3\,000} = \frac{5}{3}$$

② 供给的价格点弹性的几何意义

供给的点弹性系数值也可以通过在供给曲线的任意点上向数量轴或价格轴作垂线的几何方法求得。根据式(2.15)，在图 2-16 供给曲线上 A 点的点弹性为：

$$e_s = \frac{\mathrm{d}Q}{\mathrm{d}P} \times \frac{P}{Q} = \frac{CB}{AB} \times \frac{AB}{OB} = \frac{CB}{OB} = \frac{5\,000}{3\,000} = \frac{5}{3}$$

同理，在 F 点有：

$$e_s = \frac{CG}{OG} = \frac{6\,000}{4\,000} = 1.5$$

从线性供给曲线的点弹性的几何意义出发,可以进一步找出线性供给曲线点弹性的有关规律。如图 2-17 所示,图(a)中的线性供给曲线上的所有点弹性均大于 1。例如在 A 点,因为 $BC>OB$,所以 $e_s>1$。图(b)中的线性供给曲线上的所有点弹性均小于 1。例如在 A 点,因为 $BC<OB$,所以 $e_s<1$。图(c)中的线性供给曲线上的所有点弹性均为 1。例如在 A 点,因为 $BC=OB$,所以 $e_s=1$。

由此可以得到这样的规律:若线性供给曲线的延长线与坐标横轴的交点位于坐标原点的左边,则供给曲线上所有的点弹性都是大于 1 的。若交点位于坐标原点的右边,则供给曲线上所有的点弹性都是小于 1 的。若交点恰好就是坐标原点,则供给曲线上所有的点弹性都为 1。

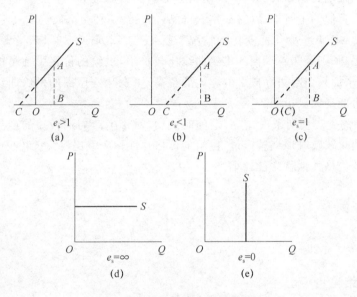

图 2-17 线性供给曲线的点弹性

4. 供给的价格弹性分类

供给的价格弹性根据 e_s 值的大小也分为五个类型:(1) $e_s>1$ 表示富有弹性,比如劳动密集型产业,密集使用丰裕要素的工业产品等;(2) $e_s<1$ 表示缺乏弹性,比如资源或资本密集型行业,以及严重依赖稀缺土地资源的生产;(3) $e_s=1$ 表示单一弹性或单位弹性,这是一种特殊情况,在现实中罕见,本身无经济意义,只能说是一种巧合;(4) $e_s=\infty$ 表示完全弹性,在现实中也较为少见,通常认为劳动力严重过剩地区的劳动力供给曲线具有完全弹性;(5) $e_s=0$ 表示完全无弹性,比如古董、名画等不可再生资源。

5. 影响供给的价格弹性的因素

(1) 时间因素是一个很重要的因素。当商品的价格发生变化时,厂商对产量的调整需要一定的时间。在很短的时间内,厂商若要根据商品的涨价及时地增加产量,或者根据商品的降价及时地缩减产量,都存在程度不同的困难。因为对于生产者而言,从一种活动转换到另一种活动是需要时间的,制造新机器、建造新厂房以及训练额外的技术工人也是需要时间的,所以对于大多数产品而言,长期的供给价格弹性将大于短期的供给价格弹性。短期内,生产者无法增加现有的机器和技术工人的数量。但是,在长期内,企业总能购买新的设备、建造新的厂房以及雇佣额外的技术工人。因此,长期厂商生产规模的扩大与缩小,甚至转产,都是可以实现的,供给量可以对价格变动做出较充分的反应,供给的价格弹性也就比较大了。

(2) 生产替代性投入的能力。有些商品的生产需要投入特定的资源,而这些投入所需的资源比较稀缺,数量有限,而短期内又难以找到替代性投入品,那么这种商品的供给弹性相对较小。比如,生产钻石饰品所需的投入品天然钻石水晶数量固定且非常少,尽管上升的钻石饰品价格激励矿工努力寻找更大储藏量的水晶矿,但是天然水晶钻石供给弹性仍然相对较小。但是如果宝石制作者成功生产出与天然水晶钻石极其相似的人造钻石,那么钻石饰品或者与钻石相似的宝石饰品(譬如锆石饰品)的供给弹性会增大。

(3) 生产成本随产量变化而变化的情况。就生产成本来说,如果产量增加只引起边际成本的轻微的提高,则意味着厂商的供给曲线比较平坦,供给的价格弹性可能是比较大的。相反,如果产量增加只引起边际成本的较大的提高,则意味着厂商的供给曲线比较陡峭,供给的价格弹性可能是比较小的。

(4) 就产品的生产周期来说,在一定的时期内,对于生产周期较短的产品,厂商可以根据市场价格的变化较及时地调整产量,供给的价格弹性相应就比较大。相反,生产周期较长的产品的供给的价格弹性就往往较小。

本 章 小 结

一、主要结论

(1) 在其他条件不变的情况下,某商品的需求量与价格呈反方向变动,即需求量随着商品本身价格的上升而减少,随商品本身价格的下降而增加。

(2) 需求量的变动是指在其他条件不变时,由某商品的价格变动所引起的该商品的需求数量的变动。在几何图形中,需求量的变动表现为商品的价格—需求数量组合点沿着同一条既定的需求曲线的运动。需求的变动是指在某商品价格不变的条件下,由于其他因素的变动所引起的该商品的需求数量的变动。在几何图形中,需求的变动表现为需求曲线的位置发生移动。

(3) 商品的价格和供给量呈同方向变动的关系,供给量随着商品价格的上升而增加,随着商品价格的下降而减少。

(4) 供给量的变动是指在其他条件不变时,由某商品的价格变动所引起的该商品供给数量的变动。在几何图形中,这种变动表现为商品的价格—供给数量组合点沿着同一条既定的供给曲线的运动。供给的变动是指在商品价格不变的条件下,由于其他因素变动所引起的该商品供给数量的变动。在几何图形中,供给的变动表现为供给曲线的位置发生移动。

(5) 一种商品的均衡价格是指该种商品的市场需求量与市场供给量相等时的价格。在均衡价格水平下的相等的供求数量被称为均衡数量。

(6) 在其他条件不变的情况下,需求变动分别引起均衡价格和均衡数量的同方向的变动;供给变动分别引起均衡价格的反方向的变动和均衡数量的同方向的变动。

(7) 如果两种商品之间可以相互代替以满足消费者的某一种欲望,则称这两种商品之间存在着替代关系,这两种商品互为替代品。如果两种商品必须同时使用才能满足消费者的某一种欲望,则称这两种商品之间存在着互补关系,这两种商品互为互补品。

(8) 最高限价也称限制价格,是指政府为了限制某些物品的价格而对它们规定低于市场均衡价格的最高价格。最低限价又称支持价格,是指政府为了扶持某一行业的生产,对该行业产品规定的高于市场均衡价格的最低价格。

(9) 需求价格弹性是需求量变动对价格变动的反应程度,其弹性系数为需求量变动百分比与价格变动百分比之比。

(10) 供给价格弹性是商品的供给量的变动对于商品的价格变动的反应程度。弹性系数是需求量变动百分比与价格变动百分比之比。

(11) 需求的收入弹性表示在一定时期内消费者对某种商品的需求量的相对变动对于消费者收入量相对变动的反应程度。它是商品的需求量的变动率和消费者的收入量的变动率的比值。

二、基本概念

需求　需求函数　供给　供给函数　需求定理　供给定理　供求定理　均衡价格　均衡数量　弹性　需求价格弹性　供给价格弹性　需求收入弹性　需求交叉弹性

本章练习

一、讨论题

1. 改革开放以来,随着我国经济的快速发展和城市化水平的日益提高,公众住房条件得到了极大改善,人均住房面积不断增加。然而,从 2005 年开始,我国大部分城市的房屋价格开始持续快速增长。根据中国指数研究院 2016 年 1 月发布的报告显示,2016 年 1 月,全国 100 个城市(新建)住房价格为 11 026 元/每平方米。北京、深圳、上海等一线城市住房价格已经处于极高水平,比如深圳商品住宅均价高达 4.71 万元/平方米,上海商品住宅成交均价为 3.59 万元/平方米。2016 年 1 月,住宅价格环比上涨的 70 个城市中以二、三线城市为首领涨,部分涨幅超 2%。请讨论一下,我国城市的住宅价格为什么会一路走高？住宅的价格主要受什么规律支配？

2. "适逢国庆中秋佳节,各大家电厂商为了争夺顾客,使出浑身解数,大打价格战,出台了各种各样的优惠措施。由于价格实惠,吸引了众多顾客,家电厂商在短短几天的假日里,销量出现井喷的现象。","今年的暑假比往年还要炎热,酷热少雨的天气,使得购买空调的人猛增,导致空调的价格一度上扬",这两段话所描绘的内容,我们经常会在报纸上看到,这两段话似乎表达了两个完全相反的观点:第一段话的意思应该是指价格便宜了,使得消费者对商品的需求数量增加,似乎是价格的改变决定需求数量,而第二段话是指购买空调的人多了,空调的价格就上涨了,似乎是需求数量的改变决定价格。价格和需求数量究竟是谁决定谁呢?这两段话真的很矛盾吗?请大家讨论一下。

3. 在某影院,正常的电影票价是50元一张,但是凭学生证可以提前订半价票,观看时出示本人学生证。另外,在新片上映的前一周学生票在半价的基础上再加10元才能观看电影。请你用需求价格弹性理论来分析该影院的这一价格策略。

二、判断题

1. 市场需求曲线是每个人需求的数量与价格的加总。(　　)
2. 如果价格高于均衡价格的话,厂商不能销售出任何他们想要出售的数量。(　　)
3. 钻石的价格高于水的价格是因为钻石比水更有用。(　　)
4. 在几何图形上,供给量的变动表现为商品的价格—供给量组合点沿着同一条既定的供给曲线运动。(　　)
5. 在任何情况下,商品的需求量与价格都是反方向变化的。(　　)
6. 高于均衡价格的价格上限对市场没有影响。(　　)
7. 如果铅笔和钢笔是替代品,铅笔价格上升引起钢笔的需求减少。(　　)
8. 同一条线性需求曲线上不同点的弹性系数是不同的。(　　)
9. 供给价格弹性为零意味着供给曲线是一条水平线。(　　)
10. 如果价格和总收益呈同方向变化,则需求是缺乏弹性的。(　　)

三、单选题

1. 在某一时期内彩电的需求曲线向左平移的原因可以是(　　)。
   A. 彩色电视机的价格上升　　　　B. 消费者对彩色电视机的预期价格上升
   C. 消费者对彩色电视机的预期价格下降　D. 消费者的收入水平提高
2. 已知某商品的需求函数和供给函数分别为:$Q_d=14-3P$,$Q_s=2+6P$,该商品的均衡价格是(　　)。
   A. 4/3　　　　B. 4/5　　　　C. 2/5　　　　D. 5/2
3. 假设小麦的购买者和出售者都预期近期内小麦价格上升。那我们预期今天的小麦市场上均衡价格和数量会发生的变动是(　　)。
   A. 价格将下降,数量是不确定的　　B. 价格将上升,数量是不确定的
   C. 价格将上升,数量将增加　　　　D. 价格将上升,数量将减少
4. 一种物品需求不变,但供给减少将会导致(　　)。
   A. 均衡价格和数量增加　　　　　　B. 均衡价格和数量减少
   C. 均衡价格上升,而均衡数量减少　　D. 均衡价格下降,而均衡数量增加
5. 需求曲线上任意一点对应的价格是(　　)。
   A. 均衡价格　　B. 市场价格　　C. 需求价格　　D. 最低价格
6. 某商品的替代品价格上升,在其他因素不变的情形下,该商品(　　)。
   A. 商品销售量会增加　　　　　　B. 商品销售量会减少
   C. 商品销售量会保持不变　　　　D. 以上说法都不对

7. 如果一种物品价格高于均衡价格,则(　　)。
   A. 存在过剩,而且价格将上升　　　　B. 存在过剩,而且价格将下降
   C. 存在短缺,而且价格将上升　　　　D. 存在短缺,而且价格将下降
8. 如果一种物品价格低于均衡价格,则(　　)。
   A. 存在过剩,而且价格将上升　　　　B. 存在过剩,而且价格将下降
   C. 存在短缺,而且价格将上升　　　　D. 存在短缺,而且价格将下降
9. 下列因素除了(　　)以外都会使需求曲线移动。
   A. 购买者收入变化　　　　　　　　　B. 商品价格下降
   C. 其他有关商品价格下降　　　　　　D. 消费者偏好变化
10. 如果某种商品的需求是缺乏弹性的,那么(　　)。
    A. 提高价格会增加总收益　　　　　　B. 降低价格会增加总收益
    C. 提高价格会减少总收益　　　　　　D. 价格变动对总收益无影响

四、计算题

1. 设供给函数为 $Q_s=2+3P$,需求函数为 $Q_d=10-P$,求市场均衡的价格与产量水平。
2. 在某个市场上,某一时期内某商品的需求曲线方程为 $Q_d=400-P$,供给曲线方程为 $Q_s=P+100$。

(1) 求均衡价格和均衡数量。

(2) 假定供给函数不变,由于消费者收入水平的提高,使需求函数变为 $Q_d=500-P$。求出相应的均衡价格和均衡数量。

(3) 假定需求函数不变,由于生产技术水平提高,使供给函数变为 $Q_s=P+200$。求出相应的均衡价格和均衡数量。

3. 某种化妆品的需求弹性系数为3,如果其价格下降25%,需求量会增加多少?假设当价格为2元时,需求量为2 000瓶,降价后需求量应该为多少?总收益有何变化?

4. 成都到德阳的汽车票为20元,火车的乘客为12万人,如果火车乘客与汽车票价的弹性为0.8,问当汽车票价从20元降为17元时,乘火车的人数会有什么变化?

第三章 消费者的行为选择

 学习目标

掌握效用、总效用、边际效用的含义。
理解边际效用递减规律的含义。
掌握消费者均衡的公式，并会进行推导和证明。
理解无差异曲线的含义与特征、消费者预算线的含义。
学会从消费者均衡条件推导消费者的需求曲线。
掌握替代效应和收入效应的概念，学会用图形分析商品的替代效应和收入效应。

重点、难点

边际效用递减规律的含义；消费者均衡公式的推导和证明；如何运用消费者均衡条件推导消费者需求曲线；商品的替代效应和收入效应的分析应用。

 引例

食品券发放

在20世纪30年代期间，剩余食品通过各种计划被分配给困难家庭。有一次，作为剩余食品的是橘子，社会上有教养的人看到贫困家庭的孩子把一些橘子当球踢着玩，感到震惊和气愤。然而这种气愤用得不是地方。它应该对着那些行政官员发泄，他们分给一个地方的贫困家庭的橘子显然是太多了，事实上多到使边际效用等于零。这样把最后一个橘子分派到作为临时性的皮球这样的最后一个最好的用途上，还有什么比它更合理呢？

第一节 效用理论

 引例

是穷人幸福还是富人幸福？

对于什么是幸福，美国的经济学家萨缪尔森用"幸福方程式"来概括。这个"幸福方程式"就是：幸福＝效用/欲望，从这个方程式中我们看到欲望与幸福呈反比，也就是说人的欲望越大越不幸福。但我们知道人的欲望是无限的,那么多大的效用不也等于零吗?因此我们在分析消费者行为理论的时候假定人的欲望是一定的。那么我们在避开分析效用理论时,再来思考萨缪尔森提出的"幸福方程式",觉得他对幸福与欲望关系的阐述太精辟了,获得诺贝尔经济学奖也是实至名归。

在现实生活中,人们对于幸福的定义有着不同的见解。幸福就是一种感觉,自己认为幸福就是幸福。但无论是什么人,一般把拥有的财富多少看作衡量幸福的标准,那么他的欲望值与实际值的差距就越大,他就越痛苦;反之,就越幸福。提及鲁迅笔下的"阿Q精神",可以唤醒中国老百姓逆来顺受的劣根性。而一点"阿Q精神"都没有,人生注定不幸福。因此,"阿Q精神"在一定条件下是获取人生幸福的手段。市场经济的当前环境下我国的贫富悬殊日益加大,如果穷人欲望过高则只会给自己增加苦恼。富人比穷人更注重财富的追求和占有,一旦满足不了也会感到不幸福。穷人和富人到底谁更幸福完全取决于个人的主观感受。

一、效用的概念

不同的人对于幸福有不同的理解,不同的学者对幸福有不同的解释。经济学早期创始人之一的杰里米·边沁指出,当人们的欲望得到全部或部分满足时会感到舒服和愉悦,这种舒服和愉悦的感觉就是幸福;反之,是痛苦。现代经济学大师萨缪尔森为我们构造了一个幸福方程式:幸福=效用/欲望。因此,我们对消费者行为的解释从欲望和效用两方面着手。

1. 消费者的选择

在解释消费行为的过程中,经济学依赖于一个基本的前提假定,即人们倾向于选择他们认为最具价值的那些物品和服务。也就是说,消费者运用有限的货币收入,通过有选择地购买行为以取得最大的效用。

消费者的选择由两个因素决定:

(1) 消费者的偏好;

(2) 消费者的收入水平和所购买商品或劳务的价格水平。

在需求理论中,假设人们追求效用的最大化,其含义就是他们总是选择自己最偏好的消费品组合。

2. 效用

(1) 效用的概念

效用是消费者从消费某种物品或劳务中所得到的满足程度,是消费者的一种心理感受,而不是物品的客观用途。效用是指商品满足人的欲望的能力,或者说,效用是指消费者(又称居民户或家庭)在消费商品(或劳务)时所感受到的满足程度。效用是消费者对商品满足自己欲望的程度的一种主观心理评价。消费者消费某种物品获得的满足程度高就是效用大;反之,满足程度低就是效用小。当然,某种商品效用大小不仅取决于消费者在消费某种商品时的主观感受,也受制于商品满足消费者某种需要的物质属性。商品的使用价值是效用的基础和前提,是满足人们需要的必要条件,而效用是满足人们需要的充分条件。

效用可以分为正效用和负效用。

就正效用而言,假设消费者喜欢一种商品胜过另一种商品,说明这种商品给消费者带来的效用水平高于另一种商品给他带来的效用水平。如果商品不能使消费者得到满足,该商品的效用就等于零。例如,酒对喝酒的人具有效用,对不喝酒的人则无效用。我国南方人喜欢吃大米,北方人喜欢吃面食,那么大米对南方人的效用大于对北方人的效用,而面食对南方人的效用小于对北方人的效用。

与正效用相对应的是负效用,它表示某商品给消费者带来的不适感。例如,过量饮酒给人带来不舒服的感受,超过适量部分的酒就具有副作用;一个饥饿的人吃馒头,第一个很好吃,效用最高,越到最后,越没有感觉,如果继续吃下去,可能会胀肚子,消化不良,产生负效用。

需要指出的是,效用本身不具有伦理学的意义。一种商品是否具有效用要看它能否满足人的欲望或需要,而不涉及这一欲望或需要的好坏。另外,同一种商品对于不同的人的效用是不同的,因此,除非给出特殊的假定,否则效用是不能在不同的人之间进行比较的。

(2) 效用的分类

同一商品效用的大小因人、因时、因地而不同。对效用的不同度量形成了两种效用理论,即基数效用论与序数效用论。

① 基数效用论

基数效用论产生于19世纪70年代,它认为效用的大小可以计量并且不同消费者的效用可以进行加总计算,因此可以用基数1、2、3等来表示效用,其计数单位就是效用单位。基数效用论采用边际分析法分析消费者的均衡问题。例如,买一个包子效用是5个单位,看一场足球比赛的效用是100个单位,买一件新衣服的效用是800个单位等。

基数效用论是建立在消费者主观心理感受基础上的消费者行为理论。由于消费者的主观心理实际上是无法测量的,商品给消费者带来的效用水平在很大程度上只能说明效用的大小,却不能说明究竟有多大。因此,20世纪30年代,多数西方经济学家开始使用序数效用论来度量效用水平。

② 序数效用论

序数效用论产生于19世纪末、20世纪初,是对基数效用论的补充和完善,它认为效用作为一种心理现象无法计量,也不能加总求和,只能表示出满足程度的高低与顺序,因此,效用只能用序数(第一、第二、第三……)来表示。序数效用论采用无差异曲线分析法分析消费者的均衡问题。序数效用论者认为,效用在理论上和实际上都是不可度量的,更谈不上加总求和了。商品之间效用大小的比较只能通过次序和等级先后表示出来,或者说,消费者宁愿首选哪一种商品消费。以看一场足球比赛和听一场音乐会的例子来说,消费者要回答的是偏好哪一个,即哪一个效用是第一,哪一个效用是第二。或者说,要回答的是看一场足球比赛还是听一场音乐会。

序数效用论只表示偏好顺序而不表示效用数值。序数效用强调的是相对效用,它不像基数效用注重绝对效用。现代微观经济学通常使用基数效用和序数效用概念,但大多数使用的是序数效用概念,只是在某些研究方面还继续使用基数效用概念。

二、边际效用分析

1. 边际效用与总效用

(1) 总效用

总效用(Total Utility,TU)是指消费者在一定时间内从一定数量的商品消费中所能获得的效用量的总和。或者说,是指消费者从某一消费行为或消费某一定量的某种商品中所获得的总的满足程度。总效用在一定范围内是商品数量的增函数,即在一定范围内总效用随商品数量的增加而增加。如果用 TU 表示总效用,Q 表示消费者对某种商品的消费数量,则总效用函数可以表示为:

$$\mathrm{TU}=f(Q) \tag{3.1}$$

(2) 边际效用

边际效用(Marginal Utility,MU)是消费者在一定时间内增加一单位商品的消费所得到的效用量的增量,边际效用是商品数量的减函数,即边际效用随商品数量的增加而减少。如果用 MU 表示边际效用,$\Delta \mathrm{TU}$ 表示总效用增量,ΔQ 表示商品数量增量,则边际效用的表达式为:

$$\mathrm{MU}=\Delta \mathrm{TU}(Q)/\Delta Q \tag{3.2}$$

其中,Q 为消费者对商品的消费数量,$\mathrm{TU}=f(Q)$ 为总效用函数。当商品的增加量趋于无穷小,即 $\Delta Q \to 0$ 时,边际效用也可以表示为:

$$\mathrm{MU}=\lim_{\Delta Q \to 0}\frac{\Delta \mathrm{TU}(Q)}{\Delta Q}=\frac{\mathrm{dTU}(Q)}{\mathrm{d}Q} \tag{3.3}$$

边际效用等于总效用增量与商品增量之比,其大小与总效用增量成正比,与商品增量成反比。以矿泉水消费为例,表 3-1 列出了消费者对矿泉水消费的总效用、边际效用与商品数量之间的关系,对一个非常口渴的人,第一瓶矿泉水给他的满足最大,其效用为 10;第二瓶矿泉水给他的满足有所减少,其效用为 8;当喝第三瓶、第四瓶、第五瓶矿泉水时,效用水平逐渐下降为 6、4、2;当喝第六瓶矿泉水时,他已经不想再喝了,其效用为 0;如果再喝下去,可能会感到不适,其效用为负。

表 3-1 总效用与边际效用

商品数量(瓶)	总效用(TU)	边际效用(MU)	价格(P)
0	0	0	3
1	10	10	3
2	18	8	3
3	24	6	3
4	28	4	3
5	30	2	3
6	30	0	3
7	28	−2	3
8	24	−4	3

(3) 边际效用与总效用的关系

根据表3-1的相关数据，可以绘制出总效用和边际效用曲线图。如图3-1所示，横坐标表示矿泉水数量(Q)，纵坐标表示矿泉水带给消费者的效用量，即总效用(TU)和边际效用(MU)。总效用曲线以递减的速率先上升后下降，边际效用曲线方向为向右下方倾斜的一条曲线，当边际效用为正时，总效用递增；当边际效用为负时，总效用开始下降；边际效用等于零时，总效用最大(TU=30)，并且边际效用总是呈现出递减的趋势。从数学意义上讲，如果效用曲线是连续的，则每一种商品消费量上的边际效用就是总效用曲线上相应点的斜率。这总效用是消费者在一定时期从一定数量的商品和劳务的消费中所得到的总的满足。边际效用是指每增加(减少)一个单位商品或劳务的消费量所引起的总效用的增(减)量。从数学意义上讲，如果效用曲线是连续的，则每一消费量上的边际效用值就是总效用曲线上相应的点的斜率，边际效用为总效用函数的导数，总效用为边际效用的积分。在几何图形上，边际效用曲线由于边际效用递减规律而向右下方倾斜，相应地，总效用曲线是先上升后下降的。当边际效用为正值时，总效用曲线呈上升趋势；当边际效用递减为零时，总效用曲线达到最高点；当边际效用继续递减为负值时，总效用曲线呈下降趋势。

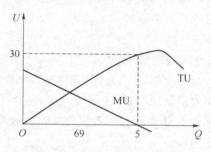

图3-1 边际效用与总效用的关系

2. 边际效用递减规律

(1) 内容

边际效用递减规律是基数效用论的基本定律，又称戈森第一定律，其主要内容是：在一定时间内，在其他商品的消费数量保持不变的条件下，随着消费者对某种商品消费量的增加，消费者从该商品连续增加的每一消费单位中所得到的效用增量即边际效用是递减的。

边际效用递减规律告诉我们：在消费者偏好和商品使用价值既定的条件下，商品消费量越小，边际效用越大；商品消费量越大，边际效用越小；如果增加一个单位的消费量不能获得任何满足，则边际效用为零；当商品消费量超过一定数量时，继续增加消费的商品，不仅不能带来愉悦，反而会造成痛苦，边际效用变为负值。边际效用递减变化可以直观地用表3-2反映出来。

表3-2 某商品的边际效用

商品消费量(Q)	总效用(TU)	边际效用(MU)
0	0	0
1	30	30−0=30
2	30+20=50	50−30=20
3	30+20+10=60	60−50=10
4	30+20+10+0=60	60−60=0
5	30+20+10+0−10=50	50−60=−10

(2) 成立的原因

导致边际效用递减的原因，主要是随着商品数量的增加，由于人们生理、心理作用的影响，商品对人们的刺激作用和重要程度都有下降的趋势。

① 从人的生理和心理角度看,随着相同消费品的连续增加,人们从每一单位商品消费中得到的满足程度是递减的;

② 一种商品往往有几种用途,消费者总是将前一单位商品用在较为重要的用途上,将后一单位的商品用在次重要的用途上。

例如,自来水这种商品有多种用途,如饮用、洗衣、浇花草等。再假定消费者把这些用途按其重要性加以分级,消费者必然把第一个单位的水用在最重要的用途——饮用上,然后再把其他单位的水依次满足较不重要的用途(洗衣、浇草等),这样,由于不同单位的水先后用于满足其重要性依次下降的用途上,所以,该商品的边际效用必然随消费量的增加而呈递减趋势。这也成为消费者在现实中的选择。

(3) 异常情况

大多数商品都具有边际效用递减的规律,但也存在少数例外,这种异常情况主要包括如下两种:

① 在满足连续消费和非整体商品的条件下,有可能出现边际效用递增。例如,当某人只有一根筷子时,别人给他另外一根,因为一双筷子可以吃饭,所以该人的效用递增;某人偏好筷子的收藏,尽管已经有很多筷子,但是某一天从旧货市场获得一双明代的筷子,该人的效用仍会得到提高。

② 酗酒、吸毒等上瘾物品的边际效用会出现递增的趋势。

总之,边际效用递减规律是西方经济学在研究消费者行为时用来解释需求规律或需求定理的一种理论观点。它是通过考察总结人们日常生活中的消费行为而得出的一个理论命题。当然,它的有效性要以假定人们消费行为的决策是符合理性为其必要前提的。

知识链接

为什么人们对春晚的评价越来越差

从20世纪80年代初期开始,我国老百姓在过春节的年夜饭中增添了一套诱人的内容,那就是春节联欢晚会。记得1982年第一届春节联欢晚会的出台,在当时娱乐事业尚不发达的我国引起了巨大轰动。晚会的节目成为全国老百姓街头巷尾和茶余饭后津津乐道的题材。

晚会年复一年地办下来了,投入的人力、物力越来越多,技术效果越来越先进,场面设计越来越宏大,节目种类也越来越丰富。但不知从哪一年起,人们对春节联欢晚会的评价却越来越差了,原先在街头巷尾和茶余饭后的赞美之词变成了一片骂声,春节联欢晚会成了一道众口难调的大菜。

春晚本不该代人受过,问题其实与边际效用递减规律有关。在其他条件不变的前提下,当一个人在消费某种物品时,随着消费量的增加,他(她)从中得到的效用是越来越少的,这种现象普遍存在,被视为一种规律。边际效用递减规律虽然是一种主观感受,但在其背后也有生理学的基础:反复接受某种刺激,反应神经就会越来越迟钝。第一届春节联欢晚会让我们欢呼雀跃,但举办次数多了,由于刺激反应弱化,尽管节目本身的质量整体提升,但人们对晚会节目的感觉却越来越差了。

边际效用递减规律时时在支配者我们的生活,尽管有时我们没有明确地意识到。

第二节 消费者偏好和无差异曲线

一、消费者偏好假定

序数效用论者认为,消费者效用大小应该使用顺序或等级来表示。为此,序数效用论者提出了消费者偏好的概念。序数效用论者认为,消费者对不同商品具有不同的偏好。例如,给定商品 A 和 B,如果消费者对商品 A 的偏好程度大于商品 B,也就是说,这个消费者认为商品 A 给消费者带来的效用水平大于商品 B 给消费者带来的效用水平。一般来说,所谓偏好,就是消费者对某种商品的爱好或喜欢,它不取决于商品价格,也不取决于消费者的收入水平。序数效用论者对消费者偏好提出了三个基本的假设条件:

(1) 完全性

完全性偏好假设是指消费者可以根据偏好比较和排序所有商品或商品组合。也就是说,如果存在任何两种商品 A 和 B,消费者可以做出而且也只能做出以下三种判断中的一种:对 A 的偏好大于对 B 的偏好;对 B 的偏好大于对 A 的偏好;对 A 和 B 的偏好相同,即消费者总是可以比较和排列所给出的不同商品或商品组合的效用。

(2) 可传递性

偏好可传递性假设是保证消费者偏好是一致的,因此也是理性的。偏好可传递性假设是指如果消费者对商品 A 的偏好大于商品 B,对商品 B 的偏好大于商品 C,那么消费者在商品 A 和商品 C 中就更偏好商品 A,即对 A 的偏好大于对 C 的偏好。例如,如果消费者在选择咖啡和茶两种商品时消费者更偏好咖啡,而在选择茶和百事可乐两种商品时消费者更偏好茶,那么在选择咖啡和百事可乐两种商品时消费者会更偏好咖啡。

(3) 非饱和性

偏好非饱和性假设是指消费者总是偏好任何一种数量较多的商品或商品组合,而不是数量较少的商品或商品组合,即所谓的"多多益善"。也就是说,消费者对每一种商品的消费都没有达到饱和点。另外,偏好非饱和性假设隐含着消费者选择的商品都是"好商品",即值得拥有的商品,而不是"坏商品"。

二、无差异曲线

1. 无差异曲线的含义

无差异曲线是用来表示两种商品或两组商品的不同数量的组合对消费者所提供的效用是相同的,无差异曲线符合这样一个要求:如果听任消费者对曲线上的点做选择,那么,所有的点对他都是同样可取的,因为任一点所代表的组合给他所带来的满足都是无差异的。

如果两种商品不仅可以相互替代,而且能够无限可分,则消费者可以通过两种商品的此消彼长的不同组合来达到同等的满足程度。假定某个消费者按既定的价格购买两种商品 X 和 Y,他购买 3 单位商品 X 和 2 单位商品 Y 或者 2 单位商品 X 和 3 单位商品 Y 所带来的满足是相同的。那么,这两种组合中任一种对这个消费者来说,都是无差异的。事实上,这个消费者在购买 X 和 Y 两种商品的过程中,会产生一系列无差异组合,形成无差异表。X 和 Y 两种商品的各种组合如表 3-3 所示。

表 3-3　两种商品的无差异组合

组合方式	X	Y	组合方式	X	Y
A	1	6	C	3	2
B	2	3	D	4	$1\frac{1}{2}$

将表 3-3 中的各种不同组合在平面坐标上用对应的点表示,然后连续起来,就得到一条无差异曲线,如图 3-2 所示。

无差异曲线表明,此线上的任何一点所代表的两种物品的不同组合所提供的总效用或总满足水平都是相等的,因此消费者愿意选择其中任何一种组合。

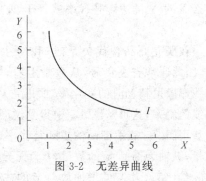

图 3-2　无差异曲线

2. 无差异曲线的特点

第一,由于消费者的偏好是无限的,因此在同一平面上就可以有无数条无差异曲线,形成无差异曲线群,曲线的全部称为消费者的偏好系统。如图 3-3 所示,同一条无差异曲线代表同样的满足程度,不同的无差异曲线代表不同的满足程度。离原点越远的无差异曲线代表的满足程度越高,离原点越近的无差异曲线代表的满足程度越低。在图 3-3 中,I_1、I_2、I_3 代表三条不同的无差异曲线,$I_1 < I_2 < I_3$。

第二,在同一平面图上,任意两条无差异曲线决不能相交。

如图 3-4 所示,M、E 在同一条无差异曲线 I_1 上,代表相同的效用水平,M、N 在同一条无差异曲线 I_2 上,M、N 代表相同的效用水平,因此 N、E 两点的效用水平也应该是相同的。但是在 N 点,X、Y 两种商品的数量都要多于 E 点,所以,N 点 X 和 Y 的组合提供的效用水平大于 E 点 X 和 Y 的组合提供的效用水平,即 N、E 两点的效用水平不能相等。所以,在同一平面图上任意两条无差异曲线不能相交。

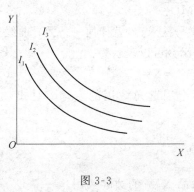

图 3-3

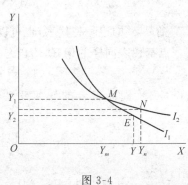

图 3-4

第三,无差异曲线是一条从左上方向右下方倾斜的曲线,其斜率为负值。这就表明消费者为了获得同样的满足程度,增加一种商品的数量就必须减少另一种商品的数量,两种商品不可能同时增加或减少。

第四,一般情况下无差异曲线是凸向原点的,这一点可以用商品的边际替代率来说明。

3. 边际替代率

所谓边际替代率(Marginal Rate of Substitution)是指消费者为了保持相同的满足水平时增加一种商品的数量与必须放弃的另一种商品的数量之比,假如某个消费者购买 X、Y 两种商品,增加 1 个单位的商品 X 和放弃 2 个单位的商品 Y 给消费者带来的满足是相同的,那么 X 对 Y 的边际替代率就等于 2,写作:

$$MRS_{xy} = -\Delta Y/\Delta X \tag{3.4}$$

在研究商品替代关系时,我们注重的是它的绝对值,因此通常省去负号,从数学上看,MRS 是沿无差异曲线作微量移动时的变化率,所以它从实际上是无差异曲线的斜率,这可从图 3-5 中得到说明。

用图 3-5 表示商品的边际替代率,横轴为商品 X 的数量,纵轴为商品 Y 的数量,I 为无异曲线。X 对 Y 的边际替代率,为 X 的增加数与 Y 的减少数之比:

$$MRS_{XY} = \frac{Y_2 - Y_1}{X_2 - X_1} = -\frac{AS}{SB} = -\frac{\Delta Y}{\Delta X} \tag{3.5}$$

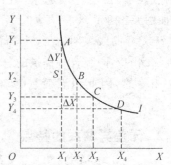

图 3-5 商品的边际替代率

当点 A 沿着无异曲线 I 越接近点 B 时,$\frac{\Delta Y}{\Delta X}$ 越接近点 B 切线的斜率。因此,就点 B 附近的微小变动来说,X 对 Y 的边际替代率就是无异曲线 I 在点 B 切线的斜率。

由于消费者愿意以 $X_1 X_2$ 的 X 换取 $Y_2 Y_1$ 的 Y,说明它们的边际效用相等。

$$\Delta X \cdot MU_X = -\Delta Y \cdot MU_Y$$

$$-\frac{\Delta Y}{\Delta X} = \frac{MU_X}{MU_Y} \tag{3.6}$$

所以,X 对 Y 的边际替代率,实际上是其边际效用之比:

$$MRS_{XY} = \frac{MU_X}{MU_Y} \tag{3.7}$$

商品 X 对商品 Y 的边际替代率,也可以用微分法求得:就任何一条无差异曲线来说,由于曲线上任何一点都代表同样的偏好,所以总效用函数可以表示为:

$$TU = f(X, Y) = k \tag{3.8}$$

这就是说,X、Y 商品组合的任何变动都不会引起总效用的变动。对式(3.7)微分,可得:

$$dTU = \frac{\partial TU}{\partial X} dX + \frac{\partial TU}{\partial Y} = 0 \tag{3.9}$$

其中,$\frac{\partial TU}{\partial X}$、$\frac{\partial TU}{\partial Y}$ 分别代表 MU_x、MU_y,即商品 X、Y 的边际效用。$\frac{\partial TU}{\partial X} dX$、$\frac{\partial TU}{\partial Y} dY$ 分别表示 X、Y 的微小变动所引起 TU 的变动。

由式(3.9)可得：

$$-\frac{\partial TU}{\partial Y}dY = \frac{\partial TU}{\partial X}dX \tag{3.10}$$

$$-\frac{dY}{dX} = \frac{\frac{\partial TU}{\partial X}}{\frac{\partial TU}{\partial Y}} = \frac{MU_X}{MU_Y} \tag{3.11}$$

序数效用论者在分析消费者行为时提出了商品的边际代替率递减规律的假定。

商品的边际替代率递减规律是指：在维持效用水平不变的前提下，随着一种商品消费数量的连续增加，消费者为得到每一单位的这种商品所需要放弃的另一种商品的消费数量是递减的。例如，在图3-5中，在消费者由 X 点经 Y、C、D 点运动到 E 点的过程中，随着消费者对商品 X 的消费量的连续的等量的增加，消费者为得到每一单位的商品 X 所需放弃的商品 Y 的消费量是越来越少的。也就是说，对于连续的等量的商品 X 的变化量 ΔX_1 而言，商品 Y 的变化量 ΔY 是递减的。

商品的边际替代率递减的原因在于：当消费者处于商品 X 的数量较少和商品 Y 的数量较多的 A 点时，消费者会由于拥有较少数量的商品 Y 而对每一单位的商品 X 较为偏好，同时，会由于拥有较多数量的商品 Y 而对每一单位的商品 Y 的偏爱程度较低。于是，每一单位的商品 X 所能替代的商品 Y 的数量是比较多的，即商品的边际替代率是比较大的。但是，随着消费者由 A 点逐步运动到 D 点，消费者拥有的商品 X 的数量会越来越多，相应地，对每一单位商品 X 的偏爱程度会越来越低；与此同时，消费者拥有的商品 Y 的数量会越来越少，相应地，对每一单位商品 Y 的偏爱程度会越来越高。于是，每一单位的商品 X 所能替代的商品 Y 的数量便越来越少。也就是说，商品的边际替代率是递减的。

从几何意义上讲，商品的边际替代率递减表示无差异曲线的斜率的绝对值是递减的。商品的边际替代率递减规律决定了无差异线的形状凸向原点。但在某些情况下则不然：如果对于消费者来说，两种商品是完全替代品，那么，相应的无差异曲线为一条斜率不变的直线，商品的边际替代率 MRS_{XY} 为一常数。例如，若 1 kg 玉米粉总是可以完全替代 0.5 kg 面粉，则无差异曲线如图3-6(a)所示。如果对于消费者来说两种商品是完全互补品，那么，相应的无差异曲线呈现直角形状，与横轴平行的无差异曲线部分的商品的边际替代率 $MRS_{xy}=0$，与纵轴平行的无差异曲线部分的商品的边际替代率 $MPS_{xy}=\infty$。例如，总是要按一副眼镜架和两片眼镜片的比例配合在一起，眼镜才能够使用。这种情况下的无差异曲线如图3-6(b)所示。

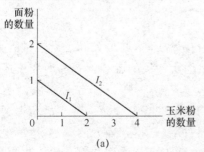
(a)

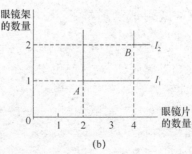
(b)

图3-6 完全替代品和完全互补品的无差异曲线的形状

知识链接

边际效用递减规律给经营者的启示

消费者购买物品是为了效用最大化,而且物品的效用越大,消费者愿意支付的价格越高。根据效用理论,企业在决定生产什么时首先要考虑商品能给消费者带来多大效用。企业要使自己生产出来的产品能够卖出去,而且能够卖高价,就要分析消费者的心理,能够满足消费者的偏好。一个企业要成功,不仅要了解当前的消费时尚,还要善于发现未来的消费时尚。这样才能从消费时尚中了解到消费者的偏好及变动,并及时开发出能满足这种偏好的产品。同时,消费时尚也受广告的影响。一个成功的广告会引导着一种新的消费时尚,左右消费者的偏好。所以,企业行为从广告开始。

消费者连续消费一种产品的边际效用是递减的。如果企业连续只生产一种产品,它带给消费者的边际效用就是递减的,消费者愿意支付的价格就低。因此,企业要不断地创造出多样化的产品,即使是同类产品,只要不相同,就不会引起边际效用递减。例如,同类服装做成不同式样,就成为不同产品,不会引起边际效用递减。如果完全相同,则会引起边际效用递减,消费者不会多购买。

边际效用递减原理告诉我们:企业要进行创新,生产不同的产品满足消费者的需求,减少和阻碍边际效用递减。

第三节 消费者均衡

一、消费者均衡

消费者均衡是研究单个消费者在既定收入条件下实现效用最大化的均衡条件。在既定收入和各种商品价格的限制下选购一定数量的各种商品,以达到最满意的程度,称为消费者均衡。消费者均衡是消费者行为理论的核心。对于消费者均衡,基数效用理论与序数效用理论各有不同的描述。

1. 两种效用理论的描述

基数效用理论认为,在消费者收入与商品价格既定时,其最大满足受支付能力的制约。如果消费者将其收入(R)全部都用于支出,那么他所购买的各种消费品的数量还必须符合一个条件,即预算支出等于收入总额($R = P_A Q_A + P_B Q_B + P_C Q_C + \cdots\cdots$其中$P$表示商品价格,$Q$表示商品数量)。当消费者的支出既等于预算支出,又使每一种支出所得到的各种商品边际效用相等时,该消费者在其收入许可的条件下,已得到最大的满足,他再也不能从改变消费品构成与数量中得到更多的效用。该消费者不再改变其消费品构成与数量,这称为消费者均衡。

序数效用理论认为,假设消费者收入一定,并全部用于消费,同时假定商品 X 与 Y 的价格不变,那么消费者可能消费两种商品的各种组合必等于消费者收入,在平面坐标上会形成一条线 AB,AB 线上在任一点,都是消费者收入(或预算)在许可的条件下两种商品可能的组合,所以 AB 线被称为消费者可能线。AB 线上方的任一点,都表示消费者购买力不及;AB 线下方的任一点,表明消费者没有取得他能够取得的商品量;AB 线上的各点则是消费者在商品价格既定条件下,以其收入可购得的两种商品的各种量的组合。消费者为其收入许可条件下选择能获得最大满足的商品组合,应将其无差异曲线图(见序数效用理论)与消费可能线置于同一图中,由无差异曲线与消费可能线的切点来决定其应取的商品组合,消费者既然在其无差异曲线与消费可能线的切点所示的商品组合中可以取得最大的满足,就不再改变其消费品构成,所以被称为消费者均衡。这一分析与基数效用分析完全一致。

2. 消费者均衡的必要条件

在一定的收入和价格条件下,购买各种物品使总效用达到极大值或者使消费者得到最大的满足的必要条件是:消费者所购买的各种物品的边际效用之比等于它们的价格之比。

3. 消费者均衡的含义

消费者均衡是研究单个消费者如何把有限的货币收入分配在各种商品的购买中以获得最大的效用。也可以说,它是研究单个消费者在既定收入下实现效用最大化的均衡条件。这里的均衡是指消费者实现最大效用时既不想再增加,也不想再减少任何商品购买数量的一种相对静止的状态。

在消费者的收入和商品的价格既定的条件下,当消费者选择商品组合获取了最大的效用满足,并将保持这种状态不变时,称为消费者处于均衡状态,简称为消费者均衡。

消费者均衡是研究单个消费者在既定收入条件下实现效用最大化的均衡条件。消费者均衡是指在既定收入和各种商品价格的限制下选购一定数量的各种商品,以达到最满意的程度,称为消费者均衡。消费者均衡是消费者行为理论的核心。

4. 假设条件

(1) 偏好既定

这就是说,消费者对各种物品效用的评价是既定的,不会发生变动。也就是消费者在购买物品时,对各种物品购买因需要程度不同,排列的顺序是固定不变的。比如一个消费者到商店中去买盐、电池和点心,在去商店之前,对商品购买的排列顺序是盐、电池、点心,这一排列顺序到商店后也不会发生改变。这就是说先花第一元钱购买商品时,买盐在消费者心目中的边际效用最大,电池次之,点心排在最后。

(2) 收入既定

由于货币收入是有限的,货币可以购买一切物品,所以货币的边际效用不存在递减问题。因为收入有限,需要用货币购买的物品很多,但不可能全部都买,只能买自己认为最重要的几种。因为每一元货币的功能都是一样的,在购买各种商品时最后多花的每一元钱都应该为自己增加同样的满足程度,否则消费者就会放弃不符合这一条件的购买量组合,而选择自己认为更合适的购买量组合。

（3）价格既定

由于物品价格既定，消费者就要考虑如何把有限的收入分配于各种物品的购买与消费上，以获得最大效用。由于收入固定，物品价格相对不变，消费者用有限的收入能够购买的商品所带来的最大的满足程度也是可以计量的。因为满足程度可以比较，所以对于商品的不同购买量组合所带来的总效用可以进行主观上的分析评价。

5. 均衡位置

无差异曲线代表的是消费者对不同商品组合的主观态度，而预算线约束则显示了消费者有支付能力的商品消费的客观条件，将两者放在一起，就能决定消费者的最后选择。把无差异曲线与预算线合在一个图上，那么，预算线必定与无差异曲线中的一条切于一点，在这个切点上就实现了消费者均衡。如图 3-7 所示。

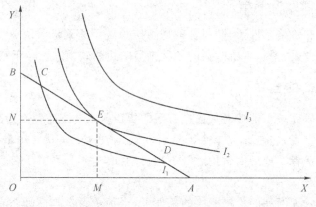

图 3-7 消费者均衡

为什么只有在这个切点时才能实现消费者均衡呢？在比它离原点远的无差异曲线所代表的效用大，但预算线 AB 同它既不相交又不相切，这说明达到 I_3 效用水平的 X 商品与 Y 商品的数量组合在收入与价格既定的条件下是无法实现的。而在比它离原点近的无差异曲线 I_1，虽然 AB 线同它有两个交点 C 和 D，说明在 C 和 D 点上所购买的 X 商品与 Y 商品的数量也是收入与价格既定的条件下最大的组合。在 C 和 D 点上，X 商品与 Y 商品的组合并不能达到最大的效用。

无差异曲线（Indifference Curve）是一条表示线上所有各点两种物品不同数量组合给消费者带来的满足程度相同的线。IC＝{$(y_1, y_2) \infty (x_1, x_2)$}。IC 用来表示消费者偏好相同的两种商品的所有组合。或者说它是表示能够给消费者带来相同的效用水平或满足程度的两种商品的所有组合的。

消费可能性曲线（Consumption Possibility Line，CPL）又称预算约束线、预算线或价格线，是指在消费者的收入和商品价格既定的条件下，消费者所能购买到的两种商品数量的最大组合。消费可能性曲线是一条向右下方倾斜的直线，直线上的每一点都表示，若把既定的收入全部花费掉，所能购买到的两种商品最大数量的各种可能的组合。

6. 限制条件

（1）两种商品消费均衡的文字表述

消费者均衡实现的限制条件是：消费者用全部收入所购买的各种物品所带来的边际效

用,与为购买这些物品所支付的价格的比例相等,或者说每单位货币所得到的边际效用都相等。

(2) 两种商品消费均衡数学公式

假设消费者的收入为 M,消费者购买并消费 X 与 Y 两种物品,X 与 Y 的价格为 P_x 与 P_y,所购买的 X 与 Y 的数量分别为 Q_x 与 Q_y,X 与 Y 所带来的边际效用为 MU_x 与 MU_y,每 1 单位货币的边际效用为 MU_m,这样,消费者均衡的条件可写为:

$$P_x \times Q_x + P_y \times Q_y = M \tag{3.12}$$

$$MU_x/P_x = MU_y/P_y = MU_m \tag{3.13}$$

上述式(3.12)是消费者均衡的收入约束条件,说明收入是既定的,购买 X 与 Y 物品的支出不能超过收入总额 M,也不能小于收入总额 M。超过收入的购买是无法实现的,而小于收入的购买也达不到既定收入时的效用最大化。式(3.13)是消费者均衡实现的评价条件,即所购买的 X 与 Y 物品带来的边际效用与其价格之比相等,也就是说,每一单位货币不论用购买 X 还是 Y 商品,所得到的边际效用都相等。

(3) 多种商品消费均衡数学公式

如果消费者所消费的不是两种物品,而是多种物品,设各种物品的价格为 $P_1, P_2, P_3, \cdots, P_n$,购买量为 $Q_1, Q_2, Q_3, \cdots, Q_n$,各种物品的边际效用为 $MU_1, MU_2, \cdots, MU_n$,则可以把消费者均衡实现的条件写为:

$$P_1 \times Q_1 + P_2 \times Q_2 \cdots + P_n \times Q_n = M \tag{3.14}$$

$$MU_1/P_1 = MU_2/P_2 = \cdots = MU_n/P_n \tag{3.15}$$

消费者均衡的实现条件实际上是对人们日常生活经验的理论概括。无论人们是否了解这一理论,他们实际上都在自觉或不自觉地按这一原则进行消费和购买。

前面讨论的是,消费者在每元货币支出的边际效用相等时就能达到最大效用,实现消费者均衡,这是一种情况。更为一般性的原则是把"单位边际收益相等原则"作为一种决策的工具。面对有限的资源(时间、金钱等),决策者分配资源作不同用途时,应使其在每一用途上的边际收益都相等。

再举个例子,假设有人想最大化他在各门功课上的知识量,但是,他只有有限的可利用时间。他应该在每一门功课上花费相同的学习时间吗?当然不是。他可能发现,在经济学、英语和数学上,各门课所用的最后一分钟并没有给他带来相同的知识量。如果花费在经济学上的最后一分钟产生的边际知识量大于数学,那么,把学习时间从数学转移到经济学上,直到花费在每一门功课上的最后一分钟所产生的知识增量相等时为止,他就会提高他的知识总量。

知识链接

把每一分钱都用在刀刃上

假如一元钱的边际效用是 5 个效用单位,一件上衣的边际效用是 50 个效用单位,消费者愿意用 10 元钱购买这件上衣,因为这时一元钱的边际效用与用于一件上衣的一元钱的边际效用相等。此时消费者实现了消费者均衡,也就是说实现了消费(满足)的最大化。低于或大于 10 元钱,都没有实现消费者均衡。我们可以简单地说在收入既定、商品价格既定的情况下,花的钱最少,得到的满足程度最大,就实现了消费者均衡。

通俗地说，假定有人有稳定的职业收入，他的银行存款有50万元，但他非常节俭，吃、穿、住都处于温饱水平。实际上，这50万元足以使他实现小康生活。要想实现消费者均衡，他应该用这50万元的一部分去购房，一部分去买一些档次高的服装，银行也要有一些积蓄；相反，如果他没有积蓄，购物欲望非常强，见到新的服装款式，甚至借钱去买，买的服装很多，而效用降低，如遇到家庭风险，没有一点积蓄，使生活陷入困境。

还比如有人在现有的收入和储蓄下是买房还是买车，他会做出合理的选择。他走进超市，见到琳琅满目的物品，他会选择自己最需要的。他去买服装肯定不会买自己已有的服装。所以说经济学是选择的经济学，而选择就是在自己资源（货币）有限的情况下，实现消费满足的最大化，使每一分钱都用在刀刃上，这样就实现了消费者均衡。

第四节 需求曲线的推导

一、消费者均衡的前提条件

（1）偏好不变；（2）收入不变；（3）价格不变。

二、消费者需求曲线的推导过程

1. 价格—消费曲线

价格对消费者均衡的影响可以通过价格—消费曲线来分析。价格—消费曲线是在消费者偏好、收入以及其他商品价格不变的条件下，与某种商品不同价格水平相联系的消费者效用最大化的均衡点变化的轨迹。也就是说，价格—消费曲线是商品相对价格 P_1/P_2 变化与消费者需求量变化之间的对应关系的轨迹。

如图3-8所示，纵坐标表示商品 X_2，横坐标表示商品 X_1，AB、AB_1、AB_2 表示消费者预算线，I_1、I_2、I_3 表示消费者在既定偏好条件下的无差异曲线。在初始情况下，预算线 AB 与无差异曲线 I_1 相切，并在 M 点实现消费者均衡。现在假定商品 X_2 的价格和消费者收入及偏好既定，商品 X_1 价格下降，消费者预算线将以 A 点为轴心逆时针方向移动，从初始位置的 AB 移动到新的位置 AB_1 和 AB_2。这是由于在既定货币收入条件下，消费者购买力增加了，消费者可以购买更多的商品 X_1。新的预算线与更高的无差异曲线相切，并产生新的消费者均衡点 N 和 P。因此，在商品 X_1 价格变化时，消费者均衡点变化的轨迹就是消费者价格—消费曲线。

假定 X_2 商品价格不变，收入不变，X_1 商品价格变化，分析价格变化对消费者均衡的影响，从而说明 X_1 商品需求曲线的形成。

MNP 连接起来得到的就是"价格—消费曲线"，表示消费者收入不变，与一种商品价格变化相联系的两种商品的效用最大化组合（也就是理性的消费者随着 X_1 商品价格的变化，会沿着这条曲线调整 X_1、X_2 这两种商品的购买数量，使得这两种商品的购买数量始终保持在最佳水平,这样才能实现消费者效用最大化)。

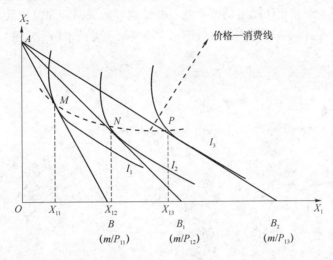

图 3-8 价格—消费曲线

2. 个人需求曲线

个人需求曲线可以由价格—消费曲线推导。从价格—消费曲线可知,某商品在不同的价格水平下与不同的消费量相联系。价格—消费曲线上的任何一点都存在价格与消费量之间的一一对应关系。

如图 3-8 所示,在均衡点 M,设商品 X_1 的价格为 P_{11},需求量为 X_{11}。随着商品价格持续下降,商品价格由 P_{11} 下降至 P_{12},再下降至 P_{13},且分别在不同的均衡点 N 和 P 上选择需求量 X_{12}、X_{13}。现在根据商品 X_1 的价格与需求量之间的对应关系,把每一个价格与相应的均衡点上的需求量绘制在平面图上,便可以得到单个消费者的需求曲线,如图 3-9 所示。

个人需求曲线有两大特征:第一,当沿着价格—消费曲线移动时,可获得效用数量会发生变化。价格越低,效用数量越高,说明消费者的购买力增加了。第二,在价格—消费曲线上的每一个点,消费者通过满足两种商品的边际替代率等于两种商品价格之比这一条件,以使效用最大化。

3. 市场需求曲线

商品市场需求指在一定时期内各种不同的价格下市场中所有消费者对某种商品的需求数量。市场需求取决于两个方面:个人需求函数和消费者总量。市场需求是个人需求的横向加总,即在某一既定价格下,个人消费量需求的总量。消费者个人需求函数和市场需求函数之间的关系,可以用数学公式表示为:

$$D(P) = \sum D_i(P) \quad (i = 1, 2, \cdots, n) \tag{3.16}$$

式中,$D(P)$ 为市场的需求函数;$D_i(P)$ 为单个消费者的需求函数,$i=1,2,\cdots,n$ 表示某一商品市场上有 n 个消费者。

如图 3-10 所示,例如,某商品在价格 $P=2$ 时,消费者 A 的需求量为 0,消费者 B 的需求量为 12,消费者 C 的需求量为 22,那么商品在价格 $P=2$ 时市场需求量为 34(0+12+22)。一般情况下,市场需求曲线同个人需求曲线一样也是向下方倾斜的。市场需求曲线表示在一定时期内在各种不同的价格水平下所有消费者愿意而且能够购买的该商品数量,也表示在相应的价格水平下可以给全体消费者带来最大效用水平或满足程度的市场需求量。

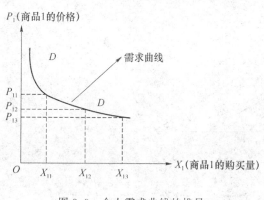

图 3-9　个人需求曲线的推导

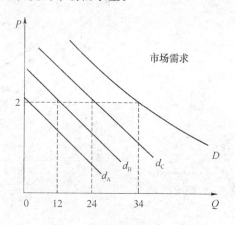

图 3-10　市场需求曲线的推导

知识链接

钻石与水的价值悖论

斯密在《国富论》第一卷第四章提出著名的价值悖论:没有什么东西比水更有用,但它几乎不能购买任何东西……相反一块钻石有很小的使用价值,但是通过交换可以得到大量其他物品;钻石的使用价值很小,但却很昂贵;水的使用价值极大,却很廉价。你怎样解释这个悖论?

因为有边际效用递减规律的存在,我们知道,当我们对某种物品消费越多,其最后一单位的边际效用也就越小。我们用的水是很多的,因此最后一单位水所带来的边际效用就微不足道了。相对于水而言,钻石的总效用并不大,但由于我们购买的钻石极少,所以,它的边际效用就大。"物以稀为贵"的道理在于"稀"的物品边际效用高。

第五节　价格的变化、收入效应和替代效应

一、需求函数及其性质

1. 需求函数

一般地,普通需求函数又称马歇尔需求函数,它反映了在给定的(各种商品的)价格与收入下,能使消费者实现效用最大化的各种商品的需求量,因而是价格与收入的(向量)函数。

2. 需求函数的性质

一般而言,需求函数关于价格 P 和收入 I 是零次齐次的,即对任何商品 x_i,在 $t \to 0$ 时有:

$$x_i^n = x_i(P_1, P_2, \cdots, P_n, I) = x_i(tP_1, tP_2, \cdots, tP_n, tI) \qquad (3.17)$$

其原因在于,当价格和收入同时发生相同比例的变化时,消费者的预算约束没有发生实质性的变化,因而理性的消费者也不会改变其最优消费选择,(在理论上)消费者的需求不受"纯"通货膨胀的影响。

二、收入变化对消费者最优选择的影响

1. 收入变化与正常品、劣等品

收入变化会引起消费者预算线的平行移动,从而引起消费者最优消费选择发生相应的变化。根据收入变化时消费变化的方向,可以将商品分为正常品和劣等品。所谓正常品是指随着收入的增加其需求也增加的商品,即 $\frac{\Delta X_i}{\Delta I} > 0$;所谓劣等品是指随着收入的增加其需求减少的商品,即 $\frac{\Delta X_i}{\Delta I} < 0$。正常品还可分为必需品和奢侈品。必需品是需求收入弹性大于 0 小于 1 的物品,奢侈品是需求收入弹性大于 1 的物品。即对于必需品,有 $e_1 = \frac{\Delta X_i}{\Delta I} \times \frac{I}{X_i} < 1$;对于奢侈品,有 $e_1 = \frac{\Delta X_i}{\Delta I} \times \frac{I}{X_i} > 1$。

2. 恩格尔定律

恩格尔定律是一个统计规律,是指在一个家庭或一个国家中,食物支出在收入中所占的比例随着收入的增加而减少。用弹性的概念来表述该定律为:对于一个家庭或一个国家来说,富裕程度越高,则食物支出的收入弹性就越小;反之,则越大。

三、价格变化对消费者最优选择的影响

1. 吉芬商品

吉芬商品是指这样一种商品,如果该商品的价格上升,消费者对它的需求量上升;当它的价格下降时,其需求量也下降。用需求函数的偏导数表达就是: $\frac{dX}{dP} > 0$。

2. 价格变化所引起的替代效应与收入效应

(1) 替代效应与收入效应的含义

替代效应是指由商品的价格变动所引起的商品相对价格的变动,进而由商品的相对价格变动所引起的商品需求量的变动。

收入效应是指由商品的价格变动所引起的实际收入水平变动,进而由实际收入的变动所引起的商品需求量的变动。一种商品价格下降可能产生消费者实际收入提高的效应,因为消费者因价格下降而导致的购买力的提高使得他有可能改变商品的购买量。

(2) 正常品的替代效应和收入效应(注：此为希克斯替代效应与收入效应)

如图 3-11 中的横轴 OX_1 和纵轴 OX_2 分别表示商品 1 和商品 2 的数量，其中，商品 1 是正常品。商品 1 的价格 P_1 下降前的消费者的效用最大化的均衡点为 a，P_1 下降后消费者的均衡点为 b。价格下降所引起的商品 1 的需求量的增加量为 $X_1'X_1'''$，这便是价格下降所引起的总效应。这个总效应可以被分解为替代效应和收入效应两个部分。

替代效应：作一条平行于预算线 AB' 且与无 AB' 差异曲线 U_1 相切的补偿预算线 FG。FG 与 U_1 相切，表示假设的货币收入的减少(预算线的位置由向左平移到 FG 表示)刚好能使消费者回到原有的效用水平。FG 与 AB' 平行，则以这两条预算线的相同的斜率，表示商品 1 价格和商品 2 价格的一个相同的比值 P_1/P_2，而且，这个商品的相对价格 P_1/P_2 是商品 1 的价格 P_1 变化以后的相对价格。补偿预算线 FG 与 U_1 相切于均衡点 c，与原来的均衡点 a 相比，需求量的增加量为 $X_1'X_1''$，这个增加量就是在剔除了实际收入水平变化影响以后的替代效应。进一步地，就预算线 AB 和补偿预算线 FG 而言，它们分别与无差异曲线 U_1 相切于 a、c 两点，但斜率却是不相等的。预算线 AB 的斜率绝对值大于补偿预算线 FG，AB 所表示的商品的相对价格 P_1/P_2 大于 FG，当 AB 移至 FG 时，随着商品的相对价格 P_1/P_2 的变小，消费者为了维持原有的效用水平，会沿着既定的无差异曲线 U_1 由 a 点下滑到 c 点，增加对商品 1 的购买而减少对商品 2 的购买，即用商品 1 去替代商品 2。于是，由 a 点到 c 点的商品 1 的需求量的增加量 $X_1'X_1''$，便是 P_1 下降的替代效应。

收入效应：把补偿预算线 FG 再推回到 AB' 的位置上去，于是，消费者的效用最大化的均衡点就会由无差异曲线 U_1 上的 c 点到无差异曲线 U_2 上的 b 点，相应的需求量的变化量 $X_1''X_1'''$ 就是收入效应。

(3) 劣等品的替代效应和收入效应

如图 3-12 中的横轴 OX_1 和纵轴 OX_2 分别表示商品 1 和商品 2 的数量，其中，商品 1 是劣等品。商品 1 的价格 P_1 下降前后的消费者的效用最大化的均衡点分别为 a、b 点，因此，价格下降所引起的商品 1 的需求量的增加量为 $X_1'X_1'''$，这是总效应。作与预算线 AB' 平行且与无差异曲线 U_1 相切的补偿预算线 FG，将总效应分解成替代效应和收入效应。P_1 下降引起的商品相对价格的变化，使消费者由均衡点 a 运动到均衡点 c，相应的需求增加量为 $X_1'X_1''$，这就是替代效应，它是一个正值。而 P_1 下降引起的消费者的实际收入水平的变动，使消费者由均衡点 c 运动到均衡点 b，需求量由 X_1'' 减少到 X_1'''，这就是收入效应，它是一个负值。

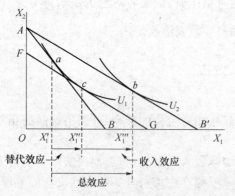

图 3-11　正常品的替代效应和收入效应

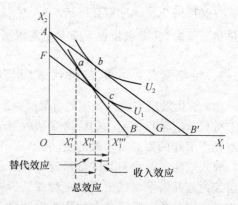

图 3-12　劣等品的替代效应和收入效应

对劣等品来说,替代效应与价格呈反方向的变动,收入效应与价格呈同方向的变动,而且,在大多数的场合,收入效应的作用小于替代效应的作用,总效应与价格呈反方向的变动,相应的需求曲线是向右下方倾斜的。但是,在少数场合下,某些劣等品的收入效应的作用会大于替代效应,这种特殊的劣等品就是吉芬商品。

(4) 吉芬商品的替代效应和收入效应

如图 3-13 中的横轴 OX_1 和纵轴 OX_2 分别表示商品 1 和商品 2 的数量,其中,商品 1 是吉芬商品。商品 1 的价格 P_1 下降前后的消费者的效用最大化的均衡点分别为 a 点和 b 点,相应的商品 1 的需求量的减少量为 $X_1'X_1''$,这就是总效应。通过补偿预算线 FG 可得 $X_1''X_1'''$ 为替代效应;$X_1'X_1'''$ 是收入效应,它是一个负值。而且,负的收入效应 $X_1'X_1'''$ 的绝对值大于正的替代效应 $X_1''X_1'''$ 的绝对值,所以,最后形成的总效应 $X_1'X_1''$ 为负值。在图 3-12 中,a 点必定落在 b、c 两点之间。对吉芬商品来说,替代效应与价格呈反方向变动,收入效应与价格呈同方向变动,但收入效应的作用大于替代效应的作用,总效应与价格是同方向变动,相应的需求曲线就呈现向右上方倾斜的特殊形状。

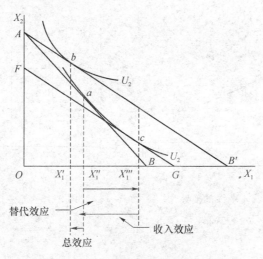

图 3-13 吉芬商品的替代效应和收入效应

3. 马歇尔需求曲线与希克斯补偿需求曲线

(1) 马歇尔需求曲线

马歇尔需求曲线是用几何图形表示的、在其他条件不变的情况下商品需求量与其价格之间的数量关系。这里的"其他条件不变"是指消费者的收入、偏好及其他商品的价格不变。在这样的假定下,可利用无差异曲线、预算线及效用最大化条件推导出在各种不同价格水平下消费者对某种商品的需求量,在"价格—需求"坐标系中将这些点连接起来即可得到该商品的需求曲线。马歇尔需求曲线的图形推导如图 3-14 所示。

(2) 补偿需求曲线

希克斯补偿需求曲线是在保持消费者效用不变的条件下,消费者对商品的需求量和商品价格之间的关系的轨迹。希克斯补偿需求曲线的图形推导如图 3-15 所示。

(3) 两者之间的关系

马歇尔需求曲线和希克斯需求曲线如图 3-16 所示。一般地,对于正常品而言,马歇尔需求函数比希克斯需求函数平坦，这是因为马歇尔需求既包括替代效应，又包括收入效应；而希克斯需求仅仅包括替代效应。

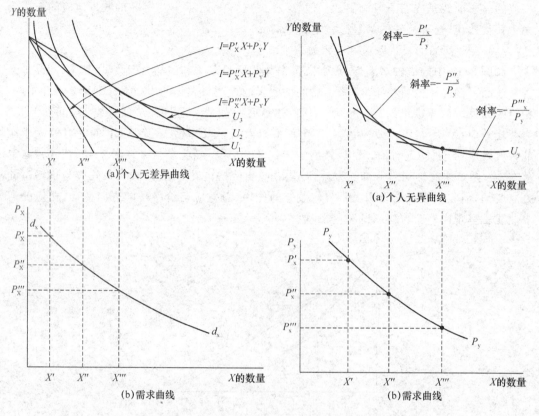

图 3-14　马歇尔需求曲线的推导　　　　图 3-15　希克斯需求曲线的推导

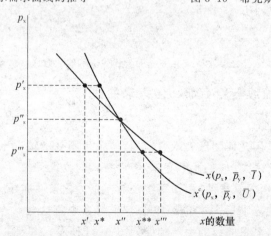

图 3-16　正常商品的马歇尔需求函数和希克斯需求函数

4．价格与收入弹性

（1）需求价格弹性：$e_x, p_x = \dfrac{\Delta x/x}{\Delta P/P_x} = \dfrac{\Delta x}{\Delta P_x} \times \dfrac{P_x}{x} = \dfrac{\mathrm{d}x}{\mathrm{d}P_x} \times \dfrac{P_x}{x}$ 　　　　（3.18）

(2) 需求收入弹性：$e_x, I = \frac{\Delta x/x}{\Delta I/I} = \frac{\Delta x}{\Delta I} \times \frac{I}{x} = \frac{dx}{dI} \times \frac{I}{x}$ （3.19）

(3) 需求交叉价格弹性：$e_x, p_y = \frac{\Delta x/x}{\Delta P_y/P_y} = \frac{\Delta x}{\Delta P_y} \times \frac{P_y}{x} = \frac{dx}{dP_y} \times \frac{P_y}{x}$ （3.20）

5. 上瘾物品的经济分析

(1) 上瘾物品及其弹性

上瘾物品是指消费欲望严重依赖于曾经消费的商品。一般来说，瘾君子对上瘾物品的需求严重缺乏价格弹性，而偶尔吸毒的人群（尚未上瘾且很容易找到替代品的人）对上瘾物品的需求价格弹性则相对较大。

(2) 禁毒政策的影响

如图3-17所示，禁毒导致上瘾物品的供给曲线向左移动，从而使毒品价格上升，对瘾君子来说，他们对毒品的需求缺乏价格弹性，因而对毒品的需求数量不会减少很多，这样就会使毒品支出大大增加。当这些瘾君子的收入不足以支付毒品时，他们就会不择手段地获取毒品，犯罪率可能因此上升，社会也将变得不安定。

(3) 实行禁毒的原因

如图3-18所示，偶尔吸毒者对毒品的需求富有价格弹性，因此禁毒造成的毒品价格上升将使他们大量减少毒品需求，并降低他们花费在毒品上的支出额，这样就会防止这些人成为瘾君子，进而减少对社会可能造成的危害。

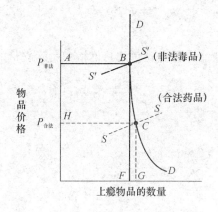

图3-17 瘾君子对上瘾物品的需求

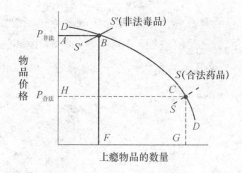

图3-18 偶尔吸毒的人对令人上瘾的物品的需求

知识链接

石油税的收入效应与替代效应

在20世纪70年代后期石油价格大幅度上涨之后，卡特总统想要通过阻止使用石油来节约能源。一种计划要求政府通过课税来提高汽油价格，然后通过降低所得税对消费者加以补偿。有些评论家嘲笑这种想法：先征税再进行补偿有什么意义呢？

设想在实施这一计划之前,露西年收入为2万美元。她每年在汽油上的支出为500美元(收入的2.5%);在每加仑汽油为1.00美元的价格下,她可以买500加仑。首先假设对每加仑汽油征税上升到0.20美元,使露西支付1加仑汽油的价格上升到1.20美元。如果汽油的需求价格弹性为0.5,那么价格上升将导致需求量下降10%。现在,露西在每加仑1.20美元的价格下购买450加仑汽油。全部支出为540美元。政府收入为90美元(0.2美元×450)。假设政府对露西的补偿为90美元(补偿的大小不取决于露西实际支付的汽油税,而是取决于所有纳税人支付的汽油税的平均数。在本例中,露西是处于平均值上的人,所以对她的补偿正好等于她所支付的汽油税),政府是否通过给予消费者收入抵消了较高的汽油价格的影响呢?并没有完全抵消。如果露西继续将所增加的收入的2.5%用于购买汽油,那么她在汽油上的开支增加2.25美元(2.5%×90美元)。她的汽油消费仍然低于没有与退税相结合的这项税收时的汽油消费。

第六节 消费者剩余

一、消费者剩余

1. 消费者剩余的概念

消费者剩余是指消费者在购买一定数量的某种商品时愿意支付的总价格和实际支付的总价格之间的差额,是消费者的一种主观心理感受。

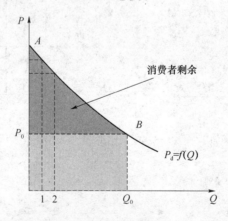

图 3-19 消费者剩余

2. 消费者剩余的其他解释

(1) 将消费者剩余理解为消费者的保留价格与实际支付的价格之间的差额

$$cs = (r_1 - p) + (r_2 - p) + \cdots + (r_n - p) \quad (3.21)$$

(2)将消费者剩余理解为要消费者放弃他对某种商品的全部消费而必须补偿给他的那个货币量,$v(n)$等于前几个保留价格的和,R代表消费者剩余。

$$v(0)+m+R=v(n)+m-pn \tag{3.22}$$

$$消费者剩余=v(n)-pn \tag{3.23}$$

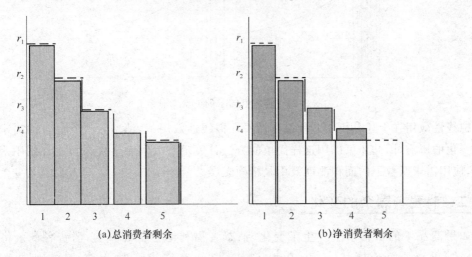

图 3-20 消费者剩余

3. 诸消费者剩余

诸消费者剩余是指全部消费者剩余的加总。消费者剩余测度的是单个消费者的剩余,诸消费者剩余是指诸多消费者剩余的总和。

4. 消费者剩余的特征

特征一:由于心理原因而产生,在于消费者对商品的主观心理评价与商品的客观市场价格之间的差异。

特征二:一般情况下,生活必需品的消费者剩余比较大。

特征三:边际效用递减规律的存在,使消费者剩余随着消费量增加而递减。

5. 如何计算消费者剩余

如果已知某个消费者的需求函数为$x(p)$,可先求出其反需求函数$p(x)$,然后再根据下面的公式求出其消费者剩余:

$$CS = \int_0^x p(x)\mathrm{d}x - px \tag{3.24}$$

我们能够进行上述计算的原因在于,如果一个消费者的需求是连续的,不是离散型的,在求其消费者剩余的时候,可以用同近似于它的离散需求曲线相关联的消费者剩余来近似地表示。如图 3-21 所示,把连续性的需求可以进行无限的细分,细分成无限个离散型的需求,连续型需求曲线的消费者剩余就近似于它的离散需求曲线的消费者剩余来近似的表示。

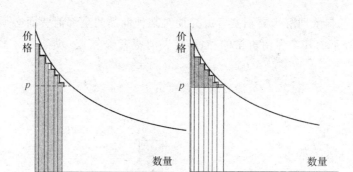

图 3-21 连续性需求的消费者剩余

拟线性效用在上述分析中起什么作用？在拟线性效用下，消费者对商品 1 的需求不受收入变化的影响，因此才可以用这样简单的方法计算消费者剩余。仅在拟线性效用函数情况下，使用需求函数下的面积测度效用是精确无误。

二、消费者剩余的变化

如果商品 1 的价格水平发生了变化，消费者福利也会受到影响，消费者剩余将发生改变。如果商品的价格从 P_0 上升到了 P_1，已知其需求函数为 $X(P)$，则其消费剩余为：

$$\Delta CS = \int_{p_0}^{p_1} X(P) dP \tag{3.25}$$

价格上升，消费者的总损失可分为两部分：一部分是消费者对他继续消费的单位将要支付更多货币，如图 3-22 中的 R 代表的面积；另一部分是消费者因价格上升而减少消费造成的损失，如图 3-22 中 T 代表的面积。

消费者剩余变化分为补偿变化和等价变化两种：

1. 补偿变化

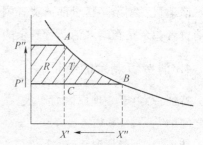

图 3-22 消费者剩余变化

在价格上涨变化后，要使消费者的境况同他在价格变化以前的境况一样好，必须给他一定的货币数额，保证新的预算线同经过初始消费点的无差异曲线相切，使消费者回复到他初始无差异曲线上所必需的收入变化即收入的补偿变化，其表达式如下

$$CV = e[P_1, v(P_0, m)] - m \tag{3.26}$$

补偿变化测试的是，如果政府想要准确地补偿受价格变动影响的消费者的话，政府就必须给予消费者多少额外货币。补偿变化的实质就是以消费者原来的福利水平基准，计算商品价格上涨给消费者造成的福利损失，以及为了弥补消费者的福利损失应该给予消费者的补偿。

如图 3-23(a) 所示，消费者的初始选择在 A 点，当价格从 P_0 上升到 P_1 时，消费者的预算线向内转动，消费者此时的选择在 B 点，显然 B 点的效用小于 A 点的效用，为了维持消费者的境况不变，平移新的预算线直到与初始无差异曲线相切在 C 点，C 点与 A 点在同一条无差异曲线上。B 点与 C 点的收入的差额就是要补偿给消费者的收入,即补偿变化。

2. 等价变化

在价格上涨前拿走一部分消费者收入,使消费者从(原价格,减少收入)和(新价格,原来收入)两种组合中得到的效用水平无差异。收入变化与价格变化是等价的。在价格变化以前必须从消费者那里取走多少货币,才能使他的境况同在价格变化以后的境况一样好。从图形上看,初始预算线必须移动多少才能恰好与经过新消费束的无差异曲线相切。其表达式如下:

$$\mathrm{EV}=m-e[P_0,v(P_1,m)] \tag{3.27}$$

等价变化测试的是消费者为了避免价格变动而愿意付出的最大收入量,其实质是等价变化以价格上涨后的福利水平为基准,计算如果价格上涨给消费者造成了货币损失,应该如何先行扣除一部分收入才能让消费者感到平衡。

如图 3-23(b) 所示,同样,消费者的初始选择点在 A 点,B 是在价格上升以后的最终选择点。为了保持价格不变,在价格上涨前从消费者那里拿走一部分收入,使得初始预算线向内移动,直到与 B 点所在的无差异曲线相切,在图中 D 点相切。

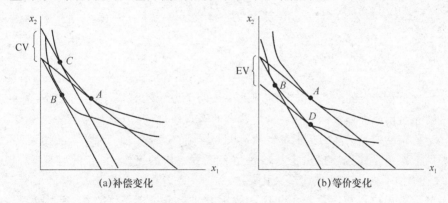

图 3-23 等价变化与补偿变化

在拟线性效用的条件下,等价变化与收入变化是相同的,都等于消费者剩余的变化,如图 3-24 所示。

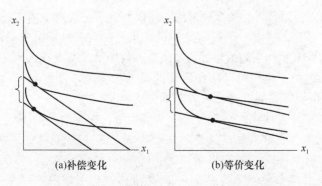

图 3-24 拟线性效用的补偿变化与等价变化

知识链接

买的东西值不值

有人在商场里看中了一件上衣,100元的价格,他在购买时肯定要向卖衣服的人砍价,问80元卖不卖,卖衣服的人理解消费者的这种心理,往往会同意让些利,促使买衣服的人尽快决断,否则,他就会有到其他柜台看看的念头。讨价还价可能在90元成交。在这个过程中,消费者追求的是效用最大化吗?显然不是,这实际是他对这件衣服的主观评价而已,就是为所购买的物品支付的最高价格。如果市场价格高于他愿意支付的价格,他就会放弃购买,觉得不值,这时他的消费者剩余就是负数,他就不会购买了;相反,如果市场价格低于他愿意支付的价格,他就会购买,觉得很值,这时就有了消费者剩余。因此我们也可以简单地把消费者剩余定义为:我们每一个人都是消费者,在买东西时对所购买的物品有一种主观评价。由此我们可以得出:消费者剩余=消费者愿意支付的价格-消费者实际付出的价格。

本章小结

一、主要结论

(1) 每一个消费者的消费决策行为都取决于两个方面的因素:第一,消费者的主观愿望,即消费者对某种商品的偏好程度;第二,消费者的客观条件,即消费者在自己的现实收入水平下购买一定价格的商品的能力。消费者消费决策的目的就是实现商品消费效用最大化。

(2) 西方经济学家先后提出了基数效用和序数效用的概念,并分析消费者在既定偏好和收入约束条件下如何实现效用最大化。

(3) 基数效用论者使用总效用和边际效用方法来分析消费者均衡,序数效用论者使用无差异曲线和预算约束曲线方法来分析消费者均衡。虽然二者在研究方法上存在不同,但是最终结论是统一的:消费者均衡条件是边际替代率即边际效用等于商品价格之比,也就是消费商品的边际收益等于边际成本。

(4) 价格和收入对消费者均衡变化的影响可以分别通过价格—消费曲线和收入—消费曲线来分析。价格—消费曲线表示两种商品的最优组合随着某种商品价格的变化而变化的轨迹。收入—消费曲线表示一系列的最优商品组合如何随着消费者收入的变化而变化的轨迹。

(5) 通过价格—消费曲线可以推导出某商品的个人需求曲线,并在此基础上推导出市场需求曲线,因为市场需求曲线是个人需求曲线的水平相加。

(6) 恩格尔曲线是通过收入—消费曲线来推导的。根据商品的不同类型可以推导出不同类型的恩格尔曲线。正常商品的恩格尔曲线斜率为正,劣等商品的恩格尔曲线斜率为负。

(7) 价格变化给某种商品的需求量带来的效应由两部分构成:替代效应和收入效应。替代效应是在保持效用水平不变的情况下,商品价格变化引起的需求量变化。收入效应是保持相对价格不变的情况下,收入水平变化引起的需求量的变化。

（8）对任何一种商品来说，替代效应与价格呈反方向变化。但是收入效应有时为正，有时为负，所以价格变化对需求量的影响也可大可小。通过收入效应和替代效应的相互作用可以区分正常商品、劣等商品和吉芬商品。吉芬商品是特殊的劣等商品，其收入效应大于替代效应。

二、基本概念

效用　基数效用论　总效用　预算线　边际效用　消费者剩余　序数效用论　边际替代率　收入—消费曲线　价格—消费曲线　恩格尔曲线　正常商品　劣等商品　替代效应　边际效用递减规律　无差异曲线　消费者均衡　边际替代率递减　收入效应　吉芬物品

本章练习

一、讨论题

1. 我们在消费者行为分析过程中曾经假定货币的边际效用不变，但事实果真如此吗？我们是否可以根据生活中的实例来分析货币的边际效用？另外，我们常听说"富人的钱不值钱，穷人的时间不值钱"，这能否说明货币对不同收入的人的效用不同呢？

2. 如果你的一个朋友准备结婚，你可以送他一件礼物，也可以送他相当于这件礼物市场价格的现金。哪种方法能给你的朋友带来更高效用？为什么？试用无差异曲线图来说明。

3. 假如你是一个肥胖的有钱人。你的医生建议你将每天的食品摄取量限制在 2 000 卡路里以内。那么，你对食品的消费者均衡是什么？

二、判断题

1. 在同一条无差异曲线上，不同的消费者得到的效用水平是无差异的。（　　）
2. 无差异曲线的斜率为固定常数时，表明两种商品是完全互补的。（　　）
3. 当消费某种物品的边际效用为负时，则总效用达极大值。（　　）
4. 当边际效用减少时，总效用也是减少的。（　　）
5. 基数效用论的分析方法包括边际效用分析和无差异曲线分析方法。（　　）
6. 吉芬物品和低档物品的需求曲线都向右上方倾斜。（　　）
7. 所有的吉芬物品都是低档物品。（　　）
8. 正常物品的替代效应同价格呈同方向变动。（　　）
9. 个人需求曲线上的任何一点都代表着消费者的最大满足状态。（　　）
10. 吉芬物品是一种需求量与价格同方向变化的特殊商品。（　　）
11. 商品价格变化引起的收入效应，表现为相应的消费者的均衡点沿原有的无差异曲线运动。（　　）
12. 在同一条无差异曲线上，任意两点对应的两种商品不同数量组合所能带来的边际效用相等。（　　）
13. 若某商品的价格变化，其替代效应小于收入效应，则该商品是低档品。（　　）
14. 若 $MU_x/P_x > MU_y/P_y$，消费者应增加 X 商品的购买，减少 Y 商品的购买，最终可

实现效用最大化。(　　)

三、单选题

1. 基数效用论消费者均衡的条件是(　　)。
   A. 无差异曲线与预算线相切　　　　B. $MRS_{xy}=P_x/P_y$
   C. $MU_x/P_x=MU_y/P_y$　　　　　 D. $MU_x/MU_y=P_x/P_y$

2. MRS_{xy} 递减,意味着当 X 商品的消费量不断增加时,能代替的 Y 商品的数量(　　)。
   A. 越来越多　　B. 越来越少　　C. 保持不变　　D. 以上均不正确

3. 设对某一消费者有 $MU_x/P_x<MU_y/P_y$,为使他得到的效用最大,他将(　　)。
   A. X、Y 的价格不变,增加 X 的购买量,减少 Y 的购买量
   B. X、Y 的价格不变,增加 Y 的购买量,减少 X 的购买量
   C. 仅当 X 的价格降低时,才有可能增加 X 的购买
   D. 仅当 Y 的价格降低时,才有可能增加 Y 的购买

4. 当消费者对商品 X 的消费达到饱和点时,则边际效用 MU_x 为(　　)。
   A. 正值　　　　B. 负值　　　　C. 零　　　　D. 不确定

5. 基数效用论的基本假设条件有(　　)。
   A. 效用是可以衡量的　　　　　　B. MU 递减
   C. $MRCS_{xy}$ 递减　　　　　　　D. 货币边际效用不变

6. 在同一条无差异曲线上,若增加 1 个单位 X 商品的购买,需要减少 2 个单位的 Y 商品的消费,则有(　　)。
   A. $MRCS_{xy}=2$　　B. $MRCS_{xy}=1/2$　　C. $MU_x/MU_y=2$　　D. $MU_x/MU_y=1/2$

7. 正常物品价格上升导致需求量减少的原因在于(　　)。
   A. 替代效应使需求量增加,收入效应使需求量减少
   B. 替代效应使需求量减少,收入效应使需求量增加
   C. 替代效应使需求量减少,收入效应使需求量减少
   D. 替代效应使需求量增加,收入效应使需求量增加

8. 当只有商品价格变化时,连接消费者各均衡点的轨迹称为(　　)。
   A. 需求曲线　　　B. 价格—消费曲线　　C. 恩格尔曲线　　　D. 收入—消费曲线

9. 某消费者消费更多的某种商品时(　　)。
   A. 消费者获得的总效用递增　　　　B. 消费者获得的边际效用递增
   C. 消费者获得的总效用递减　　　　D. 消费者获得的边际效用递减

10. 商品价格变化引起的替代效应,表现为相应的消费者的均衡点(　　)。
    A. 沿着原有的无差异曲线移动　　　B. 运动到另一条无差异曲线上
    C. 沿着原有的预算线移动　　　　　D. 不变

11. 低档物品价格下降,其需求量(　　)。
    A. 增加
    B. 减少
    C. 替代效应的效果大于收入效应的效果时增加
    D. 替代效应的效果小于收入效应的效果时增加

12. 商品价格变化引起的收入效应,表现为相应的消费者的均衡点(　　)。

A. 沿着原有的无差异曲线运动　　　B. 运动到另一条无差异曲线上
C. 不变　　　　　　　　　　　　　D. 不规则变动

13. $I = P_x \cdot X + P_y \cdot Y$ 是消费者的（　　）。
　A. 需求函数　　B. 效用函数　　C. 预算约束方程　　D. 不确定

14. 序数效用论对消费者偏好的假设包括（　　）。
　A. 边际效用递减　　　　　　　　B. 货币边际效用不变
　C. 传递性　　　　　　　　　　　D. 不饱和性

15. 已知消费者的收入为 I，全部用来购买 X_1、X_2，且 $MU_1/P_1 > MU_2/P_2$，当商品价格既定时，若要达到消费者均衡，需要（　　）。
　A. 增加的 X_1 购买，减少 X_2 的购买　　B. 增加 X_2 的购买，减少 X_1 的购买
　C. X_1、X_2 都增加　　　　　　　　　　D. X_1、X_2 都减少

16. 消费者达到均衡时，（　　）。
　A. 总效用最大　　　　　　　　　B. 每单位货币的边际效用相等
　C. 预算线和无差异曲线相切　　　D. $MRCS_{12} = P_1/P_1$

17. 消费者处于均衡时，（　　）。
　A. 每单位货币购买不同商品所增加的满足程度相等
　B. 每种商品的总效用相等
　C. 每种商品的替代效应等于收入效应
　D. 所购买的商品的边际效用相等

18. 商品的边际替代率递减规律决定了无差异曲线（　　）。
　A. 凸向原点　　B. 凹向原点　　C. 垂直于横轴　　D. 平行于横轴

四、简答题

1. 简述边际效用和总效用的关系。
2. 基数效用论是如何推导需求曲线的？
3. 试用图形说明序数效用论对消费者均衡条件的分析。
4. 用图形分析正常物品的替代效应和收入效应，并说明其需求曲线的特征。
5. 用图形分析吉芬物品的替代效应和收入效应，并说明其需求曲线的特征。

五、论述题

1. 用图说明序数效用论者对消费者均衡条件的分析，以及在此基础上对需求曲线的推导。
2. 在三年自然灾害期间，一些农民将收入几乎全部用来购买红薯，而当红薯的价格降低时，其消费量却减少了，在这种情况下红薯是正常物品、低档物品还是吉芬物品？请结合图形解释你的结论。
3. 分别用图分析正常物品、低档物品和吉芬物品的替代效应与收入效应，并进一步说明这三类物品的需求曲线的特征。
4. 比较基数效用理论与序数效用理论的异同，谈谈你对效用论的看法。

第四章
生产理论

学习目标

- 理解厂商的本质;掌握长期生产函数、短期生产函数。
- 理解并掌握生产者均衡条件。
- 掌握规模报酬理论。

重点、难点

重点:边际报酬递减规律;短期生产阶段的选择;各类生产函数的关系;边际技术替代率;边际技术替代率递减规律;生产者均衡;规模报酬。

难点:边际报酬递减规律;边际技术替代率;边际技术替代率递减规律;生产者均衡。

引例

分工与专业化

亚当·斯密在其名著《国民财富的性质和原因的研究》中根据他对一个扣针厂的参观描述了一个例子。斯密所看到的工人之间的专业化和引起的规模经济给他留下了深刻的印象。他写道:"一个人抽铁丝,另一个人拉直,第三个人截断,第四个人削尖,第五个人磨光顶端以便安装圆头;做圆头要求有两三道不同的操作;装圆头是一项专门的业务,把针涂白是另一项;甚至将扣针装进纸盒中也是一门职业。"

斯密说,由于这种专业化,扣针厂每个工人每天生产几千枚针。他得出的结论是,如果工人选择分开工作,而不是作为一个专业工作者团队,"那他们肯定不能每人每天制造出 20 枚扣针,或许连一枚也造不出来"。换句话说,由于专业化,大扣针厂可以比小扣针厂实现更高人均产量和每枚扣针更低的平均成本。

斯密在扣针厂观察到的专业化在现在经济中普遍存在。例如,如果有人想盖一个房子,他可以自己努力去做每一件事。但大多数人找建筑商,建筑商又雇佣木匠、瓦匠、电工、油漆工和许多其他类型工人。这些工人专门从事某种工作,而且,这使他们比作为通用型工人时做得更好。实际上,运用专业化实现规模经济是现代社会像现在一样繁荣的一个原因。

第一节 生产函数概述

一、厂商与利润最大化假定

生产者也称厂商或企业,是指能做出统一生产决定的单个经济单位。它可以是一个个体生产者,也可以是一个规模巨大的公司。厂商的法定组织形式主要有单人业主制、合伙制和公司制三种。单人业主制企业规模较小,个人企业家往往同时就是所有者和经营者,企业利润动机明确、强烈;决策自由、灵活;但个人企业往往资金有限,限制了生产的发展,而且也较易于破产。合伙制企业是指两个人以上合资经营的厂商组织,相对于个人企业而言,合伙制企业的资金较多,规模较大,比较易于管理;分工和专业化得到加强,而对于多人所有和参与管理,不利于协调和统一;资金和规模仍有限,在一定程度上不利于生产的进一步发展;合伙人之间的契约关系欠稳定。公司制企业按公司法建立和经营的具有法人资格的厂商组织,是一种重要的现代企业组织形式,公司由股东所有,公司的控制权在董事监督下的总经理手中。

新古典经济学认为,生产者都是具有完全理性的经济人。生产者的目的是实现利润最大化,这是理性人基本假定在生产理论中的具体化。然而,在实际生活中,厂商有时并不一定选择实现最大利润的决策。在信息不对称的情况下,厂商对市场需求、成本变化缺乏准确的了解,于是,厂商追求的目标就是实现销售收入的最大化或市场销售份额的最大化,以取代利润最大化的决策。在现代公司制企业组织中,由于委托—代理问题的存在,企业的所有者无法掌握经理经营企业的全部信息,因此,经理在一定程度上偏离企业利润最大化的目标,而追求自身利益最大化,但在长期,经理对利润最大化目标的偏离会受到制约。在以下的分析中,我们仍然假定厂商生产的目的是追求利润最大化。

二、生产函数

厂商进行生产的过程就是从投入生产要素到生产出产品的过程。生产要素主要包括:①劳动;②土地;③资本;④技术;⑤企业家才能等。生产过程中生产要素的投入量与产品的产出量之间的关系,可以用生产函数表示。生产函数(Production Function)是指在一定时期内,在技术水平不变的情况下,生产中所使用的各种生产要素的数量与所能生产的最大产量之间的关系。

假定使用 Q 表示所能生产的最大产量,用 $X_1, X_2, X_3, \cdots, X_n$ 表示某产品生产过程中各种生产要素的投入量,则生产函数可表示为:

$$Q = f(X_1, X_2, X_3, \cdots, X_n)$$

为了方便分析,假设只有劳动、资本两种生产要素,以 L 表示劳动投入数量,K 表示资本投入数量,则生产函数表示为:

$$Q = f(L, K) \tag{4.1}$$

生产函数一般分为固定投入比率和可变投入比率的生产函数,在济学分析中,常用的两种具体生产函数为固定投入比例生产函数和柯布—道格拉斯生产函数。

(1) 固定投入比例生产函数

固定投入比例生产函数是指在每一个产量水平上任何一对要素投入量之间的比例都是固定的。函数的通常形式为:

$$Q=\min[cL,dK] \tag{4.2}$$

其中 Q 是产量,L、K 分别表示劳动和资本,常数 $c>0$、$d>0$,分别为劳动和资本的生产技术系数,它们分别表示生产每一单位的产品所需要的固定的劳动投入量和资本投入量。

(2) 柯布—道格拉斯生产函数

柯布—道格拉斯生产函数是由数学家柯布(C. W. Cobb)和经济学家道格拉斯(Paul H. Douglas)于 20 世纪 30 年代提出来的。柯布—道格拉斯生产函数被认为是一种很有用的生产函数,函数的通常形式为:

$$Q=AL^{\alpha}K^{\beta} \tag{4.3}$$

其中 A,α,β 为三个参数,且 $0<\alpha$,$\beta<1$。α、β 分别表示劳动和资本在生产中所占的相对重要性。α 为劳动所得在总产量中所占的份额,β 为资本所得在总产量中所占的份额。

此外,根据柯布—道格拉斯生产函数中的参数 α、β 之和,还可以判断规模报酬的情况。若 $\alpha+\beta>1$,则为规模报酬递增;若 $\alpha+\beta=1$,则为规模报酬不变;若 $\alpha+\beta<1$,则为规模报酬递减。

知识链接

新古典经济学关于企业及企业扩张理论

严格来讲,新古典经济学中不是真正的企业理论,而是生产函数理论。新古典企业理论从技术的角度,把企业理解为生产函数,在技术和市场的约束下追求利润最大化。在"经济人"和完全竞争假设的前提下,通过构建市场和厂商的长期和短期均衡,得出企业实现利润最大化时的均衡价格和最优规模。它还认为企业规模的一个主要决定因素是它能够利用规模或范围经济的程度。它并未解决"企业为何存在"的问题,也并未令人满意地解决企业的边界及其决定问题。

新古典企业理论有许多不完善之处。①新古典企业理论主要研究的是不同生产要素的最优组合和在给定资源时不同的产品产量的最优组合,因而只能算是关于企业的生产决策的理论,并且基本忽视了企业性质的另一方面即当事人之间的社会关系问题,因而不能算是完全的企业理论。②新古典假定制度(市场环境)是给定不变的(完全竞争),厂商有完全的信息能力,并且交易过程无摩擦(即交易费用为零),从而不涉及产权问题,这种假定过于苛刻,与现实经济生活中的企业极为不符。③新古典假定人有完全理性,厂商以利润最大化为目标,而忽视了人的有限理性和企业目标的多元性。④利润函数将企业剩余完全归企业管理者所有,这不切实际。⑤生产函数理论是静态的模型,许多问题都定义清楚,因而忽略了企业的内部制度结构、企业管理和发展过程的创造性、风险性和复杂多变性等特点,忽视了企业家的功能,这又与厂商的"企业家式的企业"特征似乎是一种矛盾。⑥新古典企业理论根本回避"企业为什么存在"的问题,这为企业理论研究者所极不满意(大概因新古典忽略交易费用和分工所致)。当然,正是这一回避,才有后来的交易费用理论的出现,从这一意义上讲,坏事又变成了好事。

尽管如此,新古典对厂商的生产、成本、利润等问题给出的标准数学模型及严密的技术性推论仍是相当完美、精细的,对规模报酬、技术进步等问题的重视也有助于对企业扩张机理问题的解释。(资料来源:宋承先,《现代西方经济学——微观经济学》)

三、短期与长期

经济学根据在一定时期内生产要素是否可随产量变化而全部调整,划分了短期和长期。短期(Short-Run)是指在这个时期厂商不能根据它所要达到的产量来调整其全部生产要素。具体来说,在短期内它只能调整原材料、燃料及工人的数量,而不能调整固定设备、厂房和管理人员的数量。也就是说,在短期内,厂商不能根据市场状况调整生产规模,而只能改变部分生产要素的投入量。在这种情况下,如果市场繁荣,厂商就多投入劳动、原材料等,从而使产量增加;如果市场萧条,厂商就减少劳动、原材料的投入量,使产量减少。在产量的这些变动中,生产规模并没有改变。所以短期生产理论意味着生产规模既定条件下的产量决策。长期(Long-Run)是指在这个时期内厂商可以根据它所要达的产量来调整其全部生产要素,也就是说,在长期中,厂商的生产规模是可以调整的,厂商可以根据市场状况调整所有生产要素的投入量。

这里需要强调的是,西方经济学中所说的长期与短期并不能仅以时间的长短来判断,对于不同的行业、不同的厂商而言,长期与短期时间的长短是不一样的。例如,变动一个大型炼油厂的规模可能需要五年的时间,而变动一个豆腐作坊的规模可能仅需要一个月的时间。

第二节 短期生产函数

微观经济学通常以一种可变生产要素的生产函数考察短期生产理论,以两种可变生产要素的生产函数考查长期生产理论。

短期生产函数是指在短期内至少有一种投入要素使用量不能改变的生产函数。在短期内,假设资本数量不变,只有劳动可随产量变化,则生产函数可表示为:

$$Q=f(L,\overline{K})=f(L) \tag{4.4}$$

同理,假设劳动数量不变,只有资本数量随产量变化,则生产函数可表示为:

$$Q=f(K,\overline{L})=f(K) \tag{4.5}$$

一、总产量、平均产量、边际产量

短期生产函数 $Q=f(L,\overline{K})=f(L)$,其表示:在资本投入量固定时,由劳动投入量变化所带来的最大产量的变化。由此,我们可以得到劳动的总产量、平均产量、边际产量三个概念。

劳动的总产量(Total Product,TPL)是指短期内在技术水平既定条件下,利用一定数量的可变要素(如劳动)所生产产品的全部产量。其表达式为:

$$TP_L=f(L,\overline{K}) \tag{4.6}$$

劳动的平均产量(Average Product,APL)是指平均每一单位可变要素所分摊的总产量。其表达式为：

$$AP_L = \frac{TP_L}{L} = \frac{f(L, \overline{K})}{L} \quad (4.7)$$

劳动的边际产量(Marginal Product, MPL)是指增加一单位可变要素的投入所导致的总产量的增加量。其表达式为：

$$MP_L = \frac{\Delta TP_L}{\Delta L} \quad (4.8)$$

或

$$MP_L = \lim_{\Delta L \to 0} \frac{\Delta TP_L}{\Delta L} = \frac{dTP_L}{dL} \quad (4.9)$$

类似地，由生产函数 $Q = f(K, \overline{L}) = f(K)$ 可得，资本的总产量、平均产量、边际产量分别为：

$$TP_K = f(K, \overline{L}) \quad (4.10)$$

$$AP_K = \frac{TP_K}{K} = \frac{f(K, \overline{L})}{K} \quad (4.11)$$

$$MP_K = \frac{\Delta TP_K}{\Delta K} \quad 或 \quad MP_K = \lim_{\Delta K \to 0} \frac{\Delta TP_K}{\Delta K} = \frac{dTP_K}{dK} \quad (4.12)$$

根据以上定义，可以编制一张短期生产函数的总产量、平均产量和边际产量的表，表 4-1 就是一个例子。

表 4-1 劳动的总产量、平均产量和边际产量

L	1	2	3	4	5	6
TP_L	10	24	42	52	55	54
AP_L	10	12	14	13	11	9
MP_L	10	14	18	10	3	-1

将表 4-1 描述成图形，可以观察劳动的总产量、平均产量、边际产量曲线，如图 4-1 所示。

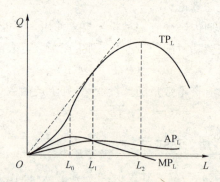

图 4-1 劳动的总产量曲线、平均产量曲线、边际产量曲线

边际产量、平均产量、总产量有什么样的数学关系呢？

第一，边际产量是指每增加一单位生产要素所导致的总产量的增量，边际产量曲线是总产量曲线各点切线斜率的连线。如图 4-1 所示，当劳动投入量小于 L_0 时，劳动的总产量快速增加，边际产量呈上升趋势；当劳动投入量位于 (L_0, L_2) 时，劳动的总产量缓慢增加，边际

产量下降但大于0;当劳动投入量大于L_2时,劳动的总产量下降,边际产量小于0。

第二,平均产量表示每单位生产要素所产生的产量,是总产量曲线各点与原点相连的斜率的连线。如图4-1所示,当劳动投入量等于L_1时,此时劳动的总产量与原点的连线斜率最大,劳动的平均产量最大;当劳动投入量小于L_1时,劳动的总产量曲线各点与原点连线的斜率逐渐变大,劳动的平均产量逐渐变大;当劳动投入量大于L_1时,劳动的总产量曲线各点与原点连线的斜率逐渐变小,劳动的平均产量逐渐变小。

第三,平均产量与边际产量的关系为:当边际产量大于平均产量时,平均产量上升;当边际产量小于平均产量时,平均产量下降;当边际产量等于平均产量时,平均产量达到最大。如图4-1所示,当劳动的投入量为L_1时,劳动的边际产量等于平均产量,平均产量达到最大。

归纳为:①当TP曲线上升时,MP为正;TP曲线下降时,MP为负;因此,当TP为极大时,MP=0。②当TP曲线快速上升时,MP曲线上升;当TP曲线缓慢上升时,MP曲线下降,但MP>0。③当MP>AP时,AP曲线上升;MP<AP时,AP曲线下降,MP曲线通过AP曲线的最高点,此时MP=AP。

二、边际报酬递减规律

边际报酬递减规律又称边际收益递减规律,是指在其他技术水平不变的条件下,在连续等量地把一种可变要素增加到其他一种或几种数量不变的生产要素上去的过程中,当这种可变生产要素的投入量小于某一特定的值时,增加该要素投入所带来的边际产量是递增的;当这种可变要素的投入量连续增加并超过这个特定值时,增加该要素投入所带来的边际产量是递减。这就是经济学中著名的边际报酬递减规律,并且是短期生产的一条基本规律。

为什么会出现边际报酬递减呢?边际报酬递减规律存在的原因是:对于任何一种产品的生产来说,可变要素投入量和不变要素投入量之间都存在一个最佳的组合比例。随着可变要素投入量的增加,可变要素投入量与固定要素投入量之间的比例在发生变化。在可变要素投入量增加的最初阶段,相对于固定要素来说,可变要素投入过少,因此,随着可变要素投入量的增加,生产要素的投入量逐步接近最佳的组合比,其边际产量递增,当可变要素与固定要素的配合比例恰当时,边际产量达到最大。如果再继续增加可变要素投入量,生产要素的投入量之比就越来越偏离最佳的组合比,于是边际产量就出现递减趋势。

知识链接

边际报酬递减在生产过程中的实例

转盘是某机械厂大型连续卷管机400多种零件中的关键之一,用4台机床进行加工。开始时,我们用4名工人加工,一人一台机床。由于每个人既要操作机床,又要做些必要的辅助工作(如卡零件、借用工具、相互传递、打扫卫生等),使机床的生产效率没有得到充分发挥,结果日产量为32件,人均产量仅有8件。当增加一个人后,就可以有一个人做辅助工作,其他4个人能够把大部分时间用在机床,日总产量增加到41件,人均产量为8.2件,边际产量为9件。再增加一个人后,就能将绝大部分辅助工作担当起来,有4人盯住机床,充分发挥了设备的效率,日总产量又增加到54件,人均产量为9件,边际产量为13件。这就是边际报酬递增阶段,总产量以递增的速度增加。

当增加到 7 个人时,由于新投入的第三个人只能负担一些辅助工作,有一部分时间没活干,因此总产量虽然增加到 63 件,平均产量保持不变,边际产量反而下降。此后,随着投入的劳动力进一步增加,不但剩余时间越来越多,而且互相干扰,废品率也相应上升,结果平均产量不断下降,边际产量下降更快。直到总劳动力为 10 人时,总产量达到最大,平均产量从递增到递减,边际产量变为 0,这就是边际报酬递减阶段。

在这之后,当劳动力增加到 10 人以上时,便人浮于事、人多手杂、职责不清、互相扯皮,废品率进一步增加,导致边际产量为负,平均产量继续下降,总产量也开始下降。(资料来源:黎诣远,《西方经济学》)

三、短期内生产要素投入的合理区间

如图 4-2 所示,短期内企业的生产可分为三个阶段,每个阶段分别有不同的特征,企业在短期生产过程中,生产要素投入的合理区间为第二阶段。

第一阶段:生产者不应停留的阶段。第一阶段位于要素最大平均产量的左侧,此阶段可变要素的边际产量始终大于平均产量,平均产量和总产量加速上升。说明相对于固定要素,可变要素的投入不足,增加可变要素的投入,可增加产量。因此,生产者应把生产扩大到第二阶段。

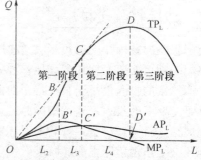

图 4-2 短期内企业生产的三个阶段

第二阶段:位于最大平均产量的要素投入和最大总产量的要素投入之间的一个区间,此阶段边际产量下降但大于 0,总产量缓慢上升,逐渐接近最大值。

第三阶段:位于最大总产量的右侧,此阶段边际产量小于 0,总产量和平均产量下降。此阶段生产出现冗余,可变要素投入过多,效率低下,应减少可变要素投入,回到第二阶段。

第三节 长期生产函数

在企业的长期生产中,一切投入要素均可变。在生产理论中,为了简化分析,假定生产者只使用劳动力和资本两种生产要素,长期内,两种生产要素均可变。则长期生产函数为:

$$Q = f(L, K) \tag{4.13}$$

式中,L、K 分别表示劳动投入量、资本投入量,Q 表示产量。这个函数表示在长期内,在技术水平不变的条件下,两种可变要素投入量的组合与能生产的最大产量之间的依存关系。

在长期生产中,如何使要素投入量达到最优组合,以使生产成本一定的时候产量最大,或产量一定的时候生产成本最小,我们可以运用等产量曲线和等成本线来分析。

一、等产量曲线

1. 等产量曲线的含义

等产量曲线是在技术水平不变的条件下生产一种商品在一定产量下的两种生产要素投入量的各种不同组合的轨迹,在这条曲线上的各点代表投入要素的各种组合比例,其中的每一种组合比例所能生产的产量都是相等的。

$$Q = f(L, K) = Q_0 \tag{4.14}$$

式中,Q_0 为常数,表示既定的产量水平,这一函数是一个两种可变要素的生产函数。

假定有劳动 L 和资本 K 两种生产要素投入生产某种商品,其生产函数为 $Q=KL$,当产量 $Q_0=100$ 单位时,可采用的生产方法可如表 4-2 所示。

表 4-2　生产要素的各种组合

组合方式	劳动 L	资本 K	产出 Q
A	10	20	100
B	20	10	100
C	40	5	100
D	60	3.33	100
E	80	2.5	100
F	100	1	100

把表 4-2 的数据描绘在以两个要素投入量为坐标轴的坐标图上,可以得出一条生产函数为 $Q=KL$,而产量 $Q_0=100$ 的曲线,这条曲线就是等产量曲线,如图 4-3 所示,这个曲线上的每一点都代表为生产 100 个单位产品时,两种生产要素可能的各种组合。

2. 等产量曲线的特点

(1) 离原点较远的等产量曲线总是代表较大的产出。因为,一般投入较多的要素,厂商就能得到较大的产出。如图 4-4 所示,$Q_1 < Q_2 < Q_3$。

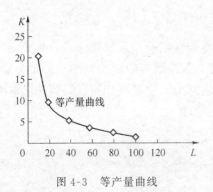

图 4-3　等产量曲线

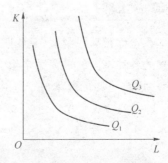

图 4-4　等产量曲线的特征

(2) 任意两条等产量曲线不能相交。因为,同一组合的投入要素不可能生产出两个不同的产量,若两条等产量曲线相交,则交点处的要素投入组合能够生产出两个不同的产量。

(3) 等产量曲线凸向原点,向右下方倾斜,其斜率为负。因为,等产量曲线上的每一点都代表能生产一定产量的各种要素的有效组合。因此,要增加某种要素的投入量并保持产量不变,就必须相应地减少另一种要素的投入量。

3. 边际技术替代率递减规律

边际技术替代率(Marginal Rate of Technical Substitution,MRTS)是指在产量保持不变的前提条件下,增加一单位某种生产要素可以代替的另外一种要素的数量。用公式可表示为:

$$\text{MRTS}_{LK} = -\frac{\Delta K}{\Delta L} \tag{4.15}$$

如果要素投入量的变化量为无穷小,式(4.15)变为:

$$\text{MRTS}_{LK} = \lim_{\Delta L \to 0} -\frac{\Delta K}{\Delta L} = -\frac{dK}{dL} \tag{4.16}$$

式(4.16)说明,等产量曲线上的某一点的边际技术替代率就是等产量曲线上该点的斜率的绝对值。

边际技术替代率公式也可写为:

$$\text{MRTS}_{LK} = \frac{\text{MP}_L}{\text{MP}_K} \tag{4.17}$$

这是因为,在同一条等产量曲线上,某一要素投入的增加所带来的总产量的增加,必定等于另一要素投入的减少所带来的总产量的减少。即 $|\Delta K \cdot \text{MP}_K| = |\Delta L \cdot \text{MP}_L|$,整理得 $-\frac{\Delta K}{\Delta L} = \frac{\text{MP}_L}{\text{MP}_K}$,也即 $\text{MRTS}_{LK} = \frac{\text{MP}_L}{\text{MP}_K}$。

所谓边际技术替代率递减规律,是指在维持产量不变的前提下,当一种要素的投入量不断增加时,每一单位的这种要素所能替代的另一种生产要素的数量是递减的。边际技术替代率之所以会出现递减趋势,是由于边际产量递减规律发挥作用的结果,由于边际产量是递减的,当某种要素增加一单位时,所引起的产量增加量是逐渐减少的。在维持产量不变的条件下,该要素所替代的其他要素数量就会减少。

二、等成本线

等成本线也称预算限制线,是在既定的成本和既定的要素价格条件下生产者可以购买的两种要素的各种不同的最大数量组合的轨迹。假设既定的成本为 C,已知的劳动(L)的价格即工资率为 W,已知的资本(K)的价格即利息率为 r,据此我们可以得到等成本线:

$$C = WL + rK \tag{4.18}$$

等成本线也可以写成:

$$K = -\frac{w}{r}L + \frac{C}{r} \tag{4.19}$$

所以,等成本曲线的斜率为 $-W/r$。图 4-5 中纵轴上的点 C/r 表示全部成本支出用于购买资本时所能购买的资本数量,横轴上的点 C/w 表示全部成本支出用于购买劳动时所能购买的劳动数量。

图 4-5 为等成本线,在等成本线以内的区域,其中的任意一点(如 A)表示既定的总成本没有用完;等成本线以外的区域,其中的任意一点(如 B)表示既定的成本不够购买该点的劳动和资本的组合;等成本线上的任意一点表示既定的全部成本刚好能购买的劳动和资本的组合。

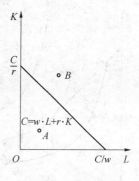

图 4-5 等成本线

当生产要素的价格或总成本发生变动时,等成本线发生平移或旋转:①当总成本不变,两要素价格发生同比例变化时,价格上升,等成本线向左平行移动;反则反之。②当要素价格不变,总成本变化时,总成本上升,等成本线向右平行移动。③当要素价格和总成本同向同比例变化时,等成本线不变。④当总成本不变,某一要素价格发生变化时,等成本线发生旋转。关于如何旋转,留给读者自己去分析。

三、生产者均衡:要素的最优组合

生产要素的最优组合,是指在既定的成本条件下最大产量,或既定的产量条件下的最小成本,也称生产者的均衡。在图形上,最优的生产要素组合点就是等产量线和等成本线的切点所代表的组合。

(1) 既定成本下最大产量的要素最佳组合

如图 4-6 所示,因为成本既定,所以图中只有一条等成本线,但可供厂商选择的产量水平很多,也即有无数多条等产量曲线。在既定成本下,企业能够达到的产量为不高于 Q_2 的产量,如 Q_2、Q_3。当企业的生产要素投入组合为 a 点时,产量为 Q_3,企业能够通过增加劳动投入量,减少资本投入量,使产量水平增加到 Q_2;当企业的生产要素投入组合为 b 点时,产量为 Q_3,企业能够通过减少劳动投入量,增加资本投入量,使产量水平增加到 Q_2;所以,企业的最优生产要素组合点应该在等产量曲线与等成本线的切点处,也即 E 点。要达到既定成本下最大产量,投入的要素组合为 (L_1, K_1),满足的条件为:

$$\mathrm{MRTS}_{LK} = \frac{w}{r} \tag{4.20}$$

(2) 既定产量下最小成本的要素最佳组合

如图 4-7 所示,因为产量既定,所以图中只有一条等产量曲线,但成本线有很多。在既定产量 Q 下,企业能够达到该产量的成本最低为 $C_{A_2B_2}$,也即需要成本 $C_{A_2B_2}$ 或 $C_{A_1B_1}$。当企业的生产要素投入组合为 a 点时,产量为 Q,成本为 $C_{A_1B_1}$,企业能够通过增加劳动投入量,减少资本投入量,使成本水平减少到 $C_{A_2B_2}$;当企业的生产要素投入组合为 b 点时,产量为 Q,成本为 $C_{A_1B_1}$,企业能够通过减少劳动投入量,增加资本投入量,使成本水平减少到 $C_{A_2B_2}$;所以,企业的最优生产要素组合点应该在等产量曲线与等成本线的切点处,也即 E 点。要达到既定产量下最小成本,投入的要素组合为 (L_1, K_1),满足的条件为:

$$\mathrm{MRTS}_{LK} = \frac{w}{r} \tag{4.21}$$

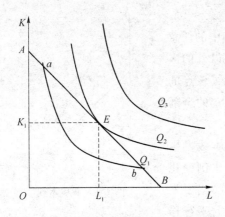
图4-6 成本既定时产量最大的生产要素组合

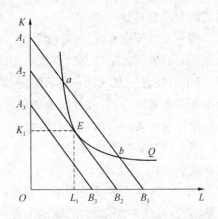
图4-7 产量既定时成本最小的生产要素组合

(3) 利润最大化可以得到最优生产要素组合

厂商生产的目的是为了追求利润最大化,厂商在追求最大利润的过程中,可以得到最优生产要素组合。证明过程如下:假设厂商的利润和商品价格分别为 π、P,厂商的利润等于总收益减去总成本。

$$\pi(L,K)=P\cdot f(L,K)-(wL+rK)$$

$$\frac{\partial \pi}{\partial L}=P\frac{\partial f}{\partial L}-w=0$$

$$\frac{\partial \pi}{\partial K}=P\frac{\partial f}{\partial K}-r=0$$

求得:

$$\mathrm{MRTS}_{LK}=\frac{w}{r}$$

由式(4.15)可知:

$$\mathrm{MRTS}_{LK}=\frac{\mathrm{MP}_L}{\mathrm{MP}_K}$$

所以,实现既定成本下产量最大化,或既定产量下成本最小化的厂商最求利润最大化的生产要素最优组合满足公式:

$$\frac{\mathrm{MP}_L}{\mathrm{MP}_K}=\frac{w}{r} \tag{4.22}$$

【例4-1】 已知某企业的生产函数为 $Q=L^{\frac{2}{3}}K^{\frac{1}{3}}$,劳动的价格 $w=2$,资本的价格 $r=1$。求:(1) 当成本 $C=3\,000$ 时,企业实现最大产量时的 L、K 和 Q 的均衡值;

(2) 当产量 $Q=800$ 时,企业实现最小成本时的 L、K 和 C 的均衡值。

解:(1) 当成本 $C=3\,000$ 时,根据等成本线方程,可得:

$$2L+K=3\,000 \quad\textcircled{1}$$

根据厂商实现最大化的均衡条件:

$$\frac{\mathrm{MP}_L}{\mathrm{MP}_K}=\frac{w}{r}$$

可得:

$$K=L \quad\textcircled{2}$$

把②代入①,可得:
$$K=L=1\,000,Q=1\,000$$

(2) 当产量 $Q=800$ 时,根据等产量曲线方程,可得:
$$800=L^{\frac{2}{3}}K^{\frac{1}{3}} \qquad ①$$

根据厂商实现最大化的均衡条件:
$$\frac{MP_L}{MP_K}=\frac{w}{r}$$

可得:
$$K=L \qquad ②$$

把②代入①,可得:
$$K=L=800,C=2L+K=2\,400$$

答:当成本 $C=3\,000$ 时,企业实现最大产量时,L 和 K 相等为 $1\,000$,Q 也为 $1\,000$。当产量 $Q=800$ 时,企业实现最小成本时,L 和 K 相等为 800,C 为 $2\,400$。

四、扩展线

在前面的分析中,我们认为,厂商在长期生产中,在某一成本下,或某一产量水平下,总能找到唯一的一个生产要素最优投入组合,使既定成本下产量最大化,或既定产量下成本最小化。那么,若生产要素的价格或厂商成本开支发生了变化,将会引起最优要素组合均衡点的变化,企业会重新选择最优的生产要素组合,在变化了的产量条件下实现最小的成本,或在变化了的成本条件下实现最大的产量。本节将使用扩展线来讨论这个问题。

扩展线也称等斜线,是指假定生产要素的价格不变、生产技术条件不变的情况下,厂商的不同等产量线与等成本线相切所形成的一系列不同的生产均衡点的轨迹。在生产要素的价格、生产技术和其他条件不变时,如果企业改变成本,等成本线就会发生平移;如果企业改变产量,等产量线就会发生平移。当生产的成本或产量发生变化时,厂商必然会沿着扩展线来选择最优的生产要素组合,从而实现既定成本条件下的最大产量,或实现既定产量条件下的最小成本。如图 4-8 所示,假设厂商最初的成本水平为 $C_{A'B'}$,此时最优生产要素组合点为 E_2 点,若厂商减少成本至 C_{AB},则在等成本线和等产量线相切处会形成新的均衡点 E_1,同理,若厂商增加成本至 $C_{A''B''}$,则又会形成新的均衡点 E_3,厂商在长期内可以任意改变生产要素的投入,从而改变生产成本,因此,有无数条等成本线,相对应,能够找到无数个新的均衡点,连接这些均衡点,就得出扩展线。扩展线上的点代表在不同生产规模下生产要素的最优投入组合,所以追求利润最大化的厂商必然会在生产扩展曲线上选择投入组合。

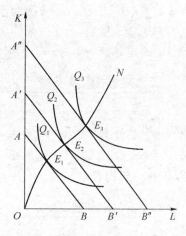

图 4-8 扩展线

第四节 规模报酬

在长期生产中,企业可以变动全部生产要素,进而变动生产规模。企业按照同比例变动全部生产要素,有可能带来生产规模的同比例增加,或者生产规模的较大幅度增加,或者生产规模的较小幅度增加,生产要素的增加比例与生产规模的增长比例之间的协调或非协调关系,可以用规模报酬来分类。规模报酬(Returns to Scale)是指在其他条件不变的情况下,企业内部各种生产要素按相同比例变化时所带来的产量变化。

规模报酬分析的是企业的生产规模变化与所引起的产量变化之间的关系。假定在某厂商的生产过程中只需要投入劳动和资本两种生产要素,其投入量分别为 L 和 K,这时,当两种要素的投入量同时增加一倍,即增加到 $2L$ 和 $2K$ 时,称之为厂商的生产规模扩大了一倍。规模报酬是要说明,当生产要素同时增加了一倍,那么产量会如何变化?是增加一倍,增加多于一倍,还是增加少于一倍?

一、规模报酬递增

规模报酬递增是指产量增加的比例大于各种生产要素增加的比例。如上例所述,假设某厂商的劳动和资本两种生产要素同时增加一倍,即由投入量分别为 L 和 K,变为投入量分别为 $2L$ 和 $2K$,若产出增长量大于一倍,比如变为 $3Q$,则较小的生产要素的增加能够带来较大的产出增加,称为规模报酬递增。产生规模报酬递增的主要原因是由于企业生产规模扩大所带来的生产效率的提高。生产规模扩大以后,企业能够利用更先进的技术和机器设备等生产要素,而较小规模的企业可能无法利用这样的技术和生产要素。随着对较多的人力和机器的使用,企业内部的生产分工能够更合理和专业化。此外,人数较多的技术培训和具有一定规模的生产经营管理,也都可以节省成本。

二、规模报酬不变

规模报酬不变是指产量增加的比例等于各种生产要素增加的比例。如上例所述,假设某厂商的劳动和资本两种生产要素同时增加一倍,即由投入量分别为 L 和 K,变为投入量分别为 $2L$ 和 $2K$,若产出增长量也为一倍,变为 $2Q$,则生产要素的增加比例与产出的增加相同,称为规模报酬不变。

三、规模报酬递减

规模报酬递减是指产量增加的比例小于各种生产要素增加的比例。如上例所述,假设某厂商的劳动和资本两种生产要素同时增加一倍,即由投入量分别为 L 和 K,变为投入量分别为 $2L$ 和 $2K$,若产出增长量小于一倍,比如变为 $1.5Q$,则较多的生产要素的增加仅能够带来较少的产出增加,称为规模报酬递减。产生规模报酬递减的最主要原因是,随着生产规模扩大到一定程度,厂商在管理上效率会下降,如内部的监督控制机制、信息传递等,容易错过有利的决策时机,使生产效率下降。

西方经济学认为,一般而言,随着企业的生产规模的扩大,最初往往规模报酬递增,然后可能有一个规模报酬不变的阶段;如果厂商继续扩大生产规模,就会出现规模报酬递减。在长期内,追求利润最大化的厂商的主要任务是,通过生产规模的调整,尽可能降低长期平均成本。

本章小结

一、主要结论

(1) 生产函数(Production Function)是指在一定时期内,在技术水平不变的情况下,生产中所使用的各种生产要素的数量与所能生产的最大产量之间的关系。

(2) 短期(Short-Run)是指在这个时期厂商不能根据它所要达到的产量来调整其全部生产要素。长期(Long-Run)是指在这个时期内厂商可以根据它所要达的产量来调整其全部生产要素。西方经济学中所说的长期与短期并不能仅以时间的长短来判断,对于不同的行业、不同的厂商而言,长期与短期时间的长短是不一样的。

(3) 边际报酬递减规律又称边际收益递减规律,是指在其他技术水平不变的条件下,在连续等量地把一种可变要素增加到其他一种或几种数量不变的生产要素上去的过程中,当这种可变生产要素的投入量小于某一特定的值时,增加该要素投入所带来的边际产量是递增的;当这种可变要素的投入量连续增加并超过这个特定值时,增加该要素投入所带来的边际产量是递减。

(4) 短期内企业生产存在三个阶段,其中第二阶段是指位于最大平均产量的要素投入和最大总产量的要素投入之间的一个区间,此阶段边际产量下降但大于0,总产量缓慢上升,逐渐接近最大值。企业应将生产要素的合理投入控制在第二阶段。

(5) 等产量曲线是在技术水平不变的条件下生产一种商品在一定产量下的两种生产要素投入量的各种不同组合的轨迹,在这条曲线上的各点代表投入要素的各种组合比例,其中的每一种组合比例所能生产的产量都是相等的。

(6) 边际技术替代率(Marginal Rate of Technical Substitution,MRTS)是指在产量保持不变的前提条件下,增加一单位某种生产要素可以代替的另外一种要素的数量。边际技术替代率递减规律,是指在维持产量不变的前提下,当一种要素的投入量不断增加时,每一单位的这种要素所能替代的另一种生产要素的数量是递减的。

(7) 等成本线也称预算限制线,是在既定的成本和既定的要素价格条件下生产者可以购买的两种要素的各种不同的最大数量组合的轨迹。

(8) 生产要素的最优组合,是指在既定的成本条件下最大产量,或既定的产量条件下的最小成本,也称生产者的均衡。在图形上,最优的生产要素组合点就是等产量线和等成本线的切点所代表的组合。

(9) 扩展线也称等斜线,是指假定生产要素的价格不变、生产技术条件不变的情况下,厂商的不同等产量线与等成本线相切所形成的一系列不同的生产均衡点的轨迹。

(10) 规模报酬(Returns to Scale)是指在其他条件不变的情况下,企业内部各种生产要素按相同比例变化时所带来的产量变化。规模报酬递增是指产量增加的比例大于各种生产要素增加的比例。规模报酬不变是指产量增加的比例等于各种生产要素增加的比例。规模报酬递减是指产量增加的比例小于各种生产要素增加的比例。

二、基本概念

生产函数　短期　总产量　平均产量　边际产量　边际报酬递减　等产量曲线　边际

技术替代率　等成本线　生产者均衡　扩展线　规模报酬

本章练习

一、单选题

1. 当 AP_L 为正且递减时，MP_L 是（　　）。

　　A. 递减　　　　　B. 有可能是负的　　C. 有可能为零　　D. 以上都正确

2. 如果某厂商增加一单位劳动使用量能够减少三单位资本，而仍生产同样的产量，则 $MRTS_{LK}$ 为（　　）。

　　A. 1/3　　　　　B. 3　　　　　　　C. 1　　　　　　D. 6

3. 下列说法中正确的是（　　）。

　　A. 生产要素的边际技术替代率递减是规模报酬递减造成的

　　B. 边际收益递减是规模报酬递减造成的

　　C. 规模报酬递减是边际收益递减规律造成的

　　D. 生产要素的边际技术替代率递减是边际收益递减规律造成的

4. 如果等成本曲线在坐标平面上与等产量曲线相交，那么要生产等产量曲线所表示的产量水平，就应该（　　）。

　　A. 增加成本支出　　　　　　　　B. 不能增加成本支出

　　C. 减少成本支出　　　　　　　　D. 不减少成本支出

5. 如果连续地增加某种生产要素，在总产量达到最大时，边际产量曲线（　　）。

　　A. 与纵轴相交　　　　　　　　　B. 经过原点

　　C. 与平均产量曲线相交　　　　　D. 与横轴相交

6. 如果以横轴表示劳动，纵轴表示资本，则等成本曲线的斜率是（　　）。

　　A. P_L/P_K　　　　B. $-P_L/P_K$　　　C. P_K/P_L　　　D. $-P_K/P_L$

7. 如果以横轴表示生产要素 X，纵轴表示生产要素 Y，等成本曲线围绕着它与纵轴的交点逆时针移动表明（　　）。

　　A. 生产要素 Y 的价格上升了　　　B. 生产要素 X 的价格上升了

　　C. 生产要素 X 的价格下降了　　　D. 生产要素 Y 的价格下降了

8. 生产的第二阶段起止于（　　）。

　　A. $AP_L=0$，$MP_L=0$　　　　　B. $AP_L=MP_L$，$MP_L=0$

　　C. $AP_L=MP_L$，$MP_L<0$　　　D. $AP_L>0$，$MP_L=0$

9. 等成本曲线向右平移表明（　　）。

　　A. 产量提高了

　　B. 成本增加了

　　C. 生产要素的价格同比例提高了

　　D. 一种要素的价格不变，另一种要素的价格下降了

10. 扩展线可以被描述为(　　)。

A. 等产量曲线和等成本曲线的切点的轨迹　B. 每一产量下最低成本的集合

C. 扩展线一定是等斜线　　　　　　　　D. 以上说法都正确

二、判断题

1. 只要总产量减少,边际产量一定是负数。(　　)

2. 随着某种生产要素投入量的增加,边际产量和平均产量增加到一定程度将趋于下降,其中边际产量的下降一定先于平均产量。(　　)

3. 在生产函数中,只要有一种投入要素不变,便是短期生产函数。(　　)

4. 边际技术替代率为两种投入要素的边际产量之比,其值为正。(　　)

5. 边际产量曲线与平均产量曲线的交点,一定在边际产量曲线向右下方倾斜的部分。(　　)

三、计算题

1. 下面是一张一种可变生产要素的短期生产函数的产量表:

(1) 在表中填空。

(2) 该生产函数是否表现出边际报酬递减?如果是,是从第几单位的可变要素投入量开始的?

可变要素数量	可变要素的总产量	可变要素的平均产量	可变要素的边际产量
1		2	
2			10
3	24		
4		12	
5	60		
6			6
7	70		
8			0
9	63		

2. 已知生产函数 $Q=f(L,K)=2KL-0.5L^2-0.5K^2$,假定厂商目前处于短期生产,且 $K=10$。

(1) 写出在短期生产中该厂商关于劳动的总产量 TP_L 函数、劳动的平均产量 AP_L 函数和劳动的边际产量 MP_L 函数。

(2) 分别计算当总产量 TP_L、劳动平均产量 AP_L 和劳动边际产量 MP_L 各自达到极大值时的厂商劳动的投入量。

(3) 什么时候 $AP_L=MP_L$?它的值又是多少?

3. 假设某厂商的短期生产函数为 $Q=35L+8L^2-L^3$，求：

(1) 该企业的平均产量函数和边际产量函数。

(2) 如果企业使用的生产要素的数量为 $L=6$，是否处理短期生产的合理区间？为什么？

4. 假定某企业的生产函数为：$Q=10L^{0.5}K^{0.5}$，其中，劳动（L）的价格为50元，资本（K）的价格为80元。

(1) 如果企业希望生产400单位的产品，应投入 L 和 K 各多少才能使成本最低？此时成本是多少？

(2) 如果企业打算在劳力和资本上总共投入6 000元，它在 K 和 L 上各应投入多少才能使产量最大？最大产量是多少？

5. 已知生产函数为 $Q=AL^{\frac{1}{3}}K^{\frac{2}{3}}$，判断：

(1) 在长期生产中，该生产函数的规模报酬属于哪一种类型？

(2) 在短期生产中，该生产函数是否受边际报酬递减规律的支配？

四、简答题

1. 简述消费者行为理论和生产者行为理论。

2. 简述边际替代率递减规律产生的原因。

五、论述题

运用生产理论分析说明理性的厂商应如何确定最优要素组合。

第五章
成本理论

 学习目标

- 理解机会成本、不变成本、可变成本、隐成本等各个成本的含义。
- 掌握各类短期成本函数,理解各类短期成本曲线的关系。
- 理解长期成本曲线的形状,以及长期成本曲线与短期成本曲线的关系。

重点、难点

重点:机会成本;短期成本函数;短期成本曲线;长期成本函数;长期成本曲线。

难点:隐成本;短期成本曲线;长期成本曲线;长期成本曲线与短期成本曲线的关系。

 引例

旅行社淡季低价经营是否有意义?

某旅行社在旅游淡季打出从天津到北京世界公园 1 日游 38 元(包括汽车和门票),一位朋友说不信,认为这是旅行社的促销手段。38 元连世界公园的门票都不够。有人给他分析,这是真的,因为旅行社在淡季游客不足,而旅行社的大客车、旅行社的工作人员这些生产要素是不变的,一个游客都没有,汽车的折旧费、工作人员的工资等固定费用也要支出。任何一个企业的生产经营都有长期与短期之分,从长期看如果收益大于成本就可以生产。更何况就是 38 元票价,旅行社也还是有钱赚的,我们给他算一笔账,一个旅行社的大客车载客 50 人,共 1 900 元,高速公路费和汽油费假定是 500 元,门票价格 10 元共 500,旅行社净赚 900 元。在短期不经营也要损失固定成本的支出,因此只要收益弥补可变成本,就可以维持下去,换个说法,每位乘客支付费用等于平均可变成本,就可以经营。另外公园在淡季门票打折,团体票也打折也是这个道理。

在第 4 章生产论中已经涉及了成本方程,该方程表示厂商的生产成本与生产要素的投入量之间的关系。本章的成本论将进一步考察厂商的生产成本与产量之间的关系。这一章我们仍然假定生产要素的价格是给定的。

第一节 成本的含义

一、可变成本与固定成本

根据成本费用与产量的关系可将总成本费用分为可变成本、固定成本和半可变(或半固定)成本。

可变成本(Variable Costs),又称变动成本,是指在总成本中随产量的变化而变动的成本项目,主要是原材料、燃料、动力等生产要素的价值,当一定期间的产量增大时,原材料、燃料、动力的消耗会按比例相应增多,所发生的成本也会按比例增大,故称为可变成本。如表5-1所示,原材料费用、燃料动力费用为可变成本。

固定成本(Fixed Cost),又称固定费用,相对于变动成本,是指成本总额在一定时期和一定业务量范围内,不受业务量增减变动影响而能保持不变的成本。如表5-1所示,折旧费、租金、保险费、行政经费、排污费为固定成本。

有些成本费用属于半可变成本,如不能熄灭的工业炉的燃料费等。工资、营业费用和流动资金利息等也都可能既有可变因素,又有固定因素。必要时需将半可变(或半固定)成本进一步分解为可变成本和固定成本,使产品成本费用最终划分为可变成本和固定成本。长期借款利息应视为固定成本,流动资金借款和短期借款利息可能部分与产品产量有关,其利息可视为可变半固定成本,为简化计算,一般将其作为固定成本。如表5-1所示,利息支付、销售成本一般作为固定成本;工资可进一步划分为可变成本或固定成本。可变成本等于总成本减固定成本。

表5-1 假设的企业生产经营成本 (单位:万元)

1. 原材料费用	30
2. 燃料动力费用	15
3. 工资	50
4. 折旧费	5
5. 利息支付	15
6. 租金	5
7. 保险费	2
8. 行政经费	5
9. 排污费	1
10. 销售成本	2
合计	130

上述这些成本支出,都会记录在会计账目上,也称会计成本。然而,西方经济学家指出,在经济学的分析中,仅仅从这样的角度来理解成本概念是不够的。为此,他们提出了机会成本的概念以及显成本和隐成本的概念。

二、机会成本

西方经济学家认为,经济学是要研究一个经济社会如何对稀缺的经济资源进行合理配置的问题。从经济资源的稀缺性这一前提出发,当一个社会或一个企业用一定的经济资源生产一定数量的一种或几种产品时,这些经济资源就不能同时被使用在其他的生产用途方面。这就是说,这个社会或这个企业所获得的一定数量的产品收入,是以放弃用同样的经济资源来生产其他产品时所能获得的收入作为代价的。由此,便产生了机会成本的概念。

机会成本是指当把一定的经济资源用于生产某种产品时放弃的另一些产品生产上最大的收益。机会成本是经济学原理中一个重要的概念。在制订国家经济计划中,在新投资项目的可行性研究中,在新产品开发中,乃至工人选择工作中,都存在机会成本问题。它为正确合理的选择提供了逻辑严谨、论据有力的答案。在进行选择时,力求机会成本小一些,是经济活动行为方式的最重要的准则之一。一般地,生产一单位的某种商品的机会成本是指生产者所放弃的使用相同的生产要素在其他生产用途中所能得到的最高收入。

理解机会成本时要注意的几个问题:首先,机会成本不等于实际成本。它不是做出某项选择时实际支付的费用或损失,而是一种观念上的成本或损失;其次,机会成本是做出一种选择时所放弃的其他若干种可能的选择中最好的一种。从机会成本的角度考虑问题,要求我们能把每种生产要素用在取得最佳经济效益的用途上,做到物尽其用,人尽其才。否则,所损失的潜在收益将会超过所取得的现实收益,所以,我们做出任何决策时都要使收益大于或至少等于机会成本。如果机会成本大于收益,则这项决策从经济学的观点看就是不合理的。

知识链接

让顾客自行定价的鞋城老板

天津市某鞋城的促销口号是"公开成本价让顾客自由加价",此口号一时间在天津有线电视台连续播放数日,一日有带着好奇也去这个鞋城买鞋。广告的效应不错,鞋城门庭若市,买鞋的人很多,他当时看到了一双喜欢的鞋标价是149.8元,拿出150元就和售货员小姐说:"我加2角。"售货员小姐说:"加价一般都在2元之上,如果都像你这样的顾客我们就赔了。"他说:"我1分钱不加,你们该赚的钱都赚到手了,不信你问你们老板。"说着走来一位先生,好像是管理人员。同意了他加2角钱。他买走了这双鞋。

鞋城所公开的成本就是经济学的成本,而不是我们中国老百姓所讲的会计成本,"公开成本价"所讲的成本既有实际成本(会计成本),又有机会成本。鞋的实际成本包括鞋的进价、租用鞋城的场地租金、水电费、税收以及雇佣店员等销售费用的开支。假定实际成本支出是10万元。机会成本是一种资源用于某种用途时,可能得到的收入。鞋的机会成本包括,开鞋城需要投资10万元,如果不用来开鞋城,这10万元放在银行的利息1万元,鞋城的老板如果不开鞋城,他有一份稳定的职业每年工资收入是2万元,这二项之和3万元,就是开鞋城的机会成本。这3万元也是开鞋城的正常利润,是开鞋城的老板的报酬。他的"公开成本"就是实际成本和机会成本之和13万元,如果顾客一分钱不加,鞋城老板把该赚的钱都赚到手了,如果顾客高于公开的成本价买鞋,假如一年顾客高于成本价累加起来是1万元,对鞋城老板来说,这1万元是超额利润,鞋城老板利用经济学成本与会计学成本的差异,创造了这一新的销售方式,赚取了正常利润和超额利润。

鞋城老板为什么放弃原来稳定的工作而开鞋城？我们还是用机会成本来判断，鞋城老板作为一个人力资源，他不开鞋城一年工资收入是2万元，开鞋城获利是3万元。不开鞋城的机会成本是3万元，开鞋城的机会成本是2万元。在其他条件都一样的情况下，投资决策应选择成本低、收益大，这是一个连小孩都知道的道理。鞋城老板选择成本低、收益大的投资决策应是明智选择，使他拥有的资源得到了最佳的配置。

三、显成本和隐成本

显成本（Explicit Cost）是指厂商在生产要素市场上购买或租用所需要的生产要素的实际支出，即企业支付给企业以外的经济资源所有者的货币额。例如支付的生产费用、工资费用、市场营销费用等，因而它是有形的成本。从机会成本角度讲，这笔支出的总价格必须等于相同的生产要素用做其他用途时所能得到的最大收入，否则企业就不能购买或租用这些生产要素并保持对它们的使用权。

企业生产的隐成本是指厂商本身自己拥有的且被用于该企业生产过程的那些生产要素的总价格。例如，为了进行生产，一个厂商除了雇佣一定数量的工人、从银行取得一定数量的贷款和租用一定数量的土地之外（这些均属于显成本支出），还动用了自己的资金和土地，并亲自管理企业。从机会成本的角度看，隐成本必须按照企业自有生产要素在其他最佳用途中所能得到的收入来支付，否则，厂商就会把自有生产要素转移到其他用途上，以获得更多的报酬。企业的所有的显成本和隐成本之和构成总成本。

四、利润、经济利润、正常利润

经济学中的利润概念是指经济利润，即等于总收入减去总成本的差额。而总成本既包括显成本也包括隐成本。企业所追求的最大利润，指的就是最大的经济利润。

在西方经济学中，还需区别经济利润和正常利润。正常利润通常是指厂商对自己所提供的企业家才能的报酬支付。需要强调的是，正常利润是厂商生产成本的一部分，它是以隐成本计入成本的。从机会成本的角度来看，企业家面临两种选择，一是自己经营管理自己的企业；二是请人来经营管理，自己到其他企业去从事经营管理活动。如果他到其他企业从事经营管理活动，则可以获得相应的报酬，而他在自己的企业从事经营管理活动的时候就会失去到其他企业从事经营管理活动的报酬，这个是他在自己企业从事经营管理活动的机会成本。所以，从机会成本的角度来看，正常利润属于成本，并且属于隐成本。由于厂商的经济利润等于总收入减去总成本，而厂商对自己支付的报酬是计入隐成本中去的，是总成本之一。因此，当厂商的经济利润为零时，厂商仍然可以得到全部的正常利润。

第二节　短期成本和短期成本曲线

短期成本是指厂商在短期内生产一定产量需要的成本，分为七类：总不变成本、总可变成本、总成本、平均成本、平均可变成本、平均不变成本、边际成本。

一、短期成本的分类

1. 总不变成本(Total Fixed Cost,TFC)

总不变成本是指厂商在短期内生产一定数量的产品对不变生产要素所支付的总成本。这部分成本不随产量的变化而变化,一般包括厂房和资本设备的折旧费、地租、利息、财产税、广告费、保险费等项目支出。即使在企业停产的情况下,也必须支付这些费用,而产量增加时,这部分支出仍然不变,因此总不变成本曲线为一条水平线,如图 5-1 所示。

2. 总可变成本(Total Variable Cost,TVC)

总可变成本是指厂商在短期内生产一定数量的产品对可变生产要素支付的成本。它随产量的变化而变化。例如,原材料、燃料、动力支出、雇佣工人的工资等。当产量为零时,变动成本也为零,产量越多,变动成本也越多。因此总不变成本曲线是一条从原点开始的不断向右上方上升的曲线。如图 5-2 所示,TVC 曲线的变动规律为:在生产初期,TVC 随着产量增加先以递减的速率上升,到一定阶段后转为以递增的速率上升。

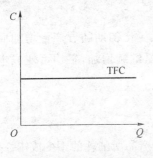
图 5-1　总不变成本曲线

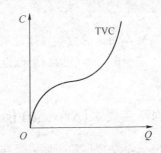
图 5-2　总可变成本曲线

3. 总成本(Total Cost,TC)

总成本是指厂商在短期内生产一定数量的产品对全部生产要素所支出的总成本。它是总固定成本与总变动成本之和。由于总可变成本是产量的函数,因此总成本也是产量的函数。用公式表示为:

$$TC = TVC + TFC \quad (5.1)$$

TC 曲线与 TVC 曲线形状完全相同,都是先以递减的速率上升,再以递增的速率上升。如图 5-3 所示,TC 曲线也可以看作是 TVC 曲线向上平移 TFC 个单位。

4. 平均成本(Average Cost,AC)

平均总成本是指厂商短期内平均生产每一单位产品所消耗的全部成本。平均成本的公式为:

$$AC = \frac{TC}{Q} \quad (5.2)$$

平均总成本曲线的变动规律为：在生产初期，随着产量的增加，平均总成本不断下降，产量增加到一定量时，平均总成本曲线达到最低点，而后随着产量的继续增加，AC曲线开始上升，如图5-4所示。

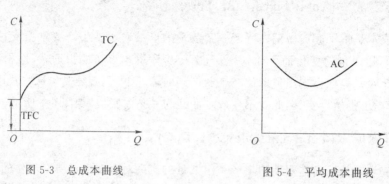

图5-3　总成本曲线　　　　　　　　　图5-4　平均成本曲线

5. 平均可变成本(Average Variable Cost, AVC)

平均可变成本是指厂商短期内生产平均每一单位产品所消耗的总可变成本。公式为：

$$AVC = \frac{TVC}{Q} \tag{5.3}$$

平均可变成本曲线的变动规律是平均可变成本在生产初期随着产量增加而不断下降，产量增加到一定量时，AVC达到最低点，而后随着产量继续增加，平均可变成本开始上升，如图5-5所示。

6. 平均不变成本(Average Fixed Cost, AFC)

平均不变成本是指厂商短期内平均生产每一单位产品所消耗的不变成本。公式为：

$$AFC = \frac{TFC}{Q} \tag{5.4}$$

平均不变成本曲线随产量的增加一直呈下降趋势，如图5-6所示。这是因为短期中总固定成本保持不变。随着产量Q的增加，平均固定成本递减，但平均不变成本曲线不会与横坐标相交，这是因为短期中总固定成本不会为零。

平均成本与平均可变成本、平均不变成本的数学关系可描述为：

$$AC = AFC + AVC \tag{5.5}$$

7. 边际成本(Marginal Cost, MC)

边际成本是指厂商在短期内增加一单位产量所引起的总成本的增加。

$$MC = \frac{\Delta TC}{\Delta Q} \text{ 或}$$

$$MC = \lim_{\Delta Q \to 0} \frac{dTC}{dQ} = \frac{d(TVC+TFC)}{dQ} = \frac{dTVC}{dQ} \tag{5.6}$$

公式从(5.6)可知：在每一个产量水平上的边际成本值是总成本曲线上相应点的切线的斜率值。边际成本曲线的变动变动规律是：MC随着产量的增加，初期迅速下降，降至最低点,而后迅速上升,如图 5-7 所示。

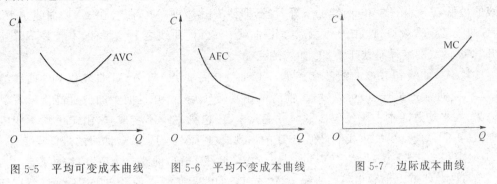

图 5-5　平均可变成本曲线　　图 5-6　平均不变成本曲线　　图 5-7　边际成本曲线

二、短期成本曲线综合图

平均可变成本曲线、平均总成本曲线和边际成本曲线都呈 U 形,即它们都表现出随着产量的增加而先降后升的特征,它们的这一特征来源于边际报酬递减规律。

边际报酬递减规律是在其他条件不变的情况下,随着一种可变要素投入量的连续增加,它所带来的边际产量先是递增的,达到最大值后再递减。从成本的角度来看,当产量由零开始不断增加时,起初由于可变要素投入量相对于不变要素投入量是较少的,增加可变要素的投入量会提高生产率,这样边际成本是递减的。但当可变要素投入量增加到最佳的比例以后再继续增加可变要素的投入量,生产效率会降低,这样边际成本是递增的。这说明短期生产函数和短期成本函数之间存在着某种对应关系。边际报酬的递增阶段对应的是边际成本的递减阶段,边际报酬的递减阶段对应的是边际成本的递增阶段,与边际报酬的极大值相对应的是边际成本的极小值。

利用边际报酬递减规律所决定的 MC 曲线的 U 形特征可以得到短期成本曲线的一些关系:

(1) TC 曲线、TVC 曲线和 MC 曲线之间的关系

由于每一产量点上的 TC 曲线和 TVC 曲线的斜率是相等的,所以,每一产量点上的 MC 值就是相应的 TC 曲线和 TVC 曲线的斜率。在边际报酬递减规律的作用下,当 MC 曲线逐渐地由下降变为上升时,相应地,TC 曲线和 TVC 曲线的斜率也由递减变为递增。在 MC 的极小值 A 处,产量 Q_1 对应的 TC、TVC 取得拐点,分别为 B、C,拐点左边,随着产量增加,TC 和 TVC 缓慢增加,拐点右边,随着产量增加,TC、TVC 加速增加。

(2) AC 曲线、AVC 曲线和 MC 曲线之间的关系

对于任何两个相应的边际量和平均量而言,只要边际量小于平均量,边际量就把平均量拉下,只要边际量大于平均量,边际量就把平均量拉上,所以当边际量等于平均量时,平均量必然达到其本身的极值点。还有一个重要的特点就是:不管是下降还是上升,边际量的变动都快于平均量的变动。这是因为对于产量变化的反应来说,边际成本要比平均成本敏感得多,因此不管是减少还是增加,边际量变动都快于平均量的变动。

先分析 AC 曲线和 MC 曲线之间的关系。U 形的 AC 曲线与 U 形的 MC 曲线相交于 AC 曲线的最低点 D。在 AC 曲线的下降阶段,即在 D 点以前,MC 曲线在 AC 曲线的下方,在 AC 曲线的上升阶段,即在 D 点以后,MC 曲线在 AC 曲线的上方。

再分析 AVC 曲线和 MC 曲线的关系。U 形 AVC 曲线与 U 形 MC 曲线相交于 AVC 曲线的最低点 F。在 AVC 曲线的下降阶段，即在 F 点以前，MC 曲线在 AVC 曲线之下，在 AVC 曲线的上升阶段，即在 F 点以后，MC 曲线在 AVC 曲线之上。而且，不管是下降还是上升，MC 曲线的变动都快于 AVC 曲线的变动。

比较 AC 曲线和 MC 曲线的交点 D（AC 曲线的最低点）与 AVC 曲线和 MC 曲线的交点 F（AVC 曲线的最低点）可以发现，前者的出现慢于后者，并且前者的位置高于后者。这是因为：在平均总成本中不仅包括平均可变成本，还包括平均不变成本，由于平均不变成本是递减的，所以使得 AC 曲线的最低点 D 的出现既慢于又高于 AVC 曲线的最低点 F。

(3) TC 曲线与 AC 曲线、TVC 曲线与 AVC 曲线、TFC 曲线与 AFC 曲线的关系

由 TC 曲线可以推导出 AC 曲线，总成本 TC 曲线上某一点的平均成本值 AC 就正好等于该点和原点连线的斜率。要确定平均成本 AC 曲线的最低点，只需要从原点引一条射线与 TC 曲线相切，如图 5-8 所示，在切点 E 对应的产量水平上，平均总成本达到最低，也就是说 AC 曲线达到最低点。

同理，可以由 TVC 曲线可以推导出 AVC 曲线，总可变成本 TVC 曲线上某一点的平均可变成本值 AVC 就正好等于该点和原点连线的斜率。要确定平均可变成本 AVC 曲线的最低点，只需要从原点引一条射线与 TVC 曲线相切，如图 5-8 所示，在切点 G 所对应的产量水平上，平均可变成本达到最低，即 AVC 曲线达到最低点。

由 TFC 曲线也可以推导出 AFC 曲线，总不变成本 AFC 曲线上某一点的平均不变成本值 AFC 等于该点和原点连线的斜率。由于 TFC 曲线为一条平行于横轴的直线，所以 AFC 曲线为向右下方倾斜的曲线。

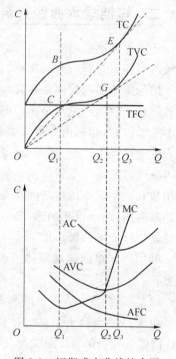

图 5-8 短期成本曲线综合图

(4) TC 曲线、TFC 曲线、TVC 曲线的关系

TFC 曲线是一条水平线，因为总不变成本 TFC 与产量无关。TVC 曲线与 TC 曲线形状完全相同，都是先以递减的速度上升，再以递增的速度上升。如图 5-8 所示，B 点和 C 点分别是 TC 曲线与 TVC 曲线的拐点。不同的是 TVC 的起点是原点，而 TC 的起点是 TFC 与纵坐标的交点。这是因为总成本是由总固定成本和总变动成本加总而成的，而总固定成本是一常数，所以任一产量水平上的 TC 与 TVC 之间的距离均为 TFC 的值。

(5) AC 曲线、AVC 曲线、AFC 曲线的关系

AC 曲线和 AVC 曲线都是 U 形，但有差异：①AC 一定在 AVC 的上方，两者差别在于两者的垂直距离永远等于 AFC 的值。当 Q 无穷大时，AC 与 AVC 无限接近，但永不重合，不相交。②AC 与 AVC 最低点不在同一个产量上，而是 AC 最低点对应的产量较大。即 AVC 已经达到最低点并开始上升时，AC 仍在继续下降，原因在于 AFC 是不断下降的。只要 AVC 上升的数量小于 AFC 下降的数量，AC 就仍在下降。

三、短期成本曲线与短期产量曲线的关系

第一,短期总产量和短期总成本。

短期总成本函数可以由短期总产量函数推导而来。因为已知短期生产函数为 $Q=f(L,\overline{K})$,若对其求反函数,则 L 是 Q 的函数,即 $L=L(Q)$。又已知短期总成本等于可变成本与固定成本之和。假设不变要素 K 的价格为 r,可变要素 L 的价格为 w,则有短期成本函数为 $STC(Q)=TVC+TFC=w \cdot L(Q)+r \cdot \overline{K}$,如果以 $\Phi(Q)$ 表示可变成本 $w \cdot L(Q)$,b 表示固定成本,则有:

$$STC(Q)=\Phi(Q)+b \tag{5.7}$$

短期总成本曲线可以由短期总产量曲线推导出来,如图 5-9 所示。在前面所讨论的短期总产量曲线 TP_L 上,找到与每一产量水平相应的可变要素的投入量 L,再用所得到的 L 去乘已知的劳动价格 w,便可得到每一产量水平上的可变成本。将这种产量与可变成本的对应关系描绘在相应的平面坐标图中,即可得到短期可变成本 TVC 曲线,短期可变成本 TVC 曲线往上垂直平移 $r \cdot \overline{K}$ 个单位,即可得到短期总成本 TC 曲线。

第二,边际产量与边际成本。

在边际报酬递减规律作用下的短期边际产量和短期边际成本之间存在着一定的对应关系,即在短期生产中,边际产量的递增阶段对应的是边际成本的递减阶段,边际产量的递减阶段对应的是边际成本的递增阶段,与边际产量的最大值相对应的是边际成本的最小值。

由 MC 的定义得:

$$MC=\frac{dTC}{dQ}=\frac{d[w \cdot L(Q)+r \cdot \overline{K}]}{dQ}=w \cdot \frac{dL(Q)}{dQ}+0=w \cdot \frac{1}{MP_L}$$

从上式中可看出,生产函数与成本函数存在对应关系,即 MC 与 MP_L 成反比关系,二者的变动方向相反。当 MP_L 曲线上升时,MC 曲线下降;当 MP_L 曲线下降时,MC 曲线上升;MC 曲线的最低点对应 MP_L 曲线的顶点。

进一步结合 MP_L 与 MC 的关系可知:当 TP_L 曲线以递增的速度上升时,TC 曲线和 TVC 曲线以递减的速度上升;当 TP_L 曲线以递减的速度上升时,TC 曲线和 TVC 曲线以递增的速度上升;TP_L 曲线上的拐点对应 TC 曲线和 TVC 曲线上的拐点。

第三,平均产量与平均可变成本。

因为:$AVC=\dfrac{TVC}{Q}=\dfrac{w \cdot L(Q)}{Q}=W \cdot \dfrac{1}{\dfrac{Q}{L(Q)}}$

即:

$$AVC=w \cdot \frac{1}{AP_L} \tag{5.8}$$

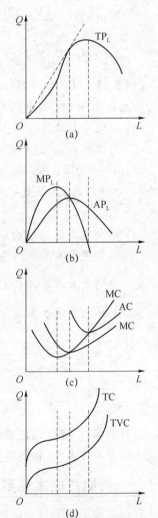

图 5-9 短期生产函数和短期成本函数之间的对应关系

式(5.8)反映了平均产量与平均可变成本的关系:首

先，AP_L 与 AVC 成反比。当 AP_L 递减时，AVC 递增；当 AP_L 递增时，AVC 递减；当 AP_L 达到最大值时，AVC 最小。因此 AP_L 曲线的顶点对应 AVC 曲线的最低点。其次，MC 曲线与 AVC 曲线相交于 AVC 的最低点。由于产量曲线中 MP_L 曲线与 AP_L 曲线在 AP_L 曲线的顶点相交，所以 MC 曲线在 AVC 曲线的最低点与其相交。如图 5-9 所示。

【例 5-1】 已知某企业的短期总成本函数是 $TC=Q^3-10Q^2+17Q+66$。

(1) 指出短期成本函数中的可变成本和不变成本。

(2) 写出下列相应的函数：$TVC(Q)$，$AC(Q)$，$AVC(Q)$，$AFC(Q)$，$MC(Q)$。

解：(1) 可变成本：$TVC(Q)=Q^3-10Q^2+17Q$；

　　　　不变成本：$TFC=66$。

(2) $TVC(Q)=Q^3-10Q^2+17Q$

$$AC(Q)=\frac{TC}{Q}=Q^2-10Q+17+\frac{66}{Q}$$

$$AVC(Q)=\frac{TVC(Q)}{Q}=Q^2-10Q+17$$

$$MC(Q)=\frac{dTC}{dQ}=3Q^2-20Q+17$$

【例 5-2】 假定某厂商的边际成本函数为 $MC(Q)=3Q^2-30Q+100$，且生产 10 单位产量时的总成本为 1 000，求：

(1) 固定成本的值。

(2) 总成本函数、总可变成本函数，以及平均成本函数、平均可变成本函数。

解：(1) 由边际成本函数可知总成本为：$TC(Q)=Q^3-15Q^2+100Q+a$，当产量为 10 时，总成本为 1 000，代入总成本函数可得：$a=500$，所以总成本函数为：$TC(Q)=Q^3-15Q^2+100Q+500$，固定成本为 500。

(2) 总成本函数：$TC(Q)=Q^3-15Q^2+100Q+500$；

　　总可变成本函数：$TVC(Q)=Q^3-15Q^2+100Q$；

　　平均成本函数：$AC(Q)=Q^2-15Q+100+\frac{500}{Q}$；

　　平均可变成本函数：$AVC(Q)=Q^2-15Q+100$。

第三节　长期成本和长期成本曲线

在长期内，厂商可以任意调整所有的生产要素的投入数量，也即调整生产规模，从而调整成本水平。在本节，我们将分别对长期总成本、长期平均成本、长期边际成本进行描述。

一、长期总成本函数及曲线

长期总成本(LTC)是指厂商在长期中在每一个产量水平上通过选择最优的生产规模所能达到的最低总成本。长期总成本函数可以写成以下形式：

$$LTC=LTC(Q) \tag{5.9}$$

长期总成本曲线是无数条短期总成本曲线的包络线。在短期内,对于既定的产量(例如不同数量的订单),由于生产规模不能调整,厂商只能按较高的总成本来生产既定的产量。但在长期内,厂商可以变动全部的生产要素投入量来调整生产,从而将总成本降至最低。从而长期总成本是无数条短期总成本曲线的包络线。

如图 5-10 所示,假设长期中只有三种可供选择的生产规模,分别由图中的三条 STC 曲线表示。这三条 STC 曲线都不是从原点出发,每条 STC 曲线在纵坐标上的截距也不同。从图 5-10 中看,生产规模由小到大依次为 STC_1、STC_2、STC_3。当产量小于 Q_1 时,厂商面临三种选择:第一种是在 STC_1 曲线所代表的较小生产规模下进行生产,第二种是在 STC_2 曲线代表的中等生产规模下生产,第三种是在 STC_3 所代表的较大生产规模下生产。长期中所有的要素都可以调整,厂商可以通过对要素的调整选择最优生产规模,以最低的总成本生产每一产量水平,所以长期中厂商会选择 STC_1 曲线所代表的生产规模进行生产。当产量位于 Q_1 和 Q_2 之间时,厂商同样面临三种选择,理性的厂商会通过调整生产要素,选择 STC_2 曲线所代表的生产规模进行生产。当产量大于 Q_2 时,厂商同样面临三种选择,理性的厂商会通过调整生产要素,选择 STC_3 曲线所代表的生产规模进行生产。因此,长期成本函数是短期成本函数的包络线。实际上,在长期中,企业的生产要素可以任意改变,生产规模可以无限细分,因此,有无数多条短期成本曲线,长期成本曲线是一条平滑的曲线。

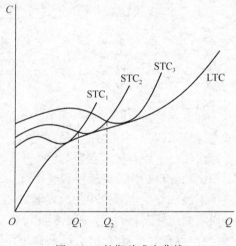

图 5-10 长期总成本曲线

二、长期平均成本函数及曲线

长期平均成本(LAC)表示厂商在长期内按产量平均计算的最低总成本。长期平均成本函数可以写成:

$$LAC(Q) = \frac{LTC(Q)}{Q} \tag{5.10}$$

把长期总成本曲线上每一点的长期总成本值除以相应的产量,便得到每一产量点上的长期平均成本值。再把每一产量和相应的长期平均成本值描绘在平面坐标图中,即可得长期平均成本曲线。

长期平均成本曲线是短期平均成本曲线的包络线。如图 5-11 所示,假设长期中有 6 种可供选择的生产规模,由图中的 SAC 曲线表示。当产量小于 Q_1 时,厂商面临两种选择:第

一种是在 SAC_1 曲线所代表的生产规模下进行生产,第二种是在 SAC_2 曲线代表的生产规模下生产,长期中所有的要素都可以调整,厂商可以通过对要素的调整选择最优生产规模,以最低的平均生产每一产量水平,所以长期中厂商会选择 SAC_1 曲线所代表的生产规模进行生产。当产量位于 Q_1 和 Q_2 之间时,厂商面临三种选择,理性的厂商会通过调整生产要素,选择 SAC_2 曲线所代表的生产规模进行生产。当产量位于 Q_2 和 Q_3 之间时,厂商同样面临三种选择,理性的厂商会通过调整生产要素,选择 SAC_3 曲线所代表的生产规模进行生产。以此类推。因此,长期平均成本曲线是短期平均成本曲线的包络线。实际上,在长期中,企业的生产要素可以任意改变,生产规模可以无限细分,因此,有无数多条短期平均成本曲线,长期长期成本曲线是一条平滑的曲线。

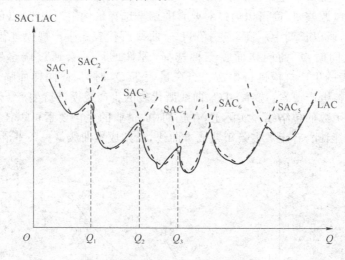

图 5-11 长期平均成本曲线

长期平均成本 U 形特征是由长期生产中内在的规模经济与不经济所决定的。规模经济是指厂商由于扩大生产规模而使经济效益得到提高,此时产量增加倍数大于成本增加倍数。规模不经济是指厂商由于生产规模扩大而使经济效益下降,此时,产量增加倍数小于成本增加倍数。规模经济与规模不经济与生产理论中提到的规模报酬不同,二者的区别在于前者表示在扩大生产规模时成本变化情况,而且各种要素投入数量增加的比例可能相同也可能不同;而后者表示在扩大生产规模时产量变化情况,并假定多种要素投入数量增加的比例是相同的。但一般来说,规模报酬递增时,对应的是规模经济阶段;规模报酬递减时,对应的是规模不经济的阶段。往往在企业生产规模由小到大的扩张过程中,先出现规模经济,产量增加倍数大于成本增加倍数,因而 LAC 下降;然后再出现规模不经济,产量增加倍数小于成本增加倍数,LAC 上升。由于规模经济与规模不经济的作用,LAC 曲线呈 U 形。

三、长期边际成本函数及曲线

长期边际成本(LMC)表示厂商在长期中增加一单位产量所增加的最低总成本。公式为:

$$\text{LMC}(Q) = \frac{\Delta \text{LTC}}{\Delta Q} \tag{5.11}$$

或

$$\text{LMC}(Q) = \lim_{\Delta Q \to 0} \frac{d\text{LTC}}{dQ} \tag{5.12}$$

长期边际成本曲线是由长期总成本曲线求导、描点得出的,如图 5-12 所示。从上式中可以看出,LMC 是 LTC 曲线上相应点的斜率。因此可以从 LTC 曲线推导出 LMC 曲线。长期边际成本曲线呈 U 形,它与长期平均成本曲线相交于长期平均成本曲线的最低点。

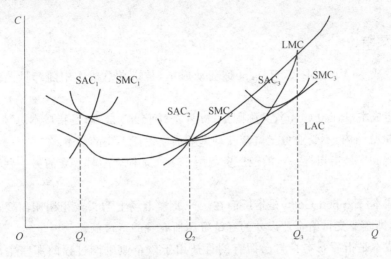

图 5-12　长期边际成本曲线

知识链接

格兰仕的规模经济增长方式

随着企业的发展,企业面临着越来越广阔的市场,每个企业都有两种战略选择:一是多产业、小规模、低市场占有率;二是少产业、大规模、高市场占有率。格兰仕选择的是后者。格兰仕的微波炉在国内已达到 70% 的市场占有率,在国外已达到 35% 的市场占有率。

格兰仕的成功就是运用规模经济的理论,即某种产品的生产只有达到一定的规模时,才能取得较好的效益。微波炉生产的最小经济规模为 100 万台。早在 1996—1997 年间,格兰仕就达到了这一规模。随后,规模每上一个台阶,生产成本就下降一个台阶。这就为企业的产品降价提供了条件。格兰仕的做法是,当生产规模达到 100 万台时,将出厂价定在规模 80 万台企业的成本价以下;当规模达到 400 万台时,将出厂价又调到规模为 200 万台的企业的成本价以下;而现在规模达到 1 000 万台以上时,又把出厂价降到规模为 500 万台企业的成本价以下。这种在成本下降的基础上所进行的降价,是一种合理的降价。降价的结果是将价格平衡点以下的企业一次又一次大规模地淘汰,使行业的集中度不断提高,使行业的规模经济水平不断提高,由此带动整个行业社会必要劳动时间不断下降,进而带来整个行业的成本不断下降。成本低价格必然就低,降价最大的受益者是广大消费者。从 1993 年格兰仕进入微波炉行业到现在的 10 年之内,微波炉的价格由每台 3 000 元以上降到每台 300 元左右,降低了 90% 以上,这不能不说是格兰仕的功劳,不能不说是格兰仕对中国广大消费者的巨大贡献。

本章小结

一、主要结论

（1）可变成本（Variable Costs），又称变动成本，是指在总成本中随产量的变化而变动的成本项目。

（2）固定成本（Fixed Cost），又称固定费用，相对于变动成本，是指成本总额在一定时期和一定业务量范围内，不受业务量增减变动影响而能保持不变的成本。

（3）机会成本是指当把一定的经济资源用于生产某种产品时放弃的另一些产品生产上最大的收益。

（4）显成本（Explicit Cost）是指厂商在生产要素市场上购买或租用所需要的生产要素的实际支出，即企业支付给企业以外的经济资源所有者的货币额。

（5）隐成本是指厂商本身自己拥有的且被用于该企业生产过程的那些生产要素的总价格。

（6）正常利润通常是指厂商对自己所提供的企业家才能的报酬支付，正常利润是厂商生产成本的一部分，它是以隐成本计入成本的；经济利润，即等于总收入减去总成本的差额。

（7）总不变成本是指厂商在短期内生产一定数量的产品对不变生产要素所支付的总成本。这部分成本不随产量的变化而变化，一般包括厂房和资本设备的折旧费、地租、利息、财产税、广告费、保险费等项目支出；总可变成本是指厂商在短期内生产一定数量的产品对可变生产要素支付的成本。它随产量的变化而变化。总成本（TC）是指厂商在短期内生产一定数量的产品对全部生产要素所支出的总成本，它是总固定成本与总变动成本之和。

（8）平均总成本（AC）是指厂商短期内平均生产每一单位产品所消耗的全部成本；平均可变成本（AVC）是指厂商短期内生产平均每一单位产品所消耗的总可变成本；平均不变成本（AFC）是指厂商短期内平均生产每一单位产品所消耗的不变成本。

（9）边际成本（MC）是指厂商在短期内增加一单位产量所引起的总成本的增加。

（10）长期总成本（LTC）是指厂商在长期中在每一个产量水平上通过选择最优的生产规模所能达到的最低总成本；长期总成本曲线是无数条短期总成本曲线的包络线。

（11）长期平均成本（LAC）表示厂商在长期内按产量平均计算的最低总成本；长期平均成本曲线是短期平均成本曲线的包络线。

（12）规模经济是指厂商由于扩大生产规模而使经济效益得到提高，此时产量增加倍数大于成本增加倍数。规模不经济是指厂商由于生产规模扩大而使经济效益下降，此时，产量增加倍数小于成本增加倍数。规模经济与规模不经济与生产理论中提到的规模报酬不同，二者的区别在于前者表示在扩大生产规模时成本变化情况，而且各种要素投入数量增加的比例可能相同也可能不同；而后者表示在扩大生产规模时产量变化情况，并假定多种要素投入数量增加的比例是相同的。

二、基本概念

机会成本　隐成本　可变成本　不变成本　经济利润　正常利润　成本函数　总成本　平均成本　边际成本　规模经济

本章练习

一、讨论题

1. 每一对父母在生育孩子之前或多或少地会考虑这样的问题：生养这个孩子，父母要付出多少，能得到多少。其实，孩子对父母来说，就如同一件耐用消费品，他（她）的功能有点像汽车、电冰箱、电视机和电话，能给父母带来长久的精神和物质上的满足，甚至是荣耀。但是，做父母的也确实付出了很高的成本，包括会计成本和机会成本。会计成本是用于食物、衣服、医疗保健、娱乐、教育等方面的费用；机会成本是指父母为了养育孩子失去的机会，这个机会可能是发财的机会、事业发展的机会、外出旅游的机会甚至是休息的机会。这种计算似乎有悖父母与孩子之间的亲情，但它确实又是现实存在。诺贝尔经济学奖得主加利贝克尔用经济学的研究方法分析了养育孩子的成本问题。他认为，父母在生育孩子方面，同样在遵循着成本—效益分析方法，尽管不是有意识地在遵循。

请运用机会成本的知识解释为什么富裕家庭的孩子较少，而贫困家庭的孩子较多？

2. 波音 747 是一种载客量较大的飞机。1975 年，该种飞机航行距离不同、载客量不同情况下的成本（单位：美分/人·英里）见下表：

载客量/人	1 200 英里航程	2 500 英里航程
250	4.3	3.4
300	3.8	3.0
350	3.5	2.7

问题：

(1) 当载客量为 250～300 人之间时，航程为 1 200 英里的航班多载一名乘客的边际成本是多少？

(2) 当载客量为 300 人，航程为 1 200～2 500 英里时，多航行 1 英里的边际成本是多少？

3. IBM 公司是世界上电子计算机的主要制造商，根据该公司的一项资料，公司生产某种型号计算机的长期总成本与产量之间的函数关系为 $C = 28\,303\,800 + 460\,800Q$，式中 C 为总成本，Q 为产量。问题：

(1) 如果该机型的市场容量为 1 000 台，并且所有企业的长期总成本函数相同，那么占有 50% 市场份额的企业比占有 20% 市场份额的企业具有多大的成本优势？

(2) 长期边际成本为多少？

(3) 是否存在规模经济？

二、单选题

1. 下列因素中（　　）是可变成本。
   A. 机器折旧　　　　　　　　　　B. 厂房租金
   C. 可以无偿解雇的工人工资　　　D. 高层管理者薪金

2. 经济利润等于总收益减（　　）。
   A. 隐成本　　　　　　　　　　　B. 显成本
   C. 隐成本与显成本之和　　　　　D. 可变成本

3. 随着产量的增加，平均固定成本将会（　　）。
   A. 固定不变　　　　　　　　　　B. 先下降后上升
   C. 不断下降　　　　　　　　　　D. 先以递减速率上升，再以递增速率上升

4. MC 曲线是由（　　）决定的。
   A. TFC 曲线的斜率　　　　　　　B. TVC 曲线的斜率
   C. TC 曲线的斜率　　　　　　　 D. TVC 和 TC 斜率都可以

5. 边际成本曲线位于平均总成本曲线下方时（　　）。
   A. 平均总成本是减函数　　　　　B. 平均总成本是增函数
   C. 边际成本是增函数　　　　　　D. 边际成本是减函数

6. 关于短期边际产量曲线与短期边际成本曲线的关系，下列说法错误的有（　　）。
   A. 短期边际产量上升的阶段对应着边际成本下降的阶段
   B. 短期边际产量下降的阶段对应着边际成本上升的阶段
   C. 短期边际产量上升的阶段对应着边际成本上升的阶段
   D. 以上至少有一种说法不正确

7. 假设某厂商商品生产的边际成本（MC）为 $0.6Q-10$，Q 为产量，且已知产量 Q 为 20 时，总成本（TC）为 260，则该厂商总成本函数为（　　）。
   A. $0.3Q^2-10Q+260$　　　　　　B. $0.3Q^2-10Q+340$
   C. $0.6Q^2-10Q+260$　　　　　　D. $0.6Q^2-10Q+340$

8. 当厂商以最小成本生产既定产量时，那它（　　）。
   A. 总收益为 0　　　　　　　　　B. 一定获得最大利润
   C. 一定未获得最大利润　　　　　D. 无法确定利润获得情况

9. 对于长期成本曲线，下列表述不正确的是（　　）。
   A. LTC 是 STC 的包络线
   B. LTC 是 SAC 的包络线
   C. LMC 是 SMC 的包络线
   D. 长期看 LTC=STC，LAC=SATC，LMC=SMC

10. 下列说法错误的是（　　）。
    A. 短期成本曲线呈 U 形，是由于边际收益递减规律的作用
    B. 长期成本曲线呈 U 形，是由于规模收益的变动
    C. 有些厂商规模收益在递增到一定点后，要经过一个相当长的不变阶段后开始递减，所以这些厂商的 LAC 线呈 L 形

D. 边际产量曲线的形状和平均成本曲线的形状无关系

三、判断题

1. 正常利润是厂商经济利润的一部分。（　）
2. 平均不变成本、平均可变成本和平均成本曲线都是 U 形线。（　）
3. 平均可变成本曲线（AVC）的最低点在平均成本曲线（AC）最低点之前达到。（　）
4. 从原点出发的总成本曲线的切线的切点对应边际成本曲线的最低点。（　）
5. 长期边际成本曲线（LMC）不是短期边际成本曲线（SMC）的包络线。（　）
6. 总产量曲线的最高点对应总成本曲线的最低点。（　）
7. 平均不变成本决不随着产量的增加而提高。（　）
8. 在 TC 曲线给定时，就有可能相应地画出 MC 曲线。（　）
9. 如果产量减少到零，短期内总成本也将为零。（　）
10. 某产品短期生产函数中要素的平均产量下降时，该产品短期成本函数中的平均成本必上升。（　）

四、计算题

1. 已知某厂商的短期总成本函数为 $STC(Q) = Q^4 - 8Q^3 + 12Q^2 + 33Q + 57$，求总不变成本 $TFC(Q)$、总可变成本 $TVC(Q)$、短期平均成本 $SAC(Q)$、平均不变成本 $AFC(Q)$、平均可变成本 $AVC(Q)$ 和边际成本 $MC(Q)$。

2. 已知某厂商的短期总成本函数为 $STC(Q) = 0.04Q^3 - 0.8Q^2 + 12Q + 9$，求平均可变成本 AVC 的最小值。

3. 已知某厂商的短期边际成本函数为 $SMC(Q) = 3Q^2 + 4Q + 40$，若当产量为 10 时总成本为 1 630，求短期总成本函数 STC、短期平均成本函数 SAC、总可变成本函数 TVC 和平均可变成本函数 AVC。

4. 若某企业短期总成本函数为 $STC(Q) = 1\,200 + 240Q - 4Q^2 + \dfrac{1}{3}Q^3$，问：①当 SMC 达到最小值时，它的产量为多少？②当 AVC 达到最小值时，它的产量是多少？

第六章
产品市场理论

 学习目标

- 理解市场的含义、市场的分类。
- 掌握完全竞争市场的含义与条件,完全竞争厂商的收益曲线与需求曲线,完全竞争厂商的短期均衡与长期均衡,完全竞争市场的供给曲线。
- 掌握垄断市场条件,垄断厂商的需求曲线与收益曲线,垄断厂商的短期均衡与长期均衡;掌握价格歧视的相关概念。
- 理解垄断竞争市场的特征,垄断竞争厂商的需求曲线和收益曲线,垄断竞争厂商的短期均衡与长期均衡;了解非价格竞争的相关概念。
- 掌握寡头市场的相关特征;了解寡头市场的均衡;了解博弈论的相关知识。

 **重点、难点**

重点:完全竞争市场的含义与条件,完全竞争厂商的收益曲线与需求曲线,完全竞争厂商的短期均衡与长期均衡,完全竞争市场的供给曲线;垄断市场条件,垄断厂商的需求曲线与收益曲线,垄断厂商的短期均衡与长期均衡;价格歧视;垄断竞争市场的特征,垄断竞争厂商的需求曲线和收益曲线,垄断竞争厂商的短期均衡与长期均衡;寡头市场的相关特征。

难点:完全竞争厂商的需求曲线;完全竞争厂商的长期均衡;垄断厂商的需求曲线,垄断厂商的短期均衡与长期均衡;价格歧视;垄断竞争厂商的需求曲线和收益曲线,垄断竞争厂商的短期均衡与长期均衡;寡头市场的均衡;博弈论。

 引例

美国电报电话公司的拆分

长期以来,美国电报电话公司(AT&T)垄断着美国的电话通信业务,为几乎所有的消费者提供长话和短话服务。1984年,美国政府决定依照反垄断法的有关规定拆分美国电报电话公司,由贝尔公司承担地方电话业务,而长途市场则由美国电报电话公司、MCI等多家公司竞争。

在改革初期,人们抱怨与原来相比拨打长途电话非常烦琐,因为要多拨一个代码。但同时,人们也开始注意到租用电话的费用在降低,长话费用下降了近一半,多种服务也相应地出现。目前,我们国家也出台了电信行业的重组方案,试图通过竞争来降低价格,提高服务水平。

那么，政府为什么要对美国电报电话公司进行拆分？你能对我国的电信行业的拆分做出评价吗？

第一节 市场的定义与类型

一、市场的定义

什么是市场？市场包括四个元素：交易双方、交易对象、交易数量、交易价格。市场是指从事物品买卖的交易场所或接洽点。一个市场可以是一个有形的买卖物品的交易场所，也可以是利用现代化通信工具进行物品交易的接洽点。从本质上讲，市场是物品买卖双方相互作用并得以决定其交易价格和交易数量的一种组织形式或制度安排。任何一种交易物品都有一个市场。经济中有多少种交易物品，相应地就有多少个市场。例如，可以有石油市场、土地市场、大米市场、自行车市场、铅笔市场等。我们可以把经济中所有的可交易的物品分为生产要素和商品两类，相应地，经济中所有的市场也可以分为生产要素市场和商品市场两类。我们先在本章研究商品市场，至于生产要素市场将在第7章进行研究。

二、市场的分类

1. 划分标准

在微观经济学中，划分市场类型的标准是商品的供求态势。它具体体现在商品市场竞争的强与弱。而影响市场竞争程度的具体因素主要有以下四点：①市场上厂商的数目；②厂商之间各自提供的产品的差别程度；③单个厂商对市场价格控制的程度；④厂商进入或退出一个行业的易难程度。其中，可以认为，第①个因素和第②个因素是最基本的决定因素。在以后的分析中，我们可以体会到，第③个因素是第①个因素和第②个因素的必然结果，第④个因素是第①个因素的延伸。

2. 四种市场类型

在经济分析中，根据不同的市场结构特征，或者根据前面所说的决定市场划分的因素，将市场划分为完全竞争市场、垄断竞争市场、寡头市场和垄断市场四种类型。关于完全竞争市场、垄断竞争市场、寡头市场和垄断市场的划分及其相应的特征可以用表 6-1 来概括。

表 6-1 只是一个简单的说明，读者能从表中获得一个初步的印象就可以了。在以后对每一类市场进行考察时，我们会对每一类市场的特征做出详细的分析。与市场这一概念相对应的另一个概念是行业。行业是指同一个商品市场生产和提供商品的所有厂商的总体。市场和行业的类型是一致的。例如，完全竞争市场对应的是完全竞争行业，垄断竞争市场对应的是垄断竞争行业，如此等等。为什么在经济理论研究中要区分不同的市场结构呢？我们知道，市场的均衡价格和均衡数量取决于市场的需求曲线与供给曲线。消费者追求效用最大化的行为决定了市场的需求曲线，厂商追求利润最大化的行为决定了市场的供给曲

线(这后一点将是本章分析的一个结论)。厂商的利润取决于收益和成本。其中,厂商成本主要取决于厂商的生产技术方面的因素(见第 6 章),而厂商的收益则取决于市场对其产品的需求状况。在不同类型的市场条件下,厂商所面临的对其产品的需求状况是不相同的,所以,在分析厂商的利润最大化的决策时,必须要区分不同的市场类型。

表 6-1　四种市场类型

市场类型	厂商数目	产品差异化程度	厂商定价权	进入或退出难易程度	较接近的市场
完全竞争	很多	完全无差别	没有	很容易	一些农产品
垄断竞争	很多	有差别	有一些	比较容易	一些轻工业、零售业
寡头	几个	不一定	相当程度	比较困难	钢铁、汽车
垄断	一个	唯一的产品,无替代品	很大程度,但经常被管制	很困难,几乎不可能	公用事业,如水、电

第二节　完全竞争市场

引例

鸡蛋应该由政府供应还是农民供应?

为了实现"市长保证菜篮子"的诺言,许多大城市都由政府投资修建了大型养鸡场,结果这些大型养鸡场反而竞争不过农民养鸡专业户或农民,往往赔钱者多。为什么大反而不如小呢?

从经济学的角度看,这首先在于鸡蛋市场的市场结构。鸡蛋市场有三个显著的特点。第一,市场上买者和卖者都很多。没有一个买者和卖者可以影响市场价格。即使是一个大型养鸡场,在市场上占的份额也微不足道,难以通过产量来控制市场价格。用经济学术语说,每家企业都是价格接受者,只能接受整个市场供求决定的价格。第二,鸡蛋是无差别产品,企业也不能以产品差别形成垄断力量。大型养鸡场的鸡蛋与农民的鸡蛋没有什么不同,消费者也不会为大型养鸡场的蛋多付钱。第三,自由进入与退出,任何一个农民都可以自由养鸡或不养鸡。第四,买者与卖者都了解相关信息。这些特点决定了鸡蛋市场是一个完全竞争市场,即没有任何垄断因素的市场。

在鸡蛋这样的完全竞争市场上,短期中如果供大于求,整个市场价格低,养鸡可能亏本。如果供小于求,整个市场价格高,养鸡可以赚钱。

但在长期中,养鸡企业(包括农民和大型养鸡场)则要对供求做出反应:决定产量多少和进入还是退出。假设由于人们受胆固醇不利于健康这种宣传的影响而减少鸡蛋的消费。价格下降,这时养鸡企业就要做出减少产量或退出养鸡业的决策。假设由于发生鸡瘟,供给减少,价格上升,原有养鸡企业就会扩大规模,其他人也会进入该行业。在长期中通过供求的这种调节,鸡蛋市场实现了均衡,市场需求得到满足,生产者也感到满意。这时,各养鸡企业实现成本(包括机会成本在内的经济成本)与收益相等,没有经济利润。

在完全竞争市场上,企业完全受市场支配。由于竞争激烈,成本被压得相当低。生产者要对市场供求变动做出及时的反应。换言之,在企业一点也无法控制的市场上,成本压不下来或调节能力弱,都难以生存下去。大型养鸡场的不利正在于压低成本和适应市场的调节能力远远不如农民养鸡者。在北京鸡蛋市场上,大型养鸡场就斗不过北京郊区和河北的农民。

一、完全竞争市场的含义与条件

完全竞争(perfect competition)又称纯粹竞争,完全竞争市场是指竞争充分而不受任何阻碍和干扰的一种市场结构。要形成完全竞争市场,必须具备以下条件:

(1) 市场上有大量的卖者和买者。作为众多参与市场经济活动的经济单位的个别厂商或个别消费者,单个的销售量和购买量都只占很小的市场份额,其供应能力或购买能力对整个市场来说是微不足道的。这样,无论卖方还是买方都无法左右市场价格,或者说单个经济单位将不把价格作为决策变量,他们是价格接受者。

(2) 参与经济活动的厂商出售的产品具有同质性。这里的产品同质不仅指商品之间的质量、性能等无差别,还包括销售条件、装潢等方面是相同的。

(3) 厂商可以无成本地进入或退出一个行业,即所有的资源都可以在各行业之间自由流动。劳动可以随时从一个岗位转移到另一个岗位,或从一个地区转移到另一个地区;资本可以自由地进入或撤出某一行业。资源的自由流动使得厂商总是能够及时地向获利的行业运动,及时退出亏损的行业。

(4) 参与市场活动的经济主体具有完全信息。市场中的每一个卖者和买者都掌握与自己决策、与市场交易相关的全部信息,这一条件保证了消费者不可能以较高的价格购买,生产者也不可能以高于现行价格出卖,每一个经济行为主体都可以根据所掌握的完全信息,确定自己最优购买量或最优生产量,从而获得最大的经济利益。

显然,理论分析上所假设的完全竞争市场的条件是非常严格的,在现实的经济中没有一个市场真正具有以上四个条件,通常只是将某些农产品市场看成是比较接近的完全竞争市场类型。但是完全竞争市场作为一个理想经济模型,有助于我们了解经济活动和资源配置的一些基本原理,解释或预测现实经济中厂商和消费者的行为。

二、完全竞争厂商的需求曲线与收益曲线

1. 需求曲线

在任何一个商品市场中,市场需求是针对市场上所有厂商组成的行业而言的,消费者对整个行业所生产的商品的需求称为行业所面临的需求,相应的需求曲线称为行业所面临的需求曲线,也就是市场的需求曲线,它一般是一条从左上方向右下方倾斜的曲线,如图 6-1 所示。

消费者对行业中的单个厂商所生产的商品的需求量,称为厂商所面临的需求量,相应的需求曲线称为厂商所面临的需求曲线,简称为厂商的需求曲线。在完全竞争条件下,厂商所面临的需求曲线是一条由既定的市场均衡价格出发的水平线,如图 6-1 所示。

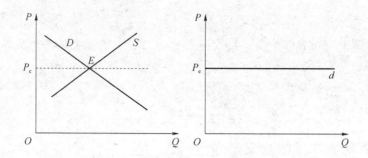

图 6-1　完全竞争市场的需求曲线和完全竞争厂商的需求曲线

为什么厂商的需求曲线是一条水平直线？完全竞争市场，厂商数量很多，每一个厂商对市场无足轻重，是价格的接受者而不是制定者。完全竞争市场，产品具有同质性，在既定价格下，厂商有可能销售出任意数量的产品。消费者掌握全部信息，若单个厂商提高价格，则消费者会放弃购买，销售数量为0；在既定价格下厂商有可能销售出任意数量的产品，所以降低价格没有意义。所以完全竞争厂商是价格的接受者，在市场均衡价格下，完全竞争厂商面临的需求数量有可能为任意值，故完全竞争厂商的需求曲线是由市场均衡价格出发的一条水平直线。

2. 收益曲线

对于任意市场类型的厂商，收益就是厂商的销售收入。厂商的销售收入可以分为总收益、平均收益、边际收益。总收益是指厂商销售一定数量的产品或劳务所获得的全部收入，它等于产品的销售价格与销售数量的乘积。平均收益（Average Revenue, AR）是指厂商销售单位产品所获得的收入。边际收益（Marginal Revenue）是指增加一单位产品的销售所增加的收益，即最后一单位产品的售出所取得的收益。完全竞争厂商的总收益、平均收益、边际收益用函数表示分别为：

$$\mathrm{TR}(Q) = PQ \tag{6.1}$$

$$\mathrm{AR}(Q) = \frac{PQ}{Q} = P \tag{6.2}$$

$$\mathrm{MR}(Q) = \frac{\mathrm{d}(PQ)}{\mathrm{d}Q} = P \tag{6.3}$$

可见，对于完全竞争厂商，$\mathrm{AR} = \mathrm{MR} = P$，平均收益曲线、边际收益曲线、需求曲线重合，总收益曲线的斜率为P，如图6-2所示。

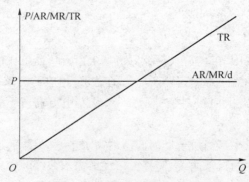

图 6-2　完全竞争厂商的收益曲线

三、厂商实现利润最大化的条件

利润等于总收益减总成本,用 π 表示厂商的利润,TR、TC 分别表示厂商的总收益、总成本,则利润函数可以写成:

$$\pi = TR - TC \qquad (6.4)$$

要求利润的最大值,运用数学方法,利润函数对产求一阶导数,并令导数等于 0 即可。$\pi' = TR' - TC' = 0$,也即 $MR - MC = 0$,$MR = MC$,即厂商达到利润最大化的必要条件是生产推进到边际成本等于边际收益的产量点。

在 $MR = MC$ 的均衡点上,厂商可能是盈利的,也可能是亏损的。如果是盈利的,这时的利润就是相对最大利润;如果是亏损的,这时的亏损就是相对最小亏损。不管是盈利还是亏损,在 $MR = MC$ 点上,厂商都处在收益曲线和成本曲线所能产生的最好的结果之中。

四、完全竞争厂商的短期均衡

短期均衡涉及的三个问题:①完全竞争市场。因为是完全竞争市场,短期内市场供求可能会发生变化,市场价格可能会发生波动。厂商只能被动地接受市场价格。②短期。短期是指厂商在这一期限内并不能根据市场需求情况来调整全部生产要素。③均衡。均衡是指实现利润最大化下的最优产量点的决定。

在上一部分中,我们讲到,厂商实现利润最大化的均衡条件为 $MR = MC$,并且厂商可能是盈利的,也可能是亏损的。完全竞争厂商的边际收益曲线为从市场价格出发的一条水平直线,那么,完全竞争厂商实现短期均衡时盈亏状况是什么样的呢?

第一种情况,价格或平均收益大于平均总成本,即 $P = AR > SAC$,厂商盈利。如图 6-3(a) 所示,根据 $MR = MC$ 的原则,短期内厂商的均衡产量为 Q_1。在此产量下,厂商的平均成本为 OA,平均可变成本为 OC,厂商的总收益为 $OEFQ_1$ 的面积,总成本为 $OABQ_1$ 的面积,总可变成本为 $OCDQ_1$ 的面积,厂商的总收益大于总成本,盈利。

第二种情况,价格或平均收益等于平均总成本,但大于平均可变成本,即 $P = AR = SAC > AVC$,厂商不盈不亏。如图 6-3(b) 所示,根据 $MR = MC$ 的原则,短期内厂商的均衡产量为 Q_1。在此产量下,厂商的平均成本为 OE,平均可变成本为 OB,厂商的总收益为 $OEFQ_1$ 的面积,总成本也为 $OEFQ_1$ 的面积,总可变成本为 $OBAQ_1$ 的面积,厂商的总收益等于总成本,不盈不亏。此时,厂商继续生产,可以弥补全部的不变成本,也即 $EBFA$ 的面积。SMC 与 SAC 的交点为"盈亏平衡点"或"收支相抵点"。

第三种情况,价格或平均收益小于平均总成本,但大于平均可变成本,即 $SAC > P = AR > AVC$,厂商亏损,但仍继续经营。如图 6-3(c) 所示,根据 $MR = MC$ 的原则,短期内厂商的均衡产量为 Q_1。在此产量下,厂商的平均成本为 OA,平均可变成本为 OC,厂商的总收益为 $OBVQ_1$ 的面积,总成本为 $OAEQ_1$ 的面积,总可变成本为 $OCDQ_1$ 的面积,厂商的总收益小于总成本,亏损。但此时,厂商若继续生产,可以弥补一部分不变成本,也即 $BCDV$ 的面积,因此厂商继续经营。

第四种情况,价格或平均收益小于平均总成本,且等于平均可变成本,即 $SAC > P = AR = AVC$,厂商亏损,厂商经营与否没有区别。如图 6-3(d) 所示,根据 $MR = MC$ 的原则,短期内厂商的均衡产量为 Q_1。在此产量下,厂商的平均成本为 OE,平均可变成本为 OB,厂商的总收益为 $OBCQ_1$ 的面积,总成本为 $OPAQ_1$ 的面积,总可变成本为 $OBCQ_1$ 的面积,厂商的总收益小于总成本,亏损。此时,厂商若继续生产,能够弥补全部的可变成本,即

$OBCQ_1$ 的面积,但一点儿也不能弥补不变成本,因此厂商没有必要继续经营。SMC 曲线与 AVC 曲线的交点为"停止营业点"或"关闭点"。

第五种情况,价格或平均收益小于平均可变成本,即 $AVC>P=AR$,厂商亏损,且停止经营。如图 6-3(e)所示,根据 $MR=MC$ 的原则,短期内厂商的均衡产量为 Q_1。在此产量下,厂商的平均成本为 OV,平均可变成本为 OB,厂商的总收益为 $ODEQ_1$ 的面积,总成本为 $OVAQ_1$ 的面积,总可变成本为 $OBCQ_1$ 的面积,厂商的总收益小于总成本,亏损。此时,厂商若继续生产,不能够弥补全部的可变成本,因此厂商会停止经营。

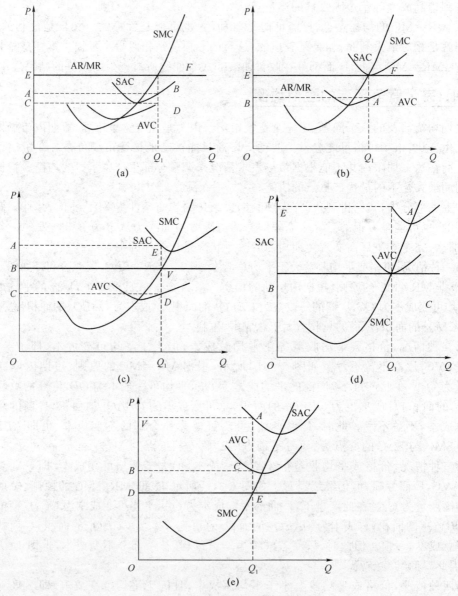

图 6-3 完全竞争厂商短期均衡

五、完全竞争厂商的长期均衡

基于对完全竞争市场的假定,行业内的所有厂商以及可能进入该行业的所有厂商,其长期成本曲线都是固定的。在长期,行业内的厂商为了获取利润最大化,将把生产规模调整到长期边际成本等于边际收益——市场价格的水平。厂商长期调整过程如图 6-4 所示。当行业供求关系决定的均衡价格为较高的 P_1 时,厂商短期在 B 点生产,产量为 Q_1,厂商的平均收益为 P_1,也即 BQ_1,平均成本为 CQ_1,平均收益大于平均成本,厂商盈利。如果没有厂商进入,原有厂商将在 B 点生产。但是由于此时存在超额利润,新厂商将进入该行业,这将导致供给曲线进一步右移,价格下降。面对新的价格,所有厂商的规模将进一步调整,假设调整为较低的价格 P_2,产量为 Q_2,厂商的平均收益为 P_2,也即 EQ_2,平均成本为 DQ_2,平均收益小于平均成本,厂商亏损,原有厂商会选择退出市场,这将导致供给曲线左移,价格上升。最终行业内的价格也将稳定在 P_3 的水平。

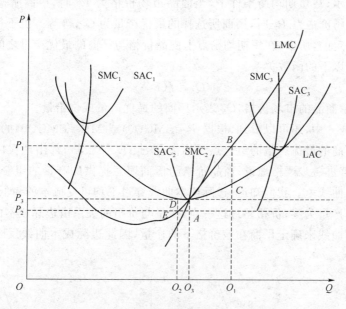

图 6-4　完全竞争厂商的长期均衡调整过程

因此,完全竞争厂商的长期均衡条件为:$P=AR=MR=LAC=SAC=LMC=SMC$,厂商的经济利润为 0,如图 6-5 所示。

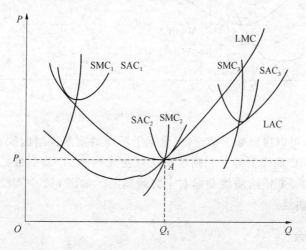

图 6-5　完全竞争厂商的长期均衡

六、完全竞争厂商和完全竞争行业的供给曲线

1. 完全竞争厂商的短期供给曲线

利润最大化的产量是由边际收益等于边际成本决定的,而在完全竞争市场上,厂商的边际收益等于价格。完全竞争厂商为了获得短期最大利润,应该把最优产量确定在使得商品的价格和边际成本相等的水平上。就是说在每一个短期均衡点上,厂商的产量与价格之间都存在着一种对应的关系。

如图6-6所示,在短期均衡条件下,当商品市场价格为 P_1 时,厂商所选择的最优产量为 Q_1,当商品市场价格为 P_2 时,厂商所选择的最优产量为 Q_2,等等。由于每一个商品价格水平都是市场给定的,所以,在短期均衡点上商品价格与厂商的最优产量之间的对应关系可以明确地表示为以下的函数关系:

$$Q_S = f(P) \tag{6.5}$$

其中,P 表示商品的市场价格,Q_S 表示厂商的最优产量或供给量。

同时,在图6-6中,还可以看到,根据 $P=\mathrm{SMC}(Q)$ 或 $\mathrm{MR}=\mathrm{SMC}(Q)$ 的短期均衡条件,商品的价格和厂商的最优产量的组合点或均衡点 E_1、E_2、E_3、E_4,都出现在厂商的边际成本 SMC 曲线上。若进一步严格地说,商品价格与厂商愿意提供的产量的组合点,并非出现在全部的边际成本曲线上。我们知道,边际成本曲线穿过平均可变成本的最低点,价格低于这一点,厂商关闭,产量为零;价格超过这一点,产量与价格的关系由边际成本曲线决定。既然是通过边际成本曲线来确定厂商在该价格下的产量,因此边际成本曲线反映了产量与市场价格之间的关系。

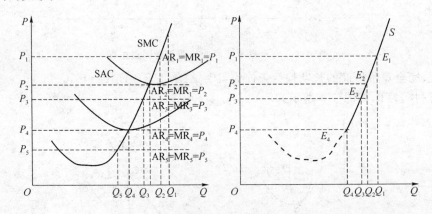

图 6-6 完全竞争厂商的短期供给曲线

基于以上分析,可以得到如下结论:完全竞争厂商的短期供给曲线,就是完全竞争厂商的短期边际成本 SMC 曲线上等于和高于平均可变成本 AVC 曲线最低点的部分。毫无疑问,完全竞争厂商的短期供给曲线是向右上方倾斜的。如图6-6中实线部分所示即为完全竞争厂商短期供给曲线。

2. 生产者剩余

生产者剩余是指厂商在提供一定数量的某种产品时实际接受的总价格或总支付与愿意

接受的最小总价格或总支付之间的差额。已知厂商从事生产或经营，总是要追求利润最大化，而保证利润最大化的条件就是要使 MR＝MC，只要 MR＞MC，厂商就是有利的，由于在完全竞争市场里，MR＝P，因此只要价格 P 高于边际成本 MC，厂商进行生产，就可以得到生产者剩余。此时厂商实际接受的总价格或总支付就是价格线以下的总收益，而厂商愿意接受的最小总价格或总支付便是边际成本线以下的总边际成本。用图形来表示，则价格直线和边际成本曲线所围成的面积即为生产者剩余，如图 6-7(a)中阴影部分的面积。

在短期里，生产者剩余还可以用厂商的总收益与总可变成本的差额来衡量。因为在短期里，厂商的固定成本是无法改变的，总边际成本必然等于总可变成本。当产量为 1 时，可变成本即是边际成本，即 VC(1)＝MC(1)，当产量为 2 时，VC(2)＝MC(1)＋MC(2)，以此类推，VC(Q)＝MC(1)＋MC(2)＋…＋MC(Q)。表明可变成本可以用边际成本曲线与横轴之间的面积来表示。此外，在短期里厂商无论生产还是不生产，固定成本都是要支付的，实际上只要价格高于可变成本，厂商生产就是有利的。这时继续生产不仅能收回全部的可变成本，还能够补偿一部分固定成本，可以减少损失，若厂商不生产，将损失全部的固定成本。所以，图 6-7(b)中阴影矩形 CP_1EB 的面积便是生产者剩余，它等于总收益减去总可变成本。几何图形表示法，可用厂商供给曲线以上、市场价格线以下的面积表示。

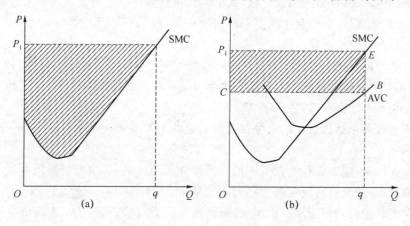

图 6-7　生产者剩余

在以后的内容中我们将会看到，生产者剩余与消费者剩余这两个概念结合在一起，是分析经济效率和社会福利的十分有用的工具。

3. 完全竞争市场的短期供给曲线

如果假定行业的可变要素投入量的变化不影响其价格，完全竞争市场的行业短期供给曲线就是市场上全体厂商在给定某一价格水平上供给量之和。行业的供给曲线就由全体厂商的供给曲线水平相加得来。例如，当价格为 P_1 时，完全竞争市场中各个厂商的供给数量分别为 $Q_1,Q_2,Q_3,…,Q_n$，则在 P_1 价格水平下，完全竞争市场的供给量为 $Q_1+Q_2+Q_3+…+Q_n$。

行业的供给量也会遵循供给规律，行业的供给曲线也会发生和单个企业的供给曲线原因一样的移动。行业的供给也一样存在着供给的价格弹性。由单个企业的短期供给曲线推导可用图 6-8 来描述。

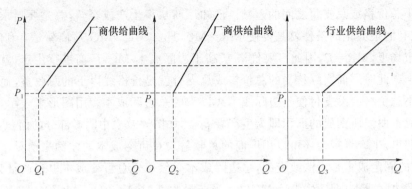

图 6-8 从厂商供给曲线到行业供给曲线

4. 完全竞争市场的长期供给曲线

短期内,在生产要素价格不变的情况下,通过对厂商供给的简单加总可以得到产业的供给曲线。产业的长期供给曲线是否也可以通过这种方法得到?答案是否定的。即使生产要素价格在长期不发生变化,我们也不能通过对单个厂商供给的简单加总得到产业的供给曲线。因为长期内,厂商自由进出该产业,我们不知道对哪些企业的供给进行加总。何况在长期内,产业的扩张、收缩会引起生产要素价格的变化,我们更不可能通过对单个厂商供给的简单加总得到产业供给曲线。

根据行业产量变化对生产要素价格所可能产生的影响,本节我们将分别讨论不变成本产业、递增成本产业以及递减成本产业三种情况的产业长期供给曲线。

(1) 成本不变行业的长期供给曲线

成本不变行业是指该行业的产量变化所引起的生产要素需求的变化,不对生产要素的价格发生影响。

如图 6-9 所示,起初该行业及其中的厂商都处于均衡状态,由市场需求曲线 D_1 和市场短期供给曲线 S_1 的交点所决定的市场均衡价格为 P_1,行业的生产量是厂商生产量的总和。现在假定由于各种因素使市场需求增加,需求曲线由 D_1 向右移到 D_2,市场价格提高到 P_2。基于新的价格水平,厂商可以获得净利润。从长期看,新的厂商受着利润的吸引,会不断进入到该行业中来,新厂商的加入,虽然没有引起生产要素价格的变化,从而企业的成本曲线位置不变,但却使供给曲线不断向右移动,总产量增加使价格下降,单个厂商的利润也随之下降,这个过程一直要延续到单个厂商的利润消失为止,即供给曲线移动到 S_2 的位置,使得市场价格又回到原来的长期价格水平。将各个短期需求曲线和相应的供给曲线的长期均衡点连接起来,就是完全竞争行业成本不变时的长期供给曲线 LS。

当成本不变时,完全竞争行业达到长期均衡的供给曲线是一条水平线。它表明:成本不变的行业是在不变的均衡价格水平提供产量,该均衡价格水平等于厂商的不变的长期平均成本的最低点。或者说,当市场需求变化时,会引起行业长期均衡产量的同方向变化,但长期均衡价格不会发生变化。

(2) 成本递增行业长期供给曲线

成本递增行业是指该行业的产量增加所引起的生产要素需求的增加,会导致生产要素的价格上升。

如图 6-10 所示,同上分析,需求曲线由 D_1 向右移到 D_2,市场价格提高到 P_2。基于新的价格水平,厂商可以获得净利润。从长期看,新的厂商受着利润的吸引,会不断进入到该行业中来,新厂商的加入,供给量增加,但同时,由于生产要素价格上涨,从而企业的成本曲线位置上移,供给曲线向右移动,但幅度较小,总产量增加的同时价格上升,即供给曲线移动到 S_2 的位置。将各个短期需求曲线和相应的供给曲线的长期均衡点连接起来,就是完全竞争行业成本不变时的长期供给曲线 LS。

当成本递增时,完全竞争行业达到长期均衡的供给曲线是一条向右上方倾斜的曲线。它表明:当行业实现长期均衡时,虽然产量增加了,但是其价格也上涨了。这是由于外部不经济提高了投入物的价格或降低了投入物的生产效率引起的。例如增加投入物的供应量必须提高其价格才能获得;或者由于行业扩大生产后不得不增雇效率较低的工人;再或者一些产业随着行业的扩展,它的产出率发生递减现象等,这些都使行业的长期平均成本曲线 LAC 上移。

(3) 成本递减行业长期供给曲线

成本递减行业是指该行业的产量增加所引起的生产要素需求的增加,会导致生产要素的价格下降。

如图 6-11 所示,同上分析,需求曲线由 D_1 向右移到 D_2,市场价格提高到 P_2。基于新的价格水平,厂商可以获得净利润。从长期看,新的厂商受着利润的吸引,会不断进入到该行业中来,新厂商的加入,供给量增加,但同时,由于生产要素价格下降,从而企业的成本曲线位置下移,供给曲线向右移动,且移动幅度较大,总产量增加的同时价格下降,即供给曲线移动到 S_2 的位置。将各个短期需求曲线和相应的供给曲线的长期均衡点连接起来,就是完全竞争行业成本不变时的长期供给曲线 LS。

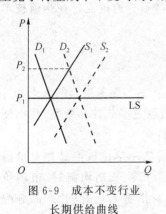
图 6-9 成本不变行业长期供给曲线

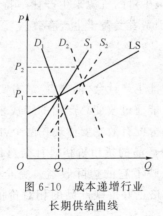
图 6-10 成本递增行业长期供给曲线

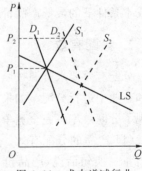
图 6-11 成本递减行业长期供给曲线

当成本递减时,完全竞争行业达到长期均衡的供给曲线是一条向右下方倾斜的曲线。它表明:当行业实现长期均衡时,不但产量增加,而且其价格也降低了。这主要是由于外部经济在起作用。随着一个行业的发展而产生的外部经济可以概括为两个方面:一是降低了投入物的价格,二是提高了投入物的生产效率。

【例 6.1】 已知某完全竞争企业中的单个厂商的短期成本函数为:$STC = 0.1Q^3 - 2Q^2 + 30Q + 40$。

(1) 当市场上产品价格 $P = 20$ 时,求厂商的短期均衡产量和利润。

(2) 当市场价格下降为多少时,该企业必须停产?

(3) 求该厂商的短期供给函数。

解：(1) $SMC=0.3Q^2-4Q+30$

令 $P=SMC$，得：$Q=10\left(Q=\dfrac{10}{3}\text{舍去}\right)$

利润 $\pi=PQ-STC=10\times20-240=-40$

所以，厂商的短期均衡产量为 10，亏损 40。

(2) $AVC=0.1Q^2-2Q+30$

求极值问题，令 $(AVC)'=0$，求得 $\min(AVC)=20$

所以，当价格下降为 20 时，企业必须停产。

(3) 完全竞争厂商的短期供给函数为：$P=0.3Q^2-4Q+30(P\geqslant20)$

七、完全竞争市场的效率评价

完全竞争厂商的长期均衡满足条件 $P=AR=MR=LAC=SAC=LMC=SMC$，标明在长期内，厂商按照最小平均成本生产，并且边际收益等于价格，边际收益等于边际成本。完全竞争市场是最具效率的市场，可以从以下两个方面来解释：

1. 生产有效

生产有效要求产品以最低成本生产，即 $P=\min AC$。在长期，完全竞争使得企业在最低平均总成本下进行生产，并收取与该成本一致的价格。从消费者角度来看这是颇有裨益的，生产效率意味着企业必须利用最好（成本最低）的生产方式和投入组合来生产，否则它无法生存。换句话说，这意味着以最少量的资源来生产任一特定产量。通过支付在当前技术和成本条件下的最低产品价格，消费者受益于生产有效。

2. 分配有效

分配有效要求资源按照一种能生产社会（消费者）最需要的产品与服务组合的方式在行业和企业中进行分配。如果不可能通过改变总产出的组成来获取更多的社会效益，我们便实现了分配效率。完全竞争市场分配有效主要体现在两个方面：

(1) 产品的分配有效。任何产品的货币价格是社会对每增加一单位该产品相对价值的度量。换句话说，产品价格反映了它的边际收益。完全竞争厂商长期均衡时，市场价格等于边际收益，表明产品的价格正好反映产品的相对价值，对消费者最有利，产品分配有效。

(2) 生产要素的分配有效。我们可以将产品的边际成本看作是如果将生产额外一单位产品所需的资源用于生产其他产品所能创造的价值。简单地说，生产一单位产品的边际成本衡量的是由于该单位产品的生产社会所必须放弃的其他物品。当边际成本小于边际收益时，表明放弃其他物品能够得到更多的相对价值，此时增加该产品的生产，可以增加整个社会的福利，因而当前状态不是最有效的状态。当边际成本大于边际收益时，表明放弃其他物品能够得到较低的相对价值，此时减少该产品的生产，可以增加整个社会的福利，因而当前状态不是最有效的状态。只有当边际成本等于边际收益时，生产要素的分配状态最有效，因而完全竞争市场分配有效。

完全竞争市场的一个更为深远的属性就使他们能够在遭受经济变化干扰后恢复效率，消费者品位、资源供给或技术的变化所触发的资源配置的暂时不合理最终都会依靠市场自身的力量得以校正，在资源的配置上，看不见的手使得生产者的个人利益与社会利益完全一致。当然市场竞争总是不充分的，市场有时在某些领域会出现失灵，从而生产和分配的效率也会因此遭受损失，这正是我们后续要讨论的部分内容。

第三节 垄断市场

一、垄断市场的特征及形成原因

1. 垄断市场的特征

垄断市场是指整个行业中只有唯一的一个厂商的市场组织。垄断市场的特征主要包括：

第一，厂商数目唯一，一家厂商控制了某种产品的全部供给。由于整个行业仅存在唯一的供给者，企业就是行业。

第二，完全垄断企业是市场价格的制定者。由于垄断企业控制了整个行业的供给，也就控制了整个行业的价格，成为价格制定者。

第三，完全垄断企业的产品不存在任何相近的替代品。否则，其他企业可以生产替代品来代替垄断企业的产品，完全垄断企业就不可能成为市场上唯一的供给者。因此消费者无其他选择。

第四，其他任何厂商进入该行业都极为困难或不可能，要素资源难以流动。完全垄断市场上存在进入障碍，其他厂商难以参与生产。

完全垄断市场和完全竞争市场一样，都只是一种理论假定，是对实际中某些产品的一种抽象，现实中绝大多数产品都具有不同程度的替代性。

2. 垄断形成的原因

垄断是与完全竞争市场完全相反的一种市场结构，垄断的形成有很多原因。

第一，独家厂商控制了生产某种商品的全部资源或基本资源的供给。这种对生产资源的独占，排除了经济中其他厂商生产同种产品的可能性。

第二，独家厂商拥有生产某种商品的专利权。这便使得独家厂商可以在一定的时期内垄断该产品的生产。

第三，政府的特许。政府往往在某些行业实施垄断的政策，如铁路运输部门、供电供水部门等，于是，独家企业就成了这些行业的垄断者。

第四，自然垄断。有些行业的生产具有这样的特点：企业生产的规模经济需要在一个很大的产量范围和相应的巨大的资本设备的生产运行水平上才能得到充分的体现，以至于整个行业的产量只有由一个企业来生产时才有可能达到这样的生产规模。而且，只要发挥这一企业在这一生产规模上的生产能力,就可以满足整个市场对该种产品的需求。在这类产品的生产中,行业内总会有某个厂商凭借雄厚的经济实力和其他优势,最先达到这一生产规模,从而垄断了整个行业的生产和销售,这就是自然垄断。

二、垄断厂商的需求曲线和收益曲线

1. 需求曲线

在完全垄断条件下,市场上只有一家企业,因此垄断厂商所面临的需求曲线就是整个市场的需求曲线。垄断厂商的需求曲线向右下方倾斜,斜率为负,销售量与价格成反比关系,如图6-12所示。假设垄断厂商的需求曲线为简单的一元线性函数,则可表示为:

$$P = a - bQ, (a, b \text{ 分别为常数}, a > 0, b > 0) \quad (6.6)$$

2. 收益曲线

以 TR、AR、MR 分别表示厂商的总收益、平均收益、边际收益,由于垄断厂商的 P 和 Q 成反比关系,则厂商的收益曲线可表示为:

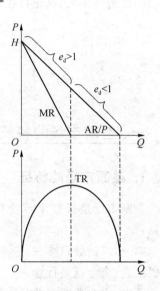

图 6-12 垄断厂商的需求曲线和收益曲线

$$\text{TR} = PQ = (a - bQ) \cdot Q = aQ - bQ^2 \quad (6.7)$$

$$\text{AR} = \frac{\text{TR}}{Q} = \frac{PQ}{Q} = P \quad (6.8)$$

$$\text{MR} = \frac{d\text{TR}}{dQ} = \frac{d(a - bQ) \cdot Q}{dQ} = a - 2bQ \quad (6.9)$$

由公式(6.8)可知,垄断厂商的平均收益曲线与需求曲线重合;由公式(6.9)可知,垄断厂商的边际收益曲线在需求曲线的下方,并且在纵坐标轴上的截距与需求曲线相同,在横轴上的截距是需求曲线在横轴上截距的一半。垄断厂商的收益曲线如图6-12所示。

垄断厂商的边际收益不仅与价格相关,还与需求弹性相关。设需求函数为:$P = P(Q)$,则:

$$\text{MR}(Q) = \frac{d\text{TR}(Q)}{dQ} = \frac{dPQ}{dQ} = P + Q \cdot \frac{dP}{dQ} = P \cdot \left(1 + \frac{Q}{P} \cdot \frac{dP}{dQ}\right) = P\left(1 - \frac{1}{e_d}\right) \quad (6.10)$$

e_d 表示需求价格弹性。从式(6.10)可以看出:当需求富有弹性时,即 $e_d > 1$ 时,MR>0,富有弹性的需求曲线意味着产量的增加将使总收益增加。当需求缺乏弹性时,即 $e_d < 1$ 时,MR<0,缺乏弹性的需求曲线意味着产量的增加将使总收益减少。当需求具有单位弹性时,此时垄断厂商的总收益达到最大。

三、垄断厂商的短期均衡

垄断厂商利润最大化时的产量也是由需求状况和成本状况共同决定的。其利润最大化条件为 MR=MC,这也是垄断厂商短期均衡的条件。在短期里,垄断厂商由于各种原因,如既定规模成本过高,或面对的市场需求较小等,可能导致短期里盈亏平衡甚至亏损,不一定总是获得垄断利润。

1. 第一种情况:存在利润

如图 6-13(a)所示,短期内,垄断厂商按照 MR=MC 的原则进行生产,均衡产量为 Q_1,对应的平均收益和平均成本分别为 OP_1、OH,很明显,垄断厂商的平均收益大于平均成本,厂商获利,利润总额为 P_1FGH 的面积大小。

2. 第二种情况:收支相抵

如图 6-13(b)所示,短期内,垄断厂商按照 MR=MC 的原则进行生产,均衡产量为 Q_2,对应的平均收益和平均成本相等,均为 OP_1,此时,垄断厂商的总收益等于总成本,收支相抵,厂商既不会出现亏损,也无法获取经济利润。

3. 第三种情况:存在亏损

如图 6-13(c)所示,短期内,垄断厂商按照 MR=MC 的原则进行生产,均衡产量为 Q_3,对应的平均收益和平均成本分别为 OP_1、OH,此时垄断厂商的平均收益小于平均成本,厂商亏损,亏损总额为 P_1GFH 的面积大小。当然,在该种情况下,厂商是否能弥补部分或全部的不变成本,需要对比平均收益和平均可变成本的大小,留待读者自己分析。

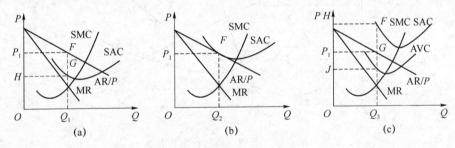

图 6-13　垄断厂商的短期均衡

【**例 6.2**】 已知某垄断厂商的短期总成本函数为 $STC=0.1Q^3-6Q^2+140Q+3000$,反需求函数为 $P=150-3.25Q$。求:该垄断厂商的短期均衡产量与均衡价格。

解:$TR=PQ=150Q-3.25Q^2$

$MR=150-6.5Q$

$MC=0.3Q^2-12Q+140$

$MR=MC$

得:$Q=\dfrac{20}{3}$

代入反需求函数,得:$P=\dfrac{385}{3}$

因此,该垄断厂商的短期均衡产量和均衡价格分别为 $\dfrac{20}{3}$、$\dfrac{385}{3}$。

四、垄断厂商的长期均衡

由于垄断产业只有一家厂商经营该产业的全部产品,不存在第二家企业,所以,即使垄断者存在超额利润(经济利润),在长期也不可能像完全竞争产业那样通过厂商间的竞争消除超额利润。因此垄断者的长期均衡是指垄断者在长期,自己进行调整而达到的利润最大化的均衡。

垄断厂商在长期内对生产的调整一般有这样两种情况:第一种情况,垄断厂商在短期均衡时存在亏损,在长期内通过对最优生产规模的选择,扭亏为盈。第二种情况,垄断厂商在短期均衡时有经济利润,在长期通过生产规模的调整获取更多的经济利润。我们用图6-14来描述第二种情况的调整过程及其结果。第一种情况的分析与之相似。

如图6-14所示,在短期内,垄断厂商无法任意调整生产规模,假设采用的边际成本、平均成本分别为 SMC_0、SAC_0,按照 $MR=MC$ 的原则进行生产,厂商的均衡产量为 Q_0,此时,平均收益为 OP_0,大于平均成本 OB,厂商亏损。在长期内,厂商可以任意调整生产规模,以降低成本,获得最大利润。按照 $MR=MC$ 的原则进行生产,长期内,垄断厂商的均衡产量为 Q_1,此时,平均成本和平均收益分别为 OC、OP_1,平均收益大于平均成本,厂商在长期内获利。此时,$MR=LMC=SMC$,厂商实现长期均衡。

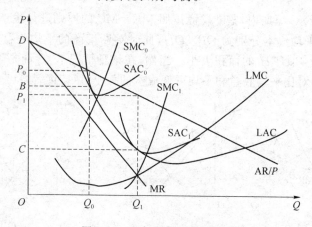

图 6-14 垄断厂商的长期均衡

五、垄断厂商的供给曲线

在完全竞争的条件下,通过对于所有厂商短期供给曲线的加总可以得到产业的供给曲线。由于产业供给曲线的存在,对于每一种产出水平,都有唯一的供给价格与之相对应。在垄断的情况下是否也存在类似的供给曲线?答案是否定的,因为在垄断条件下供给价格是不唯一的。供给价格的高低依赖于需求曲线的形状。由于垄断者具有某种垄断力量,可以对自己产品的销售实行市场分割,因此在不同的市场上垄断者可能面临不同的需求曲线。若垄断者所面临的需求曲线形状不同,即使在同一数量下,所对应的供给价格也是不同的。由此可知,垄断厂商的产量和价格之间不存在唯一的对应关系,因而完全垄断市场上也不存在供给曲线。这一结论可推广到带有不同程度垄断因素的不完全竞争市场中。在垄断市场条件下,不存在厂商的供给曲线。因为无法推导出完全竞争条件下的产量与价格之间的一一对应的关系的厂商和行业的短期供给曲线,原因是垄断厂商可以控制市场价格。

六、价格歧视

由于垄断这一得天独厚的条件,厂商便会在追求利润最大化的动机之下做出一些违规之举。例如进行价格歧视。

1. 价格歧视的实施条件

价格歧视是指同一厂商在同一时间对同一产品向不同的购买者索取两种或两种以上的价格，或者对销售给不同购买者的同一产品在成本不同时索取相同的价格。垄断厂商实行价格歧视必须具备的两个条件：

一是不同市场之间可以有效地分离。否则消费者将在价格低的市场购买商品，或者把低价购进的商品在价格更高的市场上重新出售，从而使价格歧视难以维持。

二是被分隔开的多个市场上需求弹性不同。只有在这种情况下，垄断者根据不同的需求弹性对同一商品索取不同的价格，方能获得多于索取相同价格时的利润，否则最佳策略是对同一商品收取相同价格。

2. 价格歧视的分类

一般来说，价格歧视分为三类：一级价格歧视、二级价格歧视和三级价格歧视。

（1）一级价格歧视

一级价格歧视，又称完全价格歧视，就是每一单位产品都有不同的价格，即假定垄断者知道每一个消费者对任何数量的产品所要支付的最大货币量，并以此决定其价格，所确定的价格正好等于对产品的需求价格，因而获得每个消费者的全部消费剩余。

如图 6-15 所示，第一单位商品消费者愿意支付的最高价格为 P_1，厂商就按 P_1 价格出售，第二单位商品消费者愿意支付的最高价格为 P_2，厂商就按 P_2 的价格出售，依次类推，直至厂商销售完全部的商品。这是一种理想的极端情况。假定厂商生产的平均成本为 P_N，则此时厂商的利润为 $P_N AB$，而通常情况下，厂商按单一价格 P_N 销售，利润为零。可见实行一级价格定价后，厂商的利润增加了阴影部分 $P_N AB$ 的面积。由消费者理论可知，这部分面积正好是消费者剩余，因此，实行一级价格歧视的厂商实际上是将所有消费者剩余榨光，转化为了生产者的垄断利润。

（2）二级价格歧视

二级价格歧视是指垄断厂商按不同的价格出售不同单位的产量，但是购买相同数量产品的每个人都支付相同的价格。一个垄断的卖方还可以根据买方购买量的不同，收取不同的价格。比如，电信公司对客户每月上网时间的不同，收取不同的费用，对于使用量小的客户，收取较高的费用；对于使用量大的客户，收取较低的费用。垄断卖方通过这种方式把买方的一部分消费者剩余据为己有。因此，不是不同的人之间，而是不同的产量之间存在价格歧视。

如图 6-16 所示，若不实行价格歧视，则销售 Q_3 的产品，定价为 P_3；若实行二级价格歧视，对于 Q_1 的销售量，定价为 P_1，对于 $[Q_1,Q_2]$ 的销售量，定价为 P_2，对于 $[Q_2,Q_3]$ 的销售量，定价为 P_3。那么，销售 Q_1 的商品时，利润为 $P_1 Q_1$；销售 $[Q_1,Q_2]$ 的商品时，利润为 $P_2(Q_2-Q_1)$；销售 $[Q_2,Q_3]$ 的商品时，利润为 $P_3(Q_3-Q_2)$。若不实施价格歧视，厂商销售 Q_3 的产品，利润一共为 $P_3 Q_3$。因此，实施价格歧视，厂商的利润增加量为阴影部分面积，也即消费者剩余减少量为阴影部分面积。

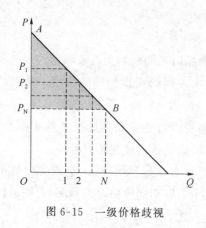
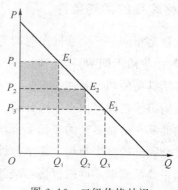

图 6-15 一级价格歧视　　　　　图 6-16 二级价格歧视

(3) 三级价格歧视

三级价格歧视即对于同一商品，完全垄断厂商根据不同市场上的需求价格弹性不同，实施不同的价格。如电厂对于弹性较大的工业用电实行低价格，而对弹性较小的家庭用电采用高价格。在三级价格歧视中，制造商对每个群体内部不同的消费者收取相同的价格，但不同群体的价格不同。

七、垄断市场的效率评价

相对于完全竞争市场，垄断市场是效率较低的市场类型。在长期内，完全竞争厂商按照最低平均成本进行生产，产品定价也为最小平均成本；垄断厂商均衡产量下的平均成本并未到达最低平均成本，且价格高于最低平均成本。垄断市场的低效率主要表现在以下几个方面。

第一，资源的利用效率较低。垄断条件下，厂商并未以最低平均成本生产该产品的那种规模。如果垄断厂商扩大其长期均衡产量，它将能以更低的平均成本生产更多的产量。完全垄断条件下的成本水平高于完全竞争时 LAC 最低点所表示的成本。从资源利用的角度看，社会资源在完全竞争行业里比在完全垄断行业里更能得到有效地利用。

第二，价格较高但产量较低。完全竞争市场结构的产量高于完全垄断市场结构，而价格却低于完全垄断市场结构。完全竞争厂商在 LAC 的最低点进行生产，而且其销售价格等于边际成本，但是完全垄断厂商的价格却高于边际成本，而且也没有在长期平均成本的最低点生产。

第三，垄断造成社会福利的净损失。完全垄断市场将导致消费者剩余损失，但是消费者剩余的损失没有全部转变为企业收益的增加，也就是说消费者减少的消费者剩余多于生产者增加的收益，两者之间的差额就是垄断带来的社会福利的净损失。

第四节　垄断竞争市场

一、垄断竞争市场的特征

垄断竞争是一种介于完全竞争和完全垄断之间的市场组织形式，在这种市场中，既存在着激烈的竞争，又具有垄断的因素。垄断竞争市场是指一种既有垄断又有竞争，既不是完全竞争又不是完全垄断的市场,是处于完全竞争和完全垄断之间的一种市场。

垄断竞争市场竞争程度较大,垄断程度较小,比较接近完全竞争,但更加接近现实市场状况,在大城市的零售业、手工业、印刷业中普遍存在。这种市场具有以下特点:

1. 厂商众多

市场上厂商数目众多,每个厂商都要在一定程度上接受市场价格,但每个厂商又都可对市场施加一定程度的影响,不完全接受市场价格。另外,厂商之间无法相互勾结来控制市场。

2. 产品具有较小差别

同行业中不同厂商的产品互有差别,例如质量差别,功用差别,包装、商标、广告等引起的印象差别,销售条件差别等。产品差别是造成厂商垄断的根源,但由于同行业产品之间的差别不是大到产品完全不能相互替代,一定程度的可相互替代性又让厂商之间相互竞争,因而相互替代是厂商竞争的根源。

3. 进出容易,资源流动性强

垄断竞争市场是常见的一种市场结构,如肥皂、洗发水、毛巾、服装、布匹等日用品市场,餐馆、旅馆、商店等服务业市场,牛奶、火腿等食品类市场,书籍、药品等市场大都属于此类。

二、垄断竞争厂商的需求曲线和收益曲线

1. 需求曲线

由于垄断竞争厂商生产的是有差别的产品,因而对该产品都具有一定的垄断能力,垄断竞争厂商不是市场价格的接受者,而是对产品的市场价格有一定的影响力,因此,其需求曲线不像完全竞争厂商那样是一条既定价格出发的水平直线,而是一条向右下方倾斜的直线。垄断竞争厂商对市场价格的影响力高于完全竞争厂商,但低于垄断厂商,其所面临的需求曲线相对于完全竞争厂商而言要更陡一些(即更缺乏弹性),而相对于垄断厂商来讲需求曲线要更缓,即更富有弹性。

由于在垄断竞争行业中厂商生产的产品都是有差别的替代品,因而市场对某一厂商产品的需求不仅取决于该厂商的价格—产量决策,而且取决于其他厂商对该厂商的价格—产量决策是否采取对应的措施。比如一个厂商采取降价行动,如果其他厂商不降价,则该厂商的需求量可能上升很多,但如其他厂商也采取降价措施,则该厂商的需求量不会增加很多。这样在分析垄断竞争厂商的需求曲线时,就要分两种情况进行讨论。

(1) 主观需求曲线:d 曲线

在垄断竞争生产集团中的单个厂商改变产品价格,而其他厂商的产品价格保持不变时,该厂商的产品价格与销售量之间的对应关系。单个厂商在主观上就有一条斜率较小的需求曲线,称为主观需求曲线。

(2) 客观需求曲线:D 曲线

在现实中,一个垄断竞争厂商降低价格时,其他厂商为了保持自己的市场,势必也会跟着降价,该厂商因而会失去一部分顾客,需求量的上升不会有厂商想象的那么多,因而还存在着另外一条需求曲线,称之为客观需求曲线。

如图 6-17 所示，d_1、d_2、d_3 为主观需求曲线，D 表示客观需求曲线。当单个厂商降价销售时，若其他厂商没有采取降价措施，则降价厂商的销售量增加较多，而一旦其他厂商也采取降价措施，则最初的降价厂商销售量增加的数量有限，因而，相对于客观需求曲线，主观需求曲线更为平缓。

另外，也应看到，主观需求曲线会沿着客观需求曲线发生上下移动。如图 6-17 所示，最初，甲厂商的主观需求曲线为 d_1，当价格为 P_1 时，销售量为 Q_1，组合点为 A 点；当厂商降价到 P_2 时，若其他厂商不采取措施，甲厂商的销售数量可增加到 Q_2，但若其他厂商跟着降价，则甲厂商的销售数量只能有限地增加，例如增加到 Q_3，那么经过 A、B 两点的需求曲线为客观需求曲线。不考虑其他厂商价格变动的主观需求曲线，则由经过 A 点，变为经过 B 点，也即平移到 d_2 曲线的位置。同理，可分析主观需求曲线沿着客观需求曲线向上平移到 d_3 曲线的位置。

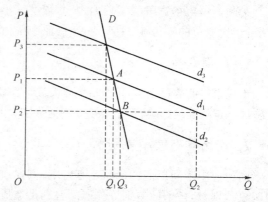

图 6-17　垄断竞争厂商的需求曲线

2. 收益曲线

如同垄断厂商，垄断竞争厂商的平均收益曲线与需求曲线重合（因为客观需求曲线是若干厂商同时改变价格策略的结果，因此，此处垄断竞争厂商的需求曲线是指主观需求曲线），为向右下方倾斜的直线；边际收益曲线位于需求曲线下方，且纵截距相等，横截距为其一半。

知识链接

垄断竞争厂商产品差异化经营与广告宣传的重要性

在垄断竞争市场上，企业只有不断地制造出产品差异，才有可能获得超额利润。成功的企业是那些不断地进行市场调查，充分了解消费者对于颜色、款式、大小等产品差异因素的需要，从而满足市场尚未得到满足的需求的经营者。通过产品差异的竞争，满足市场需求的产品生存下来，不满足市场需求的产品被淘汰。只有产品差异的竞争，才会有优胜劣汰，才会有产品的多样化，才会有产品革新和技术进步。多样化和技术进步对于我们消费者来说太重要了，以至于我们愿意接受一定程度的低效率，因为它们涉及消费者偏好的满足和生活水平的提高。

借助于广告，垄断竞争企业创造产品名牌，这也有助于产品质量的提高。为了使产品差异起作用，消费者必须知道产品的质量和适用性。在完全竞争市场上，我们假定了消费者具有完全信息，在垄断竞争市场上甚至更需要完全信息。消费者的信息来源主要是各类形式的广告。广告帮助消费者做出理性的选择。同时，企业对花费上百万元创造出来的产品名牌一定非常重视，就会不断地改进质量以维护它。另外，新产品的出现只有通过把信息传递给消费者才能与名牌产品竞争。在这里，广告起到了限制垄断的作用。因此，广告宣传有助于市场竞争。

三、垄断竞争厂商的短期均衡

由于垄断竞争厂商具有主观需求曲线和客观需求曲线,且垄断厂商会根据其他厂商的价格策略,改变自己的主观需求曲线,因而,主观需求曲线是不断移动的过程,均衡时,满足条件:MR＝MC 所决定的均衡产量处,主观需求曲线与客观需求相交。

如图 6-18 所示,最初市场价格 P_0,甲厂商的需求曲线为 d_1,边际收益曲线为 MR_1,根据 MR＝MC 的原则,均衡产量为 Q_1,均衡价格为 P_1。甲厂商将价格由 P_0 调整至 P_1,若其他厂商不采取措施,甲厂商的销售数量为 Q_1,然而,市场上其他厂商也纷纷采取降价措施,导致甲厂商的市场份额下降,销售量仅增长至 Q_2,价格和销售量的组合点由 B 点变为 C 点,因而主观需求曲线移动到 d_2 的位置。此时,边际收益曲线为 MR_2,根据 MR＝MC 的原则,新的均衡产量为 Q_3,均衡价格为 P_2,于是,厂商为追求最大利润,会进一步调整价格,由 P_1 降至 P_2,以此类推,其主观需求曲线也将沿客观需求曲线不断移动。

上述调整过程实际是一个"试错"的过程,这一"试错"过程不断进行,一直持续到实现短期均衡状态为止。如图 6-19 所示,厂商实现短期均衡时,必须满足如下条件:(1)厂商的产量 Q_E 符合 MR＝MC 的原则,厂商实现了利润最大化,因而厂商没有动力改变目前的状态。(2)厂商此时的产量和价格决策恰恰位于主观需求曲线与客观需求曲线的交点 H,亦即厂商按自己能够感觉到的主观需求曲线所做出的价格产量决策恰和其他厂商也做出同样调整的价格产量决策相一致。

如同完全竞争厂商和垄断厂商,短期内,垄断竞争厂商不可能任意调整价格和产量,厂商有可能盈利,有可能收支相抵,有可能亏损。在如图 6-19 所示的情况下,垄断竞争厂商的利润为阴影部分面积。

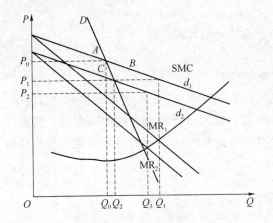

图 6-18 垄断竞争厂商在短期内的生产调整过程

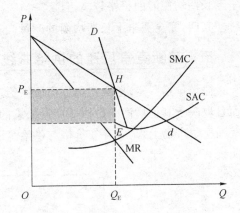

图 6-19 垄断竞争厂商的短期均衡

四、垄断竞争厂商的长期均衡

在长期内,垄断竞争厂商可以通过扩大或缩小其生产规模来与其他企业进行竞争,也可以根据自己能否获得经济利润来选择是进入还是退出一个行业。

假设垄断竞争厂商在短期内能够获得经济利润,在长期内所有的厂商都会扩大生产规模,也会有新的厂商进入该行业进行生产,在市场总的需求没有大的改变的情况下,代表性厂商的市场份额将减少,客观需求曲线将向左下方移动,从而厂商的产品的实际需求量低于利润最大化的产量。厂商为了实现长期均衡必须降低其价格提高其产量来适应这种变化,从而主观需求曲线和客观需求曲线都会向左下方移动。相反,若垄断竞争厂商在短期内亏损,有一部分厂商会退出市场,从而代表性厂商的市场份额扩大,客观需求曲线和主观需求曲线右移。这一过程会一直持续到行业的利润为零,没有新的厂商进入,也没有厂商退出为止。

厂商实现长期均衡时的所处状态如图 6-20 所示。在长期均衡时,厂商的主观需求曲线 d 与长期平均成本曲线 LAC 相切于 E 点,客观需求曲线也与 d 和 LAC 曲线相交于 E 点,此时厂商的均衡产量 Q_E,满足厂商利润最大化的要求 MR=LMC=SMC。而此时的 P=AR=LAC,所以厂商的利润为零。

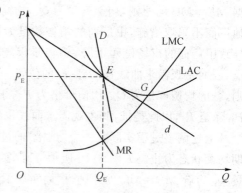

图 6-20 垄断竞争企业的长期均衡

从长期均衡的条件看,垄断竞争厂商与完全竞争厂商相同,但实际上却存在着很大不同,其差别在于:

其一,完全竞争厂商 d、AR、MR 曲线三线合一,且为水平直线。垄断竞争厂商 d、AR 重合,且向右下方倾斜,并且 MR<AR。

其二,完全竞争下长期均衡时的产量所对应的平均成本处于最低点。垄断竞争下长期均衡时的产量所对应的平均成本高于最低点。

其三,完全竞争下长期均衡时的价格低于垄断竞争下的均衡价格,且 P=MC。垄断竞争下长期均衡时的价格较高,且 P>MC。

其四,完全竞争下长期均衡的产量高于垄断竞争时的均衡产量。

五、垄断竞争厂商的供给曲线

假设价格一定,垄断竞争厂商所供给市场的产量不仅取决于其本身的价格—产量决策,而且取决于其他厂商的价格—产量决策的结果,使厂商供给具有较大的不确定性。因此在垄断竞争市场上,是不存在价格与供给量一一对应的关系的,也即不存在具有规律性的供给曲线。

第五节 寡头市场

一、寡头市场的特征

寡头市场也称寡头垄断,是指一种商品的生产和销售由少数几家大厂商所控制的市场结构。例如,中国的电信市场、石油市场是典型的寡头市场。寡头市场具有如下特征:

(1)厂商极少。市场上的厂商只有一个以上的少数几个(当厂商为两个时,称为双头垄断),每个厂商在市场中都具有举足轻重的地位,对其产品价格具有相当的影响力。

(2) 相互依存。任一厂商进行决策时,必须把竞争者的反应考虑在内,因而既不是价格的制定者,又不是价格的接受者,而是价格的寻求者。

(3) 产品同质或异质。产品没有差别,彼此依存的程度很高,称为纯粹寡头,存在于钢铁、尼龙、水泥等产业;产品有差别,彼此依存关系较低,称为差别寡头,存在于汽车、重型机械、石油产品、电气用具、香烟等产业。

(4) 进出不易。其他厂商进入相当困难,甚至极其困难。因为不仅在规模、资金、信誉、市场、原料、专利等方面,其他厂商难以与原有厂商匹敌,而且由于原有厂商相互依存,休戚相关,其他厂商不仅难以进入,也难以退出。

二、寡头市场的均衡

由于寡头间对策不确定,因此要想建立一个理想的模型解释寡头的价格与产量的决定是不可能的。实际上存在多种解释寡头行为的模型。模型的结论依赖于对寡头行为的假定。对寡头行为做出的假定不同,模型的结论也就不同。有多少关于竞争对手反应方式的假定,就有多少寡头厂商的模型,就可以得到多少不同的结果。因此,在西方经济学中,目前还没有找到一个寡头市场模型,可以对寡头市场的价格和产量的决定做出一般的理论总结。本节我们介绍几种常见的模型。

1. 古诺模型

古诺模型是法国经济学家奥古斯汀·古诺(Augustin Cournot)1838年构造的一个简单的双寡头模型。该模型的假设条件为:

(1) 两个厂商生产同样的产品并都知道市场需求。

(2) 两个厂商是同时做出决策。在做出产量决策时,各厂商必须考虑它的竞争者。它知道它的竞争者也正在决定生产多少,它能得到的价格将取决于两个厂商的总产量。

(3) 产品的生产成本为零,厂商的收益也就是其利润。

该模型的本质是厂商将它的竞争者的产量水平当作固定的,然后决定自己实现利润最大化的产量。模型的思路如下:

假设该产品市场需求为线性需求曲线:

$$P = a - bQ = a - b(Q_1 + Q_2) \tag{6.11}$$

对于厂商1来说,一旦给定厂商2的产量水平 Q_2,其利润最大化的产量水平就可以求出:

$$\pi = [a - b(Q_1 + Q_2)]Q_1 = aQ_1 - bQ_1^2 - bQ_1Q_2$$

求解利润最大化,一阶导数等于0,可得:

$$Q_1 = \frac{a}{2b} - \frac{Q_2}{2} \tag{6.12}$$

同理,可得到厂商2利润最大化的产量:

$$Q_2 = \frac{a}{2b} - \frac{Q_1}{2} \tag{6.13}$$

当 $P = 0$ 时,可求出市场最大容量为:

$$Q = \frac{a}{b} \tag{6.14}$$

联立式(6.12)、式(6.13)和式(6.14)得:$Q_1=Q_2=\frac{Q}{3}$,即两个厂商均衡时,每个厂商的供应量均为$\frac{Q}{3}$,市场总供给为$\frac{2Q}{3}$。此时,市场价格为$\frac{a}{3}$。该模型可推广到 n 寡头垄断市场。最终实现厂商均衡时,每个厂商的产量为$\frac{Q}{n+1}$,其中 Q 为完全竞争条件下的产量。下面我们以一个假定的数字例子对此加以说明。

假定行业反需求函数为已知:$P=1500-Q=1500-(Q_1+Q_2)$,且 $TC=0$;对于厂商 1,其利润等式为:$\pi=TR_1-TC_1=[1500-(Q_1+Q_2)]Q_1$,利润最大化的产量为 $Q_1=750-\frac{Q_2}{2}$;同理,厂商 2 的利润最大化的产量为 $Q_2=750-\frac{Q_1}{2}$。联立可求出 $Q_1=Q_2=500$,$P=500$。

2. 斯塔伯格模型

前面假设两个寡头是同时做出它们的产量决策的。现在我们来看一下如果两个厂商之一能先决定产量会发生什么。我们感兴趣的问题有两个,第一,先决策者是不是有利的?第二,现在各个厂商将生产多少?

仍然运用前面的例子,假设两个厂商都有边际成本,且为零,市场需求曲线由 $P=1500-Q$ 给出,假设厂商 1 先决定它的产量,然后是厂商 2 在看到厂商 1 的产量后做出它的产量决策。对于厂商 2,由于它是在厂商 1 之后作自己的产量决策,因此,它可以将厂商 1 的产量看作是固定的。因而厂商 2 的利润最大化产量由它的古诺反应曲线给出,我们可求得为:$Q_2=750-\frac{Q_1}{2}$,此时,厂商 1 的收益为 $R_1=PQ_1=1500Q_1-Q_1^2-Q_1Q_2$,将 $Q_2=750-\frac{Q_1}{2}$ 代入收益函数,并求收益最大化,得 $Q_1=750$。所以,$Q_2=375$。厂商 1 生产厂商 2 的两倍并赚去两倍于厂商 2 的利润。首先行动给予厂商 1 一种利益。

造成这一结果的理由是,先动者造成了一种既成事实——不管竞争者怎么做,其产量都是大的。为了使利润最大化,其竞争者必须将自己的产量水平作为给定的,并为自己定一个低产量水平。这一模型在由一个在推出新产品或定价方面领头的大厂商主导的有些行业环境中,具有一定的实际价值。

第六节 博 弈 论

一、博弈论的基本知识

1. 博弈的含义

所谓博弈指的是一种决策,即每一行为主体的利益不仅依赖于它自己的行动选择,而且有赖于别人的行动选择,以致它所采取的最好行动有赖于其竞争对手将选择什么行动。博弈论所研究的就是两个以上行为主体的互动决策及策略均衡。

2. 博弈的要素构成

（1）局中人。博弈中的每个决策者被称为局中人（也可称为选手和参与者），在具体的经济模型中，它们可以是厂商，也可以是厂商消费者或任何契约关系中的人，根据经济学的理性假定，局中人同样是以利益最大化为目标。

（2）支付。支付是指博弈结束时局中人得到的利益。支付有时以局中人得到的效用来表示，有时以局中人得到货币报酬来表示。局中人的利益最大化也就是指支付或报酬最大化。

（3）策略。策略也称为战略，是局中人为实现其目标而采取的一系列行动或行动计划，它规定在何种情况下采取何种行动。策略均衡，是指由各个局中人所使用的策略构成的策略组合处于一种稳定状态，在这一状态下，各个局中人都没有动机来改变自己所选择的策略。这样，各人的策略都已给定，不再发生变化，博弈的结果必将确定。从而，每一个局中人得到的支付也就确定了。每个局中人的最优决策也就可以确定了。

3. 几种主要的博弈分类

第一，合作博弈与非合作博弈。非合作博弈强调的是个人理性、个人最优策略。在非合作博弈中，局中人之间通常无法达成有约束力的协议进行合作，以获得合作收益，但结果可能有效率，也可能无效率。合作博弈分析的对象经常是一个团体，用博弈论的术语称之为"联盟"。该联盟是由参与博弈的若干局中人通过达成有约束力的协议形成的。合作博弈强调的是团体理性。

第二，零和博弈与非零博弈。所谓零和博弈，是指博弈双方的支付结果加起来为零。这意味着双方的利益在博弈中是相互冲突的。正和博弈，即双方的支付结果加起来为一个正常的数。这意味着双方的利益冲突不再那么激烈，有可能出现所谓双赢或共赢局面。至于负和博弈，如果假定局中人都是理性的，理论上没有人会参与这种博弈，尽管现实中不乏损人不利己的事。

第三，静态博弈与动态博弈。静态博弈是指参与者同时采取行动，或者尽管有先后顺序，但后行动者不知道先行动者的策略。动态博弈是指双方的行动有先后顺序并且后行动者可以知道先行动者的策略。

第四，完全信息博弈与非完全信息博弈。完全信息博弈是指每一参与者都拥有所有其他参与者的特征、策略及得益函数等方面的准确信息的博弈。非完全信息博弈，是指至少某一个局中人不完全了解另一个局中人的特征，即不知道某一参与人的真实类型，但是知道每一种类型出现的概率。

4. 占优策略均衡和纳什均衡

博弈均衡是指博弈中的所有参与者都不想改变自己的策略的这样一种状态。

占优战略均衡是指无论其他参与者采取什么策略，其参与者的唯一的最优策略就是他的占优策略。也就是说，如果某一个参与者具有占优策略，那么，无论其他参与者选择什么策略，该参与者确信自己所选择的唯一策略都是最优的。如果所有参与者选择的都是自己的占优战略，该博弈均衡又被称为占优战略均衡。即由博弈中的所有参与者的占优策略组合所构成的均衡就是占优策略均衡。

在一个均衡里,如果其他参与者不改变策略,任何一个参与者都不会改变自己的策略,则为纳什均衡。所谓纳什均衡是指这样一组策略组合:第一,在该策略组合中,每个局中人的策略都是给定其他局中人的策略情况下的最佳反应。有一个局中人的策略发生变化,原来的策略组合就不再是纳什均衡。第二,该策略具有自我实施的功能。

占优策略均衡是比纳什均衡等强的一个博弈均衡概念。占优策略均衡要求任何一个参与者对于其他参与者的任何策略选择来说,其最优策略都是唯一的。而纳什均衡只要求任何一个参与者在其他参与者的策略选择给定的条件下,其选择的策略是最优的。所以占优战略一定是纳什均衡,而纳什均衡不一定就是占优策略均衡。

二、囚徒困境

假设有两个囚徒,面对审问,他们分别可以选择坦白或不坦白。对甲来说,如果对方选择坦白,那么他也将坦白,两个人都坐 6 年的牢(因为如果他不坦白的话,等待他的将是 10 年的刑期);如果对方选择不坦白,他也会坦白,这样他会立即释放,而对方将坐 10 年的牢。因此,无论对方是否坦白,他都会选择坦白。对乙来说,情况也是一样。这里,"坦白"就是两个囚徒的占优策略。这样,博弈的结果将是(坦白,坦白),这是一个占优策略均衡。但是,这一均衡给双方带来的支付低于策略组合(不坦白,不坦白)带来的支付。这一结果被称为囚徒困境,如图 6-21 所示。

		甲	
		不坦白	坦白
乙	不坦白	-1, -1	0, -10
	坦白	-10, 0	-6, -6

图 6-21 囚徒困境

囚徒困境带给我们的启发是,个人的理性选择有时不一定是集体的理性选择。换言之,个人的理性有时将导致集体的无理性。在现实生活中有很多囚徒困境的例子,如国家间军备竞赛、厂商间的价格战、公共物品的搭便车问题等。

三、卡特尔困境

假设市场上有 A 厂商和 B 厂商两个厂商,两个厂商可以选择合作或不合作,其博弈矩阵如下:若 A、B 两个厂商均采取合作,则 A、B 两个厂商收益分别为 1 800、1 800;若 A 厂商选择合作,而 B 厂商选择不合作,则 A、B 两个厂商收益分别为 1 000、2 000;若 B 厂商选择合作,而 A 厂商选择不合作,则 A、B 两个厂商收益分别为 2 000、1 000;若两个厂商都不合作,则两厂商的收益均为 1 500,如图 6-22 所示。

		B厂商	
		合作	不合作
A厂商	合作	1 800, 1 800	1 000, 2 000
	不合作	2 000, 1 000	1 500, 1 500

图 6-22 卡特尔困境

显然,对于 A 厂商,不管 B 厂商选择合作还是不合作,其占优策略都是不合作,同样,对于 B 厂商,不管 A 厂商选择合作还是不合作,其占优策略也是不合作。实际上,两个厂商分别选择合作,能够带来最大的总收益。

当然,上面例子中的博弈是一次博弈。如果博弈重复多次,情况会有所不同。如果一方欺骗了另一方,会受到另一方的报复和"惩罚"。为了长期利益,他可能会选择合作以免受惩罚。但如果他一旦知道了博弈次数,他就很有可能在最后一次博弈中采取欺骗即不合作的战略,因为他认为反正对方再没有机会惩罚他了,但双方都这样做时,合作最终只会瓦解。

经济学家通常用博弈论的方法来研究相互依存的厂商的决策行为。寡头市场厂商数目很少,且相互依存,因此,厂商总是会意识到,如果相互之间展开竞争,势必两败俱伤,同归于尽,于是厂商之间的互相勾结就不可避免。卡特尔就是寡头厂商利用公开或正式的方式进行互相勾结的一种形式。它是一个行业的独立厂商之间通过有关价格、产量和市场划分等事项达到明确的协议而建立的垄断组织。卡特尔的主要任务,一是为各成员厂商的同质产品规定统一的价格;二是在各成员厂商之间分配总产量。以上例子就是一个卡特尔的例子,从例子可以看出,卡特尔能够成立的条件为:①惩罚机制的存在;②博弈各方均不知道博弈次数。一旦缺乏条件,卡特尔将会瓦解。

本 章 小 结

一、主要结论

(1) 市场是物品买卖双方相互作用并得以决定其交易价格和交易数量的一种组织形式或制度安排。影响市场竞争程度的具体因素主要有以下四点:①市场上厂商的数目;②厂商之间各自提供的产品的差别程度;③单个厂商对市场价格控制的程度;④厂商进入或退出一个行业的易难程度。其中,可以认为,第①个因素和第②个因素是最基本的决定因素。

(2) 完全竞争(Perfect Competition)又称纯粹竞争,完全竞争市场是指竞争充分而不受任何阻碍和干扰的一种市场结构。完全竞争市场必须具备以下条件:①市场上有大量的卖者和买者;②参与经济活动的厂商出售的产品具有同质性;③厂商可以无成本地进入或退出一个行业;④参与市场活动的经济主体具有完全信息。

(3) 厂商实现利润最大化的均衡条件为 $MR=MC$,并且在短期内,由于不能任意调整生产规模,厂商可能是盈余的,也可能是亏损的。对于完全竞争厂商、垄断厂商、垄断竞争厂商,都是如此。

(4) 完全竞争厂商的长期均衡条件为:$P=AR=MR=LAC=SAC=LMC=SMC$,厂商的经济利润为 0。垄断厂商的长期均衡条件为 $MR=LMC=SMC$,厂商在长期内有利可图。垄断竞争厂商的长期均衡条件为 $MR=LMC=SMC$,而此时的 $P=AR=LAC$,厂商的利润为零。

(5) 生产者剩余是指厂商在提供一定数量的某种产品时实际接受的总价格或总支付与愿意接受的最小总价格或总支付之间的差额。

(6) 垄断市场是指整个行业中只有唯一的一个厂商的市场组织。垄断市场的特征主要包括:第一,厂商数目唯一,一家厂商控制了某种产品的全部供给。第二,完全垄断企业是市场价格的制定者。第三,完全垄断企业的产品不存在任何相近的替代品。第四,其他任何厂商进入该行业都极为困难或不可能,要素资源难以流动。

(7)价格歧视是指同一厂商在同一时间对同一产品向不同的购买者索取两种或两种以上的价格,或者对销售给不同购买者的同一产品在成本不同时索取相同的价格。价格歧视分为三类:一级价格歧视、二级价格歧视和三级价格歧视。一级价格歧视,又称完全价格歧视,就是每一单位产品都有不同的价格,所确定的价格正好等于对产品的需求价格。二级价格歧视是指垄断厂商按不同的价格出售不同单位的产量,但是购买相同数量产品的每个人都支付相同的价格。三级价格歧视即对于同一商品,完全垄断厂商根据不同市场上的需求价格弹性不同,实施不同的价格。

(8)垄断竞争是一种介于完全竞争和完全垄断之间的市场组织形式,在这种市场中,既存在着激烈的竞争,又具有垄断的因素。这种市场具有以下特点:①厂商众多;②产品具有较小差别;③进出容易。

(9)寡头市场也称寡头垄断,是指一种商品的生产和销售由少数几家大厂商所控制的市场结构。寡头市场具有如下特征:①厂商极少;②相互依存;③产品同质或异质;④进出不易。

(10)占优战略均衡指无论其他参与者采取什么策略,其参与者的唯一的最优策略就是他的占优策略。在一个均衡里,如果其他参与者不改变策略,任何一个参与者都不会改变自己的策略,则为纳什均衡。

二、基本概念

完全竞争市场 垄断市场 垄断竞争市场 寡头市场 生产者剩余 价格歧视 一级价格歧视 二级价格歧视 三级价格歧视 博弈论 占优策略 纳什均衡

本 章 练 习

一、单选题

1.市场上厂商的数目很多,厂商之间各自提供的产品有差别,厂商对价格有一定的控制权,厂商进入或退出一个行业比较容易,以上描述的是( )市场的特征。
　　A. 完全竞争　　　　B. 垄断竞争　　　　C. 垄断　　　　D. 寡头
2.根据完全竞争市场的条件,下列( )最接近完全竞争行业。
　　A.自行车行业　　　B. 服装行业　　　　C. 玉米行业　　D. 烟草行业
3.在短期内,( )是完全竞争厂商的关闭点。
　　A. SAC 曲线与 SMC 曲线的交点　　　　B. MR 曲线与 SMC 曲线的交点
　　C. AVC 曲线与 SMC 曲线的交点　　　　D. AR 曲线与 SMC 曲线的交点
4.在短期内,( )是完全竞争厂商的收支相抵点。
　　A. SAC 曲线与 SMC 曲线的交点　　　　B. MR 曲线与 SMC 曲线的交点

C. AVC 曲线与 SMC 曲线的交点。　　D. AR 曲线与 SMC 曲线的交点

5. 在 MR＝MC 的均衡产量上，企业（　　）。

A. 必然得到最大利润

B. 必然得到最小利润

C. 若获利，则利润最大；若亏损，则亏损最小

D. 不可能亏损

6. 如果在厂商的短期均衡产量上，AR 小于 SAC，但大于 AVC，则厂商（　　）。

A. 亏损，立即停产　　　　　　　B. 亏损，但继续生产

C. 亏损，生产或不生产都可以　　D. 获得正常利润，继续生产

7. 完全竞争厂商的短期供给曲线应该是（　　）。

A. SMC 曲线上超过停止营业点的部分

B. SMC 曲线上超过收支相抵点的部分

C. SMC 曲线的上升部分

D. SMC 曲线上的停止营业点和超过停止营业点以上的部分

8. 在（　　）条件下，厂商的 AR 曲线、MR 曲线和需求曲线 d 三条线是重叠的。

A. 完全竞争　　B. 垄断竞争　　C. 垄断　　D. 寡头

9. 如果一个行业是一个成本递增行业，则（　　）。

A. 行业的长期供给曲线有一正的斜率　　B. 行业的长期供给曲线有一负的斜率

C. 生产中使用的要素供给曲线是垂直的　　D. 短期平均成本曲线不是 U 形的

10. 在成本不变的一个完全竞争行业中，长期中需求的增加会导致市场价格（　　）。

A. 提高　　　　B. 不变　　　　C. 降低　　　　D. 先增后降

11. 一个市场只有一个厂商，这样的市场结构称为（　　）。

A. 垄断竞争　　B. 完全竞争　　C. 寡头垄断　　D. 完全垄断

12. 垄断厂商面临的需求曲线是（　　）。

A. 向右下方倾斜的　B. 向右上方倾斜的　C. 垂直的　　D. 水平的

13. 在完全垄断市场上，厂商的边际收益与平均收益之间的关系是（　　）。

A. 边际收益小于平均收益　　　　B. 边际收益大于平均收益

C. 边际收益等于平均收益　　　　D. 边际收益曲线交于平均收益曲线的最低点

14. 完全垄断厂商在长期时的均衡条件是（　　）。

A. MR＝MC　　　　　　　　　　B. MR＝SMC＝LMC

C. MR＝SMC＝LMC＝SAC　　　　D. MR＝SMC＝LMC＝SAC＝LAC

15. 垄断企业采取价格歧视时，（　　）。

A. 对不同商品向不同消费者收取不同的价格

B. 对不同商品向不同消费者收取相同的价格

C. 对同一种商品向不同消费者收取不同的价格

D. 对同一种商品向不同消费者收取相同价格

16. 在垄断市场上，价格（　　）。

A. 可由企业任意决定　　　　　　B. 一旦确定就不能变动

C. 受市场需求状况的限制　　　　D. 由消费者决定

17. 最需要进行广告宣传的市场是（　　）。
A. 完全竞争市场　　B. 完全垄断市场　　C. 垄断竞争市场　　D. 寡头垄断市场

18. 寡头垄断的一个显著特征是（　　）。
A. 企业之间互相依存　　　　　　　B. 有一条非弹性的需求曲线
C. 不存在市场进入障碍　　　　　　D. 以上都是

19. 用博弈论的方法分析寡头行为的结果说明了（　　）。
A. 每个寡头在做出决策时，都不考虑其竞争对手的反应
B. 每个寡头都能得到最好的结果
C. 每个寡头为了避免最差的结果，将可能得不到最好的结果
D. 一家寡头做出的决策不会对其他寡头产生影响

二、判断题

1. 在完全竞争条件下，每一销量水平上的边际收益值就是相应的总收益曲线的斜率。（　　）
2. 完全竞争厂商在任何商品销售量水平上都有 $AR=MR=P$。（　　）
3. 在任何情况下，只要厂商实现了 $MR=MC$，厂商就一定能获得利润。（　　）
4. 完全竞争厂商的短期供给曲线必定是向右上方倾斜的。（　　）
5. 如果企业没有经济利润，就不应当生产。（　　）
6. 当市场价格等于短期平均可变成本的最低点时，厂商才能获得完全的正常利润。（　　）
7. 完全竞争厂商与垄断厂商的基本差别是后者可以影响产品的价格。（　　）
8. 自然垄断产生的原因之一是规模经济。（　　）
9. 垄断总可以获得经济利润。（　　）
10. 在垄断市场上，边际收益大于平均收益。（　　）
11. 当一个厂商对同一种物品向一个消费者集团收取的价格高于另一个消费者集团，或者实行"数量折扣"（即大量购买收取低价格）时，就存在价格歧视。（　　）
12. 如果垄断者实行完全的价格歧视，它就可以获得所有消费者剩余。（　　）
13. 在垄断竞争市场上，企业的成功取决于产品差别竞争。（　　）
14. 垄断竞争市场的短期均衡条件与垄断市场是一样的。（　　）
15. 由于寡头之间可以进行勾结，所以，它们之间并不存在竞争。（　　）

三、计算题

1. 已知某完全竞争的成本递增行业的长期供给函数 $LS=5\,500+300P$。试求：
(1) 当市场需求函数 $D=8\,000-200P$ 时，市场的长期均衡价格和均衡产量。
(2) 当市场需求增加，市场需求函数为 $D=10\,000-200P$ 时，市场的长期均衡价格和均衡产量。
(3) 比较(1)、(2)，说明市场需求变动对成本递增行业的长期均衡价格和均衡产量的影响。

2. 已知某完全竞争市场的需求函数为 $D=6\,000-350P$，短期市场供给函数为 $SS=3\,000+150P$；单个企业在 LAC 曲线最低处的价格为 6，产量为 50；单个企业的成本规模不变。

(1) 求市场的短期均衡价格和均衡产量。

(2) 判断(1)中的市场是否同时处于长期均衡,并求行业内的厂商数量。

(3) 如果市场的需求函数变为 $D=8\,000-400P$,短期供给函数为 $SS=4\,700+150P$,求市场的短期均衡价格和均衡产量。

(4) 判断(3)中的市场是否同时处于长期均衡,并求行业内的厂商数量。

(5) 判断该行业属于什么类型。

3. 一个完全竞争厂商每天利润最大化的收益为 5 000 美元。此时厂商的平均成本为 8 美元,边际成本是 10 美元,平均变动成本是 5 美元。试求该厂商每天的产量和固定成本各是多少?

4. 假定某完全竞争的行业中有 500 家完全相同的厂商,每个厂商的成本函数为 $STC=0.5Q^2+Q+10$,试求:

(1) 市场的供给函数。

(2) 假定市场需求函数为 $Q=4\,000-400P$,求市场均衡价格。

5. 设垄断者的产品反需求曲线为 $P=16-Q$,P 以美元计,求:

(1) 垄断者出售 8 单位产品的总收益为多少?

(2) 如果垄断者实行一级价格歧视,垄断者的收益为多少?他攫取的消费者剩余为多少?

(3) 如果垄断者实行二级价格歧视,对前 4 个单位的商品定价为 12 美元,对后 4 个单位的商品定价为 8 美元。垄断者攫取的消费者剩余为多少?

6. 设卖方垄断面临的需求函数和成本函数分别为 $P=100-3Q+4A$ 和 $TC=4Q^2+10Q+A$,其中,A 是厂商的广告支出费用,求利润最大时的 A、Q 和 P。

7. 假设某完全竞争厂商生产的边际成本函数为 $MC=0.4Q-12$,总收益函数为 $TR=20Q$,且已知生产 10 件产品时总成本为 100 元,试求生产多少件产品时利润极大,其利润为多少?

四、简答题

1. 某一彩电制造商认为他所在的行业是完全竞争行业,他觉得与其他彩电制造商之间存在激烈的竞争,其他彩电制造商一旦大做广告,采取降价措施或提高服务质量时,他也及时做出反应。请你根据所学的有关完全竞争知识判断彩电制造商所在的行业是完全竞争行业吗?为什么,请说出你的理由。

2. 为什么完全竞争市场中的厂商不愿为产品做广告而花费任何金钱?

3. 为什么厂商在短期亏损时仍然生产?在什么情况下不再生产?

4. 为什么只有垄断厂商才能实行价格歧视?垄断者在分割的市场上的销售量和价格与市场的需求弹性有什么关系?

第七章
生产要素市场理论

 学习目标

掌握生产要素的内容以及生产要素之间的内在联系。
掌握劳动供给曲线为何向后弯曲,掌握洛伦兹曲线和基尼系数的含义。

重点、难点

重点:土地、资本、劳动力及企业家才能在社会中的资源分配。
难点:劳动供给曲线向后弯曲的原因。

 引例

华为荣获"年度最佳机场移动网络奖"

华为宣布,其室内MBB数字化解决方案,于中国上海举办的第六届机场建设发展国际峰会上,荣获"年度最佳机场移动网络奖"。该奖项旨在表彰全球ICT供应商在应用小蜂窝打造智慧机场、提升机场网络体验和运营效率所做出的成就与突出贡献。

TripAdvisor发布的最新TripBarometer调查报告显示,全球87%的旅客会在旅行中使用他们的移动设备,不断扩大的旅行市场将进一步刺激数据流量的使用。为给机场旅客带来更好的移动宽带体验和更多的智能服务,基于华为小蜂窝的室内MBB数字化解决方案应运而生。该方案由大容量数字化室内覆盖系统LampSite以及数字化增值业务能力开放平台Service Anchor组成。从诞生至今,华为室内MBB数字化解决方案已经广泛应用于海内外各大机场,服务亿万旅客,截至目前已经在中国首都机场、重庆机场、无锡机场、海口机场、贵阳机场、印尼雅加达机场等获得成功商用。其中,在北京机场的实际部署中使用了超过2200个pRRU,短短三个月就实现了出发大厅、到达大厅、行李领取大厅、VIP休息区、机场办公区域甚至停车场和地下室等区域的全面覆盖。与传统的DAS(分布式天线系统)方案相比,LampSite的实际部署时间减少了50%以上。部署后的测试数据显示,终端用户可以体验到的峰值下行速率为140 Mbit/s,均值下行速率为115 Mbit/s。华为无线网络营销运作总裁邱恒在颁奖典礼上表示:"华为将通过创新的室内MBB数字化解决方案,更好地提升机场等大型交通枢纽的室内移动宽带体验;同时通过网络能力开放使能数字化增值业务,与垂直行业的众多伙伴一起,实现合作共赢。"

第七章 生产要素市场理论

> 截至目前，华为小蜂窝已经在全球超过180家运营商实现规模商用，根据知名分析师公司Dell'Oro最新报告，华为小蜂窝市场份额持续排名行业第一；小蜂窝整体解决方案竞争力获评权威分析师机构Gartner魔力象限报告领导者第一称号。华为小蜂窝曾多次斩获LTE峰会"最佳异构网络创新奖"(Best Innovation in Heterogeneous Networks)，并在2015年荣获业界最高奖项——世界移动通信大会"最佳移动基础设施奖"(Best Mobile Infrastructure Award)。

首先我们需要掌握的是，要素市场的构成包括四个方面，分别是：
- 劳动力；
- 资本；
- 土地（包括自然资源）；
- 企业家才能。

劳动力、资本和土地的服务在要素市场上进行交易，并由要素市场决定其价格。而企业家才能并不在市场上进行交易，企业家做出决策，并获得这些决策所带来的利润或者承担其所带来的损失。

1. 劳动力服务市场

劳动力是指人们为生产产品和服务所提供的体力劳动投入和脑力劳动投入，而劳动力市场是由进行劳动力服务交易的人们和企业所构成的整体。有些劳动力服务是逐日交易的，称为临时劳动力。比如采摘季节性水果或蔬菜的劳动者，只是在某天出现在某个农场，做一些当天可以做的活计。但是大多数劳动力服务是根据合同进行交易的，这种合同被称为工作岗位。劳动力服务的价格是工资率。

2. 资本服务市场

资本由工具、仪器、机械、厂房，以及其他过去生产的、现在被企业用来生产产品和服务的建筑物所组成。这些物品本身就是商品即资本商品，它们在产品市场上进行交易，如同瓶装水和牙膏一样。

其中一种关于资本服务的市场是租赁市场，即在该市场上资本服务是被租用的。汽车租赁市场就是资本服务市场的一个例子，在这个市场上，阿维斯（Avis）、巴基特（Budget）、赫兹（Hertz）、友好（U-Haul）和其他许多公司都在提供汽车和卡车出租，资本服务的价格就是某一租金率。

大多数资本服务并不在市场上进行交易，相反，是企业购买资本设备并供自己使用。但是，企业所有和自己使用的资本服务具有由折旧与利息成本所导致的隐含价格，我们可以把这种价格当作资本的隐含租金率。

3. 土地服务和自然资源市场

土地由所有自然禀赋——自然资源所组成，作为生产要素的土地市场，是一种关于使用土地的"土地服务市场"，土地服务价格就是租金率。

大多数自然资源，如农地、林地可以被重复利率，但某些少部分自然资源是不可再生的。

不可再生自然资源是指只能利用一次,且一旦利用后就无法被替代的资源。例如,石油、天然气和煤炭。自然资源的价格由全球大宗商品市场决定,其价格称为大宗商品价格。

4. 企业家才能

企业家才能与利润厂商有了劳动、资本和土地等生产要素之后,还必须有人的组织和管理,将这些生产要素有机结合,高效运转,才能充分发挥生产效率,实现利润最大化的目标。

企业家才能企业是市场经济发展的细胞和基础,企业家是企业发展的主导和灵魂。一个企业能否取得好的效益,首先取决于人,尤其是企业家。在市场经济的今天,企业家是经济增长和发展的发动机,企业家又是建立现代企业制度的倡导者、推行者和执行者。企业家才能作为现代重要的生产要素,在市场经济环境下流动,通过获得分红、工资、股票等形式获得报酬。

第一节 劳动需求曲线

劳动需求曲线(MRP)是表达劳动需求与工资率之间函数关系的曲线。它一般在以工资率(W——wage)为纵坐标、以劳动需求量(L——labor)为横坐标的平面坐标上绘制。厂商劳动需求在利润最大化假定下是以劳动边际收入产品(简称 MRP)与劳动边际因素成本(简称 MFC)相等为原则决定的,所以劳动需求曲线与 MRP 曲线和 MFC 曲线的变动有关,现区分不同市场条件分述如下:

(1) 劳动市场无买方垄断,产品市场是完全竞争市场情况下,厂商短期内的劳动需求曲线就是 MRP 线(如图 7-1 中的 dd' 线),因为此时可变投入只有劳动要素,无论工资率怎么变动,MRP 与 MFC 的交点都在 MRP 上。

(2) 劳动市场无买方垄断,产品市场是完全竞争市场情况下,厂商长期劳动需求曲线不是 MRP 线,因为此时所有投入都可变,工资率的变化会引起资源配置的改变,使 MRP 线发生位移,如图 7-2 所示,由工资率为 W_1 时的 MRP 线移为工资率为 W_2 时的 MRP_2 线。劳动需求量也由 L_1 变为 L_2,所以此时的劳动需求曲线是通过 A、B 两点的 dd' 线。

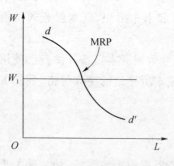

图 7-1 劳动需求曲线

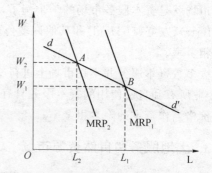

图 7-2 劳动需求曲线与劳动边际因素成本线

(3) 劳动市场无买方垄断,产品市场是垄断竞争市场时,厂商劳动需求曲线与完全竞争市场条件下厂商劳动需求曲线的不同之处在 MRP,不是劳动边际生产率与产品价格的乘积,而是劳动边际生产率与递减的产品边际收益的乘积,因而其 MRP 线在其他条件相同的完全竞争市场条件下的 MRP 线的左下方,其劳动需求曲线因此也在完全竞争市场条件下的劳动需求曲线的左下方。

(4) 劳动市场有买方垄断市场情况下的劳动需求曲线与劳动市场无买方垄断市场情况下的劳动需求曲线的区别在于,无买方垄断时 MFC 等于工资率,有买方垄断时,MFC 等于比工资率大的劳动成本增量,因而在同一工资率下,有买方垄断时厂商对劳动的需求小于无买方垄断时厂商对劳动的需求。据此,也应该在无买方垄断时的劳动需求曲线的左下方。

第二节 劳动供给曲线

劳动的供给取决于多种因素,比如人口总量的大小及劳动人口比重的高低、劳动生产率的高低等;从微观上看,则主要取决于劳动者在工作和闲暇之间的选择,正是后者决定了劳动的供给有着自己特殊的规律,劳动供给曲线有着自己特殊的形状。

1. 替代效应和收入效应

劳动的供给曲线反映了工资率与劳动时间之间的变动关系,那么我们需要考察当工资率变动后,劳动的工作时间将有怎样的变化。当劳动的工资率变化后,可以产生两种效应:替代效应和收入效应。

替代效应是指,当其他条件不变,工资率越高,人们就越倾向于增加工作时间,减少闲暇时间。例如,人们要用一些时间洗衣服和打扫家里卫生,假定从事这种活动产生的收益为每小时 20 元,那么,当人们可以得到的每小时工资率高于 20 元时,他们就会认为多工作 1 小时,然后花 20 元去市场上购买这些服务是值得的。所以,工资率的提高使时间由闲暇转向工作。

收入效应是指,工资率越高,人们的收入就越多。在其他条件不变的情况下,当收入上升时,人们对大多数物品的需求会上升。作为非市场活动重要部分的闲暇就是这些物品中的一种,由于收入的上升,增加了人们对闲暇的人们会把更多时间用于非市场活动,对劳动的供给量会减少。

由此可见,工资提高带来的替代效应与收入效应是相反的,前者鼓励多工作,而后者鼓励少工作,工资的提高有可能使劳动者增加劳动供给,也可能正好相反,最终将结果取决于两者的相对大小。

2. 劳动的供给曲线

在替代效应和收入效应共同作用下,劳动的供给曲线是向后弯曲的曲线,如图 7-3 所示。当工资率较低时,替代效应大于收入效应,所以劳动供给会随着工资率的提高而增加(如图 7-3 中,A 点在劳动供给曲线 S 上移动到 B 点)。当工资率继续提高,劳动者的收入水平增加到一定程度(B 点移动到 C 点),替代效应和收入效应相互抵消(C 点)。之后,如果工资率继续提高,收入效应会大于替代效应,导致劳动供给减少(C 点移动到 D 点)。因此,劳动者的劳动供给曲线不是向右上方倾斜,而是达到某一点后开始向后弯曲。

3. 劳动的市场供给曲线

如图 7-4 所示,将所有单个消费者的劳动供给曲线水平相加,即得到整个市场的劳动供给曲线。与个人的劳动供给曲线一样,劳动市场供给曲线的后端也是向后弯曲的。但不同的是,劳动市场供给曲线有一个较长的向右上方上升的过程。原因在于,随着工资上升,越来越多的原来不愿意工作的人加入了劳动大军,因而劳动市场供给曲线的主体是向上倾斜的。此外,从整个社会来看,在一定阶段,较高的工资带来的收入效应超过替代效应,从而使劳动供给反向变动的情况也很少出现,因为低收入阶层总是在社会总人口中占较大比重,他们的收入效应一般不大可能会超过替代效应。因此,在一般情况下,劳动的市场供给曲线为一条向上倾斜的曲线。

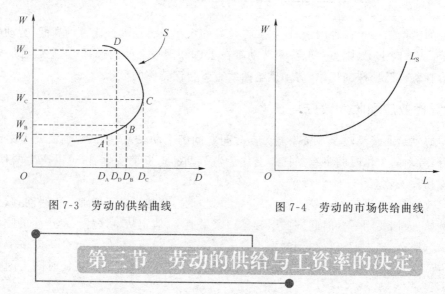

图 7-3 劳动的供给曲线　　　　图 7-4 劳动的市场供给曲线

第三节　劳动的供给与工资率的决定

1. 劳动和闲暇

劳动供给是指人们愿意在有收益的活动中工作的小时数,它涉及劳动者对其拥有的既定时间资源的分配。我们把劳动者用于劳动以换取收入的时间称为劳动时间,把用于劳动以外的时间称为闲暇时间(闲暇不一定意味着游手好闲的时间,它可以表示用于家庭、业余爱好、运动等事情上的时间)。

对劳动者而言,每天能用于支配的时间是有限的,因为每天只有 24 小时,假定劳动者每天维持基本生存活动(睡觉)所必需的时间为 8 小时,那么其可以自由支配的时间资源为每天 16 小时。如何支配这 16 小时呢?劳动者将选择一部分时间用来劳动以获取劳动收入,他们可以用这部分收入进行消费;同时他们选择其余的时间作为闲暇时间用于享受,如与朋友聊天、看电影、阅读、锻炼等。在现实生活中,闲暇时间也可用于非市场活动的"劳动",如做家务、带孩子,为简单起见,这里不考虑这种情况。若用 H 表示闲暇,则 $16-H$ 就代表消费者的劳动供给量。因此,劳动供给问题就可以看成是消费者如何决定其可支配的时间资源(16小时)中闲暇时间所占的比例,或者说,如何决定其全部资源在闲暇和劳动供给两种用途上的分配。

消费者选择一部分时间作为闲暇来享受,直接增加了效用;选择其余时间作为劳动供给则可以带来收入,通过收入用于消费再增加消费者的效用。因此,就实质而言,消费者与其说是在闲暇和劳动之间进行选择,倒不如说是在闲暇和劳动收入之间进行选择。值得注意的是,收入和闲暇之间存在替换现象。一个人花在享受休闲娱乐活动(与朋友聊天、看电影、阅读、锻炼等)上的时间越多,那么用在工作和赚取收入上的时间就越少。决定这种替换的本质就是工资率。例如,如果有人通过工作每小时可以赚取 10 美元,那么每个小时的闲暇时间就要以他失去的 10 美元作为其代价。在某种意义上,10 美元就是 1 小时闲暇时间的价格,因为这 10 美元是他为了享受闲暇而必须放弃的。显然,不同的人有着不同的工资率(如医生、律师的工资高于建筑工人),那么他们就面临着不同的收入与闲暇的替换。与那些每小时赚取 10 美元的人相比,每小时能赚取 100 美元的人的 1 小时闲暇将会更加"昂贵"。

2. 时间分配预算线与无差异曲线

前面我们讲过,消费者所面对的问题是在有限的收入与给定的商品价格的约束条件下选择商品消费组合以实现个人效用的最大化。对于劳动市场中的劳动个体而言,劳动工人同样需要在一系列约束下实现效用最大化,只是在劳动市场,个人所要选择的是收入与闲暇之间的最佳组合,而非不同产品之间的最佳组合。因此,与消费者效用最大化的问题一样,关于劳动要素的效用最大化问题也可以用预算线与无差异曲线的分析工具来进行说明。

那么,劳动市场中的个人所面临的约束是什么呢?就是时间分配预算线。这是一条说明个人在所消费的闲暇和收入之间替代关系的预算线,如图 7-5 所示,横轴 H 代表闲暇时间,纵轴 Y 代表劳动收入。假定劳动者初始时拥有既定资源 16 小时,如果该劳动者不工作,他每天会有 16 小时的闲暇但赚不到任何钱,用 M 点表示;如果他把全部闲暇时间用于劳动,则他所得到的劳动收入为 $Y=16W_0$(W_0 为工资率),对应于图中的 N 点,连接 M、N 的直线就为劳动者的时间分配预算线。

图 7-5 中直线 MN 上的每一点均代表一个收入 Y 和闲暇时间 H 的组合。U_0、U_1、U_2 一组无差异曲线,表示给消费者带来同等效用水平的劳动收入和闲暇时间的不同数量组合。显然,E 点(H^*,Y^*)便是消费者选择闲暇和劳动收入的均衡点。

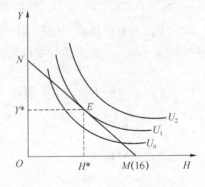

图 7-5 预算线与无差异曲线

第四节 土地的供给与地租率的决定

土地是自然资源的存量,任何个人的决策都无法改变土地的供给总量。个别居民户可以改变自己拥有的土地量,但一个居民户所得到的土地量总是另一个居民户所出卖的。无论任何一个居民户做出什么决策,在任何一个地方,任何类型的土地供给总量是固定的。这个事实意味着,每一块土地的供给量都是无弹性的,如图7-6所示。

在图7-6中,横轴代表土地数量,纵轴代表使用土地的价格,即地租。土地的供给曲线S为一条垂线,这表示无论价值怎么变化,土地个供给量都是固定不变的。

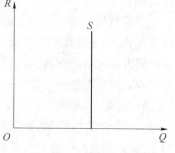

图7-6 土地供给曲线

昂贵的土地可以比便宜的土地得到更密集的使用。例如,高层建筑可以使土地得到更密集的使用。但是,要更密集地使用土地,就必须与另一种生产要素与资本的相结合。但一块土地上日益增加的资本量并不会改变土地的供给。

尽管每种类型的土地供给是固定的、无弹性的,但就单个企业和个人来讲,土地的供给又是接近于无限的,也就是说,只要他肯支付略高于市场价格的代价,就可能得到他所需要的任何数量的土地。当然,他的需要量对整个社会来讲是极其有限的,折旧相当于整个社会向他供给的土地的数量是无限的。如果土地市场是高度竞争的,企业就和在其他生产要素市场上一样,只是价格的接受者。

土地作为一种重要的生产要素,其所有权是可以转让的,即在土地市场上进行买卖;其使用权也可以在一定时间内转让,即在土地市场上进行出租。因此,土地有两个性质不同的交易价格:一是土地的买卖价格,即土地所有权的交易价格;二是土地的出租价格,即土地的使用权的交易价格——地租。我们这里讨论的土地供给和土地价格仅限于后者。

一、单个土地所有者的土地供给曲线

单个土地所有者供给土地的目的是效用最大化。他的土地供给其实是两种选择:土地出租与自用土地。其效用函数可以写为:

$$U=U(Y,q)$$

Y,q分别为土地出租收入和自用土地数量。一般来说。土地自用只占土地总量很微小的部分,可以忽略不计。化为:

$$U=U(Y)$$

在土地效用只取决于土地收入这种情况下,为了获得最大效用,就必须使土地收入达到最大化,也就是要全部出租。由于土地所有者拥有的土地数量有限,例如为Q_0,故无论土地价格R为多少。他将供给的土地最多只为Q_0,因此,单个土地所有者的土地供给曲线将在Q_0的位置垂直,如图7-7所示。

我们之所以得出土地的供给曲线是垂直的,是因为我们假定了土地只有一种用途即出租用于生产,而没有自用用途。如果我们假定土地的用途是多样的,比如土地既可以用于出租生产,也可以用

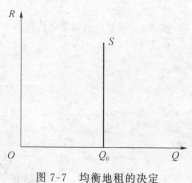

图7-7 均衡地租的决定

于建筑住房,那么用于农业生产的土地供给和建筑住房的土地供给就是可变的。假定土地只有一种用途即出租用于生产,那么土地的供给曲线就是一条垂直的直线。事实上,这个结论适用于任何一种生产要素。因此,我们可以做出一般性的陈述:任意一种资源,如果只能(或假定只能)用于某种用途,则该资源对该种用途的供给曲线就一定是垂直的。借用机会成本的概念则可以这样说:任意一种资源,如果它在某种用途上的机会成本等于零,则它对该种用途的供给曲线就是垂直的。

二、使用土地的价格和地租的决定

将单个土地所有者的土地供给曲线水平相加,即得到整个市场的土地供给曲线。将向右下方倾斜的土地的市场需求曲线与土地供给曲线相结合起来,即可决定土地的均衡价格。这一均衡价格常常被称为"地租",如图7-8所示。在完全竞争的经济中,土地的市场供给曲线S是垂直的,土地的市场需求曲线D是向右下方倾斜的,因此,均衡地租的决定曲线和市场需求曲线的交点E是土地供求实现均衡的均衡点,在E点的地租为R_E,当土地供给曲线垂直时,地租完全由土地的需求曲线决定,而与土地的供给曲线无关。地租随着对土地需求的变化而变化。

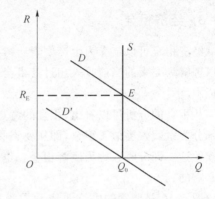

图7-8 均衡地租

从图7-8可以看出,在土地的供给不变的情况下,如果需求不断下降,即需求曲线下移。需求曲线下降到一定程度的时候,均衡的地租水平将变为0。随着土地的需求不断上升。地租也会不断地提高。所以说,产生地租的根本原因在于土地是稀缺的,供给不能增加,而需求不断上升。如果土地的供给不变,则地租的产生纯粹是由于土地需求的不断提高。

三、租金、准租金和经济租金

根据地租的概念,西方学者又对它从几个方向进一步拓展。

1. 租金

租金是指供给数量同样固定不变的一般资源的服务价格。如前文所述,土地的供给曲线是固定不变的,由于需求的增加。土地所有者可以得到的收入称为地租。我们看到,地租提高,土地的供给量也不会提高;地租降低,土地的供给量也不会减少。在经济中还存在着其他的一些要素,比如某些人的天赋才能。它们的供给数量也是不变的。不受价格涨落的影响。这些要素所得到的价格,我们统称为租金。可以看出,土地是一种特有的资源,所以地租只是租金的一个特例,是租金的一种,而租金是一般化的地租。

2. 准租金

准租金是指对任何供给量暂时固定的(短期内相对固定)生产要素的支付,即固定生产要素的收益。除土地外,任何一种在短期内供给量相对固定的生产要素的使用都须支付一定的价格。在现实中,有些要素在短期内是不变的,在长期可变,这类要素所获得的收入,就是准租金。比如厂商投资建设的厂房、机器等物品,在短期内即使厂商不能盈利,也无法把它们从现有的用途中转移到收益较高的领域;反过来,即使厂商盈利很多,它也无法迅速增加这些物品的供给。因此,这些资本品在短期内供给是不变的,但在长期内却是可以改变的。

图 7-9 是准租金的一个示意图,该图表示了一个完全竞争厂商的短期决策情况。在价格为 P_0 时,按照厂商利润最大化的原则 $MR=MC$,厂商的均衡点为 C,均衡产量为 Q_0,因此厂商的总收益为 OP_0CQ_0 的面积。由于 $OGBQ_0$ 可以看作是对可变要素支付的成本,因而固定要素的总收益就可以表示为 P_0CBG 的面积,如图 7-9 中的阴影部分所示。

这一部分的收入就是固定要素所获的准租金。可以看出,准租金等于不变成本与经济利润之和。如果准租金大于不变成本,表示厂商盈利,利润为准租金减去不变成本的差;如果准租金小于不变成本,表示厂商亏损,亏损额也等于准租金与不变成本的差。

3. 经济租金

经济租金可以定义为生产要素所得到的收入超过其在其他场所可能得到的收入部分。可以理解为要素的当前收入超过其机会成本的部分,简言之,经济租金等于要素收入减去机会成本。

从租金的分析可以看出,租金的特点在于要素价格的变化不会影响到租金的供给。有一部分要素收入类似于租金,即从要素收入中减去该部分并不会影响要素的供给。我们把要素的这一部分收入称为经济租金。也就是说,经济租金并不是吸引该要素用于当前使用所必需的。

图 7-10 是要素的供给曲线和需求曲线,均衡时,要素的价格是 R_0,要素的使用量是 Q_0。供给曲线告诉我们要素所有者提供要素所要求的最低价格或者说是要素所有者在某一价格下愿意提供的要素的数量,所以要素所有者为提供 Q_0 的要素所能够接受的最低总价格相当于 $OAEQ_0$ 的面积,也就是供给曲线以下、均衡供给 Q_0 左面的区域。

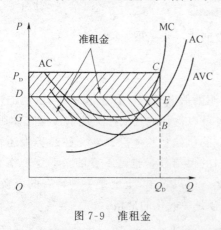

图 7-9 准租金

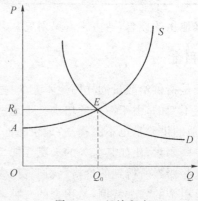

图 7-10 经济租金

要素所有者所获得的总收益相当于 OR_0EQ_0 的面积,因此图 7-10 中供给曲线以上价格线以下部分,即图中 AR_0E 的面积就是要素所有者所得到的收益超过其提供要素所要求的最低收入的部分,即经济租金。

从图 7-10 可以看出,如果需求增加,即需求曲线向右移动,要素的价格会提高,从而经济租金会提高。在需求不变的条件下,如果要素供给具有完全弹性,即供给曲线水平,经济租金为 0;当要素的供给弹性降低,即供给曲线变陡,经济租金就会增大;当要素的供给完全无弹性,即曲线变得垂直时,所有向生产要素的支付金额都是经济租金,因为这时无论要素价格多高或者多低,要素的供给都不变,这时经济租金变得最大,这时的经济租金就是租金。可以看出租金只是经济租金的一个特例。

知识链接

一位技艺高超的厨师能获得多少经济租金?

某个地区拥有 100 家餐馆,其中 99 家聘用的是技艺平平、年薪为 3 万美元的厨师(与他们在对其具有同等吸引力的其他行业所能获得的年薪相同)。剩下的第 100 家餐馆聘用的是一位技艺高超的厨师。因为他的声誉,用餐者愿意多支付 50%(与愿意为普通厨师烹调的食物所支付的价格相比)。99 家聘用普通厨师的餐馆拥有相同的年收入,均等于 30 万美元,确保每家恰好能获得正常利润。如果那位技艺高超的厨师在餐饮行业以外的就业选择与普通厨师相同,那么市场均衡时其雇主应当支付给他多少报酬?经济租金是多少?其雇主获得的经济利润是多少?

因为用餐者自愿为技艺高超的厨师烹制食物多支付 50%,所以其雇主将获得 45 万美元的年收入,而非 30 万美元。长期内,竞争者将使技艺高超的厨师每年获得 18 万美元的总收入,普通厨师所能获得的 3 万美元没有加上其作为技艺高超的厨师所带来的 15 万美元的额外收入。由于技艺高超的厨师所持的保留价格等于他在餐饮行业之外所能获得的收入,根据假设,3 万美元/年,与普通厨师相同,因此,他的经济租金为 15 万美元/年,其雇主获得的经济利润将等于零。

第五节 资本的供给与利息的决定

前面分别讨论了劳动和土地两种生产要素,现在考虑第三种生产要素——资本。由于资本这个词在不同的场合因为不同的需要有不同的解释,所以我们的分析从资本的含义开始。

一、资本与利息

关于资本的概念,其含义是广泛的。从生产角度看,资本指的是"资本物",即在生产过程中所必须使用的各种物品,如厂房、设备、机器等。但是,这些资本种类繁多,难以用统一的单位进行计算。因此,一般讲"资本的价格"时,资本指的是货币资本,即用于购买或支配各种资本物的货币资本。

利息从狭义上讲是借贷资本的价格,是债权人贷出货币资本从债务人手中获取的报酬。

利息的数量一般以利率来表示。利率是指单位时间内单位货币资本所获得的利息额,它通常有年利率、月利率、日利率等表示方法。利率的高低同样取决于借贷资本的供求状况。

货币资本的需求者与供给者范围很广,如厂商、家庭、政府等,它们既是货币资本的需求者,也是货币资本的供给者。在这里,我们假设货币资本的需求者只有厂商,厂商需要资本进行投资,以获得利润最大化,而货币资本的供给者只有家庭,家庭储蓄资金是为了获得利息,以取得更高的消费水平。

二、个人储蓄决策与资本的供给

1. 个人储蓄决策

资本的供给,就是整个社会在各个不同的利率水平下不愿意提供的资本数量。

资本的供给主要来自于人们的储蓄,影响资本供给的因素主要是:

(1) 人们的收入。在其他条件不变的情况下,收入越高,储蓄越多。

(2) 人们对未来收入的预期。预期未来收入越高,人们的储蓄意愿会越低。

(3) 利率水平。利率越高,当前消费的机会成本会越高,所以消费者会减少当前消费,增加储蓄。

资本的供给曲线表示在其他条件不变时资本的供给量与利率的关系。显然,利息率越高,人们的储蓄会越多,从而资本的供给量越多,所以资本的供给与利息率同方向变化。如图 7-11 所示,横坐标 K 代表资本数量,纵坐标 R 代表利率,资本的供给曲线是一条向右上方倾斜的曲线 S。

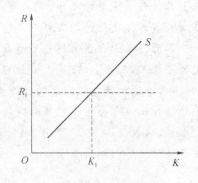

图 7-11 资本供给曲线

2. 资本市场的供给

当资本市场的利率变动后,对消费者的跨期消费决策来说,也会产生两种效应:替代效应与收入效应。

替代效应指的是,利率越高,对牺牲当前消费的补偿就越大,消费者就越愿意减少当前的消费,增加储蓄以获得未来更多的消费。收入效应指的是,利率越高,消费者就越有可能在维持未来消费水平下增加现有的消费,从而储蓄减少。因此,利率的提高带来的替代效应与收入效应是相反的。这种情况与劳动者工资的提高所带来的变化类似,利率的提高有可能会使消费者增加当前的储蓄,也有可能减少当前的储蓄,最终的结果取决于利率水平的高低及消费者当前收入的大小与未来收入的预期。

3. 资本市场的均衡

资本市场的均衡取决于资本的需求与供给。资本需求的主体是厂商,资本供给的主体是家庭或消费者。将以厂商为主体的需求曲线与以家庭为主体的供给曲线放在一起考察,便可得出市场均衡利率的决定,其原理与根据产品市场供给曲线与需求曲线求出产品的均衡价格一样。资本的需求曲线与供给曲线的交点便是均衡点。该点对应的利息率,便是均衡利息率,这时资本的需求量与供给量相等,当其他条件改变从而使资本的供给曲线或需求曲线改变时,均衡利息率也会发生改变,其原理与均衡价格理论相同。

均衡利息率也称纯利息率,指的是资本市场需求与供给一致时的利息率。它是一种有别于实际资本市场各种利息率的一种抽象的概念。

实际资本市场中的利息率是多种多样的,有长期利率与短期利率,有存款利率与贷款利率,有名义利率与实际利率,等等。市场各种利率的确定还要取决于其他一些因素,如借贷的风险程度、借贷的期限及政府的管制等。纯利率是从中抽象出来的概念,单一的均衡利率,是市场各种利率决定的基础。

第六节 洛伦兹曲线和基尼系数

在不同的历史时期和不同的社会中,收入分配的不平等程度是存在差异的。经济学家常用洛伦兹曲线(M. O. Lorenz)和基尼系数来测量收入分配的不平等程度。

一、洛伦兹曲线

洛伦兹曲线(Lorenz Curve),也译为劳伦兹曲线,是由美国统计学家 M. O. 洛伦兹于 1905 年提出来的。所谓洛伦兹曲线,是指在一个总体(国家、地区)内,以"最贫穷的人口计算起一直到最富有人口"的人口百分比对应各个人口百分比的收入百分比的点组成的曲线。该曲线旨在用以比较和分析一个国家在不同时代,或者不同国家在同一时代的收入和财富的平等情况。

具体做法是,首先按照经济中人们的收入由低到高的顺序排队,然后统计经济中收入最低的 10% 人群的总收入在整个经济的总收入中所占的比例,再统计经济中收入最低的 20% 的人群的总收入在整个经济的总收入中所占的比例,以此类推。注意,这里的人口百分比和收入百分比在统计时都是累积百分比。将得到的人口累积百分比和收入累积百分比的统计数据体现在图 7-12 中,可以得到一系列的点,将这些点用平滑的曲线连接起来将得到一条曲线,就是图中的 ODY 曲线,这条曲线就称为洛伦兹曲线。洛伦兹曲线是根据实际统计资料而做出的反映人口比例与收入比例对应关系的曲线。在社会角度上,收入分配的平等或不平等程度,可以通过简单考察一定比例的人口所占收入比例的大小来分析。

在图 7-12 中,横轴 OP 代表人口累计百分比,纵轴 OM 代表收入累计百分比。OY 为 45°线,在这条线上,每 20% 的人分得 20% 的收入,表明收入分配绝对平等,称为绝对平等线。OPY 表示收入绝对不平等(呈现右下直角状态),是绝对不平等线。而社会反映实际收入分配状况的洛伦兹曲线即弧线 OY 介于这两条线之间。洛伦兹曲线与 OY 越接近,收

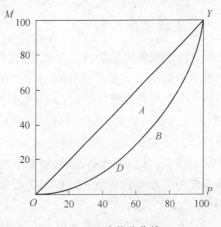

图 7-12 洛伦兹曲线

入分配越平等。洛伦兹曲线与 OPY 越接近,收入分配越不平等。如果把收入改为财产,洛伦兹曲线反映的就是财产分配的平等程度。

实际上,任何国家在任何时期的收入平等程度必定介于绝对平等和绝对不平等之间,如图 7-12 所示,弧线 OY(可以是直线 OY 也可以是弧线 ODY)代表了某一条洛伦兹曲线。

二、基尼系数

基尼系数也是分析收入平等程度的重要工具,在图 7-12 中,把实际的洛伦兹曲线与绝对平等线间的面积表示为 A,把实际洛伦兹曲线与绝对不平等线之间的面积表示为 B,则基尼系数的计算公式为:

$$G = \frac{A}{A+B}$$

当实际洛伦兹曲线与绝对平等线重合,即 A 为 0 时,基尼系数为 0,这时收入分配绝对平等;当实际洛伦兹曲线与绝对不平等县重合,即 B 为 0 时,基尼系数为 1,这时收入分配绝对不平等。基尼系数介于 0 和 1 之间。基尼系数越小,收入分配越平等;基尼系数越大,收入分配越不平等。

按照国际上通用的标准:
(1) 收入分配绝对平等:基尼系数<0.2;
(2) 比较平等:0.2<基尼系数<0.3;
(3) 基本合理:0.3<基尼系数<0.4;
(4) 差距较大:0.4<基尼系数<0.5;
(5) 收入差距悬殊:0.5<基尼系数。

2013 年中国全国居民收入的基尼系数为 0.473。过去 10 年,基尼系数在 2008 年达到最高值 0.491 0,随后开始逐步回落。10 年间,我国基尼系数全部高于 0.4 的国际警戒线。

本 章 小 结

一、主要结论

(1) 洛伦兹曲线越靠近绝对平等线(即斜线 OY),反映收入分配的平等程度越高;洛伦兹曲线越靠近绝对不平等线(即越靠近 OPY),其代表的收入分配越不平等。

(2) 早在古典经济学时期,关于生产要素的报酬源泉及其价格决定,已有许多精辟的见解,但却无法在一个统一的理论框架内得到解释。20 世纪初,边际生产力论从要素需求这一角度进行了分析,而马歇尔则更进一步,从要素需求与供给两个方面对要素价格的决定进行了综合分析,从而将产品市场、要素市场的价格、数量决定问题纳入到统一的均衡价格理论体系之中。本章内容就是以边际生产力论、均衡价格论为理论基础,对生产要素供求进行分析的。

(3) 生产要素的需求者是厂商。按照利润最大化原则,厂商的要素使用原则是使要素的边际收益产品(MRP)等于要素的边际成本。这一原则对所有的产品市场类型均成立。

根据这一原则,假定要素市场是完全竞争的,要素的边际成本就等于要素价格;又由于边际报酬存在递减规律,因而要素的边际收益产品曲线向右下方倾斜,由此可以得到结论:厂商的要素需求曲线就是其边际收益产品曲线,并且向右下方倾斜。在产品市场完全竞争条件下,考虑到其他厂商的调整,厂商的要素需求曲线经调整后,变成行业调整曲线,将各厂商的行业调整曲线水平加总,可以得到要素市场的需求曲线,仍然具有向右下方倾斜的特征。另外,在卖方垄断下,假定所有厂商均为卖方垄断者,垄断厂商的要素需求曲线不须调整,直接加总就可得到要素市场的需求曲线,并向右下方倾斜。

(4) 要注意一个理想状态时的观点:假定产品市场、要素市场均为完全竞争,那么厂商使用要素的最优原则可以简化为:

$$P \cdot MP(L) = W$$

上式左边表示劳动或资本的边际收益产品或要素贡献,右边表示要素的价格或要素报酬。因此上式又可解释为:要素报酬等于要素贡献。这正是西方经济学收入分配论的基本理念。西方经济学认为,按照这一原则进行收入分配,不仅在伦理上是"公平"的,而且在总产品的分配中恰好可以"分尽"。

(5) 生产要素的供给者是个人,个人拥有的资源具有多种用途,他提供的生产要素数量取决于资源的机会成本。因此,对生产要素的供给决策采用的是个人效用最大化原则:劳动量的提供取决于个人拥有的时间在"劳动"与"闲暇"之间的分配决策;个人对资本的供给,取决于个人在"当前消费"与"储蓄"的分配决策。如果忽略收入效应,只考虑替代效应,那么,劳动工资越高,意味着闲暇的机会成本增加,劳动供给将增加;利率越高,意味着当前消费的机会成本增加,个人将增加储蓄,从而资本供给将增加。因此,劳动供给曲线、资本供给曲线向右上方倾斜。如果同时考虑收入效应和替代效应,那么,个人劳动供给曲线和资本供给曲线可能向后"弯曲"。但一般来说,在完全竞争条件下,要素市场的供给曲线向右上方倾斜。

(6) 要素市场供给曲线的一种特殊情形,是要素总量固定不变。有些要素如土地资源,无论短期还是长期都固定不变,供给曲线是一条垂直线,要素提供者获得"地租";有些要素如机器设备等,在短期内固定不变,但在长期内则可变,要素提供者可以获得"准租"。

(7) 要素价格由要素市场供求曲线的交点决定。即使在完全竞争条件下,要素提供者仍可获得"经济租"。

(8) 判断一个社会收入分配均等程度的方法有洛伦兹曲线和基尼系数。洛伦兹曲线越弯曲,或基尼系数越大,收入越不均等,反之则反。

二、基本概念

劳动供给曲线　劳动需求曲线　准租金　洛伦兹曲线　基尼系数

本 章 练 习

一、单选题

1. 在下列各项中,不属于生产要素的是(　　)。
A. 农民拥有的土地　　　　　　　　B. 企业家的才能

C. 在柜台上销售的产品 D. 煤矿工人采矿时所付出的低廉的劳动

2. 厂商的要素需求曲线向右下方倾斜的原因在于(　　)。
   A. 边际成本递减 B. 边际产量递减
   C. 边际效用递减 D. 规模报酬递减

3. 下列各项中,拥有 VMP 曲线的生产者是(　　)。
   A. 完全竞争要素市场中的厂商 B. 完全竞争产品市场中的厂商
   C. 非完全竞争产品市场中的厂商 D. 非完全竞争要素市场中的厂商

4. 在要素市场上,当某要素 M 的供给曲线斜率为正时(　　)。
   A. 均衡价格 P_M 决定于要素 M 的供给曲线与需求曲线的交点
   B. 均衡产量 Q_M 不是由要素 M 的供给曲线与需求曲线的交点决定的
   C. 要素 M 的需求决定均衡价格
   D. 要素 M 的需求与 M 的价格无关

5. 劳动的市场供给曲线通常是(　　)。
   A. 向后弯曲的
   B. 将单个劳动者的劳动供给曲线沿横轴相加而得
   C. 向左上方倾斜
   D. 以上均不对

6. 在以下的描述中不正确的是(　　)。
   A. 产品市场上产品价格提高会使劳动需求曲线向右移动
   B. 当劳动的需求曲线向右移时,市场均衡工资率将会提高
   C. 当劳动的需求曲线向左移时,市场均衡工资率将会下降
   D. 以上叙述均不对

7. 在完全竞争市场上,土地的需求曲线与供给曲线分别是(　　)。
   A. 水平,垂直 B. 向左下方倾斜,向右下方倾斜
   C. 向右下方倾斜,向左下方倾斜 D. 向右下方倾斜,垂直于数量轴

8. 在完全竞争市场上,就一种土地而言,其供给曲线的形状一般应为(　　)。
   A. 垂直 B. 水平 C. 右下方倾斜 D. 向后弯曲

9. 在完全竞争市场上,对于某一种用途的土地而言,其地租率的决定因素为(　　)。
   A. 地主的定价 B. 土地的供给曲线
   C. 土地的需求曲线 D. 以上均不是

10. 基尼系数的增大将表明(　　)。
    A. 收入不平均程度增加 B. 收入不平均程度下降
    C. 洛伦兹曲线与横轴重合 D. 洛伦兹曲线与纵轴重合

11. 如果收入是完全平均分配的,则基尼系数将等于(　　)。
    A. 0 B. 0.75 C. 0.5 D. 1.0

二、简答题

1. 生产要素的内容有哪些?
2. 劳动供给曲线具有什么特点?

3. 利息具有什么样的作用？
4. 土地供给具有什么特点？

三、分析题

1. 描述劳动的供给曲线和需求曲线。如果政府大力提倡用先进机器来代替劳动，将影响劳动要素供求的哪一方？会产生什么影响？
2. 解释下列现象会引起工资差异的何种变化？
（1）上大学的成本增加。
（2）技术工人紧缺而大学毕业生难就业。
（3）政府增加对义务教育的投入。
（4）部分贫困生上大学将免费。

第八章
市场失灵和微观经济政策

 学习目标

- 掌握市场失灵的原因,以及调整市场失灵的政府对策。
- 掌握外部经济、外部不经济的特征,掌握公共物品、垄断与信息不对称的内涵。

重点、难点

重点:外部性、公共物品、垄断与信息不对称的正面影响、负面影响,及其调整负面影响的对策。

难点:市场失灵的原因。

第一节 市场失灵

 知识链接

火车与农民的收益

20世纪初的一天,列车在绿草如茵的英格兰大地上飞驰。车上坐着英国经济学家庇古(A.C. Pigou)。他边欣赏风光,边对同伴说:列车在田间经过,机车喷出的火花(当时是蒸汽机)飞到麦穗上,给农民造成了损失,但铁路公司并不用向农民赔偿。这正是市场经济的无能为力之处,称为"市场失灵"。

将近70年后,1971年,美国经济学家乔治·斯蒂格勒(G.J. Stigler)和阿尔钦(A.A. Alchian)同游日本。他们在高速列车(这时已是电气机车)上见到窗外的禾田,想起了庇古当年的感慨,就问列车员,铁路附近的农田是否受到列车运行的影响而减产。列车员说,恰恰相反。飞速驰过的列车把吃稻谷的飞鸟吓走了,农民反而受益。当然铁路公司也不能向农民收"赶鸟费"。这同样是市场经济无能为力的,也称为"市场失灵"。

在这个例子中,农民并没有从蒸汽列车公司拿到损失的赔偿金,蒸汽列车公司也没有为农民可能的损失承担成本。同理,高速列车没有因为驱散飞鸟分享到农民的收益,农民也不会将增加的收益分给高速列车公司。这就说明,市场机制并不能有效率地分配成本和收益,出现了"市场失灵"。

西方经济学在分析市场引导资源配置的问题时,假设市场是完美的,以至于在市场内在机制的作用下,整个经济会达到一般均衡,资源配置会自发地实现帕累托最优。但是,在现实的经济发展中,这种完美的看不见的手的作用原理并不存在,相反的,在经济运行中常常会面临资源不能有效配置的局面,从而印证了市场机制作用的实效。这种现象被称为"市场失灵"。从经验总结来看,在资本主义经济运行过程中,主要面临的市场失灵有:垄断、外部性、公共物品、不完全信息等。即市场失灵主要表现在四个方面:

第一,垄断阻碍了市场机制的作用,使得资源得不到有效的配置;

第二,市场机制往往无法解决伴随经济活动的外部性负效应的影响;

第三,市场无法有效提供公共物品;

第四,消费者和生产者的信息不完全。

第二节 外 部 性

市场失灵属于被称为外部性的一般范畴之内。当一个人从事一种影响旁观者福利,而对这种影响既不付报酬又得不到报酬的活动时,就产生了外部性(externality)。如果对旁观者的影响是不利的,就称为负外部性;如果这种影响是有利的,就称为正外部性。

外部性,又可称为外部效应,是指一个经济行为主体的经济活动对社会其他成员造成的影响而未将这些影响计入市场交易的成本与价格中,即企业或个人向市场之外的其他人强加的成本和收益。从而使得私人成本或收益与社会成本或收益的不一致,导致实际价格不同于最优价格。外部性可以分为以下两种类型:①消费或生产上的外部经济性,这时社会收益是大于私人收益的。②消费或生产上的外部不经济,这时社会收益是小于私人收益的。

首先我们先介绍外部经济与外部不经济,之后会详细介绍生产中的外部经济与外部不经济和消费中的外部经济与外部不经济。

外部经济:某个人(生产者或消费者)的一项经济活动会给社会上其他成员带来好处,但他自己却不能由此得到补偿,此时这个人从其活动中的得到的私人利益就小于该活动带来的社会利益。

外部不经济:很多时候,某个人(生产者或消费者)的一项经济活动会给社会上其他的成员带来危害,但他自己却并不为此支付足够抵偿这种危害的成本,此时这个人为其活动所付出的私人成本就小于该活动所造成的社会成本,这种性质的外部影响称为外部不经济。

(1) 生产活动的正外部性:当一个生产者采取的经济行为对他人产生了有利影响,而自己却不能从中得到报酬。例如,企业拿出钱来训练工人,之后工人辞职去其他企业了,给其他企业带来了有利影响。

(2) 生产活动的负外部性:当一个生产者采取的行动给他人带来了不利影响,而其对此付出的代价或成本不足以弥补给他人或社会造成的影响。例如一个化学公司在生产过程中释放出大量的污染物,给其他企业或者个人带来了危害。

(3) 消费活动的正外部性:当一个消费者所采取的行动对他人产生了有利影响,而自己却不能从中得到补偿。例如,一个生产鲜花的农场使得过路人能够免费得到一种享受。

(4) 消费活动的负外部性:当一个消费者采取的行动对他人产生了不利影响,而又未对此付出代价。例如,有人在公共场所吸烟,影响到其他人。

知识链接

外部性的故事

假定乙讲一次的课的成本是100元,甲通过这次讲解所获得的收益,直接的加上间接的为1 000元。如果甲支付给乙的报酬为500元,在这次交易中甲获得了500元的消费者净剩余,而乙得到了400元的净收益。通常我们把这交易双方看作是系统内的当事人,所以在他们的收益中不存在外部性。

但是坐在门外的甲的秘书丙在陪同过程中实际上也旁听了乙的讲课,从中学到了许多道理,并给他的发展带来了帮助,这就是外部性。

丙在这个事件中是个局外人,他未直接参与经济交易却得到了益处。

外部性是市场失灵的重要根源。外部效应的存在,使得私人成本不等于社会成本,私人收益不等于社会收益,从而造成资源不能最优配置。在经济学中,私人成本是能够直接反映在价格中的成本,私人收益是能够直接反映在价格中的收益。社会成本是指某一经济活动造成的私人成本和外部成本的总和。显然,正的外部性使社会收益大于私人收益,负的外部性会导致社会成本大于私人成本。

无论是正的外部性还是负的外部性,都将导致社会福利水平不能达到最大化。

那我们应该如何解决外部性的影响呢?这是接下来要讨论的问题。

对于如何纠正外部性导致的资源配置不当问题,西方经济学理论主要有以下几种思路。

1. 征税或补贴

在解决外部性问题上,传统的主流经济学思想坚持税收或补贴等政府干预手段,旨在把外部性纳入经济主体的私人决策之中,以影响私人决策促进其行为调整,引导资源的有效配置。

针对外部经济行为,政府通常采用财政补贴的办法,克服外部性的消极影响。例如,对于绿色环保企业,政府可以在一定时期用补贴手段扶持这类企业。而对于外部不经济的行为,以工厂排污为例,政府可以把污水排放造成的社会成本转换为税费向排放企业征收,从而消除外部性。

2. 行政处罚

通过政府管理职能的发挥,借助于行政的强制或罚没等手段,干预私人的决策行为,以消除外部性影响,在市场经济并不发达的国家,这种管理思想尤为普遍。行政处罚在治理外部性问题上具有倾向性,通常针对外部不经济行为。这种途径面临两个问题,即执行力和罚款的量化问题。

3. 内部化

内部化是在政府干预的条件下,借助于资本运营的方式,将制造外部效应的厂商与受影响利益主体进行合并,从而使得外部性引发的外部成本内部化,以此来达到消除外部性的目的。比如,如果某企业的行为对另一个企业产生外部性,那么可以将这两个企业合并为一个企业,这样可以使企业外部影响内部化。假设一个化工厂对附近的一家养殖场造成了污染,可由政府出面协调,促使两家兼并重组,使外部成本内部化。

4. 产权交易

根据科斯第一定理内容指出,假定交易费用为零,无论产权的初始界定如何,市场机制总能赢到资源配置实现帕累托最优。也即在不考虑交易费用且市场中产权界定明晰的情况下,产权交易是解决外部性问题的有效途径。

知识链接

正、负外部性分析

汽车废气有负外部性。因为它产生了其他人不得不呼吸的烟雾。由于这种外部性,司机往往造成过多污染。政府可以通过规定汽车的废气排放标准来解决这个问题,还可以对汽油征税,减少人们开车的次数。

修复历史建筑物具有正外部性。因为那些在这种建筑物附近散步或者骑车的人可以欣赏到这些建筑物的美丽,并感受到这些建筑物带来的历史沧桑感。建筑物的所有者得不到修复这些建筑物的全部利益,因此,他们往往很快就遗弃了这些古老的建筑物。许多地方政府对这个问题的反应是对拆毁历史建筑物实行管制,并向修复这些建筑物的所有者提供税收减免。

狂吠的狗引起负外部性。因为邻居会受到噪声干扰。狗的主人并不承担噪声的全部成本,因此很少采取防止自己的狗狂吠的预防措施。地方政府通过宣布"干扰平静"为非法来解决这个问题。

新技术研究带来正外部性。因为它创造了其他人可以运用的知识。由于发明者并不能占有新发明的全部利益,所以往往倾向于用很少的资源来从事研究。政府通过专利制度部分地解决了这个问题,专利制度赋予发明者在一定时期内对其发明的专有使用权。

第三节 公共物品

引例

灯塔的故事

在1848年,英国经济学家米尔对灯塔就有这样的分析:"要使航海安全,灯塔的建造及维修就需要政府的亲力亲为。虽然海中的船只可从灯塔的指引而得益,但若要向他们收取费用,就不能办到。除非政府用强迫征税的方法,否则灯塔就会因无私利可图,以致无人建造。"

在了解了灯塔的故事后,你知道了公共物品的特性吗?

首先我们介绍一下公共物品和私人物品。

公共物品(Public Goods)是指在消费中同时具有非竞争性和非排他性的产品,这就是说,不能阻止人们使用一种公共物品,而且一个人享用一种公共物品,并不减少另一个人对它的使用。例如,一个小镇上的龙卷风报警器是一种公共物品。一旦警报响起,要阻止任何人听到它都是不可能的(所以它不具有排他性)。而且,当一个人得到警报的利益时,并不减少其他任何一个人的利益(所以它不具有消费中的竞争性)。公共产品以零边际成本向人们提供收益或效用,而且没有人被排除享用消费的权利。例如国防、知识、不拥挤的不收费道路都属于公共物品。

公共物品的特点有两个:①非竞争性,即某一公共物品一旦被提供,无论增加多少消费者,都不会影响和减少其他人对该公共物品的消费。如良好的社会治安、优美的环境,一个人独享和成千上万人共享都具有相同的效用。②非排他性,某一公共物品一旦被提供,任何人都可以无偿使用或不能阻止未付费的人享用或消费该物品。搭便车、享受国防安全等都属于这种情况。

公共物品可以分为两类,即纯公共物品和准公共物品。纯公共物品具有完全的非竞争性和非排他性,如国防、法律、治安等。

准公共物品具有有限的非竞争性和非排他性。准公共物品具有一定程度的拥挤性,会出现拥挤而产生消费竞争,如高速公路、有线电视、教育、医疗卫生等。

私人物品是指消费或享用过程是可分割的,具有竞争性和排他性,如饭菜、水果、鞋帽衣服、飞机座位、火车座位等。

排他性是指人们必须支付价格才能消费商品;不付费就会被排除在消费之外,存在把没支付价格者排除在消费以外的现实手段。

竞争性只对产品而言,增加一个人的消费就必然减少另一个人的消费。例如某人消费了某个物品,其他人就不能再消费该商品。属于私人物品的有冰激凌蛋卷、衣服、拥挤的收费道路、火车上的座位等。

公共物品是同时具有非竞争性和非排他性的物品。而市场配置资源达到最优效率,只有在同时具有竞用性与排他性的一般商品才能达到。正是由于公共物品无竞争性也无排他性,所以所有人都可以在小额外支付的情况下同时享有该物品,这样所有人都会按照使自己效用最大化的原则去使用该物品,消费者更愿意搭便车消费,这对物品提供者显然是不利的,物品提供者无法知道每个消费者的真实需求数量,无法获得市场需求,资源配置显然不会达到最优,这也是公共物品一般是由政府提供的原因。

搭便车者就是指某些个人不付费也可以同享公共产品的好处,完全依赖于他人付费。在这种情况下,愿意支付代价而消费的人必将大幅度减少。

例如许多轮船公司不肯兴建灯塔但仍能获得这项服务,此种搭便车问题使市场机制在公共物品领域失灵。由政府或公共部门开支安排,并根据社会福利原则分配公共物品,成为解决搭便车问题的唯一选择。

第四节 垄断与信息不对称

一、垄断的低效率

在四种市场结构中,完全垄断市场的效率是最低的,本节我们重点讨论垄断的低效率,包括分配性低效率和技术性低效率等。

假定在所有产量水平上平均成本和边际成本都保持不变。如图 8-1 所示,为了使利润最大,企业就要使边际收入等于边际成本,把产量定为 Q_M 和把价格定为 P_M 作为另一种选择,假定政策制定者要求垄断企业使用价格等于边际成本的竞争性规则来做决策,这样价格就会定在 P_C,对产品的评价大于 P_C 的消费者就会购买这种产品,使总销售量达到 Q_C。

由于所有消费者都支付同一价格,大多数买者会因其购买而获得消费者剩余。这一剩余的货币价值等于它们对产品的评价(如需求曲线所示)与价格 P_C 之间的差额。例如,在图 8-1 中,对产品评价最高的人得到的消费者剩余等于垂直距离

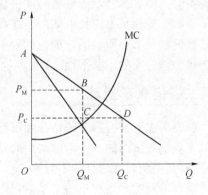

图 8-1 垄断的低效率

AP_C。但购买第 Q_C 个单位产品的消费者得不到剩余,因为它赋予产品的价值正好等于购买价。所以,如果产量是根据价格等于边际成本的规则制定的,总消费者剩余就等于需求曲线下面和价格上面之间的面积。在图 8-1 中就是三角形 ADP_C。

现在考虑以谋求利润最大为目标的垄断企业的产量和价格。正如已经指出的,价格将定为 P_M、产量定为 Q_M。这样,它的价格尽管比使用竞争性定价规则定得高,但那些对产品的评价高于其价格的消费者仍能得到消费者剩余。在垄断情况下,消费者剩余等于三角形 ABP_M。这个三角形是竞争条件下消费者剩余 ADP_C 的一部分长方形 P_MBCP_C,也是完全竞

争条件下消费者剩余的一部分,但现在是垄断企业的经济利润。这一经济利润代表收入从消费者向生产者的再分配。这一再分配是否是一种改善,取决于对收入怎样分配才算合理的假设,是不能用效率指标来衡量的。

最后,竞争条件下消费者剩余的最后一个组成部分是三角形 BCD 的面积,称为分配性低效率,或无谓的损失。它是垄断价格引起的消费者剩余的损失,是社会的一种净损失。评价垄断的这一影响,无须对消费者和生产者的相对功绩或收入的分配做出假设。它是消费者的损失,其他任何人也没有得到它。

分配性低效率的来源可用图 8-1 来说明。垄断企业将增加产量直到边际收入等于边际成本。如果产量超过 Q_M 就会导致利润的减少,因为此时边际收入小于边际成本。但在产量 Q_M,消费者支付的价格为 P_M,它大于边际成本,因此。如果价格定在这个水平上,只有那些认为该产品的价值至少为 P_M 的消费者才会购买它。

最后购买的人对产品的评价为 P_M 但生产该产品的成本由边际成本曲线给定,等于 P_C。因此,产品对最后购买者的价值要大于生产它的机会成本。这样,如果生产得更多,社会福利就会增加。具体来说,增产 1 个单位产品所增加的消费者剩余等于需求曲线和边际成本曲线之间的垂直距离。随着产量的增加,得到的消费者剩余就会越来越小,到产量为 Q_C 时,消费者剩余将为零。因此,三角形 BDC 可看成为由垄断条件下的产量限制引起的消费者剩余的损失。

总之,与完全竞争条件下的企业相比,垄断企业生产的产量太少,而价格定得太高。竞争导致价格降低到企业生存所必需的最低水平,而垄断企业把价格抬得很高以谋求利润最大。从社会的角度看,如果有更多资源用于生产垄断企业提供的产品,资源的配置就得到了改善。垄断还导致收入的再分配,但对这种收入转移的评价,取决于消费者和生产者的相对需要的判断。尽管经济分析对评价这种收入的转移没有多大帮助,这种转移在公共政策制定中的重要性是不应被低估的。在政策辩论中,立法者号召采取行动反对滥用垄断,通常不是根据教科书中所说的分配性低效率的深奥概念,而主要是考虑收入从消费者向垄断企业老板的再分配的不公平性。

二、信息不对称

假设买卖双方对产品的特征和可能的价格具有完全的市场信息,是完全竞争市场得以有效率地配置资源的一个不可缺少的重要前提。而在实际经济生活中,这一假定其实是不成立的,其中便包括信息的不对称。

信息不对称是指在市场交易过程中,交易双方在信息占有上的不均等状态。这种不对称通常有两种情况:一种情况是卖方掌握的信息多于买方,如计算机的卖方比买方更了解计算机的性能,劳动力的卖方比买方更了解劳动力的水平和技能;另一种情况是买方掌握的信息多于卖方,如保险信息市场,投保人通常掌握的相关信息要多于保险人所掌握的信息。当然,无论是基于怎样分配格局的信息不对称,都将导致市场机制失灵,引发逆向选择、委托—代理等问题,使资源不能实现最优配置。

信息不对称对资源配置效率的影响:

1. 逆向选择

逆向选择是在信息不对称的情况下,由掌握信息较少的一方向信息充裕方做出的有利于自身利益的决策。通常情况下,逆向选择发生在市场契约签订以前的市场搜寻过程中。在这种情况下,市场竞争的结果是优胜劣汰,使得资源趋于流向低质量的产品或要素。比如在旧车市场上,就市场上的买主看来,该市场的汽车都是有缺陷的。实际上,这些车的质量是参差不齐的,但是在信息不对称的情况下,买方并不能准确分辨各种车的质量状况,因此,倾向于将所有车的质量判断为中等状态,并确定其愿意支付的价格,这将导致持有高质量二手车的卖家将会退出该市场,而低质量的二手车卖家则急于将车辆出售,其结果是旧车市场车辆的整体质量下降。

2. 道德风险

道德风险的含义:交易双方订立合同后,其中一方有改变自己行为的倾向,从而可能牺牲合同另一方的利益。可能发生道德风险的例子有:因为购买了汽车保险,司机开车的谨慎程度会降低。另外,在我国传统的公费医疗制度下,个人往往无节制地增加对于医疗服务和药品的需求。还有,失业救济保障可能导致某些失业者逃避工作。如同逆向选择一样,背德行为的存在也会导致资源配置的经济效率的降低。

3. 委托人—代理人问题

由于企业所有者与经理或工人所追求的目标不同,并且他们所掌握的信息不对称,因而产生了委托人—代理人问题。它是由于委托人不能确知代理人的行为而产生的问题,是经理或工人为追求他们自己的目标而以牺牲所有者的利益为代价。

三、政府干预

市场经济中政府的作用既包括以实现社会政治稳定为内容的政治作用,又包括以矫正市场失灵为内容的经济作用。市场经济中政府的政治作用和经济作用在本质上是对立统一的关系,没有社会政治稳定就根本谈不上资源配置的优化、收入分配的公平以及经济增长与发展;当然,如果缺乏稳定的社会经济活动作为支撑,政府的政治作用也无从发挥。市场失灵说明了政府干预的必要性,借助于政府职能的发挥,来纠正市场失灵,从而最大限度地推动资源配置效率的提高。为了更为有效地讨论政府在市场经济中的经济作用,我们假定政府的政治作用是给定的。

1. 政府的经济作用

(1) 反对垄断,鼓励竞争

完全竞争虽然难以实现,但可以通过政府干预创造有效竞争状态。在经济实践中,政府可以采取下述手段控制或改变垄断状态,促进公平竞争:一是制定和实施反垄断法案,防止单个或少数几个大企业垄断市场;二是在垄断行业建立多个相互竞争的公共企业,或对垄断性企业进行分拆;三是实行价格管制,防止垄断企业获取垄断利润。

(2) 提供公共产品

鉴于公共产品的非竞争性和非排他性,市场机制无法提供足够的公共产品。在实践中,政府代表国家行使公共权力,能够通过税收等途径以比较低廉的成本获得供给公共产品所需的费用,从而超越"私人资本"能力的有限性,并克服市场难以解决的"免费搭车"问题。

比如,国防作为一种纯粹的公共产品,是社会公众的共同需要与共同利益,必须由政府来供给。事实上,政府通过其所控制的国家机器向社会公众提供了大量公共产品。

(3) 克服外部性

外部性扭曲了价格机制,破坏了资源配置的"帕累托最优"条件。克服外部性的根本目的在于实现外部性的内部化。政府克服外部性的途径主要有:①界定和保护产权。按照科斯定理,在产权明晰和零交易成本的条件下,市场主体的自发交易能够克服外部性,实现资源的最优配置。为此,政府的作用将需要通过行政或法律手段在外部性与其生产者或相关者之间建立某种权利义务关系,从而把外部性纳入市场机制。比如,对污染物排放企业发放可转让的排污许可证;明确对受害人权利的尊重和保护;对科学发明和技术创新授予专利权等。②建立强制性价格补偿机制。强制性价格补偿机制的核心是对生产负外部性的行为进行课税(又称庇古税)、罚款与收费,以此弥补负外部性产生的外部损失,并将外部损失内部化。如政府对化工厂、造纸厂等排放污染物的企业征收污染费或污染税,从而约束或减少污染物排放企业的负外部性行为。③建立激励性价格补偿机制。激励性价格补偿机制的核心是通过对外部性行为给予必要的财政补贴,以激励外部性生产者将外部性的收益或成本内部化于自己的抉择之中。④严格的管制。政府可以通过行政手段或法律手段对外部性生产行为进行严格管制。比如,对产生外部性的企业实行直接控制,对进入容易形成污染行业的企业设置准入标准,对污染制造者提出明确的环境保护标准等。

(4) 控制风险和不确定性

政府控制风险和不确定性的核心目标在于努力保证市场参与者关于交易对象的信息是充分的和对称的。在保证充分信息方面,政府一方面应降低市场参与者之间信息交换的成本,降低市场决策的风险;另一方面,政府还可以直接供给相关的经济信息,为市场参与者做出正确的市场决策提供条件。比如,政府直接提供有关产品对安全和健康带来风险的信息;提供社会经济景气报告,建立经济信息定期发布制度;发展教育,提高人们对信息的甄别能力。在保证对称性信息方面,政府应制定一定的制度规范,要求拥有较多信息的一方(通常是生产商)公开其私人信息以保护弱势信息一方,比如颁行消费者权益保护法案,实施严格的产品广告规范,制定金融、保险法规等。

(5) 促进社会公平

为了促进社会公平,政府的主要职责表现为:一是严惩非法的收入渠道,严格控制通过非正义程序获取的收入;二是大力发展义务教育和公共卫生体系,推动起点公平;三是对收入和财富征税,对低收入阶层实施反贫困计划和社会保障制度。

(6) 维护经济稳定

维护宏观经济稳定是市场经济中政府的重要任务。维护宏观经济稳定的主要目标是防止和克服通货膨胀,实现充分就业和国际收支平衡,努力促进国民经济持续协调地发展。宏观经济波动严重影响国民经济的健康发展,需要政府通过宏观经济管理来予以矫正。政府应合理运用行政、法律和经济手段,特别是有效运用财政、金融杠杆来调控经济。当然,市场经济中的政府宏观经济管理行为必须遵循市场规律,顺势而为。

2. 政府失灵:政府经济作用的有限性

市场失灵的存在表明市场机制并不能实现有效率的资源配置,从而构成了政府干预经济的动因和政府经济作用的边界。但市场失灵的存在并不表明政府机制能够自动实现最优的资源配置、公平的收入分配和稳定的经济增长。实践证明,政府机制也存在一定的缺陷,并不能完全弥补市场失灵,即存在政府失灵。政府失灵(Government Failure)是指政府干预经济失当,不仅未能有效地克服市场失灵,反而限制和阻碍了市场功能的正常发挥,导致经济关系扭曲和市场失灵加重,致使社会资源最优配置难以实现。政府失灵主要表现为信息失灵、决策失灵和管理失灵。

(1) 信息失灵

无论是市场机制还是政府机制,其运行的有效性都依赖于完善的信息,市场信息的不充分和不对称,将导致市场风险和不确定性,从而导致市场失灵;而政府信息的不充分和不对称,则可能导致政府失灵。导致信息失灵的原因主要有:一是生产技术、投入要素和产出种类繁多,政府难以通过零成本获取全部信息;二是政府官员的理性有限,难以对所面临的信息做出准确的认知;三是政府通过行政系统收集和传递信息的过程中,低层级政府可能向高层级政府"报喜不报忧",导致信息失真。

(2) 决策失灵

政府决策失灵是指政府按照其决策规则所做出的决策不能满足资源配置最优的需要。导致决策失灵的原因主要有:一是信息失灵导致决策失灵。在信息不充分的条件下,政府的决策可能偏离正确的方向,从而导致决策失误。二是有限理性导致决策失灵。政府官员的理性认知程度是有限的,其对客观世界的认识可能会存在偏差,因此即使在完全信息条件下也可能无法做出正确的决策。三是决策者的自利动机导致决策失灵。无论是政治家还是政府官僚均具有自利动机,政治家谋求政治利益最大化,官僚谋求预算最大化,其自利动机将难以保证与民众利益产生相容性激励,从而产生决策失灵。四是利益集团的存在导致政府决策失灵。利益集团通常是指具有某种共同目标或利益并试图对政府施加影响的相关组织。利益集团为了共同目标或利益,将通过寻租、游说等手段向政府部门施加影响,并进而影响政府决策。由于受到外部非中立思想的干扰,政府部门的决策很可能偏离正确的方向,从而产生决策失灵。五是政府决策规则的缺陷导致决策失灵。政府决策规则大致可分为一致同意规则和多数同意规则。一致同意规则能够照顾每一位决策主体的意见,但决策的协调成本太高,且不容易达成一致意见。多数同意规则解决了一致同意规则的缺陷,但公共选择理论的研究成果表明,如果投票者具有双峰或多峰的偏好结构,两两对决式的多数同意规则可能产生投票循环(Cycling),无法产生稳定的投票均衡,存在潜在的投票悖论(Voting Paradox)。

(3) 管理失灵

政府管理失灵是指政府决策执行过程及其结果的低效或失效,无法实现决策的预期效果。导致管理失灵的原因主要有:一是激励约束不对称导致管理失灵。一方面,政府决策执行成本和收入分离,缺乏降低执行成本的激励,导致政府决策执行成本升高;另一方面,政府部门及其服务具有一定的垄断性,缺乏外部的有效竞争,从而导致政府决策的执行缺乏约束,导致管理失灵。二是权力失控导致管理失灵。"绝对权力产生绝对腐败",在缺乏有效监督的情况下,政府权力极易失控。比如,政府在决策执行过程中的"长官意志"或政府行政权力的滥用,都可能损害市场的正常运行,导致市场混乱和资源配置失当。权力失控最典型的例子是执行力弱化,即"上有政策,下有对策"。三是决策执行时滞导致管理失灵。任何一项决策的执行都需要一个过程,在这个过程中会有许多因素导致政府决策在不适当的时候发挥不恰当的作用。

3. 市场机制与政府机制的选择

由于市场失灵和政府失灵的存在,单纯的市场机制或政府机制都无法实现理想目标,因此社会经济的发展需要协调市场机制和政府机制,并在二者中选择更为有效的资源配置机制。市场机制与政府机制的选择,取决于以下因素:一是人们用怎样的标准来筛选市场失灵。如果选用的"筛子"孔比较大,只有严重的市场失灵才能被筛选出来,那么,留给政府作用的范围和空间将会相对较小。相反,如果筛选的标准比较严格,选用的"筛子"孔比较小,市场失灵将被认为是一种普遍存在的现象,政府作用的范围和空间将会得到大大扩展。二是政府活动能力及政府失灵的大小。在筛选出市场失灵后,政府将需要根据市场失灵的类型考虑多种干预方案,估算每一种方案可能的政府失灵及其效率损失。三是市场失灵与政府失灵所造成的效率损失之间的比较。在众多的市场方案与政府干预方案中,尚需要进一步比较各种结果与理想目标的接近或偏离程度,从而决定政府是否需要干预以及应采取怎样的干预方式。当然,市场机制与政府机制的选择,归根结底取决于人们如何看待市场与政府的关系。

4. 政府行为的目标

政府的目标本质上是一个递进的层级系统,其底部是初级目标,它着眼于解决具体的微观问题,中部是若干次级目标,顶部是终极目标。其中,效率、公平和稳定是最接近终极目标的重要次级目标。换句话说,政府行为的终极目标关乎政府的存在与发展,它构成了政府全部活动的核心内容;而政府终极目标的实现则主要依赖于政府行为的重要次级目标,即效率、公平和稳定;而效率、公平和稳定目标的实现有赖于诸多具体问题的解决。

(1) 效率

由于社会资源具有一定的稀缺性,而人们的需求则是无限的,以有限的资源满足无限的需要或欲望,要求更加有效地利用资源。因此,效率成为政府、企业和个人行为目标的重要选项。

资源配置效率目标是指政府通过参与资源配置,提高资源配置的效率。具体来说,资源配置的效率要求政府在不损害市场秩序的条件下矫正市场失灵,维护公开公平竞争,确保生产要素自由转移,生产出尽可能多的产品与服务,最大限度地满足人们的需要。

判别效率的一般标准是"帕累托最优"。帕累托在《政治经济学讲义》中指出,对于某种经济的资源配置,如果不存在其他生产上可行的配置,使得该经济中的所有个人至少和他们在初始时情况一样良好,而且至少有一个人的情况比初始时更好,那么资源配置就是最优的。

(2) 公平

自古以来,公平都是社会各阶层追求的目标,也构成了政府活动的目标。但是,公平属于价值判断的范畴,不同的主体具有不同的价值观,从而使公平的判断显得非常困难。在公平的认识上,主要有三种观点,即规则公平、起点公平和结果公平。

① 规则公平。所谓规则公平是指在所有社会成员参与的竞争活动中,竞争规则必须公平。该竞争规则对各社会成员而言应该是统一的,既不偏袒某些人,又不压制某些人,所有

社会成员都遵循统一规则参与经济活动。规则公平强调个人的收入与其要素禀赋相一致，强调个人收入与其对社会经济的贡献相一致，从而与资源配置效率的要求相一致。

② 起点公平。起点公平不仅要求竞争规则的公平，而且要求所有社会成员的竞争起点是公平的。赛跑中的选手们应当从同一条起跑线上出发，而社会经济活动中的每一个市场参与者也应当有大致相同的起点。然而，现实生活中的人们并不具备相同的竞争起点。比如，有的人在智力或体力上具有某种天赋，而有的人能够接受大笔遗产而形成财产禀赋上的差异。在这种情况下，即使竞争过程中的规则是公平的，但其所产生的收入分配仍然是不公平的。因此，起点公平强调在起点一致条件下的规则公平。从单一过程来看，起点公平似乎是对规则公平的补充，但若从一个连续的过程来看，起点公平又是对规则公平的否定，并必然导致结果公平。

③ 结果公平。结果公平强调收入分配的结果，强调各社会成员之间所拥有收入份额之间的相对关系。简单来说，结果公平就是要求所有社会成员之间拥有相同的收入份额，而平均主义是结果公平的理想境界。

鉴于价值观的差异，事实上我们很难判断哪一种公平更为合理；但从终极目标上看，学术界更愿意接受结果公平为判断标准。因此，政府的公平目标是指承认一定贫富差别条件下的共同富裕。

(3) 稳定

稳定是社会政治经济持续健康发展的前提，是政府行为的重要目标，其中经济稳定是政治稳定、社会稳定的基础。经济稳定有四个目标：一是充分就业。充分就业不是指每个人都能找到工作，而是指有劳动能力和就业意愿的人都能按照市场的均衡工资水平得到工作岗位。二是物价稳定。物价稳定的基本含义是通货膨胀或通货紧缩维持在社会经济发展可接受的范围内。三是国际收支平衡。国际收支平衡是指一个国家在国际经济交往中，经常项目和资本项目的收支大体持平，没有较大的顺差或逆差。四是适度的经济增长。适度的经济增长是指经济增长以一定的资源供给为条件，保持恰当的速度和节奏的发展状态。简单地讲，政府宏观经济稳定目标的基本指向是调节社会总供求关系，促使经济协调均衡发展。

本章小结

一、主要结论

(1) 在资本主义经济运行过程中，主要面临的市场失灵有：垄断、外部性、公共物品、不完全信息等。

(2) 外部性，又可称为外部效应，是指一个经济行为主体的经济活动对社会其他成员造成的影响而未将这些影响计入市场交易的成本与价格中，即企业或个人向市场之外的其他人强加的成本和收益。

(3) 外部经济：某个人（生产者或消费者）的一项经济活动会给社会上其他成员带来好处，但他自己却不能由此得到补偿，此时这个人从其活动中的得到的私人利益就小于该活动带来的社会利益。

(4)外部不经济:很多时候,某个人(生产者或消费者)的一项经济活动会给社会上其他的成员带来危害,但他自己却并不为此支付足够抵偿这种危害的成本,此时这个人为其活动所付出的私人成本就小于该活动所造成的社会成本,这种性质的外部影响称为外部不经济。

(5)公共物品是指在消费中同时具有非竞争性和非排他性的产品,这就是说,不能阻止人们使用一种公共物品,而且,一个人享用一种公共物品,并不减少另一个人对它的使用。

(6)公共物品的特点有两个:①非竞争性,即某一公共物品一旦被提供,无论增加多少消费者,都不会影响和减少其他人对该公共物品的消费。如良好的社会治安、优美的环境,一个人独享和成千上万人共享都具有相同的效用。②非排他性,某一公共物品一旦被提供,任何人都可以无偿使用或不能阻止未付费的人享用或消费该物品。搭便车、享受国防安全等都属于这种情况。

(7)信息不对称是指在市场交易过程中,交易双方在信息占有上的不均等状态。这种不对称通常有两种情况:一种情况是卖方掌握的信息多于买方,如计算机的卖方比买方更了解计算机的性能,劳动力的卖方比买方更了解劳动力的水平和技能;另一种情况是买方掌握的信息多于卖方,如保险信息市场,投保人通常掌握的相关信息要多于保险人所掌握的信息。

(8)逆向选择是在信息不对称的情况下,由掌握信息较少的一方向信息充裕方做出的有利于自身利益的决策。

二、基本概念

市场失灵　政府管制　逆向选择　信息不对称　公共物品　私人物品　外部经济　外部不经济

本 章 练 习

简答题

1. 外部性对产量会产生什么影响?
2. 简述导致市场失灵的原因。
3. 垄断为什么会造成低效率和经济损失?
4. 举例说明逆向选择的对策。
5. 简述公共产品的特性。

第九章
国民收入核算理论与方法

学习目标

- 了解国内生产总值及名义 GDP 和实际 GDP 的含义。
- 掌握国内生产总值的两种核算方法和国民收入的基本公式。
- 理解国内生产总值和国内生产净值等总量指标之间的关系。

重点、难点

重点：国内生产总值、核算国民收入的两种方法、国民收入的基本公式。
难点：国民收入的基本公式。

第一节 宏观经济学的引入

引例

蜜蜂的寓言

从1929年开始，资本主义世界爆发了空前的大危机。3 000多万人失业，三分之一的工厂停产，整个经济倒退回了"一战"前的水平。经济处于极度混乱之中，传统的经济学无法解释更无法解决这一问题，理论界纷纷进行探讨，这时英国经济学家凯恩斯从一则古老的寓言中得到了启示。这则寓言说：从前有一群蜜蜂，它们在一只蜂王的领导下，都过着挥霍、奢侈的生活，整个蜂群兴旺发达，百业昌盛。后来，它们的老蜂王去世了，换了一个新蜂王，它们改变了原有的生活习惯，开始崇尚节俭朴素，结果社会涣散，经济衰落，终于被敌手打败而逃散。凯恩斯在这则寓言的启示下，建立了他的国民收入决定理论，并由此引发了凯恩斯革命，从而建立了宏观经济学。

现代西方经济学把经济学原理或经济理论，即有关经济问题的知识体系的全部内容区分为两大组成部分或两大分支学科：微观经济学和宏观经济学。

回顾前面微观经济学章节内容，首先讨论了市场机制的变化如何决定供求均衡，进而引起资源的优化配置；其次讨论了消费者行为、生产者行为；再次讨论了生产要素市场的局部均衡及其背后的资源优化配置;最后讨论一般市场均衡,以及如何保证这种均衡的有效性。

一、宏观经济学的研究对象

微观经济学是以单个经济单位为研究对象,通过研究单个经济单位的经济行为和相应的经济变量单项数值的决定来说明价格机制如何解决社会的资源配置问题的经济理论。

宏观经济学则不同,它是以整个国民经济为研究对象,通过研究经济中各有关总量的决定及其变化,来说明资源如何才能得到充分利用,是关于这一问题的经济理论。在宏观经济学部分,我们将讨论如下一些问题:一是国民经济总量(国民收入)如何核算?二是国民经济总量如何决定?三是国民经济总量如何长期、持续、有效地增长?围绕这三个大的问题,还会引出其他的一些问题。例如,为什么经济运行中出现了大起大落的波动?如何实现经济的持续、稳定增长?

由于宏观经济学的研究是围绕着国民收入来展开的,所以又称收入理论。同理,微观经济学的研究是围绕价格展开的,所以又被称为价格理论。

二、宏观经济学与微观经济学的异同

联系:它们有着相同的供求曲线,供求曲线的形状也大体相同。

区别:微观经济学的供求曲线是个体经济的供求曲线,由此决定的成交价格和成交量也是个体的成交价格和成交量;宏观经济学的供求曲线是整个社会的供求曲线,由此决定的价格和产出是整个社会的价格水平和社会产出总值。

三、宏观经济学的研究方法

宏观经济学不像微观经济学那样运用个量分析方法,它主要是总量分析方法。经济总量是指反映国民经济整体运行状况的经济变量。经济总量包括两类,一类是个量之和,比如国民收入、总消费、总投资、总储蓄、总供给、总需求、财政盈余与赤字等。当然,这类总量中有的总量并非个量的简单相加,而是根据需要、运用数学或统计学中的各种方法所得出的总量。另一类经济总量是平均量,比如价格总水平、失业率、利率、经济增长率等。总量分析方法是研究经济总量的决定、变动及其相互关系以及以此为基础说明国民经济运行状况和宏观经济政策选择的方法。另外,宏观经济学的研究方法还有短期与长期分析方法、静态和比较静态与动态分析方法、均衡分析方法、边际分析方法等。需要说明的是,在宏观经济分析中,这些方法中运用的经济变量大多是经济总量。

运用总量分析法就涉及一个经济加总的问题。在运用时有几点值得注意:

一是有些总量变化可以从微观分析的个量中直接加总而得到(比如每个人的消费支出构成整个社会的消费总支出);

二是有些总量变化的加总达不到研究整个社会经济行为的目的;

三是有一些微观经济个体的行为根本就不能直接加总。

四、宏观经济学的研究工具

宏观经济学更多地运用模型工具——符号、公式等来仿真经济世界中各变量的相互关系。变量有外生变量与内生变量两种。经济模型的目的是解释外生变量如何影响内生变量。由于一个模型不可能回答所有的经济问题,经济学家用不同的模型解释不同的经济现象。如果模型中的价格是变量,则主要用于解释长期经济运行;如果模型中的价格是常量(具有黏性),则主要用于解释短期经济运行。

五、宏观经济学研究的章节安排

1. 宏观经济学研究的基本内容

既然宏观经济学的研究对象是社会的整体经济行为及其后果,宏观经济学的最终目标是寻找保持国民收入稳定增长的对策,从对问题的研究中得出宏观经济学研究的主要内容——国民收入的决定。而研究国民收入的决定的前提是国民收入的核算。因此,就引出了以下几个问题:一是国民收入如何核算?二是国民收入如何决定?三是如何实现国民收入的稳定增长?围绕这几个问题,形成以下宏观经济学理论体系框架,如图9-1所示。

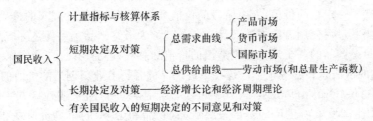

图9-1 宏观经济学理论框架

2. 宏观经济学的章节安排

第九章讨论国民收入的核算;第十章至第十四章讨论短期国民收入的决定;第十四章讨论长期国民收入的决定,即经济增长理论与经济周期理论。由于国民收入的决定是分析其他宏观经济问题的基础,或者说其他宏观经济问题都是运用国民收入决定理论来分析、解释的,因此,国民收入决定理论是宏观经济学的中心内容。又由于就业状况是伴随国民收入变化而变化的,与国民收入相联系的就业量的变化也反映在经济周期、经济增长乃至政府的经济政策方面,因而,宏观经济学也就以国民收入与就业分析为中心。

第二节 国内生产总值

引例

2015年我国国内生产总值

2015年,面对错综复杂的国际形势和不断加大的经济下行压力,党中央、国务院保持战略定力,统筹谋划国际、国内两个大局,坚持稳中求进工作总基调,主动适应引领新常态,以新理念指导新实践,以新战略谋求新发展,不断创新宏观调控,深入推进结构性改革,扎实推动"大众创业、万众创新",经济保持了总体平稳、稳中有进、稳中有好的发展态势。

初步核算,全年国内生产总值676 708亿元,按可比价格计算,比上年增长6.9%。分季度看,第一季度同比增长7.0%,第二季度增长7.0%,第三季度增长6.9%,第四季度增长6.8%。分产业看,第一产业增加值60 863亿元,比上年增长3.9%;第二产业增加值274 278亿元,增长6.0%;第三产业增加值341 567亿元,增长8.3%。从环比看,第四季度国内生产总值增长1.6%。

(数据来源:国家统计局)

一、国内生产总值的内涵

在国民收入核算中最重要的是计算国内生产总值。因此,我们首先要了解什么是国内生产总值。可以从企业产品销售的价值计算例子谈起,先引出最终产品及其价值计算的方式。我们知道一件成衣从生产者到消费者最终要经过五个阶段:种棉、纺纱、织布、制衣、销售。每一个阶段都创造了一定量的价值,五个阶段的价值增值总计就是这件成衣的最后售价;在一定时期内生产并由其最后使用者购买的产品和劳务就称为最终产品。一件最终产品的市场价值是由生产这些最终产品的各个环节新创造出的价值的总和;进而论之,一个国家一定时期内生产的N种产品的价值总和就等于生产这些最终产品的各行各业新创造的价值的总和。

国内生产总值(Gross Domestic Product,GDP)是指一个国家或地区在一定时期内(通常指一年)运用生产要素所生产的全部最终产品(物品和劳务)的市场价值之和。

理解这一定义时,应注意以下几点:

(1) GDP是一个市场价值的概念,是以当年价格或不变价格衡量的,其计算公式为:市场价值=最终产品的单位价格×产量。

(2) GDP测度的是最终产品的价值(包括有形的物质产品与无形的劳务),中间产品价值不计入GDP。最终产品是指由最后使用者购买的产品,中间产品是指用于再出售而供生产别种产品用的产品。

(3) GDP是一定时期内(通常为一年)所生产而不是所售卖掉的最终产品价值。

(4) GDP是计算期内生产的最终产品价值,是流量而不是存量。流量是时期数,宛如从喷头正流向浴池中的水;存量是时点数,宛如浴池中存留下来的水;流量来自存量又归入存量。例如人口出生数与人口总数,就分别是流量与存量。这一说法的含义就是计算时不应包括以前所生产的产品的价值。

(5) GDP是一国范围内生产的最终产品的市场价值,从而是一个地域概念。而与此相联系的国民生产总值GNP则是一个国民的概念。两者的区别是:GDP是按"国土原则"来计算的,GNP是按"国民原则"来计算的。

(6) GDP一般仅指市场活动导致的价值。家务劳动等非市场活动不计入GDP中。

知识链接

绿色GDP

据世界银行和国内有关研究机构测算,20世纪90年代中期,中国的经济增长有2/3是对生态环境透支的基础上实现的。中国的生态环境问题虽然有其自然环境脆弱、气候异常的客观原因,但主要还是人为不合理的经济行为和粗放型资源开发方式导致的。多年计算的平均结果显示,中国经济增长的GDP中至少有18%是靠资源和生态环境的"透支"实现的。

绿色GDP是指用以衡量各国扣除自然资产损失后新创造的真实国民财富的总量核算指标,就是从现行统计的GDP中,扣除由于环境污染、自然资源退化、教育低下、人口数量失控、管理不善等因素引起的经济损失成本,从而得出真实的财富总量。

(资料来源:中国发展门户网)

二、名义GDP和实际GDP

GDP的变动可以有两种原因:一种是实际产量的变动,另一种是价格的变动。

(1) 名义GDP是指用生产物品和劳务的当年价格计算的全部最终产品的市场价值。名义GDP的变动既反映了实际产量变动的情况,又反映了价格变动的情况。某年名义 $GDP = \sum_{i=1}^{n} P_{it} \times Q_{it}$。

(2) 实际GDP是指用从前某一年作为基期的价格计算出来的全部最终产品的市场价值。实际GDP的变动仅仅反映了实际产量变动的情况。某年实际 $GDP = \sum_{i=1}^{n} P_{i0} \times Q_{it}$。

只有实际GDP才能准确反映一国经济增长情况。名义GDP有时会造成一些假象,即名义增加,而实际减少。以后各章所讲的GDP,如果不作特别的说明,均指实际GDP,并以英文小写字母来表示实际GDP以及其他变量。

(3) 人均GDP:GDP有助于了解一个国家的经济实力与市场规模,而人均GDP有助于了解一国国民的富裕程度。

(4) GDP折算指数:名义GDP与实际GDP之比,称为GDP折算指数。

$$\text{GDP 折算指数} = \frac{\text{某年名义 GDP}}{\text{某年实际 GDP}} = \frac{\sum P_t Q_t}{\sum P_0 Q_t} \times 100\%$$

式中,P_t为当年价格,P_0为基期价格,Q_t为当年产量,$\sum P_t Q_t$为当年名义GDP,$\sum P_0 Q_t$为当年实际GDP。国内生产总值折算数是重要的物价指数之一,能反映通货膨胀的程度。

第三节 国民收入核算的方法

引例

我国GDP是怎样核算的

我国GDP核算分为年度核算和季度核算,在年度GDP核算中,生产额(生产法)和支出额(支出法)同时测算,以生产额的数据为准。

西方经济学

　　我国计算GDP的生产额时,部分行业增加值是通过生产法从总产出中扣除中间消耗得出,也有部分行业是通过增加值的构成项目劳动者报酬、生产税净额、固定资产折旧和营业盈余相加得到。

　　计算行业增加值的基础数据来自国家统计局年主营业务收入2000万元以上工业企业的年度财务统计资料、工业总产值和工业增加值,农业总产值、农业中间消耗、农业产品产量及牧业、林业和渔业等统计数据,固定资产投资完成额统计、房地产统计、建筑业统计、社会消费品零售额和大中型批发零售贸易餐饮业的财务统计、交通运输邮电业的客货运周转量、邮电业务总量统计、劳动工资统计、人口统计、城乡住户收入支出调查、价格统计等,同时还要利用有关部门的企业年度会计决算、财务、税务、工商、金融等部门相应的业务统计数据。支出法GDP是从货物和服务的最终去向的角度来衡量核算期内新创造价值的使用,计算的资料来源主要是国家统计局的固定资产投资统计、社会消费品零售额统计、城乡居民收入和支出住户调查、价格统计,有关部委的企业年度会计决算,财政收入和支出、海关进出口统计、国际收支平衡统计等。

　　在反映国民经济的规模及产业结构时,以按照现行市场价格测算的GDP来衡量。为观察GDP的实际变动,也就是说别除价格因素的影响观察经济的增长变动,用按照不变价格计算的GDP来衡量,不变价GDP的测算方法是通过相应的价格指数对按现价计算的GDP进行缩减。使用的价格指数有农产品生产价格指数、工业品出厂价格指数、社会消费品零售价格指数、固定资产投资价格指数、居民消费价格指数、进出口价格指数等。

在国民经济核算体系中有不同的计算国内生产总值的方法,其中主要有支出法、收入法和生产法。

一、用支出法核算GDP

　　用支出法核算GDP,就是从产品的使用去向出发,把一年内购买的各项最终产品的支出加总而计算出的该年内生产的最终产品的市场价值。这种方法又称最终产品法(Final Product Approach)。

　　在现实生活中,所产出的产品和劳务的去向开始分为两大部分:一部分是卖掉了,其买主是居民消费、企业投资、政府购买和外贸出口,一部分没有卖掉。但没有卖掉的部分我们可以理解成为企业自己买下来了进而进入企业投资的统计范畴,因此,产品和劳务的最后使用,主要是居民消费、企业投资、政府购买和出口。因此,用支出法核算GDP,就是核算一个国家或地区在一定时期内居民消费、企业投资、政府购买和出口这几方面支出的总和。

1. 居民消费支出

　　用字母C表示,包括购买耐用品(如小汽车、冰箱、洗衣机)、非耐用品(如食物、服装)、劳务(如理发、旅游、医疗)的支出。这一项是国内生产总值中最大的一个部分,约占三分之二;而在消费中劳务又是最大的部分,约占一半。要特别注意:建造住宅的支出不包括在内。

2. 企业投资支出

用字母 I 表示,是指增加或更新资本资产的支出。具体包括两大类:一是固定资产投资,指新厂房、新设备、新商业用房及新住宅的增加;二是存货投资,指企业掌握的存货价值的增加(或减少)。这里有几点要注意:

(1) 为什么用于投资的物品也是最终产品而不是中间产品?这是因为资本物品和中间物品有重大区别。中间物品在生产别的产品时全部被消耗掉,但资本物品在生产别的产品过程中只是部分地被消耗。

(2) 为什么住宅建筑属于投资而不属于消费呢?投资包括固定资产投资和存货投资两大类。因为住宅像别的固定资产一样是长期使用、慢慢地被消耗的。

(3) 存货投资可能是正值,也可能是负值。存货投资是企业掌握的存货价值的增加(或减少)。如果年初全国企业存货为 2 000 亿美元而年末为 2 200 亿美元,则存货投资为 200 亿美元。存货投资可能是正值,也可能是负值,因为年末存货价值可能大于也可能小于年初存货。企业存货之所以被视为投资,是因为它能产生收入。

(4) 计入 GDP 中的投资是指总投资,即重置投资与净投资之和,重置投资也就是折旧。

3. 政府购买支出

用字母 G 表示,是指各级政府购买物品和劳务的支出,它包括政府花钱设置法院,提供国防,修建道路,举办学校等。政府支付给公务员、教师的工资也属于政府购买。政府购买是一种实质性的支出,表现出商品、劳务与货币的双向运动,直接形成社会需求,成为国内生产总值的组成部分。值得注意的是,政府购买只是政府支出的一部分,政府支出的另一部分政府转移支付不计入 GDP。政府转移支付是政府不以取得本年生产出来的商品与劳务作为报偿的支出,包括政府在社会福利、社会保险、失业救济、贫困补助、老年保障、卫生保健、对农业的补贴等方面的支出。政府转移支付是政府通过其职能将收入在不同的社会成员间进行转移和重新分配,将一部分人的收入转移到另一部分人手中,其实质是一种财富的再分配。有政府转移支付发生时,即政府付出这些支出时,并不相应得到什么商品与劳务,政府转移支付是一种货币性支出,整个社会的总收入并没有发生改变。因此,政府转移支付不计入国内生产总值中。

4. 净出口

净出口指货物、劳务进出口的差额,用字母 $X-M$ 表示,X 表示出口,M 表示进口。进口应从本国总购买中减去,因为它表示收入流到国外,同时,也不是用于购买本国产品的支出;出口则应加进本国总购买量之中,因为出口表示收入从外国流入,是用于购买本国产品的支出,因此,净出口应计入总支出。净出口可能是正值,也可能是负值。

把上述四个项目加起来,就是用支出法计算 GDP 的公式:

$$GDP = C + I + G + (X - M)$$

2014 年中国 GDP 及支出加表 9-1 所示。

表 9-1 2014 年中国 GDP 及支出

指标	数值	百分比
最终消费(亿元)	329 450.8	51.4%
居民消费(亿元)	242 927.4	37.9%
农村居民消费(亿元)	54 574.1	8.5%
城镇居民消费(亿元)	188 353.4	29.4%
政府消费(亿元)	86 523.3	13.5%
资本形成总额(亿元)	293 783.1	45.9%
固定资本形成总额(亿元)	281 638.7	44.0%
存货变动(亿元)	12 144.4	1.9%
货物和服务净出口(亿元)	17 463	2.7%
支出法生产总值(亿元)	640 696.9	100%

数据来源：国家统计局网站。

二、用收入法核算 GDP

用收入法核算 GDP，就是从收入的角度，把生产要素在生产中所得到的各种收入相加来计算的 GDP，即把劳动所得到的工资、土地所有者得到的地租、资本所得到的利息以及企业家才能得到的利润相加来计算 GDP。这种方法又称要素支付法、要素成本法。严格地说，最终产品市场价值除了生产要素构成的成本，还有间接税、折旧、公司未分配的利润等内容，因此，用收入法计算 GDP 不要从字面上狭隘理解成只包括工资、地租、利息、企业家才能四个项目，还有其他的一些项目不要忘记。

用收入法计算 GDP 应包括以下几个项目：

(1) 工资、利息和租金等生产要素报酬。

(2) 非公司企业主收入。特指不受人雇佣的独立生产者的收入，如医生、律师、小店铺主、农民等的收入。他们使用自己的资金，自我雇用，其工资、利息、租金很难像公司的账目那样，分成其自己经营应得的工资、自有资金的利息、自有房子的租金等，其工资、利息、利润、租金常混在一起作为非公司企业主收入。

(3) 公司税前利润。包括公司所得税、社会保险税、股东红利及公司未分配利润等。

(4) 企业转移支付及企业间接税。间接税是对产品销售征收的税，它包括货物税、周转税。这种税收名义上是对企业征收，但企业可以把它计入生产成本之中，最终转嫁到消费者身上，故也应视为成本。同样，还有企业转移支付（即企业对非营利组织的社会慈善捐款和消费者呆账），它也不是生产要素创造的收入，但要通过产品价格转移给消费者，故也应看作成本。

(5) 资本折旧。它虽不是要素收入，但包括在总投资中，故资本折旧也应计入 GDP。

这样，按收入法计算的公式就是：

GDP＝工资＋利息＋利润＋租金＋间接税和企业转移支付＋折旧

三、用生产法核算 GDP

用生产法核算 GDP，是指按提供物质产品与劳务的各个部门的产值来计算国内生产总值。生产法又称部门法。这种计算方法反映了国内生产总值的来源。其优点是核算思路很

第九章 国民收入核算理论与方法

清楚;缺点是核算工作量很大,难以避免重复计算。

运用这种方法进行计算时,各生产部门要把使用的中间产品的产值扣除,只计算所增加的价值。商业和服务等部门也按增值法计算,卫生、教育、行政、家庭服务等部门无法计算其增值,就按工资收入来计算其服务的价值。

知识链接

总产出、总收入、总支出的关系

(1)(总)产出等于(总)收入。为什么产出等于收入?产出品的价值实际上是生产该产出品所投入的 N 种生产要素共同创造的。由于企业使用要素必须支付代价,总产出来源于全部要素所有者的投入,产出品的价值增值自然都要全部转化为要素提供者的收入(工资、利息、租金、正常利润)。一个企业的产出总等于收入,一个国家的总产出也必然等于总收入。

(2)(总)产出等于(总)支出。为什么产出等于支出?从全社会来看,总产出的去向无非是两个:销售+存货。而销售是最终消费者的支出,存货是生产者的支出。因此,从整个社会来看,总产出就等于购买最终产品的总支出。具体地说,总产出=市场购买总支出+存货总投资(支出)。

如果总产出真的全部转化为总收入,总产出真的全部用于总支出,即有恒等关系的成立。用公式表示即为:总收入=总产出=总支出。

从理论上说,按支出法、收入法与生产法计算的 GDP 在量上是相等的,但在实际核算中常有误差,因而要加上一个统计误差项来进行调整,使其达到一致。在实际统计中,一般以国民经济核算体系的支出法为基本方法,即以支出法计算出的国内生产总值为标准。

第四节 国民收入核算的其他指标

引例

罗伯特肯尼迪 1968 年竞选总统演讲

即使我们消除了物质的贫困,我们还面临一个更大的任务,那就是——满足的贫困,目标的贫困,尊严的贫困——还困扰着我们每一个人。在太长时间里,我们太注重物质的积累,而放弃了个人的美德和社会的价值。

我们的国民生产总值现在已经超过八千亿美元,但这个国民生产总值——如果我们用它来衡量美国——这个国民生产总值包括了空气污染和香烟广告,以及为交通事故而奔忙的救护车。

> 它包括了我们装在门上的特种锁和关撬锁的人的监狱,包括了我们对红木森林的破坏和因城市无序蔓延而消失的自然奇观。它包括了凝固汽油弹,包括了核弹头,包括了警察用来应付城市骚乱的装甲车,包括了惠特曼步枪和斯佩克刀,包括了为了向孩子推销玩具而美化暴力的电视节目。
>
> 然而,这个国民生产总值不包括我们孩子的健康、他们教育的质量和游戏的快乐。不包括我们诗歌的美丽,我们婚姻的坚强,我们公众辩论中的智慧,和我们官员的正直。
>
> 它不包括我们的机智和勇气,不包括我们的智慧和学问,不包括我们的同情心,不包括我们对国家的热爱。总之,它衡量一切,却把那些令人生有价值东西排除在外。它告诉我们美国的方方面面,却不能告诉我们为什么为它自豪。

可见,不是所有的国家核算国民收入都用国内生产总值这一指标的,美国核算国民收入所用的指标是国民生产总值。那么,还有没有其他描述国民收入的指标呢?这就是本节将要介绍的国民收入核算的其他指标。

国内生产总值是国民收入核算体系中最基本的总量,围绕这一指标,衍生出其他几个重要指标,我们需要清楚它们各自的含义及其相互关系。

1. 国内生产净值(Net Domestic Products,NDP)

NDP 是指一个国家一年内新增加的产值,即在国内生产总值中扣除了折旧之后的产值,即从 GDP 中扣除资本折旧,就得到 NDP。

用公式表示就是:NDP=GDP-折旧。

2. 国民收入(National Income,NI)

国民收入有广义和狭义之分,广义的国民收入泛指国民收入五个总量,即国民收入可以是指国内生产总值、国内生产净值,也可以是指个人收入和个人可支配收入等。国民收入决定理论中所讲的国民收入就是指广义的国民收入。狭义的国民收入是指一个国家一年内用于生产各种生产要素所得到的全部收入,即工资、利润、利息和地租的总和,也就是按生产要素报酬计算的国民收入。这里用的概念是狭义的国民收入。

从国内生产净值中扣除间接税和企业转移支付再加上政府补助金,就得到一国生产要素在一定时期内所得报酬即狭义的国民收入。间接税是指可以转嫁给消费者的税收,企业转移支付包括企业捐赠和呆账。间接税和企业转移支付虽然构成产品价格,但不成为要素收入;相反,政府给企业的补助金虽然不列入产品价格,但成为要素收入。故在国民收入中应扣除间接税和企业转移支付,而加上政府补助金。

用公式表示就是:NI=NDP-间接税-企业转移支付+政府补助金。

3. 个人收入(Personal Income,PI)

PI 是指一个国家一年内个人所得到的全部收入。生产要素报酬意义上的国民收入并不会全部成为个人收入。因为,一方面利润收入中要给政府缴纳公司所得税,公司还要留下一部利润用作积累,只有一部分利润才会以红利和股息形式分给个人,并且职工收入中也有一部分要以社会保险费的形式上缴有关部门。另一方面,人们也会以失业救济金、职工养老金、职工困难补助、退伍军人津贴等形式从政府那里得到转移支付。因此,从国民收入中减去公司所得税、公司未分配利润、社会保险税(费),加上政府给个人的转移支付,即为个人收入。

用公式表示就是:PI=NI-公司未分配利润-公司所得税-社会保险税+政府的转移支付。

4. 个人可支配收入(Disposable Personal Income,DPI)

DPI是指一个国家一年内个人可以支配的全部收入,即人们可以用来消费或储蓄的收入。因为要缴纳个人所得税,所以,缴纳个人所得税以后的个人收入才是个人可支配收入。

用公式表示就是:DPI=PI-个人所得税=个人消费+个人储蓄。

第五节 国民收入核算的恒等关系

从对国民收入核算的三种方法——支出法、收入法与生产法的深入分析中所得出的国内生产总值的一致性,我们发现国民经济中存在一个基本平衡关系。因为"总收入=总产出=总支出",总支出代表了社会对最终产品的总需求,而总收入和总产出代表了社会对最终产品的总供给。因此,从中可以得出这样一个恒等式:

$$总需求=总供给$$

而由"总需求=总供给",由储蓄、投资的定义,可以推出"储蓄=投资"。这一恒等关系在接下来的宏观经济学研究分析中是十分重要的。我们可以从国民经济的运行,即国民经济的收入流量循环模型,来分析与推出这个恒等式。

理论研究是从简单到复杂、从抽象到具体的,所以,我们从两部门经济入手研究国民经济的收入流量循环模型与国民经济中的恒等关系,进而研究三部门经济与四部门经济。

一、两部门经济的收入构成及储蓄——投资恒等式

1. 两部门经济(two sector economy)假设

这是指由厂商和居民户这两种经济单位所组成的经济。在这种经济中,没有折旧,没有间接税收,没有政府支出,没有进出口贸易,是一种最简单的经济。

2. 两部门经济条件下的国民收入构成

(1)从支出角度看,由于把企业库存作为存货投资,因此:

$$\begin{aligned}国内生产总值&=消费需求+投资需求\\&=消费支出+投资支出\\&=消费+投资\end{aligned}$$

用字母表示,即

$$Y=C+I$$

(2)从收入角度看,由于把利润看作最终产品卖价超过工资、利息与租金的余额,因此,

国内生产总值就等于总收入,总收入的一部分用作消费,另一部分则当作储蓄。于是,从供给看,国民收入构成为:

$$国民收入 = 产量的总和$$
$$= 各种要素供给的总和$$
$$= 各种生产要素所得到的收入的总和$$
$$= 工资 + 利息 + 租金 + 利润$$
$$= 消费 + 储蓄$$

用字母表示,即

$$Y = C + S$$

3. 储蓄——投资恒等式

由 $C+I=Y=C+S$ 可以得到 $I=S$,即投资 = 储蓄。

4. 对储蓄投资恒等式的说明

(1) 储蓄——投资恒等式只是在假设的两部门经济条件下,根据储蓄与投资的定义得出的,而不是根据经济运行实际得出的(下同)。弄明白这一点对于读者来说非常重要。

(2) 储蓄——投资恒等式是指针对整个经济而言,而不是针对某个人或某个企业而言。

(3) 储蓄——投资恒等式是事后的实际发生的国民收入均衡;是按照当年市场价格计算的。而后面分析宏观经济均衡时所讲的储蓄——投资恒等式是事前均衡,是按不变价格计算的。这两者不是一回事。

二、三部门经济的收入构成及储蓄——投资恒等式

1. 三部门经济(Three Sector Economy)假设

这是指由厂商、居民户与政府这三种经济单位所组成的经济。在这种经济中,政府通过税收与居民户及厂商发生联系。

2. 三部门经济条件下的国民收入构成

(1) 从支出(总需求)角度看:

$$国内生产总值 = 消费需求 + 投资需求 + 政府需求$$
$$= 消费支出 + 投资支出 + 政府支出$$
$$= 消费 + 投资 + 政府购买$$

即

$$Y = C + I + G$$

说明:政府的转移支付事实上将转化为居民消费与企业投资,因而只在 $C+I$ 中考虑,而不将它单独列出。

(2) 从收入(总供给)角度看,国内生产总值仍等于所有生产要素收入总和。总收入的一部分用作消费,一部分当作储蓄,一部分还要纳税。但居民还要得到政府的转移支付收入。假设用 T_0 表示全部税金收入,用 T_r 表示政府转移支付,用 T 表示政府净收入,$T=$

$T_0 - T_r$。于是，从收入看的国民收入构成为：

$$国民收入 = 各种生产要素的供给$$
$$= 工资 + 利息 + 租金 + 利润$$
$$= 消费 + 储蓄 + 税收$$

即
$$Y = C + S + T$$

3. 储蓄——投资恒等式

总需求： $Y = C + I + G$

总供给： $Y = C + S + T$

$\rightarrow I + G = S + T$

$\rightarrow I = S + (T - G)$

即：投资 = 储蓄 = 私人储蓄 + 政府储蓄。

三、四部门经济的收入构成及储蓄——投资恒等式

1. 四部门经济（Four Sector Economy）假设

这是指由厂商、居民户、政府和国外这四种经济单位所组成的经济。在这种经济中，国外的作用是：作为国外生产要素的供给者，向国内各部门提供产品与劳务，对国内来说，这就是进口；作为国内产品与劳务的需求者，向国内购买，对国内来说，这就是出口。

2. 四部门经济条件下的国民收入构成

（1）从支出角度看，由于有了对外贸易，于是：

$$国内生产总值 = 消费需求 + 投资需求 + 政府需求 + 国外需求$$
$$= 消费支出 + 投资支出 + 政府支出 + 国外支出$$
$$= 消费 + 投资 + 政府购买 + 净出口$$

即
$$Y = C + I + G + (X - M)$$

（2）从收入角度看，国内生产总值仍等于所有生产要素收入总和。总收入的一部分用作消费，一部分当作储蓄，一部分用作纳税，一部分用作对国外的转移支付（如对外国的救济性捐款）。于是，从收入看的国民收入构成为：

$$国民收入 = 各种生产要素的供给$$
$$= 工资 + 利息 + 租金 + 利润$$
$$= 消费 + 储蓄 + 税收 + 国外转移支付$$

即
$$Y = C + S + T + Kr$$

3. 储蓄——投资恒等式

总需求： $Y = C + I + G + (X - M)$

总供给：
$$Y = C + S + T + K_r$$
$$I + G + (X - M) = S + T + K_r$$
$$I = S + (T - G) + (M - X + K_r)$$

其中，S 代表居民私人储蓄，$T-G$ 代表政府储蓄，$M-X+K_r$ 代表外国对本国的储蓄。
即

投资＝储蓄＝私人储蓄＋政府储蓄＋国外储蓄

本章小结

一、主要结论

（1）宏观经济学研究社会总体的经济行为及其后果，其研究对象和方法都与微观经济学不完全相同。

（2）核算国民经济活动的核心指标是GDP，它是一国在一定时期内运用生产要素所生产的全部最终产品的市场价值。

（3）核算GDP有三种方法，最常用的是支出法和收入法。本教材重点介绍的是支出法。用支出法计算年初的国民收入 $GDP = C + I + G + (X - M)$。

（4）西方经济学中讲的国民收入是衡量社会经济活动成就的一个广泛概念，包括五个指标，且通过一定的关系相互关联着。在宏观经济学中，除非特别指明，国民收入就是指的GDP。

（5）国民收入核算体系存在着储蓄和投资的恒等式。

（6）国民生产总值有名义与实际之分。名义国民生产总值用大写表示，实际国民生产总值用小写表示。即国民收入 $= c + i + g + (x - m)$。这里也暗含第10章要讨论的国民收入的决定公式。

二、基本概念

国内生产总值　国民生产总值　消费　投资　政府购买　最终产品　中间产品　国民收入　个人收入　个人可支配收入　名义GDP　实际GDP

本章练习

一、单选题

1. 下列哪一项不列入国内生产总值的核算中？（　　）
   A. 出口到国外的一批货物　　　　　　B. 政府发放给贫困家庭的救济金
   C. 经纪人从旧房买卖中收取的佣金　　D. 保险公司收到的家庭财产保险费

2. "面粉是中间产品"这一命题（　　）。

A. 一定是对的　　　　　　　　B. 一定是不对的
C. 可能对,也可能不对　　　　　D. 以上三种说法全对

3. 下列哪一项计入 GDP 中?（　　）
A. 购买一辆用过的旧自行车　　B. 购买普通股票
C. 汽车制造厂买进 10 吨钢板　　D. 银行向某企业收取一笔贷款利息

4. 下列项目中,（　　）不是要素收入。
A. 总统薪水　　　　　　　　　B. 股息
C. 公司对灾区的捐献　　　　　D. 银行存款者取得的利息

5. 安徽民工在南京打工所得收入应该计入当年（　　）中。
A. 安徽的国内生产总值（GDP）　B. 安徽的国民收入（NI）
C 南京的国民生产总值（GNP）　D. 南京的国内生产总值（GDP）

6. 在下列项目中,（　　）不属于政府购买。
A. 地方政府办的三所中学　　　B. 政府给低收入者提供的住房补贴
C. 政府订购的军火　　　　　　D. 政府给公务人员增加薪水

7. 用收入法计算的 GDP 等于（　　）。
A. 消费+投资+政府支出+净出
B. 工资+利息+租金+利润+间接税
C. 工资+利息+中间产品成本+间接税+利润
D. 工资+利息+租金+利润+间接税+折旧

8. 如果当期价格水平低于基期价格水平,那么（　　）。
A. 实际 GDP 等于名义 GDP　　　B. 实际 GDP 小于名义 GDP
C. 实际 GDP 与名义 GDP 相同　　D. 实际 GDP 大于名义 GDP

9. GDP 账户将不反映以下哪一项交易?（　　）。
A. 卖掉以前拥有的住房时,付给房地产经纪商 6% 的佣金
B. 在游戏中赢得的 100 美元
C. 新建但未销售的住房
D. 向管道维修工所支付的工资

10. 某厂商 2014 年生产 10 万台电视机,以每台 2 000 元价格售出 5 万台剩下 5 万台, 2015 年以每台 2 100 元价格全部售出,则该厂商 2014 年创造的 GDP 和今年创造的 GDP 分别为（　　）。
A. 1 亿元　　1.05 亿元　　　　B. 2 亿元　　1.05 亿元
C. 2 亿元　　500 万元　　　　　D. 1 亿元　　500 万元

二、判断题

1. 最终产品和中间产品可根据产品的物质属性加以区别。（　　）
2. GNP 是一个国土概念,GDP 是一个国民概念。（　　）
3. 国内生产总值是一国或地区在一定时期内所生产的全部产品的市场价值。（　　）
4. 政府支出作为一项支出应计入 GDP。（　　）
5. GNP<GDP 说明本国公民在他国取得的收入小于外国公民从该国获得的收入。（　　）

6. 在四部门中用支出法计算 GDP 的表达式为 $GDP = C + I + G + X$。（　　）
7. 销售地产的经纪商所获得的佣金应该计入国内生产总值中。（　　）
8. 机器设备是用于生产物品的，所以属于中间产品。（　　）

三、简答题

1. 为什么政府转移支付不计入 GDP？
2. 如果甲、乙两国合并成一个国家，对 GDP 总和会有什么影响（假定两国产出不变）？
3. 五个总量指标存在怎样的数量关系？

四、计算题

1. 某年发生了以下活动：①某银矿开采了 50 千克银，公司支付 7.5 万美元给矿工，产品卖给某银器制造商，售价 10 万美元；②银器制造商支付 5 万美元工资给工人，制造了一批项链卖给消费者，售价 40 万美元。

(1) 用最终产品生产法计算 GDP。
(2) 每个生产阶段生产多少价值？用增值法计算 GDP。
(3) 在生产活动中赚得的工资和利润各为多少？用收入法计算 GDP。

2. 根据下表给出的数据，求解：1) 国内生产总值；2) 国民生产总值；3) 国民生产净值；4) 国民收入；5) 个人收入（单位：亿元）。

消费支出	1 050	出口	850	来自国外的净要素收入	60
政府购买	600	进口	950	折旧	120
国内固定资本的形成	500	间接税	500	转移支付	200

五、分析题

请从新闻媒体中查找有关事例，对 GDP 衡量经济活动和福利水平的局限性做出讨论。

第十章 国民收入决定理论

学习目标

- 了解消费函数、储蓄函数和投资函数的含义。
- 掌握国民收入均衡公式、消费与收入之间的关系、边际消费倾向递减规律。
- 理解影响均衡国民收入的因素。
- 掌握投资乘数、政府购买乘数、税收乘数、政府转移支付乘数和平衡预算乘数。

重点、难点

重点：凯恩斯的消费理论，两部门经济中国民收入的决定及变动、乘数论，三部门经济的收入决定及乘数。

难点：乘数论、三部门经济中各种乘数。

第九章讨论国民收入如何计算，从本章起讨论国民收入如何决定。关于国民收入的决定理论，众多的经济学家提出了不同角度的研究理论。本教材是以凯恩斯的理论为分析框架。国民收入决定理论是凯恩斯学说的中心内容。

第一节 均衡产出

一个国家的国民收入来源于哪里？其变动受制于哪些因素？这是一个有待于深入讨论的问题。第九章第三节中我们提出了"总收入＝总产出＝总支出"这样一个核算等式，这个等式实际上是凯恩斯关于国民收入的来源与去向的分析思路。从右等式"总产出＝总支出"来看，产出受制于消费、投资、政府支出、净出口四个因素，因此，与社会由购买力决定的总意愿相一致的总产出——国民收入取决于总需求；从左等式"总产出＝总收入"来看，产出受制于资本、劳动、土地、企业家才能四个因素，一定时期的总产出要归属于诸生产要素所有者，因此，与社会由购买力决定的总意愿相一致的总产出——国民收入取决于诸生产要素所有者的总收入，也即总供给。在凯恩斯时代，总需求是制约总产出的关键因素，因此，凯恩斯提出一个社会的总产出要与社会由购买力决定的意愿中的产出保持一致。这样就不会出现积压与脱销；在这种思路下，国民收入决定于总需求。因此，宏观经济学对于国民收入决定的分析也就从对均衡的国民收入分析开始。

一、基本分析假定

(1) 两部门经济的假设。在一个只有家庭部门与厂商部门的两部门经济也就是经济关系最简单的经济社会中,家庭部门的经济行为是消费与储蓄,厂商部门的经济行为是投资与生产,厂商的投资是不随利率与产量变动的自主投资。

(2) 不论需求量为多少,社会总需求的变动只会引起社会产量的变动,从而使社会总供求相等,价格总水平则不发生变动,这被称之为凯恩斯定律:(产品市场资源闲置时)需求会创造供给(且价格不变化);凯恩斯的巨著《就业、利息和货币通论》产生的背景是1929—1933年的资本主义世界大萧条,资源大量闲置,产品大量积压,工人大批失业。此时,社会总需求的增加,或者使闲置资源得到利用从而生产增加,就业也有所增加,或者使积压产品售出,但产品成本和产品价格基本上保持不变。

(3) 折旧与公司未分配利润都为零,从而使得 GDP、NDP、NI、PI 在数量上都相等。

在上述假定下,国民收入就决定于总需求。

二、均衡产出

(1) 均衡产出的定义:均衡产出是指与总需求相等的产出。既然是和总需求相一致的产出,于是就有生产要素的有效组合——企业生产就会要按照产品的销路来组织生产而不是按自己潜在的能力来组织生产;经济社会的实际总产出刚好等于所有居民和全体厂商想要有的消费支出与投资支出。由于两部门经济中的总需求只包括居民的消费需求和厂商的投资需求,因此,均衡产出用公式就表示为:

$$y = c + i \tag{10.1}$$

这里,有两点说明:

① 公式中的 c、i 代表的是居民和企业实际想要有的消费与投资,即意愿的消费和投资量,而不是第 9 章国民收入构成公式中实际发生的消费和投资。意愿的消费和投资与实际发生的消费和投资不是一回事。比如,某国某时间段想要有的需求为 100 吨鲜奶,实际能产出的鲜奶为 80 吨,这两者不是一回事。

② $y = c + i$ 中的每一个变量均剔除了价格变化因素。为了以示区别,本章公式全部用小写字母表示。

(2) 均衡产出的图形表示:"均衡产出是指与总需求相等的产出",可用图 10-1 表示。

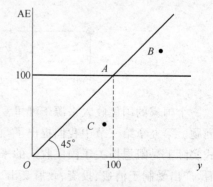

图 10-1 总支出等于总收入的 45°线

图 10-1 中的横轴表示总收入,纵轴表示总支出 45°线上的任何一点都表示总支出与总收入相等。假定总支出即包括总消费与总投资的总需求为 100,图中的 A 点表示总支出与总收入相等,都是 100,A 点也就是均衡点,表明生产总额正好等于总需求;B 点表示总收入大于总支出,非计划存货投资大于零,产生库存,企业就要削减生产,直到总供求相等的 A 点表示的 100 为止,实现总供求相等。反之,C 点表示总收入小于总支出,社会生产额小于社会需求量,企业就要增加生产,也是到总供求相等

的 A 点表示的 100 为止,实现总供求相等。当然,总支出即总需求变化了,总收入也就相应发生变化。

(3) 在均衡产出条件下,必有投资等于储蓄。

由于计划支出用 $AE=c+i$ 表示,生产创造的总收入等于计划消费与计划储蓄之和,即 $y=c+s$,所以均衡产出的条件就是 $AE=y$,即

$$i=s \tag{10.2}$$

式(10.2)表示计划投资等于计划储蓄。当计划投资与计划储蓄相等时,国民收入就达到均衡状态。

第二节 凯恩斯的消费理论

引例

宏观经济学鼻祖凯恩斯

约翰·梅纳德·凯恩斯(John Maynard Keynes,1883—1946),现代西方经济学最有影响的经济学家之一。1906—1908 年在英国财政部印度事务部工作,1908 年任剑桥大学皇家学院的经济学讲师,1909 年创立政治经济学俱乐部并因其最初著作《指数编制方法》而获"亚当·斯密奖"。1911—1944 年任《经济学杂志》主编,1913—1914 年任皇家印度通货与财政委员会委员,兼任皇家经济学会秘书,1919 年任财政部巴黎和会代表,1929—1933 年主持英国财政经济顾问委员会工作,1942 年被晋封为勋爵,1944 年出席布雷顿森林联合国货币金融会议,并担任了国际货币基金组织和国际复兴开发银行的董事。1946 年猝死于心脏病,时年 63 岁。凯恩斯一生对经济学做出了极大的贡献,一度被誉为资本主义的"救星"、"战后繁荣之父"。凯恩斯出生于萨伊法则被奉为神灵的时代,认同借助于市场供求力量自动地达到充分就业的状态就能维持资本主义的观点,因此他一直致力于研究货币理论。1929 年经济危机爆发后,他感觉到传统的经济理论不符合现实,必须加以突破,于是便有了 1933 年的《就业、利息和货币通论》(以后简称《通论》),《通论》在经济学理论上有了很大的突破。

前面引入了均衡产出的概念,得出均衡产出条件下的国民收入决定于总需求,即 $y=c+i$。但是 c 与 i 又是如何决定的呢?下面我们要进行分析。

这里,我们首先分析消费 c 是如何决定的。从支出法来分析,根据各国的国民收入统计,消费占总需求的 60% 以上。不同的经济学家提出了不同的消费理论。这里我们介绍凯恩斯的消费函数理论——绝对收入假说。绝对收入假说的中心是消费取决于绝对收入水平与消费倾向;随着消费者的收入水平上升,消费倾向及边际消费倾向递减。

一、消费函数

我们知道,家庭的消费受众多因素的影响,比如收入水平、商品价格水平、利率水平、收

入分配状况、消费偏好、家庭财产状况、消费信贷状况、消费者年龄与制度、风俗习惯等都是影响因素。其中,凯恩斯认为有决定意义的是家庭的收入水平(现期绝对实际收入水平),以及消费倾向的变化。

(1) 消费函数:消费函数就是消费与收入的依存关系。用 c 代表消费,用 y 代表收入,则消费函数可以表示为:

$$c = f(y)$$

(2) 消费倾向:消费倾向是指消费在收入中所占的比例。消费倾向又可以分为边际消费倾向与平均消费倾向两个指标。

① 边际消费倾向是指增加的消费在增加的收入中所占比例,用 MPC 表示:

$$\text{MPC} = \frac{\Delta c}{\Delta y} \tag{10.3}$$

由于边际消费倾向会被经常用到,为书写方便,就用 β 代替 MPC,于是,边际消费倾向可以表达为另外一种方式:

$$\beta = \frac{\Delta c}{\Delta y}$$

如果收入增量为极小时,边际消费倾向又可以表达为:

$$\text{MPC} = \frac{\mathrm{d}c}{\mathrm{d}y} \quad \text{或} \quad \beta = \frac{\mathrm{d}c}{\mathrm{d}y} \tag{10.4}$$

消费随着收入的增加而增加,但消费的增加不如收入增加得多,这就是边际消费倾向递减规律。凯恩斯认为,边际消费倾向递减规律是引起总需求不足的三个基本心理规律之一。

② 平均消费倾向是指消费支出在收入中所占的比重,平均消费倾向的公式是:

$$\text{APC} = \frac{c}{y} \tag{10.5}$$

(3) (边际)消费倾向递减:首先,我们从统计调查中可以发现:一个人的收入水平越高,在理性人假设下,其消费倾向越低。因此,宏观调控时启动的内需政策制定中常常是提高中低收入阶层的收入水平。因为这一部分人的收入水平原本就低,其边际消费倾向自然就高,收入增加的部分用于消费的概率就大。

其次,从图 10-2 中可以看出:

① 消费曲线上任一点的斜率,都是与这一点相对应的边际消费倾向。

② 消费曲线上任一点与原点相连而成的射线的斜率,则是与这一点相对应的平均消费倾向。

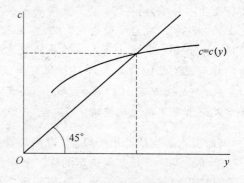

图 10-2 消费曲线

③ 随着曲线向右延伸,曲线上各点的斜率越来越小,说明边际消费倾向递减,同时曲线上各点与原点的连线的斜率也越来越小,说明平均消费倾向也递减,但平均消费倾向始终大于边际消费倾向。

④ 如果消费和收入之间存在线性关系,则边际消费倾向为一个常数,这时消费函数(线性消费函数读者自行作图)可用下列方程表示:

$$c = \alpha + \beta y \tag{10.6}$$

$α$ 为自发消费(autonomous consumption),$β$ 为边际消费倾向,$βy$ 表示收入引致的消费(induced consumption)。

⑤ $c=α+βy$ 的经济含义就是消费等于自发消费与引致消费之和。

⑥ 当消费函数为线性时,APC>MPC 这一点就更容易看清。

$$\text{APC}=\frac{c}{y}=\frac{α+βy}{y}=\frac{α}{y}+β>β$$

二、储蓄函数

储蓄是收入中未被消费的部分。储蓄函数是与消费函数紧紧相连的一个概念。

1. 储蓄函数定义

储蓄函数是指储蓄与收入之间的依存关系。在其他条件不变的情况下,储蓄随着收入的变动而同方向变动。

由于 $y=c+s$,所以 $s=y-c$,故储蓄是收入减去消费后的剩余部分。储蓄函数的表达公式是:

$$s=f(y) \tag{10.7}$$

2. 储蓄倾向

消费倾向是指储蓄在收入中所占的比例。储蓄倾向又可以分为平均储蓄倾向与边际储蓄倾向两个指标。

(1) 边际储蓄倾向是指储蓄增量与收入增量之比,是储蓄曲线上任一点的斜率,是该点上储蓄增量对收入增量的比率。可用公式表示为:

$$\text{MPS}=\frac{\Delta s}{\Delta y} \tag{10.8}$$

如果收入增量为极小时,边际储蓄倾向又可以表达为:

$$\text{MPS}=\frac{\mathrm{d}s}{\mathrm{d}y} \tag{10.9}$$

(2) 平均储蓄倾向是指任一收入水平上储蓄在收入中的比例,是储蓄曲线上任一点与原点相连而成射线的斜率,是指任一收入水平上储蓄在收入中所占的比率。用公式表示为:

$$\text{APS}=\frac{s}{y} \tag{10.10}$$

3. 储蓄曲线

与消费函数一样,储蓄与收入的关系也可以用储蓄曲线表示,储蓄曲线包括线性的储蓄曲线与非线性的储蓄曲线。

储蓄与收入存在线性关系的储蓄函数可表示为:

$$s=-α+(1-β)y \tag{10.11}$$

这是因为 $s=y-c$,$c=α+βy$,故:

$$s=y-c=y-(α+βy)=-α+(1-β)y$$

图 10-3 表示了线性的储蓄曲线。横轴表示收入,纵轴表示储蓄,储蓄曲线向右上方倾斜,表明储蓄随收入的增加而增加。OA 为 $-\alpha$,表示收入为 0 时储蓄的减少量,即储蓄是自发消费的来源。B 点是储蓄曲线与横轴的交点,表示收入为 OB 时全部的收入都用于消费,此时的储蓄为 0;位于储蓄曲线上横轴以上的点比如 C 点表示存在正储蓄,而位于储蓄曲线上横轴以下的点比如 D 点表示存在负储蓄。

储蓄曲线上任意一段弧或任一点的斜率,就是边际储蓄倾向,所以,线性的储蓄曲线上任意一段弧或任一点的斜率都相等,都等于数值不变的边际储蓄倾向。储蓄曲线上任意一点与原点连线的斜率,就是平均储蓄倾向。

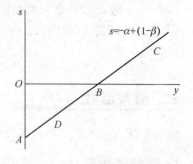

图 10-3 线性的储蓄曲线

与线性的储蓄曲线相比,非线性储蓄曲线有自己的特殊性。随着收入的增加,非线性储蓄曲线的斜率越来越大,即非线性储蓄曲线上各点的切线越来越陡峭,各点的切线的斜率越来越大,非线性消费曲线越来越以递增的速率向右上方倾斜,这表现出边际储蓄倾向递增的状况(读者可自行作图)。

三、消费函数与储蓄函数的关系

从 $y=c+s$、$s=y-c$ 中可以看到消费函数与储蓄函数的关系。

第一,消费函数与储蓄函数互为补数,消费与储蓄之和总是等于收入。

由于 $c=\alpha+\beta y$,$s=-\alpha+(1-\beta)y$,故 $c+s=(\alpha+\beta y)+[-\alpha+(1-\beta)y]=y$。

消费与储蓄的这一关系还可用图 10-4 表示。

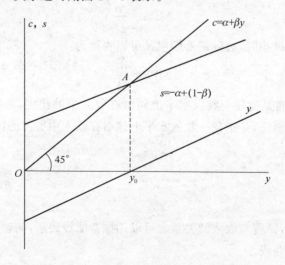

图 10-4 消费曲线与储蓄曲线的关系

图 10-4 中,消费者的收入等于 Oy_0 时,消费曲线与 45°线相交于 A 点,储蓄曲线与横轴相交于 y_0 点,此时消费等于收入,储蓄等于 0;A 点左下方、在 45°线以上的消费曲线上

的各点,表示消费大于收入,相应的储蓄曲线位于横轴以下,有负储蓄;A 点右上方、位于 45°线下方的消费曲线上的各点,表示消费小于收入,相应的储蓄曲线位于横轴以上,有正储蓄。

第二,由于 APC、MPC 都随着收入的增加而递减,但 APC＞MPC,相应地,APS、MPS 都随着收入的增加而递增,但 APS＜MPS。

第三,APC 与 APS 之和恒等于 1,MPC 与 MPS 之和也恒等于 1。这两个恒等式可以证明如下:

$y=c+s$,等式两边都除以 y,得 $\dfrac{y}{y}=\dfrac{c}{y}+\dfrac{s}{y}$,即:

$$APC+APS=1 \qquad (10.12)$$

由式(10.12)可得:　　　　$1-APC=APS,1-APS=APC \qquad (10.13)$

同样,由于 $\Delta y=\Delta c+\Delta s$,等式两边都除以 Δy,得:

$$\dfrac{\Delta y}{\Delta y}=\dfrac{\Delta c}{\Delta y}+\dfrac{\Delta s}{\Delta y}$$

即

$$MPC+MPS=1 \qquad (10.14)$$

由式(10.14)可得:

$$1-MPC=MPS,1-MPS=MPC \qquad (10.15)$$

根据以上消费函数与储蓄函数的关系,只要知道其中的一个,另一个就可以推算出来。

四、单个消费者消费函数和社会消费函数

在以上分析的单个消费者的消费函数基础之上,可以得出整个社会的消费函数,也就是总消费与总收入之间的函数关系。毫无疑问,社会消费函数是单个消费者消费函数之和,但社会消费函数并不是单个消费者消费函数的简单加总,社会消费函数的形成除了受消费者消费函数影响之外,还受到其他因素的影响,这些影响因素包括:

(1)国民收入的分配平等程度。社会成员因拥有的财富数量不同,便具有不同的消费能力与储蓄能力。国民收入分配越不平等,富有者拥有的社会财富越多,其储蓄能力越强,但其边际消费倾向较低,社会消费曲线的位置就较低。反之,国民收入分配较为平等,社会成员的边际消费倾向就较高,社会消费曲线的位置也就较高。

(2)政府的税收政策。如果实行的是累进个人所得税制,富有者一些可能的储蓄就会转化成政府税收,政府将这部分税收以政府购买支出和政府转移支付的方式花费掉,会直接或间接增加消费,最终使得社会消费总量增加。这样,社会消费曲线就较高。

(3)公司未分配利润的数量。公司利润中未分配的数量较少,意味着股东得到了更多的红利,从而消费就多,社会消费曲线位置就较高。反之,公司利润中未分配的数量较多,社会消费数量就少,社会消费曲线就靠下。

尽管社会消费曲线并非个人消费曲线的简单相加,但社会消费曲线与个人消费曲线的形状是相似的。

知识链接

其他有关消费的经济理论

生命周期消费理论由美国经济学家弗朗科·莫迪利安尼提出。生命周期消费理论认为,人们在较长时间范围内计划他们的生活消费开支,以达到在整个生命周期内消费的最佳配置。人们第一阶段参加工作,第二阶段纯消费而无收入,用第一阶段的储蓄来弥补第二阶段的消费。这样,个人可支配收入和财富的边际消费倾向便取决于该消费者的年龄。它表明当收入相对于一生平均收入高(低)时,储蓄是高(低)的;它同时指出总储蓄取决于经济增长率及人口的年龄分布变量。

相对收入消费理论是由美国经济学家杜森贝利(J. S. Duesenberry)创立的,他认为消费者会受自己过去的消费习惯以及周围消费水准的影响来决定消费,从而消费是相对地决定的,因此得名。按他的看法,消费与所得在长时期维持一个固定比率,故长期消费函数是从原点出发的直线,但短期消费函数则为有正截距的曲线。这不论是从时间数列或从切断面观察都是如此。

永久收入假说(Permanent Income Hypothesis)是由美国经济学家米尔顿·弗里德曼(M. Friedman)提出的。其基本观点是:消费者的收入主要不是由他的现期收入决定的,而是由他的永久收入决定的。所谓永久收入是指消费者可以预计到的长期收入。永久收入大致可以根据观察到的若干年收入的数值之加权平均数计得,距现在的时间越近,权数越大;反之,则越小。根据这种理论,政府想通过增减税收来影响总需求的政策是不能奏效的,因为人们因减税而增加的收入,并不会立即用来增加消费。

第三节　两部门经济中国民收入的决定

引例

节俭的悖论

节俭的悖论是指节制储蓄增加消费会减少个人财富,对个人是件坏事,但由于会增加国民收入使经济繁荣,对整个经济来说是好事;节制消费增加储蓄会增加个人财富,对个人是件好事,但由于会减少国民收入引起萧条,对国民经济是件坏事。

萨缪尔森指出:"本·富兰克林的《穷人理查德的手册》告诉我们:'节俭一分钱就是挣一分钱'。"但是,"正当我们学习穷人理查德的智慧时,出现了一代新的理财奇才,他们声称在萧条时期,古老的美德可以是现代的罪恶。"

如何理解节俭的悖论？这就是有效需求问题。

有效需求（Effective Demand）是指在一定时期居民愿意购买并有支付能力的购买，预期可给雇主（企业）带来最大利润量的社会总需求，即总供给和总需求相等时的总需求。

1820年，马尔萨斯《政治经济学原理》提出由于社会有效需求不足，资本主义存在产生经济危机的可能。

1936年，凯恩斯《就业、利息和货币通论》，建立起比较完整的有效需求不足理论。

一、两部门经济中均衡国民收入的决定——使用消费函数决定收入

由前面的分析 $y=c+i$，我们得知两部门经济中均衡的国民收入决定于消费和投资。我们在前面已经分析了 c，按理说还要分析 i，但为了使问题分析简化，这里先作一点处理：假定投资 i 已知且固定不变。在此前提下，我们来讨论国民收入 y 的决定。

1. 两部门经济中国民收入决定代数形式

由于收入恒等式为 $y=c+i$，$c=\alpha+\beta y$，将这两个方程联立并求解，就推出两部门经济中均衡的国民收入 y 的决定公式：

$$y=\frac{\alpha+i}{1-\beta} \tag{10.16}$$

根据式（10.16），如果已知消费函数与投资，便可求出均衡的国民收入。例如，消费函数为 $c=600+0.8y$，自发投资为200亿美元，则均衡收入：

$$y=\frac{600+200}{1-0.8}=4\,000$$

表10-1也说明了消费函数 $c=600+0.8y$ 和自发投资为200亿美元时的均衡收入决定情况。

表10-1 均衡收入的决定

(1)收入 y	(2)消费 c	(3)储蓄 s	(4)投资 i
1 000	1 400	−400	200
2 000	2 200	−200	200
3 000	3 000	0	200
4 000	3 800	200	200
5 000	4 600	400	200
6 000	5 400	600	200
7 000	6 200	800	200

表10-1数据表明，$y=4\,000$ 亿美元时，$c=3\,800$ 亿美元，$i=200$ 亿美元，$y=c+i=3\,800+200=4\,000$（亿美元），说明4 000亿美元是均衡收入。在收入小于4 000亿美元时，c 与 i 之和都大于相应的总供给，这意味着企业的产量小于市场需求。于是，企业增加雇佣工人的数量，增加生产，使均衡收入增加。相反，收入大于4 000亿美元时，c 与 i 之和都小于相应的总供给，这意味着企业的产量比市场需求多，产生了存货投资，这会迫使企业解雇一部分工人，减少生产，使均衡收入减少。两种不同情况变化的结果都是产量正好等于需求量，即总供求相等，收

入达到均衡水平。

2. 均衡收入决定几何图形

如图 10-5 所示,图中的横轴表示收入,纵轴表示消费、投资。消费曲线 c 上加投资曲线 i 就得到总支出曲线 $c+i$,因投资为自发投资,自发投资总等于 200 亿美元,故总支出曲线 $c+i$ 与消费曲线 c 是平行的,两条曲线在任何收入水平上的垂直距离都等于自发投资 200 亿美元。总支出曲线与 45°线相交于 E 点,E 点为均衡点,E 点决定的收入是均衡收入 4 000 亿美元。如果经济处于总支出曲线 E 点之外的其他点上,就出现了总供求不相等的情况,这会引起生产的扩大与收缩,直至回到均衡点。

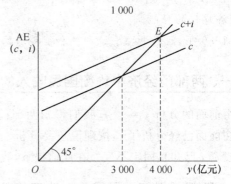

图 10-5 两部门均衡国民收入的决定

二、使用储蓄函数决定收入

1. 国民收入决定代数形式

由于 $y=c+i, y=c+s$,得

$$i=y-c=s$$

而 $s=-\alpha+(1-\beta)y$

将以上两个方程联立并求解,就得到均衡收入:

$$y=\frac{\alpha+i}{1-\beta} \tag{10.17}$$

上例中,$c=600+0.8y, s=-600+(1-0.8)y=-600+0.2y$,$i=200$,令 $i=s$,即 $200=-600+0.2y$,得 $y=4 000$(亿美元)。这一结果在表 10-1 中也体现出来,即 $y=4 000$ 亿美元时,投资 i 与储蓄 s 正好相等,从而实现了均衡。可以看到,这一结果与使用消费决定均衡收入的方法得到的结果是一样的。

2. 均衡国民收入决定几何图形

如图 10-6 所示,图中的横轴表示收入,纵轴表示投资、储蓄。s 为储蓄曲线,由于储蓄随收入增多而增多,故储蓄曲线向右上方倾斜。i 代表投资曲线,由于投资为自发投资,自发投资又不随收入变化而变化,其值总等于 200 亿美元,故投资曲线是一条平行线。储蓄曲线与投资曲线相交于 E 点,E 点为 $i=s$ 的均衡点,由 E 点决定的收入是均衡收入,即 4 000 亿美元。

3. 小结

如果实际产量小于均衡收入水平,比如实际产量为 2 000 亿美元,此时的投资大于储蓄,社会总需求大于总供给,产品供不应求,存货投资为负,企业就会扩大生产,社会收入水平就会增加,直至均衡水平。反之,实际产量大于均衡收入,比如实际产量为5 000亿美元,此时的投资小于储蓄,社会总需求小于总供给,产品过剩,产生了非计划存货投资,企业就会缩小生产,社会收入水平因此而减少,直至均衡水平。只要投资与储蓄不相等,社会收入就处于非均衡状态,经过调整,最终达到均衡收入水平。

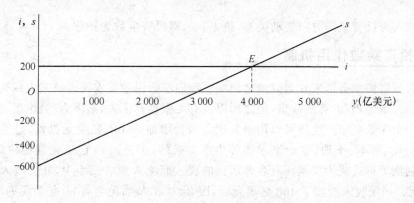

图10-6　储蓄曲线与投资相交决定国民收入

第四节　乘数理论

引例

乘数的由来

1920—1930年,英国陷入了严重的经济危机。失业人口多达100万并给政府形成很大的压力。1929年,Lloyd George提出由政府举办公共工程来消除失业的竞选宣言,由此引发争论。

英国剑桥大学学生卡恩提出:总需求(Aggregate Demand)任何的变动,如消费的变动、政府支出的变动、税收的变动、净出口的变动等,都会引起国民收入(National Income)的更大变动。即AD↑→NI↑。他将这一现象称之为乘数现象,并于1931年发表《国内投资与失业的关系》中首先提出。凯恩斯在卡恩的基础上完善了乘数理论,并把乘数作为国民收入决定理论的一个重要部分。

不论从总需求看,还是从总供给看,组成国民收入的任何一个因素(比如投资、政府购买、税收等)在数量上的变动都会对国民收入数量的变动产生影响。乘数理论就是要说明国民收入变动量与引起这种变动量的某一因素变动量在数量上的对比关系。

一、投资乘数的概念与表达公式

乘数是指某一自变量变动一个单位时引起因变量变动过程的度量,即变量的百分比。

在本教材中是指国民收入的增加量与引起这种增加的自发总需求增加量之间的比率。

投资乘数就是收入的变化量与带来收入变化量的投资变化量的比率。如果用 k_i 表示投资乘数,用 Δy 表示收入的增量,用 Δi 表示投资的增量,则投资乘数的公式可表达为:

$$k_i = \frac{\Delta y}{\Delta i} \tag{10.18}$$

由于收入与投资是同方向变动关系,故 $k_i > 0$,即投资乘数为正数。

二、投资乘数作用机制

为什么投资增加会带来收入成倍增加呢?我们都听说过某农民索赔某人踩死他的鸡时提出"鸡生蛋、蛋生鸡"的算法故事,他之所以没有无限再算下去,是因为"鸡生蛋、蛋生鸡"的过程中有一个无效概率。这里可以用来类比。因为增加的 100 亿美元投资,是用来购买生产所用的劳动、资本、土地、企业家才能等生产要素的,于是,100 亿美元就相应以工资、利息、地租、利润等形式成为要素所有者即居民的收入而流入到居民手中,社会收入就增加了 100 亿美元。居民收入增加了 100 亿美元后,因 $\beta = 0.8$,故居民会有 80 亿美元的消费支出,生产部门相应得到出售产品的 80 亿美元。生产部门用此 80 亿美元购买 80 亿美元的生产要素,80 亿美元就以工资、利息、地租、利润等形式又流回到居民手中,即社会收入增加了 80 亿美元。在边际消费倾向仍然是 0.8 的条件下,居民会有 64 亿美元的消费支出,生产部门就相应得到 64 亿美元,而生产部门又用此购买 64 亿美元的生产要素,64 亿美元便以工资、利息、地租、利润等形式流回到居民手中,社会收入因此而增加了 64 亿美元。这样的过程不断持续下去,投资、收入、消费就一轮一轮地增加,最终的社会收入会增加 500 亿美元。可以用以下公式表示出收入的增加:

$$100 + 100 \times 0.8 + 100 \times 0.8^2 + 100 \times 0.8^3 + \cdots + 100 \times 0.8^{n-1}$$
$$= 100(1 + 0.8 + 0.8^2 + 0.8^3 + \cdots + 0.8^{n-1})$$
$$= 100 \times \frac{1}{1 - 0.8}$$
$$= 500(亿美元)$$

这表明,当投资增加 100 亿美元时,收入最终会增加 500 亿美元。收入增加的倍数是 5,投资乘数就是 5。

三、乘数的代数表达式

$$投资乘数 = \frac{1}{1 - 边际消费倾向} \text{ 或 } k = \frac{1}{1 - \text{MPC}}$$

如果用 β 表示 MPC,则 $k = \frac{1}{1 - \beta}$ \hfill (10.19)

因此 $k = \frac{1}{1 - \text{MPC}} = \frac{1}{\text{MPS}}$

可见,投资乘数与边际消费倾向成正比,与边际储蓄倾向成反比,且 $k_i > 0$,亦即收入的变化量与投资变化量呈同方向变动。

四、投资乘数效应的图示

在图 10-7 中,横轴表示收入,纵轴表示消费与投资,$c + i$ 表示原有的总支出曲线,相应

的均衡收入为 $y;c+i_n$ 表示新的总支出曲线，$i_n=i+\Delta i$，相应的均衡收入为 y_n，$y_n-y=\Delta y=k_i\cdot\Delta i$。当投资增加 100 亿美元即 $\Delta i=100$ 时，收入增加 500 亿美元，即 $\Delta y=5\times 100=500$（亿美元）。

从图形中可以看出：总需求 Δi 增加（减少）会引起总产出 Δy 增加（减少）。而两个增量之比为 5 倍。这就是说，无论是增加的投资还是减少的投资，都具

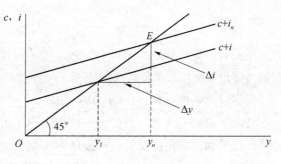

图 10-7 乘数效应

有乘数作用，都会对收入产生或增加或减少的作用，因而，投资乘数是一把"双刃剑"。

第五节 三部门经济中均衡国民收入的决定及乘数

一、三部门经济的国民收入均衡条件

在三部门经济中，从总支出即总需求的角度看，国民收入由消费、投资、政府购买支出构成，从总收入即总供给的角度看，国民收入由消费、储蓄、税收组成。因此，三部门经济的国民收入均衡条件是消费、投资、政府购买支出之和等于消费、储蓄、税收之和，即：

$$c+i+g=c+s+t \tag{10.20}$$

简化得：

$$i+g=s+t \tag{10.21}$$

二、定量税条件下三部门经济中的均衡的国民收入决定

在 $i+g=s+t$ 中，由于 t 有定量税与比例税两种形式，于是，三部门经济中均衡的国民收入决定又应分为定量税与比例税两种情况讨论。定量税是指税收量不随收入的变动而变动，例如农林特产税。这里只讨论定量税条件下三部门经济中均衡的国民收入决定。

1. 定量税条件下三部门经济中均衡的国民收入决定公式推导

假设消费函数为 $c=\alpha+\beta y_d$，y_d 表示居民可支配收入，定量税为 t，投资为 i，政府购买为 g，试求均衡的国民收入水平。

因为 $y_d=y-t$，根据均衡方程式，有：

$$y=c+i+g=\alpha+\beta y_d+i+g=\alpha+\beta(y-t)+i+g$$

整理后得到：

$$y=\frac{\alpha+i+g-\beta t}{1-\beta} \tag{10.22}$$

2. 举例

假定有消费函数 $c=1\,000+0.8y_d$，y_d 为可支配收入，定量税 $t=50$，投资 $i=100$，政府购买性支出 $g=150$，单位均为亿美元。

根据以上条件可得：$y_d=y-t=y-50$。

又由于 $s=-\alpha+(1-\beta)y_d=-1\,000+(1-0.8)(y-50)=0.2y-1\,010$

将已知和已求出的变量代入经济均衡的公式 $i+g=s+t$ 中，即 $100+150=(0.2y-1\,010)+50$，求解，得出均衡收入：$y=6\,050$（亿美元）。

三、三部门经济中各种乘数

下面根据公式(10.22)，分别分析政府购买支出乘数、税收乘数、政府转移支付乘数和平衡预算乘数。

1. 政府购买支出乘数

政府购买支出乘数是指收入变动与引起收入变动的政府购买支出变动的比率。用 k_g 表示政府购买支出乘数，Δy 表示收入变动，Δg 表示政府购买支出变动，则：

$$k_g=\frac{\Delta y}{\Delta g} \tag{10.23}$$

假定除 g 之外，组成收入的其他因素保持不变，当政府购买支出从 g_0 变为 g_1 时，收入分别为：

$$y_0=\frac{\alpha+i+g_0-\beta t_0}{1-\beta}$$

$$y_1=\frac{\alpha+i+g_1-\beta t_1}{1-\beta}$$

$$y_1-y_0=\Delta y=\frac{g_1-g_0}{1-\beta}=\frac{\Delta g}{1-\beta}$$

整理得：
$$\frac{\Delta y}{\Delta g}=k_g=\frac{1}{1-\beta} \tag{10.24}$$

可见，政府购买支出乘数等于 1 减去边际消费倾向 β 的倒数，与边际消费倾向 β 成正比。由于 $1-\beta>0$，故 $k_g>0$，即收入变动与政府购买支出变动呈同方向变动关系。

2. 税收乘数

税收乘数是指收入变动与引起收入变动的税收变动的比率。假设在 $y=\dfrac{\alpha+i+g-\beta t}{1-\beta}$ 的公式中，只有税收变动，则税收 t_0 和 t_1 的收入分别为：

$$y_0=\frac{\alpha+i+g-\beta t_0}{1-\beta}$$

$$y_1=\frac{\alpha+i+g-\beta t_1}{1-\beta}$$

$$y_1 - y_0 = \Delta y = \frac{-\beta t_1 + \beta t_0}{1-\beta} = \frac{-\beta \Delta t}{1-\beta}$$

整理得：
$$\frac{\Delta y}{\Delta t} = k_t = \frac{-\beta}{1-\beta} \tag{10.25}$$

用 k_t 表示税收乘数，Δy 表示收入变动，Δt 表示税收变动，税收乘数为负值表示收入随税收增加而减少，随税收减少而增加。

3. 政府转移支付乘数

政府转移支付的增加，会增加居民的可支配收入，社会消费因此而增加，从而国民收入增加。所以，政府转移支付也具有乘数作用。

政府转移支付乘数是指收入变动与引起收入变动的政府转移支付变动的比率。用 k_{t_r} 表示政府转移支付乘数，Δy 表示收入变动，Δt_r 表示政府转移支付变动，则：

$$k_{t_r} = \frac{\beta}{1-\beta} \tag{10.26}$$

这是因为，有了政府转移支付后，$y_d = y - t + t_r$，因此，

$$y = c + i + g = \alpha + \beta y_d + i + g = \alpha + \beta(y - t - t_r) + i + g$$

$$y = \frac{\alpha + i + g + \beta t_r - \beta t}{1-\beta} \tag{10.27}$$

在其他条件不变，只有 t_r 变动时，则转移支付为 t_{r0} 和 t_{r1} 时的国民收入分别为：

$$y_0 = \frac{\alpha + i + g + \beta t_{r0} - \beta t_0}{1-\beta}$$

$$y_1 = \frac{\alpha + i + g + \beta t_{r1} - \beta t}{1-\beta}$$

$$y_1 - y_0 = \Delta y = \frac{\beta t_{r1} - \beta t_{r0}}{1-\beta} = \frac{\beta \Delta t_r}{1-\beta}$$

整理得

$$\frac{\Delta y}{\Delta t_r} = k_{t_r} = \frac{\beta}{1-\beta}$$

乘数等于边际消费倾向 β 与 1 减去边际消费倾向 β 的倒数，政府转移支付乘数与边际消费倾向 β 成正比，且政府转移支付乘数为正值，表明收入变动与政府转移支付变动成正比。

4. 平衡预算乘数

平衡预算乘数是指政府支出和政府收入同时以相等的数量增加或减少时，国民收入变动与政府收支变动的比率。

用 k_b 表示平衡预算乘数，Δy 表示政府支出和政府收入同时以相等的数量变动时国民收入的变动量，则：

$$\Delta y = k_g \Delta g + k_T \Delta t = \frac{1}{1-\beta} \Delta g + \frac{-\beta}{1-\beta} \Delta t$$

由于政府支出和政府收入相等即 $\Delta g = \Delta t$，所以：

$$\Delta y = \frac{1}{1-\beta} \Delta g + \frac{-\beta}{1-\beta} \Delta g = \frac{1-\beta}{1-\beta} \Delta g = \Delta g$$

同样得：
$$\Delta y = \frac{1}{1-\beta} \Delta t + \frac{-\beta}{1-\beta} \Delta t = \frac{1-\beta}{1-\beta} \Delta t = \Delta t$$

因而，

$$\frac{\Delta y}{\Delta g} = \frac{\Delta y}{\Delta T} = \frac{1-\beta}{1-\beta} = 1 = k_b \tag{10.28}$$

可见，平衡预算乘数等于1。

第六节 四部门经济中均衡国民收入的决定及乘数

一、四部门经济中的收入决定

四部门经济是开放经济，国家之间通过对外贸易等形式与其他国家建立了经济联系。所以，一个国家均衡的国民收入不仅取决于国内的消费、投资、政府购买支出，还取决于其净出口，即：

$$y = c + g + (x - m) \tag{10.29}$$

把式(10.29)中的各个组成部分进行分解：

$$c = \alpha + \beta y_d$$
$$y_d = y - t + t_r$$

其中，t 为总税收，t_r 为政府转移支付。

$i = \bar{i}$——假定投资既定；

$g = \bar{g}$——假定政府购买既定；

$t_r = \bar{t_r}$——假定政府转移支付既定；

$x = \bar{x}$——假定出口既定。

$$m = m_0 + \gamma y \tag{10.30}$$

式中：m_0 为自发进口，即不受国民收入变化影响的进口，γ 为边际进口倾向，$\gamma = \frac{\Delta m}{\Delta y}$，$\gamma y$ 为引致进口。

经整理，得到四部门经济的均衡的国民收入：

$$y = \frac{1}{1-\beta+\gamma}(\alpha + \bar{i} + \bar{g} - \beta\bar{t} + \beta\bar{t_r} + \bar{x} - m_0) \tag{10.31}$$

二、对外贸易乘数

由第五节曾推导出的四部门中均衡收入决定公式可以得到：

则对外贸易乘数为：

$$\frac{dy}{dx} = \frac{1}{1-\beta+\gamma} \tag{10.32}$$

对外贸易乘数表明，在 β 与 t 既定的条件下，对外贸易乘数取决于 γ，两者呈反方向变动关系。由于 $\gamma = \frac{\Delta m}{\Delta y}$，即增加的收入中有一部分用于进口而未用于国内需求，对外贸易乘数就小于政府购买支出乘数 $\frac{1}{1-\beta}$。

本章小结

一、主要理论

（1）与总需求相等的产出称为均衡的产出，或者称为均衡的国民收入。在均衡产出水平上，计划或意愿的投资一定等于计划或意愿的储蓄。

（2）凯恩斯提出消费是和现期绝对收入有关的一个函数，消费和收入之间的关系称为消费倾向，有边际消费倾向和平均消费倾向。相应地，储蓄倾向有边际储蓄倾向和平均储蓄倾向。

（3）在两部门经济中，均衡国民收入的决定公式是 $y=\dfrac{\alpha+i}{1-\beta}$，投资乘数是 $\dfrac{\Delta y}{\Delta i}=ki=\dfrac{1}{1-\beta}$。

（4）三部门经济是在两部门的基础上加上政府部门所组成的经济，因而，除了投资，政府支出、税收、转移支付的变化也会影响到均衡国民收入水平。

（5）四部门经济是在三部门模型基础上增加对外贸易部门。

二、基本概念

宏观经济均衡　总需求　总供给　总支出　均衡产出　消费函数　边际消费倾向　平均消费倾向　储蓄函数　边际储蓄倾向　平均消费倾向　政府支出　乘数　投资乘数　政府支出乘数　税收乘数　转移支付乘数　平衡预算乘数

本章练习

一、单选题

1. 根据凯恩斯的绝对收入假说，随着收入的增加（　　）。
   A. 消费增加、储蓄下降　　　　　B. 消费下降、储蓄增加
   C. 消费增加、储蓄增加　　　　　D. 消费下降、储蓄下降

2. 国民收入中的边际消费倾向的值越大，则（　　）。
   A. 边际储蓄倾向的值越大　　　　B. 乘数的值就越小
   C. 总支出曲线就越平坦　　　　　D. 总支出曲线就越陡

3. 在收入的均衡水平上（　　）。
   A. 非自愿的存货投资为 0　　　　B. 计划支出等于实际支出
   C. GNP 没有变动的趋势　　　　　D. 以上各项都正确

4. 在简单凯恩斯模型中，导致总产出减少的原因是（　　）。
   A. 价格下降　　　　　　　　　　B. 存货意外增加

C. 利息率提高　　　　　　　　　　D. 工资提高

5. 当消费函数为 $C=a+\beta Y(a>0、\beta>0)$，这表明，平均消费倾向（　　）。

A. 大于边际消费倾向　　　　　　　B. 小于边际消费倾向

C. 等于边际消费倾向　　　　　　　D. 以上三种情况都可能

6. 表示收入和消费关系的45°线意味着（　　）。

A. 在线上所有的点表示消费等于储蓄　　B. 所有的点表示收入等于储蓄

C. 所有的点表示消费等于收入　　　D. 以上都不正确

7. 以下四种情况中，投资乘数最大的是（　　）。

A. 边际消费倾向为0.6　　　　　　B. 边际储蓄倾向为0.1

C. 边际消费倾向为0.4　　　　　　D. 边际储蓄倾向为0.3

8. 在平均储蓄倾向等于－10%的时候，平均消费倾向等于（　　）。

A. 10%　　　B. 110%　　　C. 90%　　　D. 100%

9. 假如政府增税会带来同样数量的可支配收入的减少，在边际消费倾向等于50%的条件下，增税100万美元会使国民收入减少（　　）。

A. 50万美元　　B. 100万美元　　C. 200万美元　　D. 150万美元

10. 下面哪一种情况可能使国民收入增加得最多？（　　）

A. 政府对高速公路的护养开支增加250亿美元

B. 政府转移支付增加250亿美元

C. 个人所得税减少250亿美元

D. 企业储蓄减少250亿美元

11. 在两部门经济中，均衡发生于（　　）之时。

A. 实际储蓄高于实际投资　　　　　B. 实际的消费加实际的投资等于产值

C. 计划储蓄等于计划投资　　　　　D. 总支出等于企业部门的收入

二、判断题

1. 政府支出的变化直接影响总需求，但税收和转移支付则是通过它们对私人消费和投资的影响间接影响总需求。（　　）

2. 若消费函数为 $C=0.85Y$，则边际消费倾向是新增1美元收入中消费85美分。（　　）

3. 边际储蓄倾向越大，政府购买变动对国民生产总值的影响就越大。（　　）

4. 所谓有效需求，是指商品的总需求等于总供给时的总需求。（　　）

5. 平衡预算乘数为1说明政府增加等量支出与税收时，会引起等量的国民收入增加。（　　）

6. 均衡产出可用 $y=c+i$ 表示，其中的 i 表示实际发生的投资。（　　）

7. 在 $C=a+\beta Y$ 的消费函数中，APC<MPC。（　　）

8. 如果边际储蓄倾向为0.3，投资支出增加60亿元，可以预期将导致均衡水平GDP增加200亿元。（　　）

9. 在简单的凯恩斯模型里，投资为常数，不考虑利率对其的影响。（　　）

10. 均衡的国民收入就是充分就业时的国民收入。（　　）

11. 边际消费倾向和平均消费倾向一般是大于0小于1。（　　）

12. 收入变化会引起消费变化，消费变化也会引起收入变化。（　　）

三、计算题

1. 假设某经济社会的消费函数为 $C=100+0.8Y$，投资为 50（单位：10 亿美元）。
   (1) 求均衡收入、消费和储蓄。
   (2) 如果当时实际产出（即 GDP 或收入）为 800，企业非意愿存货投资为多少？
   (3) 若投资增至 100，求增加的收入。
   (4) 若消费函数变为 $C=100+0.9Y$，投资仍为 50，收入和储蓄各为多少？投资增至 100 时，收入增加多少？

2. 假如某经济有如下行为方程：$c=100+0.6y_d$；$i=50$；$g=250$；$t=100$。试求：(1) 均衡收入和可支配收入；(2) 消费支出；(3) 私人储蓄和政府储蓄；(4) 投资乘数。

四、简答题

1. 在均衡产出水平上，意愿存货投资和非意愿存货投资是否都必然为零？
2. 什么叫消费倾向？能否说边际消费倾向和平均消费倾向一般是大于零而小于 1？

五、分析题

中国的高储蓄率世界闻名。2013 年 9 月，我国居民储蓄连续 3 个月突破 43 万亿元，人均储蓄超过 3 万元，为全球储蓄金额最多的国家。

长期以来，舆论普遍认为高储蓄率源于中国百姓爱存钱的习俗。然而，事实证明这种认识有很大偏差。实际上，中国国民的高储蓄率中，有很大一部分是政府和企业储蓄高导致的。

吴敬琏指出，国民储蓄分三个部分，一般国家都以居民储蓄为首，然后是企业储蓄、政府储蓄，而中国的储蓄结构却刚好相反。"中国储蓄主要是政府储蓄和企业储蓄，而不是居民储蓄。"他说。

统计显示，从 1992 年到 2012 年，中国国民储蓄率从 35% 上升到了 59%，其中，政府储蓄率和企业储蓄率翻了一番，但居民储蓄率却没有变，1992 年为 20%，2012 年依然是 20%。

问题：
1. 解释下列名词：消费函数、储蓄函数。
2. 根据所学的知识说明决定一国储蓄率的原因，简要说明我国储蓄率居高不下的原因。

第十一章
产品市场和货币市场的一般均衡

 学习目标

- 理解 IS 曲线和 LM 曲线的含义及推导过程。
- 掌握货币需求和货币供给的决定因素。
- 掌握均衡利率的决定与变动。
- 掌握 IS-LM 模型。

重点、难点

重点:IS 曲线、利率的决定、LM 曲线、IS-LM 分析。
难点:IS-LM 分析。

在第十章中,我们在三个假设条件下讨论了产品市场中总支出水平如何决定经济社会的总需求,从而决定均衡的国民收入或产量 $y=c+i$。现在,我们将三个假设条件放宽一个,即假定投资(i)是宏观经济的一个内生变量而不是外生变量,在这一变化的条件下,均衡的国民收入 $y=c+(i)=?$

第一节 投资的定义及决定

 引例

民企面临的市场状态才是决定民间资本投资增减根本

自 2015 年 5 月份以来,国务院总理李克强多次强调,要破除民间投资的隐性壁垒,进一步放宽市场准入。同时,国务院已派出 9 个督查组,对民间投资增速下滑进行第三方评估和专题调研。

中国社会科学院财经战略研究院的数据显示,自 2015 年以来,我国民间投资增速持续下降,至 2016 年 4 月份降至 5.2%。与此同时,民间固定资产投资在固定资产投资中的占比由 64% 下降到了 62%,降低了 2 个百分点。

中国社会科学院财经战略研究院流通产业研究室博士王雪峰在接受《证券日报》记者采访时表示,民间投资增速下滑的原因较多。在我国当前的经济运行体制下,民企作为民间投资和市场经济的主要主体,运营的目标是逐利,能否盈利是民营企业决策投资与否的最根本的依据。而盈利与否取决于企业面临的市场状况,如果市场火爆,供不应求,企业必然会追加投资,增加产能,否则,企业只会压缩投资,保持或降低已有的产能。这样看来,民企面临的市场状态才是决定民间资本投资增减的根本。

王雪峰表示,既然民间投资增速下滑的本质是市场不景气或市场萧条,那么抑制增速下滑或者激发投资增长的思路就必须从改善市场生态环境入手。就政府而言,可以做的事情很多,比如建设市场法制环境,继续推进简政放权,尊重市场规律,减少政府干预,完善流通基础设施建设,提供市场流通效率,克服区域分割,促进内部市场统一,倡导诚信交易,加快市场诚信体系建设,打造出以法律为底线、以高效为支撑、以诚信为灵魂的中国特色市场运营体系。对企业来讲,就是要在遵纪守法的基础上,提高产品质量,提供符合消费者需求的产品,按照市场交易的诚信原则创造更高的客户满意度和社会价值。

"值得注意的是,有些民营资本选择走出去,进行海外投资,因而减少了国内投资。此外,在去产能去库存去杠杆的大背景下,地方政府试图摆脱对房地产的依赖,民间资本也在寻找其他投资方向,比如战略新兴产业、服务业等。"国家统计局信息景气中心副主任潘建成表示。

(资料来源:证券日报)

一、投资的定义

(1) 投资是指在一定社会中实际资本的增加。在现实经济社会中投资的含义很多,投资支出可以分为三个不同范畴:企业用于机器、设备等投资的企业固定投资;居民用于住房建筑的住房投资;由库存原料、半成品和成品所组成的存货投资。其中主要是指厂房、设备的增加。从价值形态讲,投资就是增加厂房、设备所投入的货币量。

(2) 投资对国民经济运行有更重要的影响。投资与消费相比更具有可变性,且对国民经济运行有更重要的影响。从很多国家的宏观经济运行实践来看,经济波动的原因主要是投资的波动,新的经济周期主要是由固定资产更新改造、基本建设投资扩张所引起的。

(3) 投资是一个多元函数,主要取决于预期收益、利率、风险等因素。简单地思考,投资=预期利润率-利率。凯恩斯认为:是否要对新的实物资本进行投资,仅就假设条件讨论,取决于这些新投资的预期利润率与为购买这些资产而必须借进的款项所要求的利率的比较。前者大于后者时,投资是值得的;后者大于前者时,投资是不值得的。这里,预期利润率又称资本边际效率;利率指的是实际利率。

如果预期利润率既定,那么投资意愿就与利率反方向变化。

二、投资的决定

(1) 凯恩斯认为,决定投资的首要因素是实际利率。实际利率等于名义利率减通货膨胀率。投资与利率之间的这种关系就称之为投资函数。记作:

$$i=i(r)$$

(2) 投资函数一般可写成：

$$i = i(r) = e - dr \tag{11.1}$$

其中，e 为即使利率为零时也有的自主投资量，自主投资是指由人口、技术、资源、政府政策等外生因素的变动所引起的投资；d 为利率对投资需求的影响系数，或投资需求对利率变动的反应程度，是一个绝对量，表示利率每上升或下降一个百分点，投资会减少或增加的数量；r 为实际利率，即名义利率与通货膨胀率的差额；dr 是投资需求中与利率有关的部分。

(3) 投资函数是利率的减函数。

第二节 产品市场的均衡：IS 曲线

一、IS 曲线的概念与推导

1. IS 曲线的推导

第十章分析两部门经济的消费与均衡国民收入的决定时，曾得到均衡收入公式 $y = \dfrac{\alpha + i}{1-\beta}$。当时，我们假设 i 为常量。

又因为：$i = e - dr$

将 $i = e - dr$ 式代入 $y = \dfrac{\alpha + i}{1-\beta}$ 中，均衡收入公式就变为：

$$y = \frac{\alpha + e - dr}{1-\beta} \tag{11.2}$$

式(11.2)表明：均衡的国民收入与利率之间存在反方向变动关系。下面用例子来说明。假设投资函数 $i = 1\,250 - 250r$，消费函数 $c = 500 + 0.5y$，相应的储蓄函数 $s = -\alpha + (1-\beta)y = -500 + (1-0.5)y = -500 + 0.5y$，即有：

$$y = \frac{\alpha + e - dr}{1-\beta} = \frac{500 + 1\,250 - 250r}{1-0.5} = 3\,500 - 500r$$

当 $r = 1$ 时，$y = 3\,000$
当 $r = 2$ 时，$y = 2\,500$
当 $r = 3$ 时，$y = 2\,000$
……

由此得到一条 IS 曲线，如图 11-1 所示。

2. IS 曲线的含义

图 11-1 的横轴代表收入，纵轴代表利率，向右下方倾斜的曲线就是 IS 曲线。因为我们是在产品市场均衡条件下来分析 i 为变量时国民收入 y 的决定，而产品市场均衡条件必有 $i = s$，所以将 y 曲线称之为 IS 曲线，是表示在投资与储蓄相等的产品市场均衡条件下，将 $i = i(r)$ 代入，分析推出的利率与收入组合点的轨迹。

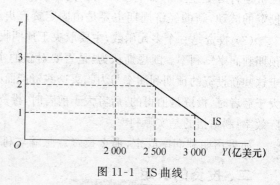

图 11-1 IS 曲线

二、IS 曲线的斜率

由上文可知,两部门 IS 曲线的代数表达式为:

$$y=\frac{\alpha+e-dr}{1-\beta}$$

可改写成:

$$r=\frac{\alpha+e}{d}-\frac{1-\beta}{d}y \tag{11.3}$$

式(11.3)中 y 前面的系数 $-\frac{1-\beta}{d}$ 就是 IS 曲线的斜率。由于收入是利率的减函数,故 IS 曲线的斜率为负。为了更方便地比较 IS 曲线斜率的大小,取斜率 $-\frac{1-\beta}{d}$ 的绝对值 $\left|-\frac{1-\beta}{d}\right|$。显然,IS 曲线的斜率既取决于 β,也取决于 d。

β 是边际消费倾向。如果 β 较大,斜率的绝对值就越小;从 $k_i=\frac{1}{1-\beta}$ 中可以读出投资乘数就大,即投资较小的变动会引起收入较大的增加,因而 IS 曲线就较平缓,表明 IS 曲线的斜率就小。反之 β 较小,IS 曲线的斜率就大。所以,IS 曲线的斜率与 β 成反比。

d 是投资对利率变动的反应程度,表示利率变动一定幅度时投资的变动程度。要注意的是 d 是一个绝对数。如果 d 较大,从 IS 曲线的斜率表达式中也可以读出:斜率的绝对值就越小;从 $i=e-dr$ 中可以读出,投资对利率反应比较敏感,即利率较小的变动引起投资较大的变动,进而引起收入增加得更多,IS 曲线就较平缓,IS 曲线的斜率就小。反之,d 较小,IS 曲线的斜率就大。所以,IS 曲线的斜率与 d 成反比。

三、IS 曲线的水平移动

利率不变,外生变量正向冲击($c,i,g,x-m$ 的增大)导致总产出 y 增加,IS 水平右移;利率不变,外生变量负向冲击($c,i,g,x-m$ 的减少)导致总产出 y 减少,IS 水平左移。不论从公式推导还是从几何推导看,投资函数与储蓄函数的变动都会使 IS 曲线发生移动。我们可以分几种情况讨论 IS 曲线的移动。

1. 投资变动的影响

无论自发投资 e 的变动,还是引致投资 dr 的变动,都会使得投资需求 i 发生变化。如果投资需求 i 增加,会使得收入 y 增多,IS 曲线就会向右移动。IS 曲线向右移动的幅度等于投资乘数与投资增量之积,即移动幅度 $\Delta y=k_i \cdot \Delta i$。相反,如果投资需求 i 减少,收入 y 会减少,IS 曲线就向左移动,移动幅度为投资乘数与投资增量之积。

2. 储蓄变动的影响

如果储蓄 s 增加,表明消费 c 减少,会使收入 y 减少,IS 曲线就向左移动,移动幅度为投资乘数与储蓄增量之积,即移动幅度 $\Delta y=k_i \cdot \Delta s$。反之,储蓄 s 减少,IS 曲线就向右移动。

3. 政府购买支出变动的影响

政府购买支出 g 最终是要转化为消费 c 与投资 i 的。政府购买支出 g 增加,会使消费 c

与投资 i 增加,进而增多国民收入 y,因此,IS 曲线就向右移动,移动幅度为政府购买支出乘数与政府购买支出增量之积,即移动幅度 $\Delta y = k_g \cdot \Delta g$。反之,政府购买支出 g 减少,IS 曲线就向左移动。

4. 税收变动的影响

政府增加税收 t,会使消费 c 与投资 i 减少,从而使收入 y 减少,IS 曲线就向左移动,移动幅度为税收乘数与税收增量之积,即移动幅度 $\Delta y = -k_t \cdot \Delta t$。税收 t 减少,IS 曲线则向右移动。

四、IS 曲线的旋转移动

IS 曲线的旋转移动取决于斜率值。从公式(11.3)可以看出:投资系数 d 不变,β 与 IS 斜率成反比;边际消费倾向 β 不变,d 与 IS 斜率成反比。

第三节 利率的决定

引例

古典利率理论

古典利率理论又称实物利率理论,是指从 19 世纪末到 20 世纪 30 年代的西方利率理论,认为利率为储蓄与投资决定的理论。代表人物有:庞巴维克的时差论与迂回生产理论,马歇尔的等待说与资本收益说,威克塞尔的自然利率学说,费雪的时间偏好与投资机会说。

古典利率理论认为:利率具有自动调节经济,使其达到均衡的作用。储蓄大于投资时,利率下降,人们自动减少储蓄,增加投资;储蓄少于投资时,利率上升,人们自动减少投资,增加储蓄。

古典利率理论是一种局部的均衡理论。储蓄和投资都是利率的函数,利率的功能仅在于促使储蓄与投资达到均衡。

因此,在古典利率理论者看来,利率与货币因素无关,利率不受任何货币政策的影响,货币政策是无效的。

凯恩斯主义宏观经济学诞生后,又产生了凯恩斯利率理论。

(资料来源:http://www.baike.com)

一、利率决定货币的供求

本章第一节和第二节说明了投资是内生变量,并且其决定因素是利率的前提下,我们推出了均衡国民收入表达式。但问题是利率 r 又是由什么因素决定的呢?对于这个问题,凯恩斯以前的古典学派认为,投资与储蓄都与利率相关,投资是利率的减函数,即利率越高,投资越少,利率越低,投资越多;储蓄是利率的增函数,即利率越高,储蓄越多,利率越低,储蓄越少;投资与储蓄相等时,利率就确定下来了。但是,宏观经济学的奠基人凯恩斯则认为,利率不是由投资与储蓄决定的,利率是由货币的供给量与货币的需求量决定的。由于货币的实际供给量是由代表国家对金融运行进行管理的中央银行控制的,因而,实际供给量是一个外生变量,在分析利率决定时,只需分析货币的需求就可以了。

二、货币的需求动机

货币的需求是指个人与企业在不同条件下出于各种考虑而产生的对货币的需要。货币的需求取决于什么呢?凯恩斯认为个人与企业需要货币出于三种动机,并且将这三种动机称之为"流动性偏好"。

一是交易动机。交易动机是指个人与企业为了正常的交易活动而需要货币的动机。比如,个人购买消费品需要货币,企业购买生产要素也需要货币。尽管收入、商业制度、交易惯例等都影响着交易所需的货币量,但出于交易动机的货币需求量主要决定于收入,其量的多少与收入成正比。收入越多,用于交易的货币量就越多,收入越少,用于交易的货币量就越少。

二是谨慎动机或预防性动机。谨慎动机或预防性动机是指为预防诸如事故、疾病、失业等意外开支而需要事先持有一部分货币的动机。交易动机下的货币交易需求主要用于即时支出,预防性动机下的货币需求则用于以后的支出。货币的预防性需求产生于个人今后收入与支出的不确定性,其量的多少尽管取决于个人的预期与判断,但从全社会来看,出于预防性动机的货币需求仍然取决于收入,其量的多少与收入成正比。

由于出于交易动机与预防性动机的货币需求量都取决于收入,则可以把出于交易动机与预防性动机的货币需求量统称为货币的交易需求量,并用 L_1 来表示,用 y 表示实际收入,那么货币的交易需求量与收入的关系可表示为:

$$L_1 = f(y)$$

具体表达式为:

$$L_1 = ky \qquad (11.4)$$

式中,k 为货币的交易需求量对实际收入的反应程度,也可称为货币需求的收入弹性。

三是投机动机。投机动机是指人们为了抓住有利的购买有价证券的机会而持有货币的动机。假定财富的形式有两种,一种是货币,另一种是有价证券。人们在货币与有价证券之间进行选择以确定保留财富的形式。对货币与有价证券进行选择,就是利用利率与有价证券价格的变化进行投机。有价证券的价格与有价证券的收益成正比,与利率成反比,即:

$$有价证券 = \frac{有价证券收益}{利率}$$

可见,有价证券的价格会随着利率的变化而变化,人们对有价证券和货币的选择也就随利率的变化而变化。市场利率越高,则意味着有价证券的价格越低,当预计有价证券的价格不会再降低而是将要上升时,人们就会抓住有利的机会,用货币低价买进有价证券,以便今后证券价格升高后高价卖出,于是,人们手中出于投机动机而持有的货币量就会减少。相反,市场利率越低,则意味着有价证券的价格越高,当预计有价证券的价格再也不会上升而将要下降时,人们就会抓住时机将手中的有价证券卖出,于是,人们手中出于投机动机而持有的货币量就会增加。由此可见,对货币的投机需求取决于利率,其需求量与利率成反比。

三、流动偏好陷阱

在分析投机动机时,可看到利率会影响人们对有价证券和货币的选择。人们对于货币的需求很容易陷入一个思维的死胡同:当利率非常低时,人们认为利率不会再降低而只能上升,或者说有价证券的价格不会再上升而只会跌落,因而会将所持有的有价证券出售换成货币,即使手中又另外新增了货币,也决不肯再去购买有价证券,以免证券价格下跌而遭受损失,即人们不管有多少货币都会持在手中,凯恩斯将这种情况称为"流动偏好陷阱",也称"凯恩斯陷阱"。流动偏好是指人们持有货币的偏好,即人们愿意以货币形式保留财富,而不愿以有价证券形式保留财富的心理。对货币产生偏好,是因为货币流动性很强,货币随时可以用于交易、应付不测、投机等,故把人们对货币的偏好就称为流动偏好。利率极低时,人们不论有多少货币,都要留在手中而不会去购买有价证券,流动偏好趋于无限大,此时,即使银行增加货币供给,也不会使利率下降。

货币的投机需求取决于利率,如果用 L_2 表示货币的投机需求,用 r 表示利率,则货币的投机需求与利率的关系可表示为:

$$L_2 = f(r)$$

具体表达式为:

$$L_2 = -hr \tag{11.5}$$

式中,h 为货币的投机需求量对实际利率的反应程度,可称作货币需求的利率弹性。

知识链接

中国是否陷入"流动性陷阱"

2015年前5个月经济数据陆续公布,低迷的经济状态仍在持续,与此同时,银行间市场则异常宽松,隔夜Shibor利率已经降至1%左右,逼近历史低位。在多位分析人士看来,中国正陷入"流动性陷阱"。陷入"流动性陷阱"的主要原因在于利率管制阻碍了利率传导的机制,导致金融机构的流动性无法传导到实体经济。央行在昨日发布的年中宏观经济预测报告中表示,由于银行不良贷款上升,部分行业出现银行惜贷、企业慎贷现象。

国泰君安首席宏观分析师任泽平日前在研报中表示,中国已经出现"流动性陷阱"迹象,一方面,经济不断下滑;另一方面,短端利率已降至最低水平附近,而短端利率的下降无法传导到长端利率和贷款利率,降准降息的边际效应正在递减。所谓的"流动性陷阱"是指当一定时期的利率水平趋近于零,此时央行增加多少货币都会被储蓄起来,致使扩张性货币政策无法刺激银行放贷、企业投资和居民消费,导致货币政策失效。

具体来看,第一季度GDP增速下降至7%,为六年来新低,PPI连续38个月负增长,实体经济仍面临通缩压力。第二季度经济增速破7风险很大,经济形势严峻。与之相对应的则是银行间隔夜回购利率降至1%左右,和超额准备金利率0.72%仅差0.28%,长端利率和贷款利率仍居高不下。

央行研究局首席经济学家马骏在报告中表示,最近一段时期,银行业不良贷款的比例有所上升,银行贷款投放变得更加谨慎,尤其是针对产能过剩的煤炭、钢铁、建材等行业以及出口制造业和房地产行业。从固定资产投资资金来源看,企业自筹资金的投资增速下滑,表明企业投资意愿较低,贷款需求较弱。同样,光大证券首席经济学家徐高则认为,中国金融市场已经进入了"流动性陷阱"状态。不过,目前中国的状况与凯恩斯所说的经典"流动性陷阱"状况有所差距。

(资料来源:搜狐财经)

四、货币需求函数

对货币的总需求就是对货币的交易需求与对货币的投机需求之和,因此,货币的需求函数 L 就表示为:

$$L=L_1+L_2=ky-hr \tag{11.6}$$

货币量有名义与实际之分。名义货币量是不管货币的购买力如何而仅计算其票面值的货币量。式(11.6)中表示的是对货币的实际需求。把名义货币量折算成具有不变购买力的实际货币量,需要用价格指数调整:

$$m=\frac{M}{P} \tag{11.7}$$

其中,M 代表名义货币量,m 代表实际货币量,P 代表价格指数。因此,名义货币需求函数应是实际货币需求函数乘以价格指数:

$$L=P(ky-hr) \tag{11.8}$$

货币需求曲线的图形表示如图 11-2 所示,图(a)中的横轴表示货币需求量或货币供给量,纵轴表示利率。其中:

(1) L_1 为货币的交易需求曲线,由于 L_1 取决于收入,与利率无关,故其是一条垂线。

(2) L_2 为货币的投机需求曲线,它最初向右下方倾斜,表示货币的投机需求量随利率的下降而增加,即货币的投机需求与利率呈反方向变动关系;货币投机需求曲线的右下端为水平状,在这一区段,即使货币供给增加,利率也不会降低。

图(b)中的曲线 L 为包括货币的交易需求与投机需求在内的货币需求曲线,其上的任何一点表示的货币需求量都是相应的货币交易需求量与投机需求量之和。L 曲线向右下方倾斜,表示货币需求量与利率的反方向变动关系,即利率上升时,货币需求量减少,利率下降时,货币需求量增多。

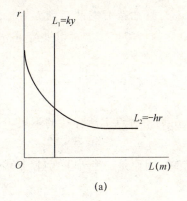
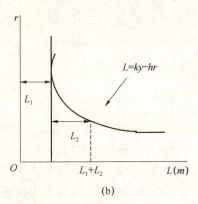

图 11-2 货币需求曲线

五、货币需求量与收入和利率的关系

对货币的需求函数 $L=L_1+L_2=ky-hr$ 中的货币需求量与收入的同方向变动关系、货币需求量与利率的反方向变动关系,可用图 11-3 表示。

图 11-3 中有代表无数条货币需求曲线的三条货币需求曲线 L_1、L_2、L_3，分别代表收入水平为 y_1、y_2、y_3 时的货币需求量。货币需求量与收入的同方向变动关系表现为三条货币需求曲线的左移与右移，货币需求量与利率的反方向变动关系则都表现为三条货币需求曲线的向右下方倾斜。图(a)表示，利率同为 r_1 时，由于收入水平不同，实际货币需求量分别为 L_1、L_2、L_3，即 $y=y_1$ 时，$L=L_1$；$y=y_2$ 时，$L=L_2$；$y=y_3$ 时，$L=L_3$。

图(b)表示，收入水平相同，比如都为 y_1 时，由于利率水平不同，实际货币需求量也不同，即 $r=r_1$ 时，$L=L_a$；$r=r_2$ 时，$L=L_b$。

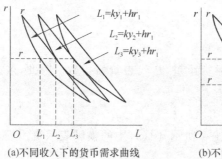
(a)不同收入下的货币需求曲线

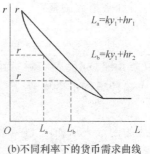
(b)不同利率下的货币需求曲线

图 11-3　货币需求曲线

六、均衡利率的决定

1. 货币供给的几个范畴

货币供给分狭义的与广义的两种。狭义的货币供给是指硬币、纸币与银行活期存款的总和，狭义的货币供给用 M_1 表示。由于银行活期存款可以随时提取，并可当作货币在市场上流通，因而属于狭义的货币供给。狭义的货币供给加上银行定期存款便是广义的货币供给，广义的货币供给用 M_2 表示。如果 M_2 加上个人与企业持有的政府债券等流动资产或"货币近似物"，就是意义更广泛的货币供给 M_3。以后分析中使用的货币供给是指狭义的货币供给，即 M_1。

2. 货币供给

货币供给是一个存量概念，是指一个经济社会在某一时点上所保持的不属于政府与银行的硬币、纸币与银行活期存款的总和。

由于货币供给量是一个国家或中央银行来调节的，因而是一个外生变量，其多少与利率无关，因此，货币供给曲线是一条垂直于横轴的直线。

3. 货币供求均衡

货币的供给与需求决定利率。在图 11-4 中，作为垂线的货币供给曲线 m 与向右下方倾斜的货币需求曲线 L 在 E 点相交，交点 E 决定了利率的均衡水平 r_0，它表示只有当货币需求与货币供给相等时，货币市场才达到了均衡状态。因而，均衡利率就是货币供给数量与需求数量相等时的利率。

货币市场的调节，会使货币供求关系发生变化，从而形成均衡利率。图 11-4 说明了均衡利率的形成。如果市场利率低于均衡利率 r_0，说明货币需求大于货币供给，人们感到手持货币量少，此时，人们就会售出手中的有价证券。随着证券供给量的增加，证券价格就会下降，利率相应就会上升，货币需求也会逐步减少。货币需求的减少、证券价格的下降与利率的上升一直持续到货币供求相等、均衡利率 r_0 的形成为止。反之，如果市场利率高于均衡利率 r_0，说明货币需求小于货币供给，人们认为手持货币量太多，此时，人们就会利用手中多余的货币购买有价证券。随着证券需求量的增加，证券价格就会上升，利率也就会下降，货币需求会逐步增加。货币需求的增加、证券价格的上升与利率的下降会一直持续到货币供求相等、形成均衡利率 r_0 为止。只有当货币供求相等时，利率才会相对静止不变。

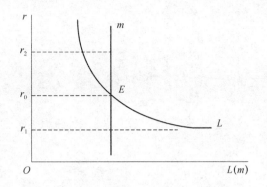

图 11-4 均衡利率的决定与形成

第四节 货币市场的均衡：LM 曲线

一、LM 曲线的概念与推导

货币供给用 m 表示，货币需求为 $L=L_1+L_2=ky-hr$，当 m 给定且货币市场均衡时，由 $m=ky-hr$ 的公式表示的满足货币市场的均衡的国民收入 y 与利率 r 的关系，这一关系的图形就被称为 LM 曲线。

从式 $L=L_1+L_2=ky-hr$ 中可知，m 一定时，L_1 与 L_2 是此消彼长的关系。货币的交易需求 L_1 随收入的增加而增加，货币的投机需求 L_2 随利率的上升而减少。因此，国民收入的增加使货币的交易需求增加时，利率必须相应提高，从而使货币的投机需求减少，货币市场才能保持均衡。相反，收入减少时，利率须相应下降，以使货币市场均衡。

LM 曲线还可改写为：

$$y=\frac{rh}{k}+\frac{m}{k} \qquad (11.9)$$

或

$$r=\frac{yk}{h}-\frac{m}{h} \qquad (11.10)$$

现在用例子来说明货币市场的均衡。假定货币的交易需求函数 $L_1=m_1=0.5y$，货币的投机需求函数 $L_2=m_2=1\,000-250r$，货币供给量 $m=1\,250$（例子中的单位为亿美元）。并假定这一实际货币供给量就是名义货币供给量（M）（价格指数 $P=1$），货币市场均衡时，$m=L=L_1+L_2$，即：

$$1\,250=0.5y+1\,000-250r$$

整理得:$y=500+500r$

当 $r=1$ 时,$y=1\,000$

当 $r=2$ 时,$y=1\,500$

当 $r=3$ 时,$y=2\,000$

……

将这些点在右坐标图上描出来,即为 LM 曲线,如图 11-5 所示。

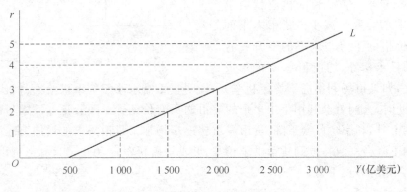

图 11-5　LM 曲线

图 11-5 中的横轴代表收入,纵轴代表利率,向右上方倾斜的曲线就是 LM 曲线。LM 曲线是表示货币供给与货币需求相等的货币市场均衡条件下,利率与收入组合点的轨迹。从图中可以看到,LM 曲线上任何一点都代表一定利率与收入的组合,在任何一个组合点上,货币供给与货币需求都相等,即货币市场是均衡的,故把这条曲线称作 LM 曲线。

二、LM 曲线的斜率

从表达式(11.10)可以看出,LM 曲线的斜率取决于 k 与 h,即取决于货币的交易需求对实际收入的反应程度 k 与货币的投机需求对实际利率的反应程度 h,LM 曲线的斜率与 k 成正比、与 h 成反比。①在 h 为定值时,k 值越大,表示货币的交易需求对实际收入的敏感程度越高,一定的货币交易需求量仅需更少的收入来支持,故 LM 曲线就陡峭;反之,k 值越小,LM 曲线就越平缓。②在 k 为定值时,h 值越大,表示货币的投机需求对实际利率的敏感程度越高,一定的利率水平能支持更多的货币投机需求量,货币的交易需求量相应增加,从而使国民收入量增加,LM 曲线就较平缓;相反,h 值越小,LM 曲线就越陡峭。

就 LM 曲线的两个来源来看:在 $m=L_1(y)+L_2(r)$ 中,$L_1(y)$ 比较稳定,因此,LM 曲线斜率的大小主要取决于货币的投机需求函数 $L_2(r)$ 曲线。这一曲线可以将 LM 曲线分成三个区域,读者可自行作图,在这三个区域,分别有:

(1) 利率降到很低时的流动陷阱里(比如 r_1 时),货币投机需求曲线成为一条水平线,因而 LM 曲线也相应有一段水平状态的区域,称为凯恩斯区域(也被称为萧条区域)。在凯恩斯区域,LM 曲线的斜率为零。货币政策无效,扩张性财政政策有效。

(2) 当利率升到 r_3 以上时,货币投机需求曲线成为一条垂直线,因而 LM 曲线也相应有一段垂直状态的区域,也被称为古典区域。在古典区域,LM 曲线的斜率为无穷大。财政政策无效,货币政策有效。

(3) 当利率处于 r_1 至 r_3 区域时，LM 曲线的斜率为正值。

三、LM 曲线的移动

LM 曲线会随货币的交易需求、投机需求与货币供给的变动而变动。

1. LM 曲线与货币供给量呈同方向变动关系

比如，假定货币需求不变，货币供给量增加时，LM 曲线就向右移动，会促使利率下降，从而刺激包括消费与投资在内的总需求，国民收入因此而增加。相反，货币供给量减少时，LM 曲线就向左移动，利率上升，消费与投资减少，从而使国民收入减少。

2. LM 曲线与货币交易需求曲线呈同方向变动关系

比如，其他因素不变，货币交易需求曲线右移，即货币交易需求减少，LM 曲线会右移，因为完成同量交易所需的货币量减少，即同量货币可以完成更多收入的交易了。反之，货币交易需求增加，LM 曲线就向左移动。

3. LM 曲线与货币投机需求量呈反方向变动关系

其他因素不变，如果货币投机需求量增加，则会相应减少货币的交易需求量，国民收入因此减少，故 LM 曲线左移。相反，货币投机需求量减少，LM 曲线会右移。

第五节 产品市场和货币市场的同时均衡：IS-LM 模型

一、产品市场与货币市场同时均衡的利率与收入决定

1. IS-LM 模型建立的背景

IS 曲线表明在产品市场均衡条件下，存在着一系列利率与收入的组合；LM 曲线表明在货币市场均衡条件下，也存在着一系列利率与收入的组合。但是，当产品市场均衡时，货币市场不一定处于均衡状态；当货币市场均衡时，产品市场不一定处于均衡状态。产品市场与货币市场的同时均衡，表现在 IS 曲线与 LM 曲线相交的交点上，在这个交点上，产品市场与货币市场同时实现了均衡。也就是说，表示两个市场同时均衡的利率与收入仅有一个。

2. 双均衡问题的解决

一是建立"$I=S$、$L=M$"的联立方程，并求解，可以求得唯一的两个市场同时均衡的利率与收入的组合。

二是用图 11-6 表示两个市场同时均衡。

在图 11-6 中，IS 曲线与 LM 曲线相交于 E 点，在 E 点上，产品市场与货币市场同时实

现了均衡。只要投资、储蓄、货币需求与货币供给的函数关系不变,曲线的交叉点就不会改变,此时,任何失衡情况的出现也都是不稳定的,最终也会趋向均衡。

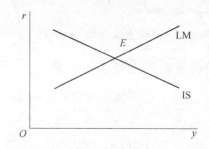

图 11-6　产品市场和货币市场的一般均衡

二、均衡收入与均衡利率的变动

IS 曲线与 LM 曲线的交点表示产品市场与货币市场同时实现了均衡,但这一均衡只是与意愿的需求相一致的均衡,并不一定是充分就业的均衡。这是因为意愿中的需求常常受到外部约束。一是消费者的文化氛围约束。过于节俭的消费文化氛围使消费者的意愿支出大打折扣;二是供求信息传递并被消费者完全接受的时差约束。对商品供求信息的不知道、不认同使消费者的意愿支出大打折扣;三是以效率优先为导向、按生产要素贡献的分配制度约束。这一制度必然引发基尼系数拉大、边际消费倾向降低,使消费者的意愿支出大打折扣。比如,在图 11-7 中,IS 曲线与 LM 曲线相交于 E 点,均衡利率与均衡收入分别是 r_e、y_e,但充分就业的收入是 y_f,均衡收入低于充分就业的收入,即 $y_e<y_f$。从与意愿的需求相一致的均衡走向充分就业的均衡,需要政府运用财政政策、货币政策来调整与解决。如果政府运用增支、减税或增支减税双管齐下的扩张性财政政策,IS 曲线会向右移动至 IS′ 的位置,与 LM 曲线相交于 E' 点,均衡收入就增至 y_f,从而实现充分就业的收入水平。政府也可以运用扩张性货币政策,即增加货币供给量,LM 曲线会向右移动至 LM′ 的位置,与 IS 曲线相交于 E'' 点,均衡收入也能增至 y_f,同样可以达到充分就业的收入水平。

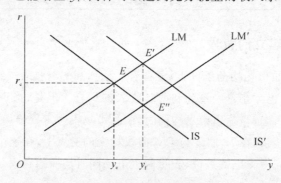

图 11-7　均衡收入与均衡利率的决定

1. LM 曲线不变,IS 曲线移动

从图 11-7 中也可以看到,IS 曲线和 LM 曲线的移动,会改变利率与收入水平。比如,LM 曲线不变假定下,IS 曲线向右移动,会使利率上升、收入增加。这是因为 IS 曲线右移是消费、投资或政府支出增加的结果,即总支出或总需求增加,这会使得生产与收入增加,从而增加对

货币的交易需求。在货币供给不变的情况下，人们只能通过出售有价证券获取货币，以用于交易所需。这样，在有价证券供给增多的情况下，有价证券价格下降，亦即利率上升。用同样的道理，也可以说明 LM 曲线不变而 IS 曲线向左移动时，收入减少、利率下降的状况。

2. IS 曲线不变，LM 曲线移动

当然，在 IS 曲线不变时，LM 曲线的移动也会引起利率与收入的变化。例如，假定在 IS 曲线不变、LM 曲线向右移动，利率会下降、收入会增加。这是因为 LM 曲线向右移动，或者是货币需求不变而货币供给增加的结果，或者是货币供给不变而货币需求减少的结果。在 IS 曲线不变，即产品市场供求不变的情况下，LM 曲线的向右移动，意味着货币供给大于货币需求，利率必然下降。利率的下降，会刺激消费与投资的增加，从而使收入增加。相反，IS 曲线不变、LM 曲线向左移动后，收入会减少，利率会上升。

3. IS 曲线与 LM 曲线同时移动

此时收入与利率也会发生变化，其变化取决于两条曲线的最终交点。

知识链接

学者对 IS-LM 模型的批判

一些西方学者指出，IS-LM 模型的一个假定是，两个市场的均衡是独立形成的，即一条曲线的移动不会引起另一条曲线的移动，但事实上，这一假定并不存在，IS 曲线与 LM 曲线不是相互独立，而是相互依存的。例如，在萧条时期，悲观气氛的增加使资本家减少对资本产品的需求，同时也减少了对于货币的需求，这样在在 IS 左移时 LM 曲线也相应左移。结果收入将以更大幅度减少，但利率不一定下降。这时，IS-LM 模型就不能正确预期经济前景和政策效果，于是也失去了它应有的政策意义。

英国的剑桥学派更坚决反对 IS-LM 分析，他们认为，IS-LM 模型用一套联立方程体系替代了凯恩斯的因果次序关系，从而模糊了凯恩斯理论中最本质的东西。在 IS-LM 模型中，利率决定投资，投资决定收入，收入决定储蓄，于是得到利率是决定储蓄和投资的主要因素，这显然又把凯恩斯理论恢复到古典经济结构中去了。

IS-LM 模型是建立在一系列假设条件基础上的，而这些假设条件本身往往很难与事实相一致。IS 曲线向右下方倾斜是建立在投资是利率的减函数这一条件之上。可是，在资本主义经济中，投资要同时受到许多因素（如利率、利润、社会环境、制度等）的影响。因此，投资和利率不可能必然存在一种反比例关系，投资需求曲线不一定向右下方倾斜，从而 IS 曲线也不一定向右下方倾斜。同样，储蓄也受到收入、利率和消费习惯等多种因素影响。因此，储蓄也不一定是收入的增函数，这也可能使 IS 不一定向右下方倾斜。

IS-LM 模型分析得出的结论也不一定与事实相符。例如，按 IS-LM 分析，投资的崩溃（即 IS 曲线猛烈地左移）时，LM 的右移可使 y 保持不变，这就是说，当严重的投资崩溃危机到来时，扩张性货币政策能够加以补救，这种说法显然违反事实，如在 1929 年开始的大萧条中，西方银行存在多余准备金，并不缺乏资金的来源。可见，这时货币政策并不能使 LM 右移以解决投资崩溃带来的萧条。

本章小结

一、主要结论

（1）凯恩斯交叉图是解释总支出对总产出或总收入的作用的简单模型，它的缺陷是没有包括货币和利率。IS-LM 模型包括产品市场和货币市场，两个市场是通过利率联系起来的。

（2）投资函数是反映投资量和利率之间反方向变化关系的函数。利率的变动提供影响投资，进而影响总支出和产品市场的均衡。

（3）IS 曲线是反映产品市场均衡时不同的收入和利率组合点的曲线，它的斜率取决于乘数和投资利率系数。

（4）货币需求包括交易需求和投机需求，交易需求主要受收入水平影响，投机需求则与利率反向变化。LM 曲线是反映货币市场均衡时不同的收入和利率组合点的曲线，它的斜率取决于货币需求利率系数和货币需求收入系数。

（5）IS-LM 模型表示产品市场和货币市场的同时均衡。通过曲线相交、方程联立可以得到均衡收入和利率。

二、基本概念

投资函数　IS 曲线　货币交易需求　货币投机需求　货币需求函数　LM 曲线　流动性陷阱　IS-LM 模型

本章练习

一、讨论题

骆明和小欣是一对感情不错的情侣，2015 年同时从一所名牌大学毕业，骆明进了某国家机关，待遇很不错，每个月可以拿 1 500 元左右工资，可惜，遇到住房政策的改革，不能分到房子了，这是美中不足的。而小欣进了一家国际贸易公司，做对外贸易工作，她的工资和奖金加在一起，每个月大概有 4 000 元。看来这对情侣的前途一片光明。不过前几天，他们为了将来存钱的问题着实大吵了一架。

骆明以为现在他们刚刚大学毕业，虽然单位都不错，工资也不低，但将来用钱的地方还很多，所以要从毕业开始，除了留下平常必需的花费以及预防发生意外事件的钱外，剩下的钱要定期存入银行，不能动用，这样可以获得稳定的利息收入，又没有损失的风险。而小欣大概是受在外企的工作环境的影响，她以为，上学苦了这么多年，一直过着很节俭的日子，现在终于自己挣钱了，考虑将来那么多干什么，更何况银行利率那么低。她说发下工资以后，先要买几件名牌服装，再美美地吃上几顿，然后她还想留下一部分钱用来炒股票，等着股市形势一好,立即进入。大学时看着别人炒股票她一直很羡慕,这次自己也要试试。但骆明却认为中国股市行情太不稳定,运行不规范,所以最好不进入股市,如果一定要做,那也只能投入很少的钱。

1. 根据上面两个人的争论,说明有哪些货币需求动机。
2. 分析上述三种动机导致的货币需求的决定因素,并给出货币的总需求函数。

二、单选题

1. IS 曲线表示满足(　　)关系。
   A. 收入—支出均衡　　　　　　　　B. 总供给和总需求均衡
   C. 储蓄和投资均衡　　　　　　　　D. 以上都对
2. K 提高使 LM 曲线(　　)。
   A. 右平移　　　B. 左平移　　　C. 向右转动　　　D. 向左转动
3. 债券价格趋于下降,意味着利息率在(　　)。
   A. 下降　　　B. 上升　　　C. 原水平　　　D. 不能确定
4. 水平的 LM 曲线表示(　　)。
   A. 利息率很低　　　　　　　　B. 货币需求对利息率的弹性无限大
   C. 产出增加时利息率极微小提高　　D. 以上全对
5. 在 IS 曲线上存在储蓄和投资均衡的收入和利率的组合点有(　　)。
   A. 一个　　　　　　　　　　　B. 无数个
   C. 一个或无数个　　　　　　　D. 一个或无数个都不可能
6. 自发投资支出增加 10 亿美元,会使 IS 曲线(　　)。
   A. 右移 10 亿美元　　　　　　　B. 左移 10 亿美元
   C. 右移支出乘数乘以 10 亿美元　　D. 左移支出乘数乘以 10 亿美元
7. 假定货币供给量和价格不变,货币需求为收入和利率的函数,则收入增加时(　　)。
   A. 货币需求增加,利率上升　　　B. 货币需求增加,利率下降
   C. 货币需求减少,利率上升　　　D. 货币需求减少,利率下降
8. 假定货币需求函数为 $L=KY-hr$,货币供给增加 10 亿美元而其他条件不变,则会使 LM(　　)。
   A. 右移 10 亿美元　　　　　　　B. 右移 K 乘以 10 亿美元
   C. 右移 10 亿美元除以 K(即 $10/K$)　D. 右移 K 除以 10 亿美元(即 $K/10$)
9. 当投资支出与利率负相关时,产品市场上的均衡收入(　　)。
   A. 与利息率不相关　　　　　　　B. 与利率负相关
   C. 与利息率正相关　　　　　　　D. 随利率下降而下降
10. 若 LM 方程为 $Y=750+2\,000r$,当货币需求与供给均衡时,利率和收入为(　　)。
    A. $r=10\%,Y=750$　　　　　B. $r=10\%,Y=800$
    C. $r=10\%,Y=950$　　　　　D. $r=10\%,Y=900$
11. 货币市场和产品市场同时均衡出现于(　　)。
    A. 各种收入水平和利率上　　　　B. 一种收入水平和利率上
    C. 各种收入水平和一定利率水平上　D. 一种收入水平和各种利率水平上

三、计算题

1. 若货币交易需求为 $L_1=0.20Y$,货币投机需求 $L_2=2\,000-500r$。

(1) 写出货币总需求函数。

(2) 当利率 $r=6$,收入 $Y=10\,000$ 亿美元时货币需求量为多少?

(3) 若货币供给 $M_s=2\,500$ 亿美元,收入 $Y=6\,000$ 亿美元时,可满足投机性需求的货币是多少?

2. 假定:(1) 消费函数为 $C=50+0.8Y$,投资函数为 $I=100-5r$

(2) 消费函数为 $C=50+0.8Y$,投资函数为 $I=100-10r$

(3) 消费函数为 $C=50+0.75Y$,投资函数为 $I=100-10r$

① 求(1)(2)和(3)的 IS 曲线;

② 比较(1)和(2)说明投资对利率更为敏感时,IS 曲线斜率将发生什么变化;

③ 比较(2)和(3)说明边际消费倾向变动时,IS 曲线斜率将发生什么变化。

3. 假定某经济中消费函数为 $C=0.8(1-t)Y$,税率 $t=0.25$,投资函数为 $I=900-50r$,政府购买 $G=800$,货币需求为 $L=0.25Y-62.5r$,实际货币供给为 $M/P=500$。

试求:

(1) IS 曲线;

(2) LM 曲线;

(3) 两个市场同时均衡时的利率和收入。

第十二章
宏观经济政策实践

学习目标

- 掌握财政政策、货币政策的概念及相关工具的运用。
- 掌握宏观经济政策在实践中是如何执行的。
- 熟悉用不同的工具来解决宏观经济问题。

重点、难点

重点:财政政策工具、货币政策工具及运用。
难点:相机抉择的财政政策和自动稳定器、货币创造乘数的运用。

引例

2016年以来经济政策主要特点

面对经济持续下行的压力,我国总体的宏观决策保持战略定力,保持宏观政策的连续性和稳定性,没有搞强刺激和大水漫灌,而是创新宏观调控,实施区间调控、定向调控、相机抉择、精准施策,保证了国民经济在合理区间运行。

在财政政策方面,一是财政政策加力增效。财政收入平稳增长,2016年1—4月份,全国一般公共预算收入同比增长8.6%,增速比上年全年加快2.8个百分点。财政支出进度加快,2016年1—4月份,一般公共预算支出同比增长12.4%,增速快于同期一般公共预算收入3.8个百分点;一般公共预算支出占全年预算支出的28.3%,比上年同期提高1.9个百分点,增支与减税一起发力,体现了财政政策的积极性。

在货币政策方面,货币政策松紧适度。货币供应量增速回落。2016年4月末,广义货币(M_2)余额同比增长12.8%,增速比上月末和上年末分别回落0.6个百分点和0.5个百分点。从总体上看,货币信贷总量和社会融资规模增长仍是平稳正常的。融资成本下行,2016年3月份,非金融企业及其他部门贷款加权平均利率为5.30%,与上年12月份基本持平,比上年同期下降1.26个百分点。信贷投向更趋合理,加强相机调控和定向调控,促使信贷资金流向实体经济,加大对小微企业、"三农"和棚改等重点领域与薄弱环节的支持力度。2016年4月末,对实体经济发放的人民币贷款余额同比增长14.1%,比社会融资规模增速高1个百分点;占比为67.3%,同比提高0.6个百分点。这些都体现了货币政策的稳健运用。财政、货币、产业等宏观政策理念、方式和工具的创新,提高了宏观调控的科学性、有效性和精准性,有力地促进了投资和消费需求回升,稳住了增长,也保住了就业,稳定了居民收入。

> 那么什么是财政政策？什么是货币政策？在当前经济形势下,我国为什么要实行积极的财政政策呢？平稳的货币政策对我国宏观经济又有什么影响呢？这是我们本章要学习的主要内容。

第十一章偏重于从理论方面说明西方宏观经济政策及其效果,本章的论述则偏重于实践方面,即论述宏观经济政策在实践中是如何执行的。

第一节 经济政策的目标

经济政策是指国家或政府为了增进社会经济福利而制定的解决经济问题的指导原则和措施,它是政府为了达到一定的经济目的而对经济活动有意识的干预。经济政策有宏观经济政策和微观经济政策之分。宏观经济政策主要包括财政政策、货币政策、收入政策等(本书重点讲解财政政策和货币政策);微观经济政策是指政府制定的一些反对干扰市场正常运行的立法以及环保政策等。

宏观经济政策的目标主要有四个:充分就业、价格稳定、经济持续均衡增长和国际收支平衡。宏观经济政策就是为实现这些目标而制定的手段和措施。

一、充分就业

充分就业是宏观经济政策的首要目标。充分就业是英国经济学家凯恩斯在《就业、利息和货币通论》一书中提出的概念,是指在某一工资水平之下,所有愿意接受工作的人,都获得了就业机会。然而充分就业并不等于全部就业或者完全就业,而是仍然存在一定的失业。但所有的失业均属于摩擦性的和季节性的,即因技术进步、产业结构、劳动年龄和需求偏好变化而引起的职业转换过程中的暂时性失业,这种失业具有一定的自然合理性,属于劳动力人口的正常流动,是优化人力资源配置的动态调整过程,是经济发展和社会进步的需要,而且摩擦性失业和季节性失业的失业间隔期一般很短。通常把失业率等于自然失业率时的就业水平称为充分就业。

凯恩斯提出的达到充分就业的经济主张:刺激私人投资,为扩大个人消费创造条件;促进国家投资,通过公共工程、救济金、教育费用、军事费用等公共投资,抵补私人投资的不足;政府通过实行累进税来提高社会消费倾向。

二、价格稳定

物价稳定是宏观经济政策的第二个目标。价格稳定是指价格总水平的稳定,它是一个宏观经济概念。一般用价格指数来表示一般价格水平的变化。价格指数是表示基于某种商品价格水平的指数,可以用一个简单的百分数时间数列来表示不同时期价格水平的变化方向和变化程度。需要注意的是,价格稳定不是指每种商品的价格固定不变,而是指价格指数的相对稳定,即不出现通货膨胀。实践表明,西方国家的通货膨胀已经无法完全消除,因此大部分西方国家已把一般的轻微通货膨胀的存在,看作是基本正常的经济现象。

三、经济持续均衡增长

经济持续均衡增长是宏观经济政策的第三个目标,经济增长通常是指在一个较长的时间跨度上,一个国家人均产出(或人均收入)水平的持续增加。对一国经济增长速度的度量,通常用经济增长率来表示。经济增长率的高低体现了一个国家或地区在一定时期内经济总量的增长速度,也是衡量一个国家或地区总体经济实力增长速度的标志。决定经济增长的直接因素有投资量、劳动量、生产率水平等。经济增长和失业常常是相互关联的。如何维持较高的增长率以实现充分就业,是西方国家宏观经济增长追求的目标之一。

四、国际收支平衡

随着国际经济交往的密切,平衡国际收支也成为一国宏观经济政策的重要目标之一,国际收支平衡是指一国国际收支净额即净出口与净资本流出的差额为零。如果其货币的流入大于流出,国际收支是正值。一国的国际收支状况不仅反映了这个国家的对外经济交往情况,还反映出该国的经济稳定程度。当一国国际收支处于失衡状态时,就必然会对国内经济形成冲击,从而影响该国国内就业水平、价格水平及经济增长。

以上四种目标之间既存在着密切的联系,又存在矛盾。比如充分就业和物价稳定往往是矛盾的,因为要实现充分就业,就必须运用扩张性的财政政策和货币政策,而这些政策又会由于财政赤字的增加和货币供给量的增加而引起通货膨胀。而充分就业与经济增长之间也存在一定矛盾。虽然经济增长会提供更多的就业岗位,然而经济增长中的技术进步又会引起资本对劳动的替代,相对缩小对劳动的需求,使部分工人尤其是文化技术水平比较低的工人失业。此外,价格稳定与经济增长之间也存在矛盾,因为在经济增长过程中,通货膨胀是难以避免的。

宏观经济政策目标之间存在矛盾,就要求政策制定者在制定政策时,要考虑全面,确定重点政策目标,并对这些政策目标进行协调。政府运用的各种政策手段,必须相互配合,协调一致,做整体性的宏观战略考虑和安排,以达到最想要的效果。

第二节 财政政策

引例

税收与财政政策

1981年,美国经济处于严重衰退之中。为了实现经济的复兴,里根政府奉行了以刺激供给、调动企业积极性为主要目标的新经济政策,其重大举措是《经济复兴税法》的实施。该税法在大幅降低公司所得税率的同时,把加速折旧制度推进到了一个新的高度,即把资产的使用年限与专为征税目的而折旧的周期之间的联系切断,如规定建筑物的折旧年限为10年,而实际平均使用年限为37年。这样,固定资产的加速折旧进一步加快,公司可以在短期内获得大笔固定资产的重置资金,从而为扩大投资迅速积累资金。

> 另外,为了刺激国人消费,美国政府同样运用税收优惠政策鼓励居民消费。例如,美国政府运用减免税引诱人们购买房地产。住宅购买者在计算自己当年度的应税收入时,可以扣除购买第二栋住宅支付的地产税和住宅贷款利息;住宅购买者如因购买新宅而将旧宅出售,他可以将出售旧宅所得不计入当年的应税收入总额中,享受延税优惠。除此之外,美国政府还通过向高收入者征收高税,再以转移性支付的方式向低收入家庭提供贷款利息补贴、租金利息补贴、食品补贴等,减轻他们的消费开支负担。类似的税收优惠和补贴极大地刺激了人们消费的积极性,保证了国内需求对经济增长的推动力。
>
> 思考,里根政府采取了何种类型的财政政策呢?为什么要实行这种财政政策?

财政政策是国家干预经济的主要政策之一,是国家整个经济政策的组成部分。财政政策的定义是为促进就业水平提高,减轻经济波动,防止通货膨胀,实现稳定增长而对政府财政支出、税收和借债水平所进行的选择,或对政府财政收入和支出水平所做的决策。也可以说,财政政策是指政府变动税收和支出以便影响总需求,进而影响就业和国民收入的政策。变动税收是指改变中华人民共和国财政部税率和税率结构,而变动政府支出是指改变政府对商品与劳务的购买支出以及转移支付。要了解财政政策的内容,必须先了解西方财政的基本构成。

一、财政与财政政策的工具

西方国家经济是市场经济,但政府也直接参与经济活动,并在经济生活中起着十分重要的作用。在西方国家中,近几十年来政府参与经济活动的规模有了显著增长。拿政府支出来说,2010 年美国政府总支出为 57 988.46 亿美元,占 GDP 的比重为 39.6%。而第一次世界大战前的 1913 年,政府支出还不足 GDP 的 10%。而在英国、法国、德国和意大利,政府支出甚至已超过 GDP 的一半。例如,据欧盟统计局的数据显示,2010 年英国政府收入为 5 908.87 亿英镑,占 GDP 的比重为 40.6%;政府支出为 7 395.46 亿英镑,占 GDP 的比重为 50.9%。

国家的财政由政府支出和收入两个方面组成。具体来说,政府支出是指整个国家中各级政府支出的总和,主要可分为政府购买和政府转移支付,而政府收入则包含税收和公债。财政政策工具主要是政府财政支出和财政收入,具体来说主要包括政府购买、转移支付、税收和公债。

1. 政府支出

(1) 政府购买

政府购买是指各级政府在商品与劳务上的总支出,它是国内总需求的组成部分之一。政府购买大致有两种:①从居民那里购买劳务;②从企业或公司购买商品。如购买军需品、机关公用品、政府雇员报酬、公共项目工程所需的支出等。政府购买支出对整个社会总支出水平具有十分重要的调节作用,它的扩大与减少有助于克服萧条和消除通货膨胀。在总支出水平过低时,政府可以提高购买支出水平,如举办公共工程,提供社会整体需求水平,以此同衰退进行斗争。反之,当总支出水平过高时,政府可以采取减少购买支出的政策,降低社会总体需求,以此来抑制通货膨胀。

(2) 转移支付

政府支出中另一部分是转移支付。与政府购买不同,转移支付又称无偿支出,是政府财政资金的单方面的无偿转移,用以补充公共物品而提供的一种无偿支出,体现的是非市场性的分配关系。转移支付大都具有福利支出的性质,如社会保险福利津贴、抚恤金、养老金、失业补助、救济金以及各种补助费等;农产品价格补贴也是政府的转移支付。

转移支付是政府支出的重要组成部分,也是一项重要的财政政策工具。在前面的乘数分析中我们已经知道,它同样能够通过转移支付乘数作用于国民收入,但乘数效应要小于政府购买支出乘数效应。一般来说,当总支出不足时,失业会增加,这时政府应增加社会福利费用,提高转移支付水平,从而增加人们的可支配收入和消费支出水平,社会有效需求因而增加;在总支出水平过高时,通货膨胀率上升,政府应减少社会福利支出,降低转移支付水平,从而降低人们的可支配收入和社会总需求水平。

2. 政府收入

再看国家财政的政府收入部分。国家取得财政收入的手段主要有税收和公债等。

(1) 税收

税收是政府收入中最主要的组成部分。税收是国家为满足社会公共需要,凭借公共权力,按照法律所规定的标准和程序,参与国民收入分配,取得财政收入的一种方式。税收具有无偿性、强制性和固定性的特征。正因为有这三个特点,因此税收可作为实行财政政策的有力手段之一。西方国家财政收入的增长,在很大程度上来源于税收收入的增长。

与政府购买支出、转移支出一样,税收同样具有乘数效应,即税收的变动对国民收入的变动具有倍增作用。税收可以通过改变税率和变动税收总量影响国民收入,如通过一次性减税来达到刺激社会总需求增加的目的,或通过改变税率来影响总需求。对于税率而言,由于所得税是税收的主要来源,因此,改变税率主要是变动所得税的税率。一般来说,降低税率,减少税收都会引起社会总需求增加和国民产出的增长,反之则引起社会总需求和国民产出的降低。因此在需求不足时,可采取减税措施刺激经济增长,在需求过旺时可用增税措施来抑制通货膨胀。

(2) 公债

当政府税收不足以弥补政府支出时,就会发行公债来筹集资金。公债指的是政府为筹措财政资金,凭其信誉按照一定程序向投资者出具的、承诺在一定时期支付利息和到期偿还本金的一种格式化的债权债务凭证,是政府对公众的债务,或公众对政府的债权。公债包括中央政府的债务(中央债,又称国债)和地方政府的债务(地方债)。公债的发行,一方面能增加财政收入,影响财政收支;另一方面又能对金融市场的扩张和紧缩起重要作用,影响货币的供求,从而调节社会总需求。

二、财政政策中的相机抉择

政府的财政收支及其变动会直接或间接影响宏观经济的运行。政府审时度势,根据经济运转的情况见机行事,随时做出其认为是最优的政策选择。即政府根据情况的变化,适时对既定的财政政策进行调整,这种主动调节的财政政策被称为相机抉择或斟酌处置的财政政策。

一般来说,当总需求水平过低,产生衰退和失业时,政府应采取刺激需求的扩张性财政政策;当总需求水平过高,产生通过膨胀时,政府应采取抑制总需求的紧缩性财政政策。扩张性财政政策是指在经济衰退时期,政府通过发行国债,增加财政支出和减少税收,以刺激总需求增长,降低失业率,使经济尽快复苏。紧缩性财政政策主要通过增加税收、减少财政支出的方式来压缩赤字或增加盈余,以达到减少和抑制社会总需求的目的。

第二次世界大战以后,英国经济学家凯恩斯的继承者,将凯恩斯的短期静态分析发展成为长期动态分析,提出补偿性财政政策。他们认为,财政政策的首要问题不是谋求收支平衡,而是当社会总需求与总供给出现差额时,如何通过财政收支安排来弥补这个差额,使经济的运行恢复平衡状态。他们还认为,资本主义经济不是始终处于危机状态,而是时而繁荣,时而萧条,财政政策不能永远以扩张为基调,应根据经济的周期波动交替使用扩张性政策和紧缩性政策。萧条时期政府应减少税收,增加支出,实行赤字政策;繁荣时期政府应增加税收,压缩支出,实行盈余政策,而且盈余应加以冻结,以备萧条时期使用。

知识链接

财政政策的实践

20世纪60年代,肯尼迪总统采用凯恩斯主义经济学的观点,使财政政策成为美国对付衰退和通货膨胀的主要武器之一。肯尼迪总统提出削减税收来帮助经济走出低谷。这些措施实施以后,美国经济开始迅速增长,促进了60年代美国经济的繁荣。

但是,减税再加上1965—1966年在越战中财政扩张的影响,又使得产出增长过快,超过了潜在水平,于是通货膨胀开始升温。为了对付不断上升的通货膨胀,并抵消越战所增开支的影响,1968年国会批准开征了一项临时性收入附加税,以抑制通货膨胀。

三、财政政策中的自动稳定器

因为相机抉择的财政政策实行需要较长的时间,具有较长的内部时滞性。这使得在短期内通过实施相机抉择的财政政策抑制经济波动的作用是有限的。能否找到一种不存在时滞性,在相应的财政政策尚未出台前,能够起到抑制经济波动的方法呢?事实上,西方财政制度本身就有包含着自动地抑制经济波动的方法,即自身所带的自动稳定器。

自动稳定器也称内在稳定器,是指经济系统本身存在的一种减少各种干扰对国民收入冲击的机制,能够在经济繁荣时期自动抑制膨胀,在经济衰退时期自动减轻萧条,无须政府采取任何行动。自动稳定器的功能主要通过下述三项制度得到发挥。

1. 税收的自动变化

在经济扩张和繁荣阶段,随着生产扩大就业增加,失业率下降,国民收入和居民收入增加,政府税收会随着个人收入的增加而相应增加,特别是在实行累进税制的情况下,税收的增长率超过国民收入增长率。税收增加意味着居民可支配收入减少,因而具有遏制总需求扩张和经济过热的作用。当经济处于衰退和萧条阶段时,国民收入下降,税收相应减少,留给人们的可支配收入也会自动地少减少一些,从而使消费和需求也自动地少下降一些。可见,在税率既定(给定)不变的条件下,税收随经济周期自动地同方向变化,起着抑制经济过热或缓解经济紧缩的作用。

2. 政府转移支付的自动变化

财政转移支付(包括失业救济金和各种福利支出)有助于稳定可支配收入,进而稳定消费需求。在经济繁荣阶段,失业率下降,失业人数减少,失业救济金和其他福利的支出会随之自动下降,从而抑制可支配收入和消费需求增长;反之,在经济萧条阶段,失业率上升,失业人数增加,失业救济金和其他福利的支出会随之自动上升,从而抵消可支配收入和消费需求下降。

3. 政府维持农产品价格的政策

这实际上是以政府财政补贴这一政府转移支付形式,保证农民和农场主的可支配收入不低于一定水平。在经济繁荣阶段,对农产品的需求增加,农产品价格上升,政府根据农产品价格维持方案,抛售库存的农产品,吸收货币,平抑农产品价格,以减少农民和农场主的可支配收入;而在经济萧条阶段,对农产品的需求减少,农产品价格下降,政府根据农产品价格维持方案,增加政府采购农产品的数量,向农民和农场主支付货币或价格补贴,增加他们的可支配收入。

以上各项均具有自动稳定器的作用。它们的作用越健全,经济运行越不需要政府干预。但在现实经济生活中,这类"自动稳定器"只能缓和经济衰退或抑制通货膨胀的程度,而不能根本扭转经济衰退与通货膨胀的趋势,不能从根本上解决经济活动中存在的问题。因而政府根据经济运行的实际情况进行适当干预,仍是必不可少的。

第三节 货币政策

引例

美联储几轮量化宽松货币政策的回顾

经历过2008年的金融危机之后,美国经济进入了寒冬时期,失业率居高不下,国家经济严重低迷。为了刺激美国经济的发展,使得美国尽快走出金融危机的影响,美国进行了一系列的量化宽松货币政策。

2008年11月25日,美联储宣布购买1 000亿美元的房地美、房利美、联邦住宅贷款银行等政府支持企业所发行的债券以及由房地美、房利美、吉利美担保的抵押贷款支持证券5 000亿美元。这是联储首次公布将购买机构债和MBS,标志着首轮定量宽松政策的开始。

美联储指出,最高将购买价值1000亿美元的GSE直接债务,采购将在2008年11月25日的后一周进行。联储还称,最高还将购买5000亿美元的MBS,这方面的采购预定于2008年年底前启动。

QE1扩大(第一轮宽松正式启动):2009年3月18日,机构抵押贷款支持证券2009年的采购额最高增至1.25万亿美元,机构债的采购额最高增至2000亿美元。此外,为促进私有信贷市场状况的改善,联储还决定在未来六个月中最高再购买3000亿美元的较长期国债证券。QE1结束:2010年4月28日,美联储在利率会议后发表的声明中未再提及购买机构抵押贷款支持证券和机构债的问题。这标志着联储的首轮定量宽松政策正式结束。加上2009年3月至当年秋天结束前所购买的3000亿美元较长期国债证券,美联储在首轮定量宽松政策的执行期间共购买了1.725万亿美元资产,这就是说首轮定量宽松总计为金融系统及市场提供了1.725万亿美元流动性。

值得关注的是,美联储的目的仅仅在于"稳定"市场,而不是"刺激"经济。第一轮量化宽松货币政策主要目的是通过向市场提供流动性支持,以达到提振市场信心、平复金融市场恐慌情绪的目的。从实际效果来看,第一轮量化宽松货币政策之后,美国金融体系有所企稳,目标初步达到。

在此基础上,美国接连推出第二轮、第三轮、第四轮量化宽松货币政策。与第一轮有所不同的是,后续量化宽松货币政策日益体现了支持实体经济增长的意图,同时规模不断扩大。从这两轮开始,美国的量化宽松货币政策从原来的稳定金融体系变为通过压低长期利率刺激实体经济。

2014年10月30日,美国联邦公开市场委员会(FOMC)货币政策会议宣布,将在2014年10月末停止资产购买计划,这意味着实施6年的量化宽松货币政策行将结束。

思考:什么是货币政策?美国为什么要实行量化宽松的货币政策?

一、货币政策与中央银行

货币政策是指中央银行通过控制货币供应量以及通过增减货币供给量来调节利率进而影响投资和整个经济,以达到一定经济目标的行为。货币政策有狭义和广义之分,狭义货币政策是指中央银行为实现既定的经济目标(稳定物价、促进经济增长、实现充分就业和平衡国际收支),运用各种工具调节货币供应量和利率,进而影响宏观经济的方针和措施的总和。广义货币政策是指政府、中央银行和其他有关部门所有有关货币方面的规定,和采取的影响金融变量的一切措施。从定义可以看出,货币政策要通过中央银行来实现。下面介绍一下商业银行与中央银行。

商业银行是经营货币业务、以盈利为目的的企业。商业银行主要业务是经营货币业务。

商业银行的主要业务有以下三种。第一,负债业务,负债业务是银行所欠的,是银行吸收的存款(活期存款、定期存款和储蓄存款)。第二,资产业务:①贷款,比如为企业购买设备和投资提供贷款,为家庭购买住房等耐用品提供贷款等;②投资有价证券,购买国债和其他债券,以取得利息收入。银行需要现金时,这些资产可迅速出售并兑换为现金。第三,中间业务,是指代客结算、理财、信息咨询等,并从中收取手续费的业务。商业银行主要通过赚取资产和负债的利息差来获取利润,同时也通过收取中间业务的手续费取得收益。商业银行配合中央银行来实施货币政策,以达到稳定宏观经济的目的。

中央银行是一国最高的货币金融管理机构,在各国金融体系中居于主导地位。它统筹管理全国金融活动,实施货币政策以影响经济。当今除了少数地区和国家外,几乎所有已经独立的国家和地区都设立了中央银行。它在美国是联邦储备局,在英国是英格兰银行,在法国是法兰西银行,在德国是联邦银行,在日本是日本银行。一般认为,中央银行有三个职能:

① 中央银行是"发行的银行",对调节货币供应量、稳定币值有重要作用。

② 中央银行是"银行的银行",它集中保管银行的准备金,并对它们发放贷款,充当"最后贷款者"。

③ 中央银行是"国家的银行",它是国家货币政策的制定者和执行者,也是政府干预经济的工具;同时为国家提供金融服务,代理国库,代理发行政府债券,为政府筹集资金;代表政府参加国际金融组织和各种国际金融活动。

解释完中央银行后,我们再来了解货币是由谁供给以及怎样供给的。狭义的货币供给(M_1)是指硬币、纸币和活期存款的总和。因为在西方经济学中,货币可被定义为人们普遍接受的用于支付商品和劳务及清偿债务的物品,可充当交换媒介和支付工具,最符合这个定义的是硬币、纸币和活期存款。硬币和纸币被称为通货,活期存款因为可以同通货一样随时可以用来支付债务,也可以看作是严格意义上的货币,而且是最重要的货币。因为货币供给量中的大部分是活期存款,同时通过活期存款的派生机制还会创造货币。

二、货币供给和存款创造

流通中的货币从哪里来?印钞厂印出来的是一小部分。大部分货币是商业银行在中央银行政策信号的诱导下,在自己的业务活动中,无中生有的"捏造"出来的,是"变戏法"的结果。

货币供给过程的第一步是中央银行投放基础货币。基础货币(Monetary Base,用 MB 表示)也称为高能货币,是指流通中的现金(Currency,用 C 表示)与银行存款准备金(Deposit Reserve,用 R 表示)的总和。即:

$$MB = C + R$$

现金(C)也称通货,是指公众手持的货币数量。银行存款准备金(R)是指商业银行在中央银行存款账户的资金,主要包括法定存款准备金(Reserve Requirement,用 RR 表示)和超额存款准备金(Extra Reserve,用 ER 表示)两部分。法定存款准备金是指中央银行规定商业银行吸收的存款(D)必须按照法定的存款准备金率(r_d)向中央银行缴存的最低数量的准备金。计算公式为:$RR = r_d \times D$。比如中国建设银行共吸收了 1 000 亿元的公众存款,如果 $r_d = 10\%$,它就至少要在中国人民银行保存 100 亿元的法定存款准备金,如果建设银行在中国人民银行的实际存款余额高于法定要求,比如存了 120 亿元,那么多出来的 20 亿元就是超额存款准备金(ER)。

由于商业银行都想赚取尽可能多的利息,它们一般会把法定准备金以上的那部分存款贷放出去或用于短期债券投资,正是这种比较小的比例的准备金来支持活期存款的能力,使得银行体系得以创造货币。下面举个例子来说明这一点。

假定法定存款准备金比率为20%,再假定银行客户会将其一切货币收入以活期存款形式存入银行。在这种情况下,甲客户将100万美元存入自己有账户的A银行,银行系统就因此增加了100万美元的客户存款。A银行按法定准备金比率保留20万美元作为准备金存入中央银行,其余的80万美元全部贷出。假定是借给一家公司用来买机器,机器制造厂乙得到这笔从A银行开来的支票后,又全部存入与自己有资金往来的B银行,B银行得到这80万美元支票存款后,留下16万美元作为准备金存入中央银行,然后再贷放出去64万美元,得到这笔贷款的丙厂商又会把它存入与自己有业务往来的C银行,C银行留其中的12.8万美元作为准备金存入资金在中央银行的账户上,然后再贷出51.2万美元。由此,不断存贷下去,各银行的存款总和是:

$$100+80+64+51.2+\cdots$$
$$=100(1+0.8+0.8^2+0.8^3+\cdots+0.8^{n-1})$$
$$=\frac{100}{1-0.8}=500(万美元)$$

而贷款总和是:

$$80+64+51.2+\cdots$$
$$=100(0.8+0.8^2+0.8^3+\cdots+0.8^n)=400(万美元)$$

从以上例子可见,存款总和(用D表示)同这笔原始存款(用R表示)及法定存款准备金率(用r_d表示)之间的关系为:

$$D=\frac{R}{r_d}$$

上面例子中的这笔原始存款假定来自中央银行增加的一笔原始货币供给(MB),则中央银行新增加一笔原始货币供给将使活期存款总和(即货币供给量)将扩大为这笔新增原始货币供给量的$\frac{1}{r_d}$倍。

在上例中就是5倍,这$\frac{1}{r_d}$称为货币创造乘数。用k_m表示的话,则$k_m=\frac{1}{r_d}$,它是法定准备金率的倒数。若法定准备金率为0.2,则$k_m=5$。

由$k_m=\frac{1}{r_d}$可知,货币乘数的大小取决于存款准备金比率,存款准备金比率越高,货币乘数越小,因为准备金是对存款的一种漏出,存款准备金比率越高,则存款漏出越多,可用于贷放的存款余额就越少,银行的货币创造能力就越小;反之亦然。

通过货币乘数,我们可以知道中央银行通过对基础货币的调节控制,通过货币乘数的作用对货币供给产生放大影响。例如,如果法定存款准备金比率为0.2,即当货币乘数为5的时候,如果中央银行希望增加1 000万元的货币供给量,它只需增加200万元(200×5=1 000)基础货币就能达到目的。

而增加200万元基础货币,并不一定需要印刷200万元的钞票投放市场,而是中央银行通过实施货币政策工具来实现。下面具体分析货币政策工具以及如何实施。

三、货币政策工具

货币政策工具包括法定存款准备金率、公开市场业务和再贴现率。中央银行主要通过这三种政策工具来达到自己调节宏观经济的目的。我们已经知道,准备金率的设定对经济中的货币供给量影响重大,那么中央银行可以通过调整商业银行的准备金来间接地控制经济中的货币供给量。

1. 法定存款准备金率

法定存款准备金是指中央银行规定的商业银行在吸收存款中必须向中央银行交存的特定比例的准备金。中央银行有权决定商业银行和其他存款机构的法定准备金率,如果中央银行认为需要增加货币供给,就可以降低法定准备金率,使所有的存款机构对每一笔客户的存款只要留出较少的准备金,从而可以拿出更多的钱去贷放,以增加市场上货币的流通数量;或反过来说,让每一美元的准备金可支撑更多的存款。

假定原来法定准备金比率为20%,则100美元的存款必须留出20美元准备金,可贷金额为80美元,这样增加1万美元的存款就可以派生出5万美元的货币流通数量。若中央银行把法定准备金率降低到10%,则100美元的存款只需留出10美元准备金,可贷金额为90美元,这样增加1万美元的存款就可以派生出10万美元的货币流通数量。可见,降低法定准备金比率,实际上等于增加了货币的流通数量;提高法定准备金比率,实际上等于减少了货币的流通数量。从理论上说,变动法定准备金比率是中央银行调整货币供给最简单的办法,但是中央银行一般不愿轻易使用这一手段。原因有以下两点:①变动法定准备金比率有一个时滞,今天变动的准备金率,可能过一段时间后才能起作用,效果较慢。②变动法定准备金的作用十分猛烈,一旦准备金率变动,所有银行的信用都必须扩张或收缩,因此这一政策很少使用,一般几年才改变一次。

2. 公开市场业务

公开市场业务是指中央银行在证券二级市场买卖政府债券,来增加或减少流通中的货币供给量的政策行为。自1999年以来,公开市场操作发展较快,目前已成为中央控制货币供给最重要也是最常用的工具,对于调节银行体系流动性水平、引导货币市场利率走势、促进货币供应量合理增长发挥了积极的作用。

公开市场业务之所以能成为中央银行控制货币供给最主要的手段,是因为运用这种政策手段有着比其他手段更多的灵活性。例如在公开市场业务中,中央银行可及时地按照一定的目标来买卖政府债券,从而比较易于准确地控制银行体系的准备金。如果中央银行希望大量地变动货币供给,就可以根据改变供给量的规模来决定买进或卖出政府债券的数量;如果中央银行只希望少量地变动货币供给,就可以用少量的债券买卖来达到目的。由于公开市场操作很灵活,因而便于为中央银行及时用来改变货币供给变动的方向,例如通过变卖入债券为卖出债券,立即就有可能使增加货币供给变为减少货币供给。中央银行可以连续、灵活地进行公开市场操作,自由决定债券的数量、时间和方向,而且即使中央银行有时会出现某些政策失误,也可以及时得到纠正,这是其他工具所不具备的长处。

知识链接

我国公开市场业务的交易品种与创新

目前,从交易品种看,中国人民银行公开市场业务债券交易主要包括回购交易、现券交易和发行中央银行票据。其中回购交易分为正回购和逆回购两种,正回购为中国人民银行向一级交易商卖出有价证券,并约定在未来特定日期买回有价证券的交易行为,正回购为央行从市场收回流动性的操作,正回购到期则为央行向市场投放流动性的操作;逆回购为中国人民银行向一级交易商购买有价证券,并约定在未来特定日期将有价证券卖给一级交易商的交易行为,逆回购为央行向市场上投放流动性的操作,逆回购到期则为央行从市场收回流动性的操作。现券交易分为现券买断和现券卖断两种,前者为央行直接从二级市场买入债券,一次性地投放基础货币;后者为央行直接卖出持有债券,一次性地回笼基础货币。中央银行票据即中国人民银行发行的短期债券,央行通过发行央行票据可以回笼基础货币,央行票据到期则体现为投放基础货币。

根据货币调控需要,近年来中国人民银行不断开展公开市场业务工具创新。2013年1月,立足现有货币政策操作框架并借鉴国际经验,中国人民银行创设了"短期流动性调节工具(Short-term Liquidity Operations,SLO)",作为公开市场常规操作的必要补充,在银行体系流动性出现临时性波动时相机使用。这一工具的及时创设,既有利于央行有效调节市场短期资金供给,熨平突发性、临时性因素导致的市场资金供求大幅波动,促进金融市场平稳运行,也有助于稳定市场预期和有效防范金融风险。

3. 再贴现率

再贴现是中央银行对金融机构持有的未到期已贴现商业汇票予以贴现的行为。这是美国中央银行最早运用的货币政策工具。再贴现率是中央银行向商业银行发放准备金贷款的利率,之所以称为再贴现率,主要是由于是商业银行早期总将已贴现的票据向中央银行再贴现而获得资金。在我国,中央银行通过适时调整再贴现总量及利率,明确再贴现票据选择,达到吞吐基础货币和实施金融宏观调控的目的,同时发挥调整信贷结构的功能。

中央银行可以通过调整再贴现率来控制流通中货币的供给量。例如,当中央银行实行扩张性货币政策时,可降低再贴现率,商业银行因为贷款成本降低,会增加向中央银行的再贴现,从而增加中央银行基础货币的投放,这会扩大信用规模,导致货币供给量增加。相反,当中央银行想使过热的经济降温时,可提高再贴现率,这会减少商业银行向中央银行的借款,从而减少中央银行基础货币的投放,这会收缩信用规模,导致货币供给量减少。

但事实上,美联储并不经常使用再贴现率来控制资金供给,因为贴现窗口的主要作用只是允许商业银行和其他金融机构对其短期的现金压力做出反应,对临时发生的准备金不足作适当调整。另外,再贴现率政策不是一个具有主动性的政策,因为中央银行只能等待商业银行向它借款,而不能要求商业银行这样做。如果商业银行不向中央银行借款,那么再贴现政策便无法执行了。因此,再贴现率政策也不是主要的货币政策工具,它属于辅助性的政策工具,仅用于配合公开市场的操作。

第十二章 宏观经济政策实践

总体来看,在调节宏观经济的精确性方面,再贴现率最不稳定,法定存款准备金率次之,而公开市场业务最精确,可以比较精确地预测公开市场业务对货币供给量的影响。在调节经济的灵活性方面,法定存款准备金率因可能几年才变动一次,因此最不灵活,再贴现率几个星期或者几个月动一次,而公开市场业务可以每天进行,因此可以最灵活及时地根据政府目标买卖政府债券,以及及时纠正央行的某些政策失误。在调节宏观经济的公开性方面,公开性涉及货币市场的信息传递机制、货币市场的风向标问题,再贴现率和法定存款准备金比率都是公开的,而名为公开市场业务反而公开性最差。

四、货币政策的运用

在不同的经济形势下,中央银行要运用不同的货币政策来调节经济,以实现需求管理的目标。大体来说,货币政策有三种类型:扩张性货币政策、紧缩性货币政策和均衡性货币政策。

1. 扩张性货币政策

所有导致货币供给量增加或者利率下降的政策,都可以认为是扩张性的货币政策。扩张性货币政策通常在总需求不足或经济衰退的形势下使用,用于刺激经济。例如,在公开市场上买进有价证券,降低法定存款准备金比率,降低贴现率并放松贴现条件等,都属于扩张性的货币政策,这样就可以增加货币供给量,降低利息率,刺激总需求,促进资源充分利用和充分就业。

2. 紧缩性货币政策

所有导致货币供给量减少或者利率上升的政策,被称为紧缩性货币政策。紧缩性政策通常在总需求膨胀、经济过热的形势下被使用。例如在公开市场上卖出有价证券,提高法定存款准备金比率,提高贴现率并严格贴现条件等,都属于紧缩性的货币政策,这样就可以减少货币供给量,提高利息率,抑制总需求,迫使过热经济降温,抑制通货膨胀,保持经济稳定增长。

3. 均衡性货币政策

均衡性货币政策是运用于平稳时期的货币政策。在平稳时期,总需求与总供给之间大体保持平稳,经济稳定增长,接近充分就业。对此,需要运用均衡性货币政策,按照国内生产总值增长率确定货币供给量增长率,适度进行公开市场上有价证券的买卖,维持或微调现有贴现率,稳定法定准备金率等,保持或促进总需求与总供给的平衡,促进经济稳定增长。

本章小结

一、主要结论

(1)宏观经济政策的目标主要有四个:充分就业、价格稳定、经济持续均衡增长和国际收支平衡。

(2) 财政政策是指为促进就业水平提高,减轻经济波动,防止通货膨胀,实现稳定增长而对政府财政支出、税收和借债水平所进行的选择,或对政府财政收入和支出水平所做的决策。

(3) 财政政策工具主要是政府财政支出和财政收入,具体来说主要包括政府购买、转移支付、税收和公债。

(4) 扩张性财政政策是指在经济衰退时期,政府通过发行国债,增加财政支出和减少税收,以刺激总需求增长,降低失业率,使经济尽快复苏。

(5) 紧缩性财政政策主要通过增加税收、减少财政支出的方式来压缩赤字或增加盈余,以达到减少和抑制社会总需求的目的。

(6) 货币政策是指中央银行通过控制货币供应量以及通过货币供给量来调节利率,进而影响投资和整个经济以达到一定经济目标的行为。

(7) 货币政策工具包括法定存款准备金率、公开市场业务和再贴现率。中央银行主要通过这三种政策工具来达到自己调节宏观经济的目的。

(8) 所有导致货币供给量增加或者利率下降的政策,都可以认为是扩张性的货币政策。扩张性货币政策通常在总需求不足或经济衰退的形势下使用,用于刺激经济。

(9) 所有导致货币供给量减少或者利率上升的政策,被称为紧缩性货币政策。紧缩性政策通常在总需求膨胀、经济过热的形势下被使用。

二、基本概念

财政政策　政府购买　转移支付　相机抉择　自动稳定器　货币政策
法定存款准备金　公开市场业务　再贴现率　货币创造乘数

本章练习

一、讨论题

美国 1982 年衰退中的货币政策

由于低失业率和第二次石油价格的冲击,1979 年美国的年通货膨胀率上升到 13%,对经济产生了不良影响,所以,美国联邦储备当局决定利用紧缩性货币政策来抑制这次通货膨胀。与以往不同的是,美联储倾向于关注准备金和货币供给的增长,而不是利率,以便能够迅速降低通货膨胀。

通过这次政策,美国的货币供给量大幅度减少,利率上升到自南北战争以来的最高水平。随着利率的上升,投资及其他利率敏感性支出显著减少。这次政策确实对抑制通货膨胀产生了很好的效果,到 1982 年为止,通货膨胀率已降低到 4%。

但是,经济的进一步发展表明,紧缩性货币政策过于严厉,导致了经济的衰退,失业率超过了 10%。

问题:

1. 什么是货币政策?

2. 中央银行实施货币政策的手段主要有哪些？

3. 中央银行货币政策实施的局限性有哪些？

二、单选题

1. 公开市场业务就是（　　）在金融市场上买进或卖出有价证券。
   A. 社会公众　　　　B. 证券公司　　　　C. 中央银行　　　　D. 政府财政部

2. 财政政策的主要内容包括（　　）。
   A. 筹集资金　　　　B. 政府支出　　　　C. 政府税收　　　　D. 政府支出与收入

3. 在经济过热时，政府应采取（　　）的财政政策。
   A. 减少政府财政支出　　　　　　B. 增加财政支出
   C. 扩大财政赤字　　　　　　　　D. 减少税收

4. 属于扩张性财政工具的是（　　）。
   A. 减少政府支出和减少税收　　　B. 减少政府支出和增加税收
   C. 增加政府支出和减少税收　　　D. 增加政府支出和增加税收

5. 通常认为，紧缩货币的政策是（　　）。
   A. 中央银行买入政府债券　　　　B. 增加货币供给
   C. 降低法定准备金率　　　　　　D. 提高贴现率

6. 法定准备金率越高，（　　）。
   A. 银行越有多余的资金可以用于贷款　　B. 货币供给量越大
   C. 越可能引发通货膨胀　　　　　　　　D. 商业银行存款创造越困难

7. 属于自动稳定器的项目是（　　）。
   A. 政府购买　　　　B. 税收　　　　C. 政府转移支付　　　　D. 政府公共工程支出

8. 经济中存在失业时，应采取的财政政策是（　　）。
   A. 增加政府支出　　　　　　　　B. 提高个人所得税
   C. 提高公司所得税　　　　　　　D. 增加货币发行

三、简答题

1. 在经济萧条时，政府应该采取怎样的财政政策？

2. 什么是自动稳定器？试举例说明。

3. 中央银行的货币政策工具有哪些？

4. 公开市场业务是怎样影响货币供给量的？

5. 假设经济处于衰退中，如果中央银行想稳定总需求，它应该如何操作货币政策工具达到这一目标？如果中央银行无所作为，政府为了稳定总需求，应该如何操作财政政策工具？

第十三章
失业与通货膨胀

 学习目标

- 掌握失业的定义、类型及度量失业的方法,以及失业的影响;熟知治理失业的措施。
- 掌握通货膨胀的定义、分类和度量;熟知通货膨胀的成因理论和治理措施。
- 熟悉菲利普斯曲线的含义与运用。

重点、难点

重点:失业的类型及影响;通货膨胀的分类及成因。
难点:熟练运用菲利普斯曲线说明通货膨胀和失业之间的关系。

 引例

历史上严重的恶性通货膨胀

第一次世界大战之后,德国经历了一次历史上最引人注目的超速通货膨胀。在战争结束时,同盟国要求德国支付巨额赔款。这种支付引起德国财政赤字,德国最终通过大量发行货币来为赔款筹资。

从1922年1月到1924年12月,德国的货币和物价都以惊人的比率上升。例如,每份报纸的价格从1921年1月的0.3马克上升到1922年5月的1马克、1922年10月的8马克、1923年2月的100马克,直到1923年9月的1 000马克。在1923年秋季,价格实际上飞起来了:一份报纸的价格10月1日为2 000马克,10月15日为12万马克,10月29日为100万马克,11月9日为500万马克,而11月17日变成了7 000万马克。在危机最严重的时候,通货膨胀率每月上升2 500%。工人们的工资一天要分两次支付,到了傍晚,一个面包的价格等于早上一幢房屋的价值。

那么什么是通货膨胀?为什么会发生通货膨胀?这是本章要研究的主要内容之一。

从长期来看,一个经济社会应该处于充分就业、物价稳定的均衡状态,但是在短期中,由于各种因素的影响,宏观经济均衡总是处在低于或高于充分就业水平的非均衡状态,宏观经济的短期波动是经济的常态,最为常见的就是发生失业与通货膨胀问题。西方的市场经济经常遭受失业与通货膨胀的痛苦和损害,为了避免这种痛苦和损害,西方学者对失业和通货膨胀进行了比较系统的研究。本章将对这方面研究的成果加以介绍,分析失业和通货膨胀理论,以及两者之间的相互关系。

第一节 失业理论

引例

金融危机中的失业潮

2013年,国际劳工组织在日内瓦发布全球工作报告《修复经济与社会架构》称,全球失业人数2015年将增至2.08亿。报告指出,新兴经济体和发展中经济体的就业率2015年将恢复到金融危机前的水平,而发达经济体则需要到2018年才能回到危机前的水平。

世界目前面临的失业大潮的特点之一便是青年失业率高。欧盟统计局的数据显示,2013年4月份,欧元区青年失业率升至24.4%,这意味着,欧元区近1/4的青年无法找到工作。希腊青年失业情况尤为严峻,失业率近2/3,南欧地区正面临着"失去的一代"。意大利国家统计局的数据显示,15~24岁青年人口的失业率达41.9%,为1977年有数据记录以来的历史最高水平。

"失业的一代",有的媒体如此称呼这些年轻人,并认为这已经成为全球现象。的确,近日,国际劳工组织发布的数据显示,到2013年年底,全球15~24岁的年轻人中将有7 340万人失业,占该年龄段总人口的12.6%。而英国《经济学家》周刊则估计,该年龄段人口的实际失业总数接近3亿。

在一片萧瑟中,美国的数据貌似让人感受到了一丝温暖。美国总体失业率水平已经从2009年下半年时高于10%的峰值下降到了当下的7.5%。不过,这与危机前的低于5%依然有相当距离,而且,正如美联储理事拉斯金指出的,官方公布的数据有意无意地低估了现实中存在的失业问题。美国失业率仍处于危险的高位。有人说,如果把那些已经放弃找工作和只做兼职工作的劳动人口计算在内的话,美国真正的失业率是14.3%。

思考:为什么国家这么重视失业?失业率过高对国民经济有什么影响呢?

一、失业的含义与数据

1. 失业

就业和失业直接关系到社会的政治稳定与经济发展,是现代社会的中心问题。当失业率较高时,就会引发一系列的社会经济问题,因此实现充分就业,保持社会稳定是国家宏观管理的主要目标之一。

一般用失业率来衡量一个国家的失业情况。美国把所有16岁以及16岁以上至65岁之间的有劳动能力和劳动意愿并且积极寻求工作却不成功的人被界定为失业人口。失业率是指劳动力中没有工作而又在积极寻找工作的人所占的比例,失业率的波动反映了就业的波动情况。失业率用公式可以表示为:

$$失业率 = \frac{失业人数}{劳动力总数} \times 100\% = \frac{失业人数}{失业人数 + 就业人数} \times 100\%$$

注意,劳动力是指在一定年龄范围内有劳动能力并且愿意工作的人,老人、孩子以及由于这样那样原因放弃了找工作的念头的人,都不能算作劳动力,劳动力和人口是两个概念。

2. 失业的数据

据2013年5月底欧盟统计局的统计数据表示,欧元区2013年4月份失业率上升至12.2%,创下1995年有数据记录以来的新高。失业率最高的3个国家分别为希腊(27.0%)、西班牙(26.8%)以及葡萄牙(17.8%)。欧元区第二大经济体法国2013年4月份失业率创纪录新高。另据意大利国家统计局发布的数据,2013年第一季度该国总体失业率升至12.8%,创36年来新高。

图13-1表示了1947—2011年美国的年失业率情况。

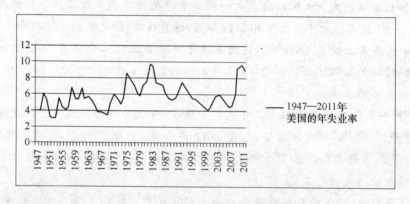

图13-1 美国1947—2011年的年失业率

图13-2表示了2011—2012年美国的月失业率变动情况。

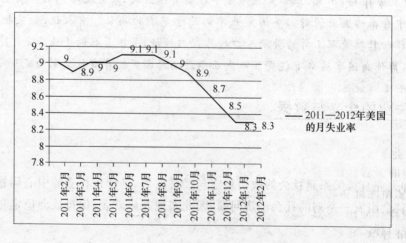

图13-2 美国2011—2012年的月失业率

二、失业的分类

宏观经济学通常将失业分为三种类型,即摩擦性失业、结构性失业以及周期性失业。

1. 摩擦性失业

摩擦性失业是指生产过程中难以避免的、由于转换职业等原因而造成的短期、局部失业。这种失业的性质是过渡性的或短期性的。它通常起源于劳动的供给一方,因此被看作是一种求职性失业,即一方面存在职位空缺,另一方面存在着与此数量对应的寻找工作的失业者,这是因为劳动力市场信息的不完备,厂商找到所需雇员和失业者找到合适工作都需要花费一定的时间。比如大学毕业要寻找工作,或辞去旧工作想找到一个更适合自己爱好与技能的工作,或更换工作地点所引起的失业,都被看作是摩擦性失业。摩擦性失业在任何时期都存在,并将随着经济结构变化而有增大的趋势,但从经济和社会发展的角度来看,这种失业存在是正常的。

2. 结构性失业

结构性失业是指劳动力的供给和需求不匹配所造成的失业,其特点是既有失业,也有职位空缺,失业者或者没有合适的技能,或者居住地点不当,因此无法填补现有的职位空缺。结构性失业在性质上是长期的,而且通常起源于劳动力的需求方。结构性失业是由经济变化导致的,这些经济变化引起特定市场和区域中的特定类型劳动力的需求相对低于其供给。

造成特定市场中劳动力的需求相对低可能由以下原因导致:第一是技术变化,原有劳动者不能适应新技术的要求,或者是技术进步使得劳动力需求下降;第二是消费者偏好的变化。消费者对产品和劳务的偏好的改变,使得某些行业扩大而另一些行业缩小,处于规模缩小行业的劳动力因此而失去工作岗位;第三是劳动力的不流动性。流动成本的存在制约着失业者从一个地方或一个行业流动到另一个地方或另一个行业,从而使得结构性失业长期存在。比如随着电子技术的进步,人们越来越多地使用手机,手机市场具有巨大的发展空间,成为朝阳产业,而一度风光的寻呼机业务则衰落下去成为了夕阳产业,从而分流出一部分劳动力,可是,由于技能要求存在差异,即使朝阳产业需要大量的劳动力,夕阳产业分流的劳动力也不能完全转入朝阳产业,势必会造成一部分人的失业。这种失业的根源在于劳动力的供给结构滞后于需求结构,所以称之为结构性失业。

3. 周期性失业

周期性失业是指经济周期中的衰退或萧条时,因社会总需求下降而造成的失业。当经济发展处于一个周期中的衰退期时,社会总需求不足,因而厂商的生产规模也缩小,从而导致较为普遍的失业现象。周期性失业对于不同行业的影响是不同的,一般来说,需求的收入弹性越大的行业,周期性失业的影响越严重。

另外,除了以上三种类型外,如按工人的意愿又可分为自愿失业和非自愿失业,自愿失业是指工人不愿意接受现行的工作条件和收入水平而未被雇用而造成的失业。由于这种失业是由于劳动人口主观不愿意就业而造成的,所以被称为自愿失业,无法通过经济手段和政策来消除。非自愿失业是指愿意接受现行工资水平但仍然找不到工作的现象。这种失业是由于客观原因所造成的,因而可以通过经济手段和政策来消除。经济学中所讲的失业是指非自愿失业。

知识链接

对失业认识的发展

长期以来,经济学家都把贫困当成一个大的社会政策来研究,但是,到19世纪末,人们开始越来越担心工人失业的问题。起初,人们认为,失业问题是由疾病或者是工人自身的问题如懒惰、生理缺陷或者职业道德的缺失等造成的。也就是说,失业不是社会问题导致的,而是工人自身的问题导致的。古典经济学认为失业是人们自愿的,如果人们愿意为低一点的工资工作的话,工作总会有的。当时人们认为失业并不是一个需要公共政策关注的问题。

1909年,英国社会活动家比阿特丽斯·韦布发表了《少数派报告》。这是第一个提出福利国家概念和政策的文件,文件宣称"部长应该承担起组织国家劳动力市场,防止失业或使失业最小化的责任"。"非自愿失业"这个概念第一次出现了,人们也渐渐意识到,造成失业的原因并不是劳动者本身的缺点,而是劳动者控制能力之外的周围的经济情况。

1913年,英国经济学家亚瑟·庇古对"非自愿失业"这一概念进行了进一步阐释,他认为,在一个行业内,如果工人愿意在目前的工资水平下更努力地工作,而不提出更高的工资要求,这种情况下的失业就是"非自愿失业"。这个定义指明了"非自愿失业"的根本原因:工人根本没有选择工作还是不工作的权利。

1929年,美国股市崩盘以及紧随其后的世界经济大萧条,使得世界经济严重衰退,到1933年,美国失业人数达到了1 400万。残酷的现实促进了"非自愿失业"的进一步发展——一般情况下,就业人数由真正的工资水平决定——工资水平与市场上商品和服务的价格有关,在经济停滞时期,由于人们对商品的需求减少了,商品的价格也随之下降,而且价格下降速度大于工资下降的速度,然而,工人却反对降低自己的工资水平,这样,人们的真实工资就上升了,在高工资水平的情况下,愿意工作的人数增加,而由于工资水平上升,工厂为节省开支,真正需要的工人人数会相对减少,这就导致了失业的产生。

三、自然失业率

自然失业率(Natural Rate of Unemployment)是劳动市场处于供求稳定状态时的失业率,即是充分就业条件下的失业率。自然失业率即是一个不会造成通胀的失业率。

一般认为,自然失业率为摩擦性失业率及结构性失业率加总之和。由于人口结构的变化、技术的进步、人们的消费偏好改变等因素,社会上总会存在着摩擦性失业和结构性失业。就长期而言,经济周期循环带来的失业情形常会消弭无踪,社会上只留下自然失业现象。经济学家认为存在4%~6%的失业率是正常的,此时社会经济处于充分就业状态。

政府改进劳动市场的服务,提供职业培训,降低最低工资,改进失业保险制度等,都能够减少自然失业人口,但不可能消灭自然失业。所以宏观经济学分析的重点以及宏观经济政策所要解决的是周期性失业。

四、失业的影响与奥肯定律

1. 失业的影响

失业的影响主要分为两种:社会影响和经济影响。

失业的社会影响虽然难以估计和衡量,但它最易为人们所感受到。失业威胁着作为社会单位和经济单位的家庭的稳定。没有收入或收入遭受损失,户主就不能起到应有的作用。家庭的要求和需要得不到满足,家庭关系将因此而受到损害。西方有关的心理学研究表明,解雇造成的创伤不亚于亲友的去世或学业上的失败。此外,家庭之外的人际关系也受到失业的严重影响。一个失业者在就业的人员当中失去了自尊和影响力,面临着被同事拒绝的可能性,并且可能要失去自尊和自信。最终,失业者在情感上受到严重打击。另外,过高失业率还可能影响政治稳定。

知识链接

一位失业的建筑工人回忆录

一位失业的建筑工人回忆:我申请去盖屋顶,可他们不需要我。因为已经有人为他们工作五六年了,没有那么多的工作岗位。大部分工作都要求受聘者有过高等教育的背景。我可以做任何工作,从清洗汽车到其他任何事情。

可是,你成天干什么呢?回到家里坐着,变得垂头丧气。家里每一个人也都变得有些紧张不安。他们开始为一些蠢事而相互争吵,因为每个人都成天被囚禁在那个空间里,整个家庭氛围被破坏了。

失业的经济影响可以用机会成本的概念来理解。当失业率上升时,经济中本可由失业工人生产出来的产品和劳务就损失了。衰退期间的损失,就好像是将众多的汽车、房屋、衣物和其他物品都销毁掉了。从产出核算的角度看,失业者的收入总损失等于生产的损失,因此,丧失的产量是计量周期性失业损失的主要尺度,因为它表明经济处于非充分就业状态。

2. 奥肯定律

20世纪60年代,美国经济学家阿瑟·奥肯根据美国的数据,提出了经济周期中失业变动与产出变动的经验关系,被称为奥肯定律。

奥肯定律的内容是:失业率每高于自然失业率一个百分点,实际GDP将低于潜在GDP两个百分点。换一种方式说,相对于潜在GDP,实际GDP每下降两个百分点,实际失业率就会比自然失业率上升一个百分点。奥肯定律的公式如下:

$$失业率的变动 = -\frac{1}{2}(实际GDP增长率 - 潜在GDP增长率)$$

西方学者认为,奥肯定律揭示了产品市场与劳动市场之间极为重要的关系,它描述了实际GDP的短期变动与失业率变动的联系。根据这个定律,可以通过失业率的变动推测或估计GDP的变动,也可以通过GDP的变动预测失业率的变动。例如,实际失业率为8%,高于6%的自然失业率2个百分点,则实际GDP就将比潜在GDP低4%左右。

奥肯定律的一个重要结论是:为防止失业率上升,实际GDP增长必须与潜在GDP增长同样快,如果想要使失业率下降,实际GDP增长必须快于潜在GDP增长。

五、失业的治理

对于摩擦性失业,可以通过缩短寻找工作的时间来减少摩擦性失业。例如,增设职业介绍所、青年就业服务机构和建立人才库网站,以更多的途径传播有关就业的信息。对于结构性失业,可以通过对受结构性失业威胁的人进行继续教育、技术培训以适应经济结构的变化,还可以帮助劳动力迁移,使劳动力在不同的工作与地区之间更好、更快地流动。对于周期性失业可采取国家积极干预经济,设法刺激有效需求,以实现充分就业。例如,通过刺激私人投资,增加政府购买支出等来增加就业岗位。

第二节 通货膨胀理论

引例

旧中国的通货膨胀

在国民党统治时期,国民政府肆意滥发纸币,结果造成长期恶性通货膨胀。据统计,从抗日战争爆发到国民政府崩溃(1937—1949年)的12年间,纸币发行量累计增加了1 400多亿倍,致使同期物价上涨了85 000多亿倍,达到古今中外罕见的程度。货币购买力一落再落,最后几乎变成废纸。有人曾经做过这样的统计,以100法币购买力为例,在1937年可买2头牛,1938年为1头牛,1939年为1头猪,1941年为1袋面粉,1943年为1只鸡,1945年为1条鱼,1946年为2个鸡蛋,1947年为1个煤球,1948年8月国民党货币改革时为3粒大米。至此,全国广大劳动人民陷入极端痛苦和贫困的境地。

思考:什么是通货膨胀?通货膨胀率过高对一国有什么影响?

一、通货膨胀的含义与数据

与失业一样,通货膨胀是经济运行状况的主要指示器。一般用通货膨胀率的变化来描述通货膨胀。

1. 通货膨胀与消费者价格指数

通货膨胀(Inflation)是指经济运行中出现的全面、持续的物价上涨的现象。纸币流通规律表明,纸币发行量不能超过它所象征的代表的金银货币量,一旦超过了这个量,纸币就要贬值,物价就要上涨,从而出现通货膨胀。

通货膨胀率是指从一个时期到另一个时期价格水平变动的百分比。

用公式表示就是：

$$\pi_t = \frac{P_t - P_{t-1}}{P_{t-1}}$$

式中，π_t 为 t 时期的通货膨胀率；P_t 和 P_{t-1} 分别为 t 时期和 $t-1$ 时期的价格水平。这个价格水平可以用消费者价格指数（CPI）来衡量。要是用消费者价格指数来衡量，则通货膨胀率就是不同时期的消费价格指数变动的百分比。假定一个经济体的消费价格指数，从去年的 100 增加到今年的 104，那么这一时期的通货膨胀率就为 $\frac{104-100}{100} \times 100\% = 4\%$。

消费者价格指数告诉人们的是，对普通家庭的支出来说，购买具有代表性的一组商品，在今天要比在过去某一时间多花费多少。这一指数的基本意思是，人们有选择地选取一组（相对固定）商品和劳务，然后比较它们按当期价格购买的花费和按基期价格购买的花费。用公式表示，就是：

$$CPI = \frac{一组固定商品按当期价格计算的价值}{一组固定商品按基期价格计算的价值} \times 100$$

例如，设 2000 年为基期，若 2000 年某国普通家庭每个月购买一组商品的费用为 800 元，而 2016 年购买这一组商品的费用为 1 300 元，那么该国 2016 年的消费价格指数为：

$$CPI_{2016} = \frac{1300}{800} \times 100 = 162$$

2. 通货膨胀的数据

描述通货膨胀的主要工具是通货膨胀率的变化，图 13-3 反映了美国用消费价格指数计量的通货膨胀。

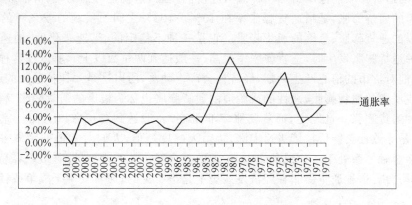

图 13-3　1970—2010 年美国通货膨胀

从图 13-3 可以看出，在 40 年的时间中，美国的通货膨胀率很不稳定，尤其是 20 世纪 80 年代初的通货膨胀率曾达到令人难以接受的高水平，而在 20 世纪 90 年代及以后，由于美联储的有效控制和较小的供给冲击，通货膨胀率一直稳定在较低的水平。

图 13-4 反映了中国从 1980 年至 2013 年用消费价格指数计量的通货膨胀。从图中可以看出，20 世纪 80 年代末，中国的通货膨胀率非常高，但是从 20 世纪 90 年代末开始，由于国家的有效政策，通货膨胀率一直处于一个比较稳定的水平。

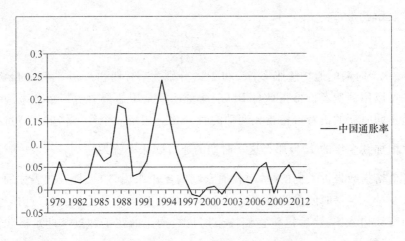

图 13-4　1979—2012 年中国通货膨胀

二、通货膨胀的类型

对于通货膨胀,西方经济学家从不同的角度进行了分类。

1. 按照价格上升的速度分类

按照价格上升的速度,通货膨胀可以分为三种类型:①温和的或爬行的通货膨胀,每年物价上升的比率在 10% 以内,包括爬行(5%)、步行(5%～10%)的通货膨胀。一些经济学家认为在经济发展过程中有一点温和的通货膨胀可以刺激经济的增长,因为提高物价可以使厂商多得一点利润以刺激厂商投资的积极性,同时温和的通货膨胀不会引起社会太大的动乱,温和的通货膨胀能像润滑油一样刺激经济的发展,这就是所谓的"润滑油政策"。②疾驰的或飞奔的通货膨胀,是指通货膨胀率在 10%～100% 之间。疾驰的或飞奔的通货膨胀也称为奔腾的通货膨胀、急剧的通货膨胀。它是一种不稳定的、迅速恶化的、加速的通货膨胀。在这种通货膨胀发生时,通货膨胀率较高(一般达到两位数以上),所以在这种通货膨胀发生时,人们对货币的信心产生动摇,经济社会产生动荡,所以这是一种较危险的通货膨胀。③恶性的或脱缰的通货膨胀,恶性的或脱缰的通货膨胀也称为极度的通货膨胀、超速的通货膨胀。这种通货膨胀一旦发生,通货膨胀率非常高,一般达到三位数以上而且完全失去控制,其结果是导致社会物价持续飞速上涨,货币大幅度贬值,人们对货币彻底失去信心。这时整个社会金融体系处于一片混乱之中,正常的社会经济关系遭到破坏,最后容易导致社会崩溃、政府垮台。这种通货膨胀在经济发展史上是很少见的,通常发生于战争或社会大动乱之后。

知识链接

恶性通货膨胀

恶性通胀具有以下四项特征:
* 公众不愿持有现金,宁可把金钱投放在外国货币或非货币资产。
* 公众利用外国货币,结算自己本国货币的资产。

> * 信贷是按借款期内的消费力损耗计算,即使该时期不长久。
> * 利率、工资、物价与物价指数挂钩,而3年累积通胀在100%以上。
>
> 目前公认的恶性通货膨胀在世界范围内只出现过3次,例如第一次发生在1923年的德国,当时第一次世界大战刚刚结束,德国的物价在一个月内上涨了2 500%,一个马克的价值下降到仅及战前价值的一万亿分之一。第二次发生在1946年的匈牙利,第二次世界大战结束后匈牙利的一个便哥价值只相当于战前的 $828×1\,027$ 分之一。第三轮恶性通货膨胀发生于20世纪80年代,阿根廷、玻利维亚、巴西、秘鲁等国的外债危机导致了金融混乱。

2. 按照人们的预期程度分类

按照人们的预期程度,通货膨胀分为两种类型:①未预期到的通货膨胀,即价格上升的速度超出人们的预料,或者人们根本没有想到价格会上涨。例如,国际市场上原料价格的突然上涨引起国内市场上价格的上升,或者在很长时期价格不变的情况下突然出现价格的上涨。②预期到的通货膨胀,又被称为惯性的通货膨胀。例如,当某一国家的物价水平年复一年地按5%的速度上升时,人们便会预计到,物价水平将以同一比例继续上升,既然物价按5%的比例增长成为意料之中的事,则该国居民在日常生活中进行经济核算时会把物价上升的比例考虑在内,人们在制定工资和商品的价格水平时也会把物价上升考虑进去。

三、通货膨胀的成因

关于通货膨胀的成因,经济学家提出了各种解释,下面来介绍两种比较重要的解释:①从总需求和总供给的角度来解释通货膨胀的成因;②从经济结构因素变动的角度来解释通货膨胀的成因。

1. 需求拉动的通货膨胀

需求拉动的通货膨胀又称超额需求通货膨胀,是指总需求超过总供给所引起的一般价格水平的持续显著的上涨。一般来说,总需求的增加会引起物价水平的上升和生产总量的增加,但在达到充分就业的情况下,即达到实际产量的极限之后,总需求任何一点的增加,都会引起价格水平的进一步提高,也就是通货膨胀更加明显。这种通货膨胀被认为是"过多的货币追逐过少的商品"。可以用图形来说明需求拉动的通货膨胀,如图13-5所示。

从之前章节的学习我们已经知道,短期总供给曲线并不是一条直线,而是一条斜率不断加大的曲线,表明随着未被利用的经济资源逐渐减少,产量的增加越来越慢,实现充分就业后,无论物价水平有多高,产量也无法增加了,长期总供给曲线完全垂直。

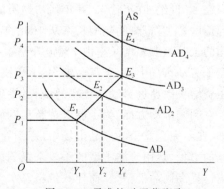

图13-5 需求拉动通货膨胀

在图13-5中,横轴 Y 表示总产量(国民收入),纵轴 P 表示一般价格水平。AD是总需求曲线,AS是总供给曲线。总供给曲线起初呈水平状,这表示,当总产量较低时,此时资源充足,总需求的增加不会引起价格水平的上涨,价格水平始终稳定。当总产量到达 Y_1 后,若继续增加总需求,总需求曲线向右由 AD_1 移动到 AD_2 的位置,这时,总需求增加,同时由于原料、生产设备等不足而使成本提高,导致价格也出现上涨。相应地,产量由 Y_1 增加到 Y_2,价格水平提高到 P_2。由此可见,越是接近充分就业产量,总供给曲线越陡峭,表明产量水平越接近充分就业水平,总需求的增加所带来的价格上涨幅度也就越大。Y_1 到 Y_f 之间的区域的通货膨胀被称为瓶颈式通货膨胀。当总产量达到充分就业的产量 Y_f 后,若总需求继续从 AD_3 增加至 AD_4,这时因所有的经济资源都已得到充分利用,总需求的增加不能带来产量的任何增加,只会带来价格水平的上升,如图中价格从 P_3 上升到 P_4,而产量不能有任何增加,经济中发生了需求拉动的通货膨胀。

需求拉动型通货膨胀的成因主要有实际因素和货币因素,实际因素如政府购买增加、减税、边际消费倾向增加、投资预期收益率上升及出口增加等。这些因素都有可能引起总需求曲线向右移动,从而影响价格水平。从货币因素考虑,需求拉动型通货膨胀可以通过两条途径产生:①经济运行对货币需求大大减少,于是,即使货币供应无异常增长,原有货币存量也会相对过多;②在货币需求量不变时,货币供应增加过多。一般情况下,后者是货币因素造成需求拉动型通货膨胀的主要因素。在实际经济生活中,这两种因素共同作用,共同导致了需求拉动型通货膨胀。

2. 成本推动通货膨胀

当经济中存在资源闲置,同时失业率也较高,即若总供给可以满足总需求时,那么此时存在的通胀该如何解释?这种无法用需求过度来解释。因此经济学家们转而从供给方向寻找通货膨胀的原因,提出了成本推动的通货膨胀理论。成本推动通货膨胀又称供给通货膨胀,是指在没有超额需求的情况下由于生产成本上升而引起的通货膨胀,成本提高影响总供给,从而引起的一般价格水平的持续、显著上涨。影响成本提高的因素有很多,我们主要从工资推动和利润推动两方面来分析。

在工资成本推动方面,在总需求不变的条件下,如果工资的提高引起生产产品的单位成本增加,便会导致物价上涨。在物价上涨后,如果工人又要求提高工资,而再度使成本增加,便会导致物价再次上涨。这种循环被称为工资—物价"螺旋"。许多经济学家将欧洲大多数国家在20世纪60年代末70年代初经历的通货膨胀认定为工资推动的通货膨胀。例如,在联邦德国,工时报酬的年增长率从1968年的7.5%跃居到1970年的17.5%。在同一时期,美国的工时报酬年增长率由7%上升到15.5%。工资成本推动产生的主要原因是:在不完全竞争劳动市场中,由于工会组织、工资刚性等原因,使得工人工资相对过高,从而使工人货币工资增长率超过劳动生产率的增长,导致生产成本过高,进而推动物价水平的上升。

在利润推动方面,为了追求垄断利润而推动重要原材料价格上升,从而导致物价上涨。例如,在不完全竞争的产品市场中,寡头企业和垄断企业为保持利润水平不变,依靠其垄断市场的力量,运用价格上涨的手段来抵消成本的增加;或者为追求更大利润,以成本增加作为借口提高商品价格,从而导致价格总水平上升。其中最为典型的是,在1973—1974年,石油输出国组织(OPEC)历史性地将石油价格提高了4倍,到1979年,石油价格又被再一次提高,引发"石油危机"。

在总需求不变的情况下,工资推动通货膨胀和利润推动通货膨胀可以用图 13-6 来说明。

在图 13-6 中,总需求是既定的,不发生任何变动,只有供给发生变动。当总供给曲线为 AS_1 时,这时候总供给曲线和总需求曲线 AD 的交点 E_1 决定的总产量为 Y_1,价格为 P_1。当总供给曲线由于成本提高而向上移动到 AS_2 时,总供给曲线与总需求曲线的交点 E_2 决定新的总产量为 Y_2,价格水平为 P_2。这时候,总产量比以前下降,而价格水平比以前上涨。当总供给曲线由于成本进一步提高而移动到 AS_3 时,总供给曲线和总需求曲线的交点 E_3 决定的总产量为 Y_3,价格水平为 P_3。这时候总产量进一步下降,价格水平进一步上涨。

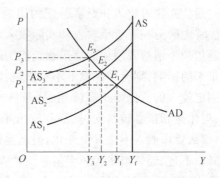

图 13-6　成本推动通货膨胀

四、结构型通货膨胀

对于一些国家的长期通货膨胀问题,需求拉上或成本推进理论都不足以充分说明原因。从而使得一些经济学家从一国经济结构及其变化方面寻找根源,将由于经济结构自身特点而引起的通货膨胀称为"结构型通货膨胀"。

1967 年,美国经济学家鲍莫尔发表《不平衡增长的宏观经济学:城市危机的解剖》一文,提出了一个以不同劳动生产率增长率为核心的结构型通货膨胀模型。他把经济活动分为两个部分:一是劳动生产率不断提高的先进部门(工业部门);二是劳动生产率保持不变的保守部门(服务部门)。当前者由于劳动生产率的提高而增加货币工资时,由于攀比,后者的货币工资也以同样的比例提高。从而造成在整个经济活动中的工资上涨率高于生产增长率,整个经济必然产生一种由工资成本推进的通货膨胀。例如,假定 A、B 分别是生产率提高快慢不同的两个部门,部门 A 的生产增长率($\Delta y/y$)为 3.5%,工资增长率为 3.5%;部门 B 的生产增长率为 0.5%,但由于攀比行为,工资要求的增长率也为 3.5%。则全社会的平均工资增长率为:(3.5%+3.5%)/2 = 3.5%,而全社会的生产增长率为:(3.5%+0.5%)/2 = 2%,那么全社会的工资增长率高于全社会的生产增长率,二者的差 1.5% 可被认为是通货膨胀率。

结构型通货膨胀的另外一种解释是,在总需求并不过多的情况下,但对某些部门的产品需求过多(或者说这些部门的供给不足)造成部分产品的价格上涨现象,如钢铁、猪肉、楼市、食用油等的价格上涨。如果结构型通胀没能有效抑制就会变成成本推动型通胀,进而造成社会经济的全面通胀。

五、通货膨胀的影响

在高通货膨胀时期,人们普遍认为通货膨胀是头号经济敌人。为什么人们把通货膨胀看得如此危险呢?现在我们从通货膨胀的再分配效应和通货膨胀的产出效应两个方面来分析通货膨胀的影响。

1. 通货膨胀的收入与财富再分配效应

通货膨胀对收入和财富分配的影响主要是通过影响人们手中财富的实际价值来实现的。首先区分一下货币收入和实际收入,货币收入是指一个人所获得的货币数量,而实际收入是指一个消费者用他的货币收入能实际买到的物品和劳务的数量。因为没有预料通货膨胀带来的影响,则会带来以下不利影响:①未预期的通货膨胀不利于领取固定收入的人,领取固定收入的人比如工薪阶层、公务员及领取救济金、退休金的人。通货膨胀对领取救济金、退休金和依靠转移支付、福利支出来生活的人影响最为显著。由于通货膨胀是未预期的,那么货币收入不会发生变化,但是他们的实际收入因通货膨胀的影响而下降,生活水平下降。不过,通货膨胀有利于依靠变动收入的人,比如做买卖的人。那么,通过把固定收入改变为浮动收入,如工资和养老金支付的指数化(即与价格指数挂钩)有助于减少通货膨胀再分配效应的危害。②通货膨胀对于储蓄者不利。各种形式的储蓄、存款的实际价值会因为通货膨胀而下降,即货币的实际价值下降。③通货膨胀有利于债务人,不利于债权人。当发生未预期到的通胀时,债务契约无法更改,牺牲债权人的利益,而使债务人获利。比如,发生大幅度的通货膨胀,导致所有的工资和收入都翻了一倍,虽然借款人需要偿还的名义贷款还是每年 10 000 元,但是借款人贷款的实际成本却只有原来的一半了,这时候借款人只需要付出过去一半的劳动来支付这 10 000 元。这有助于解释为什么政府热衷于发行国债,若政府大量印刷纸币来发行国债,货币供给增加过多,会引发通货膨胀,通货膨胀导致债务人受益(政府往往是最大的债务人),因为当价格水平上升时,政府还本付息的负担减轻,而公众的财富则被转变成政府的收入。因此,如果人们在做决定的时候包含对通货膨胀的补偿部分后,收入和财富就不会再发生较大规模的再分配了。

2. 通货膨胀的产出效应

(1) 随着需求拉动的通货膨胀的出现,总产量 Y 增加。在资源没有充分利用的前提下,由于需求拉动的通货膨胀的刺激,价格水平 P 上升,产品的价格会跑到工资和其他资源的价格前面,从而扩大企业利润。刺激企业扩大生产,减少失业数量,增加国民产出和福利。这也是为什么温和的通货膨胀可以在一定程度上刺激经济的发展。

(2) 成本推动通货膨胀的出现,导致生产成本增加,失业率上涨,总产量 Y 下降。当成本推动的压力抬高物价水平时,实际产出会下降,失业会上升,从而导致社会福利的减少,甚至引发社会的动荡不安。

(3) 超级通货膨胀导致经济崩溃。首先,如果是预期的通胀,居民估计物价会再度升高,人们宁愿在价格上升前把钱花掉,因此储蓄和投资都会减少,使经济增长率下降。其次,在通货膨胀发生后,随着生活费用的上升,工人要求增加工资,企业成本上升,从而导致企业增加生产和扩大就业的积极性逐渐丧失。再次,企业在通货膨胀率上升时会尽可能地增加存货,以求在稍后高价卖出,然而增加存货需要资金,当企业无法筹集到必要资金时,企业就会被迫减少产量。最后,当出现恶性通货膨胀时,会产生大规模的经济混乱。因此,超级通货膨胀是祸,后果严重。

另外,预期的通货膨胀还会带来菜单成本和税收的扭曲。预期的高通货膨胀使得企业经常改变自己的报价,改变物价有时候是有成本的,比如要求印刷并送发新的目录表,这些成本被称为菜单成本。另外，如果法律制定者在制定税法时没有考虑通货膨胀，那么通货膨胀倾向于增加储蓄者所占到的收入的税收负担，由于名义收入的增加，导致所缴纳的税费增加，从而影响企业和个人的生产积极性。

第三节 失业与通货膨胀的关系——菲利普斯曲线

通货膨胀和失业是宏观经济学中很重要的两个问题，那么两者之间有什么关系呢？接下来我们来学习失业与通货膨胀之间的关系。

一、原始的菲利普斯曲线的提出

20世纪50年代，新西兰籍英国学者A·威廉·菲利普斯通过对英国1861—1957年间的相关统计资料的分析，得出了通货膨胀率（工资变动率）与失业率之间存在着此消彼长的反方向变动的关系这一结论，即当货币工资增长率较高时，失业率较低；货币工资增长率较低时，失业率较高。在以横轴表示失业率，纵轴表示货币工作增长率的坐标系中，划出一条向右下方倾斜的曲线，就是最初的菲利普斯曲线。菲利普斯曲线如图13-7所示。

在菲利普斯的研究公布之后，包括美国在内的其他国家，也发现了这种负相关关系（美国经济学家诺贝尔经济学奖得主萨缪尔森、索洛），并对最初的菲利普斯曲线改造为反映失业和通货膨胀之间的关系。

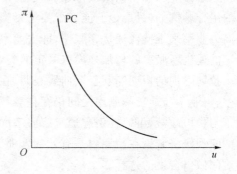

图13-7 原始的菲利普斯曲线

萨缪尔森等人对此加以改造后的公式为：

$$通货膨胀率 = 货币工资增长率 - 劳动生产增长率$$

假定短期中劳动生产增长率为0，即可以用通货膨胀率代替货币工资增长率。

于是，原始菲利普斯曲线改进为描述失业率与通货膨胀率之间的反向关系，即通货膨胀率高时，失业率就低；失业率高时，通货膨胀率就低。

二、附加预期的菲利普斯曲线

然而，原始菲利普斯曲线关注于名义工资，没有考虑通货膨胀预期。而工人们关心工资的购买力而不是名义的货币工资本身，雇主也不关心名义工资而关心劳动的真实成本，这使人们对原始菲利普斯曲线的真实性提出质疑。1968年，货币学派的代表弗里德曼指出菲利普斯曲线忽略了影响工资变动的一个重要因素：工人对通胀的预期。对工人来说，实际工资才是真正重要的，所以名义工资变化率必须用通货膨胀率来纠正。人们预期通货膨胀率越高，名义工资则增加得越快。

于是弗里德曼等人提出了短期的菲利普斯曲线，这里所说的短期，是指从预期到需要根据通货膨胀做出调整所需的时间间隔，又称为附加预期的菲利普斯曲线或现代菲利普斯曲线。短期的现代菲利普斯曲线就是预期通货膨胀率保持不变时,表示通货膨胀率与失业率之间关系的曲线,附加预期的菲利普斯曲线如图13-8所示。

附加预期的短期菲利普斯曲线表明,在预期的通货膨胀率低于实际通货膨胀率的短期中,失业率与通货膨胀率之间仍存在着替换关系。而在长期,人们有充分的时间调整通货膨胀的预期,所以长期的菲利普斯曲线是一条垂直线,它表明在长期内,失业率与通货膨胀率不存在替代关系。

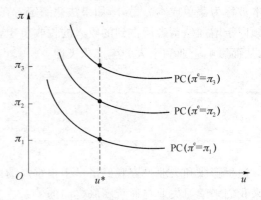

图13-8 附加预期的菲利普斯曲线

三、菲利普斯曲线的政策含义

原始的菲利普斯曲线被修正后,它表明,政策制定者可以选择不同的失业率和通货膨胀率的组合。例如,只要他们能容忍高通货膨胀率,他们就可以拥有低失业率,或者他们可以用高失业率来维持低通货膨胀率,即失业率和通货膨胀率之间存在一种"替换关系",可以用一定的通货膨胀率的增加来换取一定的失业率的减少。

预期附加的短期菲利普斯曲线表明,在预期的通货膨胀率低于实际的通货膨胀率的短期中,失业率与通货膨胀率之间仍存在着替换关系,即在短期中,政府通过实施扩张性财政政策与货币政策,可以在引起通货膨胀率的同时起到减少失业的作用。换句话说,调节总需求的宏观经济政策在短期内是有效的。那么政府可以根据现实条件,在通货膨胀率和失业率之间做出合适的选择。

在长期内,菲利普斯曲线是一条垂直于自然失业率水平的直线,表明失业率和通货膨胀率之间不存在替换关系,因此长期菲利普斯曲线的政策含义是,长期内高通货膨胀率并不能带来高就业,因此政府通过实施扩张性财政政策和货币政策来维持高就业水平是不可取的,这也是宏观经济政策的长期无效性。

本 章 小 结

一、主要结论

(1)失业率是指劳动力中没有工作而又在积极寻找工作的人所占的比例,失业率的波动反映了就业的波动情况。

(2)失业通常分为三种类型,即摩擦性失业、结构性失业以及周期性失业。

(3)摩擦性失业是指生产过程中难以避免的、由于转换职业等原因而造成的短期、局部失业。

(4)结构性失业是指劳动力的供给和需求不匹配所造成的失业,其特点是既有失业,也有职位空缺,失业者或者没有合适的技能,或者居住地点不当,因此无法填补现有的职位空缺。

(5) 周期性失业是指经济周期中的衰退或萧条时,因社会总需求下降而造成的失业。

(6) 自然失业率是劳动市场处于供求稳定状态时的失业率,即是充分就业条件下的失业率。自然失业率即是一个不会造成通胀的失业率。

(7) 奥肯定律的内容是:失业率每高于自然失业率一个百分点,实际 GDP 将低于潜在 GDP 两个百分点。

(8) 奥肯定律的一个重要结论是:为防止失业率上升,实际 GDP 增长必须与潜在 GDP 增长同样快,如果想要使失业率下降,实际 GDP 增长必须快于潜在 GDP 增长。

(9) 通货膨胀是指经济运行中出现的全面、持续的物价上涨的现象。

(10) 需求拉动的通货膨胀又称超额需求通货膨胀,是指总需求超过总供给所引起的一般价格水平的持续、显著上涨。

(11) 成本推动通货膨胀又称供给通货膨胀,是指在没有超额需求的情况下由于生产成本上升而引起的通货膨胀,成本提高影响总供给,从而引起的一般价格水平的持续、显著上涨。

(12) 结构型通货膨胀是由于经济结构自身特点而引起的通货膨胀。

(13) 原始菲利普斯曲线改进为描述失业率与通货膨胀率之间的反向关系,即通货膨胀率高时,失业率就低;失业率高时,通货膨胀率就低。

(14) 附加预期的短期菲利普斯曲线表明,在预期的通货膨胀率低于实际通货膨胀率的短期中,失业率与通货膨胀率之间仍存在着替换关系。而在长期,人们有充分的时间调整通货膨胀的预期,所以长期的菲利普斯曲线是一条垂直线,它表明在长期内,失业率与通货膨胀率不存在替代关系。

二、基本概念

失业率　摩擦性失业　结构性失业　周期性失业　自然失业率　奥肯定律　通货膨胀　需求拉动的通货膨胀　成本推动的通货膨胀　结构型通货膨胀　原始的菲利普斯曲线　附加预期的菲利普斯曲线

本章练习

一、延伸阅读

外国历史上的通货膨胀

最早的通货膨胀可以追溯到中世纪时期。但是,之前的通货膨胀与后来的 20 世纪相比,社会经济的影响较小,并且局限于少数国家,比如葡萄牙、西班牙,持续时间与价格涨幅相对有限。尽管 18 世纪以后英国及其他欧洲国家的通货膨胀也吸引了当时经济学家和经济历史学家的注意,但除了拿破仑战争时期和 19 世纪 50 年代曾有过价格的飙升,总的价格水平还是比较平稳且轨迹呈现下斜趋势,1895 年英国的币值甚至还要高于拿破仑战争的末期。

进入20世纪,通货膨胀成为世界上所有国家的严重社会经济问题。1895年以后,欧洲国家的商品价格就开始以相对较低的涨幅上升,直到第一次世界大战爆发,价格进入高速上涨时期。后来,第二次世界大战再次让人们看到通货膨胀的降临,虽然期间价格涨幅相对于第一次世界大战较小,但一个严重的问题是,"二战"后并不像"一战"结束后价格就趋于稳定,除了极少数的几个国家,从西方到亚洲,从发达国家到欠发达国家,都不同程度地经受了持续通货膨胀的影响。绝大多数市场经济国家在1949—1953年价格都出现飞涨,比如奥地利、法国、日本和韩国的市场价格指数最高分别达到114.28、111.30、109.08和134.90。

在紧接着的15年中,绝大多数拉丁美洲国家经历了严重的通货膨胀,一些国家的年均价格指数超过了125。这一时期,工业发达国家的通货膨胀相对温和,年通货膨胀率平均为3.7%,其中奥地利、法国、日本较高,美国、瑞典较低。

1969年以后,通货膨胀又开始在所有的开放型经济国家加剧,这些国家的通货膨胀率达到8.0%以上,这是1968年主要工业国家通货膨胀率的2.5倍,到1974年达到最高峰。在20世纪最后的20年,全世界关于通货膨胀的关注更多地转移到一些发展中国家。

1. 通货膨胀在美国

1956—1957年的通货膨胀。朝鲜战争结束后,货币供应量提高过快,居民家用汽车、居住消费和商业投资浪潮的形成,美国经济呈现高速增长之势。从1956年开始,美国物价一直保持了高速的增长。实际与预期需求总和的过度扩大,刺激了部分行业,并且直接导致了这些耐用消费品行业的工资水平快速上升,并由此更广泛地推动了其他行业工资水平与全社会物价水平的提高。

1966—1968年的通货膨胀。期间居民消费价格指数快速上升,特别是食品、服务和居住成本出现较大幅度上涨。社会总需求的过快上涨以超过劳动生产率增速的速度提升了工资水平,一系列财政货币政策,如额外冲资、投资税收信用减免等是这一时期价格上升的主要原因。

1971—1975年的通货膨胀。其主要表现在三个方面:一是由于收成不好造成农产品歉收,加上库存不足,进口困难,世界需求提高,食品价格涨幅达到年均19%。二是由于全世界需求剧增,基础产品出现了量缩价升的趋势。1973—1974年,美国石油批发价格上升了51%。三是新的货币支付平衡政策导致了美元较大程度的贬值。

1978—1980年的通货膨胀。这是第二次世界大战后美国最为严重的一次通货膨胀,美国的CPI从1978年的106.5冲高到1980年的113.8。两个原因导致了价格的走高:一是受制于劳动工会的压力,单位劳动成本再一次提升,成本推动成为此次通货膨胀的主要特点。二是第二次石油价格波动严重地破坏了全美油价定价机制,进而造成更广泛的全社会商品与服务价格的失控。

2. 通货膨胀在德国

近百年来,德国经济在增长的过程中也遭遇了多次通货膨胀:第一次世界大战后的恶性通货膨胀;第二次世界大战及战后的通货膨胀;20世纪90年代初两德统一后,1992年第二季度经济开始陷入萧条,而同时货币供应量的大增,通货膨胀再次爆发。

在第一次世界大战以前:德国的货币供应量大约只有60亿马克,但到1918年11月17日宣战为止已经增加到了284亿马克,相当于"一战"前货币发行量的473%,即增加了3.73倍。"一战"的硝烟渐渐远去,德国的通货膨胀并没有随着大战的结束而终结,相反在战后出现了奔腾式发展,最终陷入了恶性通货膨胀的深渊。从1922年年初到1923年年底,在两年的时间里,德国的货币发行量上升到天文数字,1923年年底,德国的货币流通总量,相当于战前的1 280亿倍。

1918年11月停战的时候,德国的物价已较1913年上涨了117%;战后物价上涨速度加快,次年物价上涨了247%,是4年大战期间总涨幅的1.5倍,一年后大涨约11倍。1921年11月物价开始步入疯狂的攀升阶段,1922年批发物价指数为45 205,是1913年物价的448倍。1922年后,螺旋式上升进入加速阶段,至1923年年底物价指数已高达约1 432万亿,是战前物价的1.4亿倍多。战后5年物价上涨了66亿倍。

3. 通货膨胀在日本

"二战"后日本也发生了严重的通货膨胀,这是典型的财政通货膨胀,症结在于战后供应能力极端缩小。原因是多方面的:长期战争积累了强大的购买力,而消费品的供应能力却因战争破坏下降了。滥发的临时经费加剧了通货膨胀;以转产为由的银行贷款增多和存款减少;银行券的大量发行;存款挤兑;物资被隐藏和生产上人为的开工不足;大资本家为避免资产被没收而减产或转产。

20世纪的100年中,日本也没有能摆脱掉通货膨胀,曾在很长一段时间里深受通货膨胀之苦。

1960—1968年的通货膨胀。在这一期间,日本经历了其历史上从未有过的经济高速增长,经济结构迅速变化,政府的货币财政政策趋向于赤字化。在这9年中,日本的年平均CPI达到105.4。

1969—1972年的通货膨胀。这次通货膨胀主要有三个原因:一是货币供应量过大导致供需失衡;二是其他国家通货膨胀提高了日本的产品出口竞争力,带动了日本产品的出口量和产品价格,从而影响国内价格走高;三是进口原材料价格上升对于工业"两头在外"的日本来说,自然地带动了国内价格的上涨。

1972—1974年的通货膨胀。日本经历了战后最为严重的一次通货膨胀。这次通货膨胀是内外部因素共同作用的结果。外部压力来自1972年第四季度后食物、纺织材料、木料和皮革物品的进口价格水平持续以20%以上的速度上升,原油的上涨更是起到了推波助澜的作用;内在因素是由于国内的宽松货币政策、资金的流动乘数进一步扩大和全社会有效需求呈爆炸式增长。

二、单选题

1. 由于经济萧条而形成的失业,属于(   )。
   A. 永久性失业   B. 周期性失业   C. 摩擦性失业   D. 结构性失业
2. 某人由于家庭团聚而辞职去了外地,这属于(   )。
   A. 摩擦性失业   B. 结构性失业   C. 周期性失业   D. 永久性失业
3. 一般用来衡量通货膨胀的物价指数是(   )。
   A. 消费物价指数   B. 生产物价指数
   C. GDP平均指数   D. 以上均正确
4. 在通货膨胀不能完全预期的情况下,通货膨胀将有利于(   )。
   A. 债务人   B. 债权人   C. 在职工人   D. 离退休人员

5. 假定充分就业的国民收入为1 000亿美元,实际的国民收入为950亿美元,增加20亿美国的政府投资(MPC=0.8),经济将发生(   )。
   A. 成本推动型通货膨胀　　　　　　B. 达到充分就业状况
   C. 需求不足的失业　　　　　　　　D. 需求拉动型通货膨胀
6. 根据菲利普斯曲线,降低通货膨胀率的办法是(   )。
   A. 减少货币供给量　　　　　　　　B. 降低失业率
   C. 提高失业率　　　　　　　　　　D. 增加财政赤字
7. 由工资提高导致通货膨胀的原因是(   )。
   A. 需求拉动　　B. 成本推动　　C. 结构性　　D. 其他
8. 通货膨胀使固定工资收入者的实际收入(   )。
   A. 提高　　　B. 下降　　　C. 不变　　　D. 不确定

三、简答题

1. 失业的影响有哪些?
2. 通货膨胀形成的原因有哪些?
3. 什么是成本推动型通货膨胀?
4. 假设某人预期2015年通货膨胀率等于3%,但实际上物价上升了5%,这种未预期到的高通货膨胀帮助了还是损害了以下主体?
   A. 发行债券的政府
   B. 处于劳动合约第二年的工人
   C. 按固定利率抵押贷款的房主
   D. 投资于政府债券的企业

第十四章
经济增长和经济周期理论

 学习目标

- 掌握经济增长、经济发展的含义与区别,掌握促进经济增长的政策。
- 掌握经济周期的含义、特点,了解经济周期的类型及经济周期产生的原因。

 **重点、难点**

重点:经济增长和经济发展的区别,影响经济增长的因素,经济周期的特征。
难点:经济周期产生的原因分析。

 引例

经济增长与经济周期

从美国经济史我们会发现,自1900年以来,实际GDP已经增长了35倍,而自1800年以来,更是增长了1 000多倍。经济增长对于提高人民生活水平很重要,快速的经济增长使得先进的工业国能给它的居民提供更多的福利——更好的食物、更大的住房、更完善的医疗、更好的生活环境、更普及的教育以及更多的军事装备、更好的养老服务。目前经济增长已成为各国长期经济成就的一个最重要的标志。

然而,经济增长会一直持续下去吗?如果会一直持续下去,那为什么还会发生如美国20世纪30年代和日本20世纪90年代那样的大萧条?产生大萧条的原因是什么呢?大萧条之后经济又会产生何种方式的变动呢?这是我们本章将要研究的内容。

前文解释了经济运行过程中的短期经济波动,本章将解释经济增长的长期趋势及实际的国民收入围绕长期趋势而做出周期性波动的问题,即本章将会学习经济增长及影响经济增长的因素,然后会对经济周期理论加以研究。

第一节 经济增长理论

引例

经济增长对生活的影响

小明在翻看20世纪80年代的家庭照片,他惊讶地发现,在过去的30年中,家庭的生活水平已经有了巨大的变化!当年家里只有黑白电视与收音机、自行车,而今天的家庭已经拥有了液晶电视、电脑和小汽车。一个家庭的生活水平的发展,从侧面见证了我国经济的增长。现在的家庭已经拥有形形色色的几十年前还很难想象的物品。从娱乐生活上看,等离子电视、高清晰度DVD和便携式媒体设备等,都属于前所未有。同样在信息传播上,互联网所提供的大量信息,过去也只有去图书馆才能查阅得到。以上普通家庭可获得的物品和服务在品种、数量和质量上的巨变,都是经济增长在人类社会生活福利中的具体表现。

思考:什么是经济增长?促进经济增长的政策有哪些?这些是我们接下来要学习的内容。

一、经济增长与经济发展

考察国民经济的发展经常涉及两个紧密相连又有区别的概念,即经济增长和经济发展。

1. 经济增长与经济发展的含义

经济增长是指一个国家或地区生产的物质产品和服务的持续增加,它意味着经济规模和生产能力的扩大,可以反映一个国家或地区经济实力的增长。现在我国主要是用国内生产总值、国民生产总值来测量经济增长。对一国经济增长速度的度量,通常用经济增长率来表示。设 Y_t 为本年的经济总量,Y_{t-1} 为上年所实现的经济总量,则经济增长率 G 就可以用下面的公式来表示:

$$G = \frac{Y_t - Y_{t-1}}{Y_{t-1}}$$

从广泛的意义上说,经济发展不仅包括经济增长,而且还包括生产力的发展、国民生活质量的提高,以及整个社会经济结构和制度结构的总体进步。总之,经济发展是反映一个经济社会总体发展水平的综合性概念,而经济增长并不一定代表发展。例如,经济增长的衡量尺度是GDP、GNP,而GDP或GNP的增长不一定代表经济的发展。如某国高速公路上相向而来两辆汽车错身而过,对本年度GDP统计上不会有任何影响;反而,如果两辆车发生了车祸,则需要出动警车、消防车、救护车,并且增加了清理路面的工作、保险金的赔偿以及未来新车的需求,这在GDP上可能会有上百万美元的增加,我们可以认为这是经济的增长,然而这一事件的本质是一个意外,而不是生产力的发展。

2. 经济增长的数据

接下来我们通过分析美国 1950—2015 年的经济数据及中国 1980—2014 年的数据,来说明经济持续增长的一些事实。从图 14-1 可以看出,美国的 GDP 增长率大部分时期是处于 0% 以上的,只有极少数的年份是处于 0% 以下,这说明美国的经济总量的总趋势还是在不断增长的,甚至有些年份的经济增长率超过了 12%。

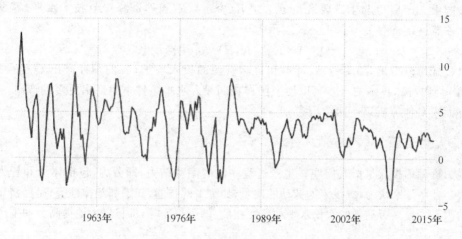

图 14-1　1950—2015 年美国国内生产总值年增长率

从图 14-2 可以看出,中国的 GDP 增长率一直是处于正的较稳定增长的。

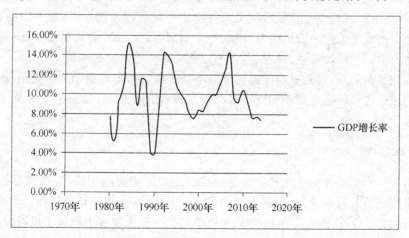

图 14-2　1980—2014 年中国国内生产总值年增长率

那这种增长背后的主要力量是什么呢?一国应该怎样做才能提高它的经济增长率呢?这些是我们接下来要讨论的内容。

二、影响经济增长的因素

哪些因素会影响经济增长的速度呢?用什么手段才能促进经济增长呢?以英国为例,作为最早开始工业革命的资本主义国家,英国发明蒸汽机和铁路,强调自由贸易等,并在 19

世纪成为世界经济的领导者。而日本是通过模仿外国技术,限制进口保护国内工业,然后大力发展自己的制造业和电子业,成功发展了本国经济。尽管发展途径各不相同,然而无论是哪个国家,经济发展的发动机必定安装在同样的四个轮子上。这四个轮子就是影响经济增长的四大因素,分别是人力资源、自然资源、资本、技术变革和创新。四个轮子共同作用,促进经济的增长。

一般来说,我们可以用生产函数来表明四者之间的关系,生产函数是反映生产中产品的产出量[Output]与生产要素的投入量[Input]之间关系的函数,即在给定投入之后所能得到的最大产出。产量 Q 与生产要素 L(劳动)、K(资本)、R(自然资源)、A(技术水平)等投入量之间存在着一定依存关系。用公式表示为:

$$Q = A \times F(L, K, R) \text{——生产函数}$$

由公式可以看出,随着劳动、资本和自然资源的投入增加,我们预计产出 Q 也会增加。如果 A 得到提高,技术的进步可以使一国在相同投入水平条件下生产出更多的产出。

下面来具体分析以下四个因素。

1. 人力资源

人力资源的投入是指人们花费生产过程中的时间和精力,即劳力,包括体力和智力的投入。很多经济学家认为,所投入的劳动的质量,如劳工的技能、知识和纪律性等,是经济增长最重要的因素。提高劳动者的知识水平和职业技能、健康程度等,都将极大地提高劳动生产率。

2. 自然资源

产出的第二大影响要素是自然资源,包括耕地、石油、天然气、森林、水资源和矿产资源等,自然资源是生产过程中大自然所赋予的礼物。一些高收入国家,比如中东的石油国家,就是因为地下蕴藏了大量的石油资源,而获得大量财富;又如加拿大和挪威,也是凭借其丰富的资源如石油、天然气、农业、林业、渔业等方面的高产而发展起来的。

然而应该强调的是,自然资源的拥有量并不是经济发展取得成功的必要条件,一些自然资源较少的地区也可以通过劳动和资本来获得发展,如纽约市的繁荣主要来源于高密度的服务业。

3. 资本

资本是指一个经济体为了生产其他的物品而生产出来的耐用品,包括有形的资本如公路、电厂、生产机器与设备等,也包括无形的资本如专利、商标和计算机软件。单单只有劳动者并不能最大化一个国家的劳动生产率,生产率的提高很大程度上取决于机器设备的投资。凡是经济快速增长的国家,一般都会在新的资本品上进行大量的投资。在大多数经济高速发展的国家,用于净资本形成的资金都占到了产出的 10%~20% 之间。

4. 技术变革和创新

除了上面讨论的三个典型因素以外,经济水平的快速提高还依赖于第四个重要因素——技术进步。现代经济增长理论认为,由于存在边际报酬递减规律,只有资本的增加而没有技术的进步,产量的增加会出现递减的趋势,即随着资本的增加,产量在增加,但增加的比例会越来越小。因此实现长期经济增长要有技术进步为基础。

技术进步包括科学研究、新产品的开发、生产技术的革新和管理制度的进步等。当前社会最活跃的技术变革发生在信息技术产业,电子计算机技术以及互联网的快速发展,促进了生产率的极大提高。另外,当一个部门发生了技术进步后,生产率的提高不仅局限于这单个部门,而且会推动其他部门的发展。例如,互联网技术的进步促进了零售业的发展,零售业可以通过电子商务的形式快速发展,企业可以利用计算机和互联网以及现代快速交通工具、冷藏技术等,把产品销售到世界各地,极大地提高了产品的销售量和市场占有率。

知识链接

马尔萨斯和食品危机

古典经济学家马尔萨斯(1766—1834年),主要著作《人口原理》,预测人口增加将以几何级数增加,而生活资料会根据土地边际报酬递减按算术级数增加,因而会产生大的饥荒。

为什么人类历史没有按马尔萨斯的预言发展?而数据也表明世界上总的食物生产增幅高于同期人口的增长。原因就在于,马尔萨斯没有考虑到由于技术的进步使得粮食产量供大于求。

三、促进经济增长的政策

上文讨论了影响经济增长的因素,那么国家可以通过哪些手段和政策来拉动经济增长呢?这是我们接下来要讨论的问题。

1. 增加对劳动的供给

增加对劳动的供给体现在两个方面:①增加劳动力的数量,如降低个人所得税可能会鼓励人们提供更多的劳动,另外,劳动的供给也受到失业率的影响,政府可以通过宏观调控如改进劳动市场服务、提供职业培训、改进失业保险制度等来降低失业率,增加实际的劳动供给。②大力增加对人力资本的投资,教育是对人力资本的投资,受过良好教务并拥有熟练技术的工人会具有更高的生产效率,对经济增长有更大的促进作用。

2. 加大对资本的投入

国家可以采取扩张性的利息、税收、财政和汇率政策来增加对资本的投入从而增加经济增长,但是需要注意的是每一种政策的作用都有其局限性。

(1)调整利率政策。该政策通过降低中央银行利率从而降低商业银行的存贷款利率。这一政策将鼓励公司贷款,这一部分贷款必将转化为投资或资金流周转,即消费。通过增加对公司的投资及鼓励居民消费,可以促进经济的增长,但是需要注意的是,降低利息可能会增加通货膨胀或流动性过剩的危险。

(2)降低个人或公司税率。这种措施和降息一样会促进公司的投资和个人消费。个人消费的增加又反过来通过创造需求来促进公司的发展,从而也可以促进经济的增长。

(3)增加国家财政开支。这一措施将会同时创造就业机会、需求,有时还会吸引投资。首先政府开支本身就是投资工程项目,这些项目创造了就业和对其他行业的需求,这些从业者又产生了新的需求,以此类推,理论上可以创造数倍于政府投资本身的经济增长。例如政府可以通过建设基础设施等如修建公路、桥梁、机场等来直接增加投资,2008年的下半年,为了应对由美国引发的金融危机造成的经济衰退,中国政府出台了4万亿两年的投资计划这一政策。增加国家财政开支的缺点是扩大财政赤字,并且由于公共投资的目的必须明确,而且其效率经常受到质疑。

(4) 降低本国货币的汇率,采取低汇率政策。这个政策将会增加出口,因为本国商品在国际市场上的价格变得更加便宜。出口的增加将会使生产商增加投资和创造就业机会从而也增加消费,最终促进经济的增长。缺陷在于,本国在国际上的价格最终是由生产商决定的,如果生产商提价,则不能起到相应的作用,并且进口商品的价格会相应变得很高。长期实施低汇率政策会导致通货膨胀。

3. 鼓励科技进步

技术的进步可以促进生产率的快速提高和经济的阶梯式增长。①以中国为例,国家可以出台法律法规,整合全社会的资源,以企业为主体、市场为导向,采取产、学、研相结合的技术创新体系建设,促进科技资源优化配置、开放共享和高效利用。同时,要大力实施知识产权战略,加强知识产权创造、应用和保护,并进一步激发广大科技工作者和全社会的创新活力。另外,要强化创新基础条件建设,瞄准世界科技发展前沿,在战略必争领域部署一批重大基础研究和前沿技术研究重大项目,加强科技创新基地和平台建设,强化科技持续创新能力,加大对生物、纳米、量子调控、信息网络、气候变化、天空海洋等领域的基础研究和前沿技术研究,争取在这些领域取得关键发言权。②改善技术增长的另一个方面是教育,比如,在美国,州和地方政府提供了对小学、中学和大学的支持中的大部分。一支高素质的研究与开发团队是改善技术进步的一个关键因素。

知识链接

经济增长的七个基本趋势

(1) 资本存量增加的速度远比人口和就业量的增长速度要快,原因是资本深化。

(2) 1900年以来的大部分时期,实际平均小时收入都呈现强劲的增长趋势。

(3) 20世纪劳动报酬在国民收入中所占的份额相当稳定。

(4) 实际利率和利润率有较大波动,特别是在经济周期中。但在20世纪后期它们没有表现出明显的上升或下降的趋势。

(5) 按照边际收益递减规律,在技术条件不变的情况下,资本—产出比率应该稳步上升。但自20世纪初以来,这一比率实际上是下降的。

(6) 1900年以来的大部分时期,国民储蓄占GDP的比率和投资占GDP的比率一直是稳定的。但是,自1980年以后,美国的国民储蓄率急剧地下降了。

(7) 不考虑经济周期的影响,国民生产总值年平均增长率约为3.3%。产出增长大大高于加权平均后的资本、劳动和资源投入的增长,表明技术创新在经济增长中起着十分关键的作用。

第十四章 经济增长和经济周期理论

第二节 经济周期理论

引例

住房与经济周期

房地产市场的变动反映了更大范围内的经济"繁荣与萧条"周期。比如,21世纪初,美国正处于经济繁荣时期,宽松的信贷标准助长了房地产市场的发展。在经济增长期,对住房的投资很多,这其中有很多原因:由于经济增长可以创造更多的工作岗位,且蓬勃发展的经济让更多的人想要购买自己的住房。同时,抵押贷款公司也开始放松贷款条件,因此房地产市场上更多的房子被销售出去。住房需求的增加意味着房价的上升,房地产建筑商继续投资炒房,以期从更高的房价中获利,然而,当房价高到让人无法承受,住房需求停止增长。房地产投资暂停,导致相关产业的工人失业。房价停滞不前,更大范围内经济开始衰退。这便是房地产市场反应经济的兴衰。

那么,经济的兴衰有没有一定规律呢?经济兴衰的特征是什么呢?为什么会出现经济的兴衰变动呢?这是我们接下来将讨论的内容。

一、经济周期的含义与特征

1825年,英国出现了第一次经济危机,经济周期理论开始出现。

1. 经济周期的含义

经济周期又称商业周期或商业循环,是指总体经济活动水平扩张和收缩的交替反复出现的过程。古典解释认为,经济周期是指实际国民生产水平上升和下降的过程。现代解释认为,经济周期是经济增长率上升和下降的交替过程。在这里需要注意两点:①经济周期是现代社会中不可避免的波动,是现代市场经济的主要特征之一。②经济周期是总体的经济活动的波动,而不是局部的波动。

经济周期的中心是围绕着国民收入的上下波动,周期持续时间通常为2~10年,它以大多数经济部门的扩张或收缩为标志。一般来说,当实际经济产出达到最高或最低水平时,经济就进入了繁荣或萧条时期,繁荣期经过收缩期进入萧条期,萧条期经过扩张期进入繁荣期。

经济学家一般将经济周期划分为四个阶段:繁荣、衰退、萧条、复苏。其中,繁荣是指国民收入高于充分就业的水平,其特征为生产迅速增加,投资增加,信用扩张,价格水平上升,就业增加,公众对未来预期比较乐观。衰退是从繁荣到萧条的过渡时期,这时经济开始从顶峰下降,总产出、总收入和就业都处于连续下降阶段,但仍未达到谷底。萧条是国民收入低于充分就业水平,其特征为生产急剧减少,投资减少,信用紧缩,价格水平下跌,失业严重,公众对未来比较悲观。萧条的最低点称为谷底,这时就业与产量跌至最低。复苏是从萧条到繁荣的过渡时期,这时经济开始从谷底回升,但仍未达到顶峰。由图 14-3 可见经济周期先后继起的各个阶段。"谷底"和"峰顶"代表的是周期的转折点。

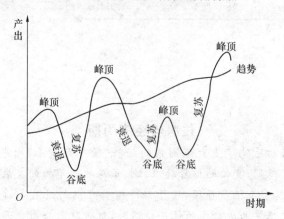

图 14-3　经济周期的各个阶段

2. 经济周期的特征

如果一位可靠的经济预言家宣称下一次衰退即将来临,那有可能哪些典型现象会随之而来呢?接下来我们分析一下经济周期的主要特征。

(1) 投资会在衰退中急剧下降,消费者购买也会急剧下降,同时厂商会对此做出压缩生产的反应,所以实际国内生产总值也会下降。

(2) 厂商对劳动者的需求减少,就业通常在衰退初期就会急剧下降。

(3) 产出下降后,导致通货膨胀步伐放缓,这也是短期内失业率与通货膨胀率负相关的一个表现,对原材料的需求下降,导致其价格下跌。工资和服务价格下降的可能性比较小,但在经济衰退期它们的增长趋势会放慢。

(4) 企业利润在衰退期会急剧下滑,由于预料到企业利润下滑,故普通股票的价格一般也会下跌。

(5) 当经济形势恶化、就业率下降时,国家会开始降低短期利率以刺激经济,同时其他利率也会下降。

二、经济周期的成因

上文我们学习了经济周期的含义与特征,那么,经济周期的形成原因有哪些呢?是我们接下来要讨论的内容。有人认为经济周期源于货币政策波动,有人认为源于生产冲击,还有人认为源于外部支出的变动。下面简单介绍几类关于经济周期理论的原因研究。

1. 纯货币理论

这种理论认为,经济周期是一种纯货币现象,完全是由于银行体系里交替地扩大和紧缩信用所造成的。例如,当银行体系降低利率、扩大信用时,企业向银行借款成本降低,则向银行的借款增加,从而引起商品生产量的增加,这样就引起生产的扩张和收入的增加,而收入的增加又引起对商品需求量的增加及物价上升。因此经济活动不断扩大,经济进入繁荣阶段。但是,银行扩大信用的能力是有限的,当银行体系被迫停止信用扩张,转而进入紧缩信用时,商品的需求量减少,会出现生产过剩的危机,经济进入萧条阶段。

2. 投资过度理论

这种理论认为,无论是什么原因引起了投资的增加,这种增加都会引起经济繁荣:首先对投资品(即生产资料)需求增加,进而导致投资品价格上升,这样刺激了对投资品的投资,投资品生产过度将引发消费品生产的减少,从而导致经济结构的失衡。而资本品生产过多必将引起生产过剩,于是出现生产过剩危机,经济进入萧条时期。

3. 创新理论

创新理论是由熊彼得提出的,这种理论首先用创新来解释繁荣和衰退。该理论认为,创新提高了生产效率,为创新者带来了盈利,引起其他企业的效仿,形成创新浪潮。创新浪潮使银行信用扩大,对资本品的需求增加,引起经济繁荣。随着创新的普及,盈利机会消失,银行的信用紧缩,对资本品的需求减少,这就引起经济衰退,直至下一次创新出现,经济再次繁荣。

4. 消费不足理论

消费不足理论是凯恩斯思想的源头,主要是用于解释经济周期中危机阶段的出现及生产过剩的原因,并没有形成为解释经济周期整个过程的理论。这种理论认为,经济中出现萧条与危机时因为社会对消费品的需求赶不上消费品生产的增长,而消费品需求不足又引起对资本品需求不足,进而使整个经济出现生产过剩性危机。消费不足的根源则主要是由于国民收入分配不平等所导致的穷人购买力不足和富人储蓄过度。

另外,还有心理周期理论、太阳黑子理论等也可以用来解释经济危机的产生。我们也可以将这些不同的理论按外因、内因来区分,可分为外因论和内因论。外因论是在经济体系以外的某些要素的波动中寻找经济周期的根源,如战争、革命、选举;石油价格、发现金矿、移民;新土地和新资源的发现;科学突破和技术创新;天气变化等。内因论是在经济体系内部寻找经济周期的机制和原因。例如,美国历史上多次经济周期都是源于金融体系的内部周期。

本章小结

一、主要结论

(1) 经济增长是指一个国家或地区生产的物质产品和服务的持续增加,它意味着经济规模和生产能力的扩大,可以反映一个国家或地区经济实力的增长。现在我国主要是用国内生产总值、国民生产总值来测量经济增长。

(2) 影响经济增长的四大因素,分别是人力资源、自然资源、资本、技术变革和创新。

（3）人力资源的投入是指人们花费生产过程中的时间和精力，即劳力，包括体力和智力的投入。

（4）自然资源，包括耕地、石油、天然气、森林、水资源和矿产资源等，自然资源是生产过程中大自然所赋予的礼物。

（5）资本是指一个经济体为了生产其他的物品而生产出来的耐用品，包括有形的资本如公路、电厂、生产机器与设备等，也包括无形的资本如专利、商标和计算机软件。

（6）技术进步包括科学研究、新产品的开发、生产技术的革新和管理制度的进步等。

（7）促进经济增长的政策有：增加对劳动的供给，加大对资本的投入和鼓励科技进步。

（8）经济周期又称商业周期或商业循环，是指总体经济活动水平扩张和收缩的交替反复出现的过程。

（9）古典解释认为，经济周期是指实际国民生产水平上升和下降的过程。现代解释认为，经济周期是经济增长率上升和下降的交替过程。在这里需要注意两点：①经济周期是现代社会中不可以避免的波动，是现代市场经济的主要特征之一。②经济周期是总体的经济活动的波动，而不是局部的波动。

二、基本概念

经济增长　经济发展　人力资源　自然资源　资本　经济周期　衰退　创新理论　消费不足理论

本 章 练 习

一、延伸阅读

凯恩斯经济周期理论

1936年，现代英国著名经济学家约翰·梅纳德·凯恩斯在《就业、利息和货币通论》一书中提出，经济发展必然会出现一种始向上、继向下、再重新向上的周期性运动，并具有明显的规则性，即经济周期。在繁荣、恐慌、萧条、复苏四个阶段中，"繁荣"和"恐慌"是经济周期中两个最重要的阶段。在繁荣后期，由于资本家对未来收益作乐观的预期。因而使生产成本逐渐加大或利率上涨，投资增加。但实际上这时也出现了两种情况，一是劳动力和资源渐趋稀缺，价格上涨，使资本品的生产成本不断增大；二是随着生产成本增大，资本边际效率下降，利润逐渐降低。但由于资本家过于乐观，仍大量投资，而投机分子也不能对资本的未来收益做出合理的估计，乐观过度，购买过多，使资本边际效率突然崩溃。

随即资本家对未来失去信心，造成人们的灵活偏好大增，利率上涨，结果使投资大幅度下降，于是，经济危机就来临了。经济危机后，紧随着经济萧条阶段，此阶段资本家对未来信心不足，资本边际效率难以恢复，银行家和工商界也无力控制市场，因而投资不振，生产萎缩，就业不足，商品存货积压，经济处于不景气状态。随着资本边际效率逐渐恢复，存货逐渐被吸收，利率降低，投资逐渐增加，经济发展就进入复苏阶段。此阶段资本边际效率完全恢复，投资大量增加，经济又进入繁荣阶段。

二、判断题

1. 当某一经济社会处于经济周期的扩张阶段时,总需求逐渐增长但没有超过总供给。( )
2. 经济周期的四个阶段依次是繁荣、衰退、萧条、复苏。( )
3. 从谷底扩张至经济增长的正常水平称为复苏。( )
4. 经济周期的中心是价格的波动。( )
5. 经济学家划分经济周期的标准是危机的严重程度。( )
6. 以总需求分析为中心是凯恩斯主义经济周期理论的特征之一。( )
7. 顶峰是繁荣阶段过渡到萧条阶段的转折点。( )
8. 经济周期在经济中是不可避免的。( )

三、简答题

1. 经济增长与经济发展的区别有哪些?
2. 投资过多论怎么解释经济危机?
3. 纯货币理论怎样解释经济周期?
4. 请描述经济周期四个阶段的主要特征。